De Versailles à Berlin
1919-1945

CHEZ LE MÊME ÉDITEUR

Collection « U »

H. Almeida-Topor, *L'Afrique au XXe siècle,* 1994.
C. et A. Ambrosi, *La France (1870-1994)*, 1996.
C. Ambrosi, *L'Apogée de l'Europe,* 1996.
J.-C. Asselain, P. Delfaud, *Précis d'histoire européenne, XIXe-XXe siècle,* 1993.
J. Berstein et P. Milza, *L'Allemagne de 1870 à nos jours*, 1996.
J. Berstein et P. Milza, *L'Italie contemporaine des Risorgimento à nos jours*, 1996.
J. Binoche, *Histoire des relations franco-allemandes de 1789 à nos jours*, 1996.
F. Cochet, G.-M. Henry, *Les Révolutions industrielles*, 1995.
P. Guillaume, *Le Monde colonial (XIXe-XXe siècle),* 1994.
M. Laran et J.-L. van Regemorter, *La Russie et l'ex-URSS de 1914 à nos jours*, 1996.
H. Laurens, *L'Orient arabe (1798/1944). Formation des idéologies et des États*
P. Lévêque, *Histoire des forces politiques en France (1880/1940)*
R. Marx, *Histoire de la Grande-Bretagne,* 1996.
M. Nouschi, *Le XXe siècle,* 1995.
J. Portes, *Le Canada et le Québec au XXe siècle*
A. Prost, *Petite histoire de la France au XXe siècle,* 1996.
G. Soulier, *L'Europe. Histoire, civilisation, institutions,* 1994.
N. Wang, *L'Asie orientale du milieu du XIXe siècle à nos jours*, 1993.

Collection « Cursus »

F. Abbad, *Histoire du Japon (1868/1945)*
F. Abbad, *La France des années 20,* 1993.
J.-J. Becker, *Histoire politique de la France depuis 1945,* 1996.
A. Beltran et P. Griset, *L'Économie française (1914-1945),* 1994.
J. Bérenger, *L'Autriche-Hongrie de 1815 à 1848*
S. Berstein, *La France des années 30,* 1993.
J.-M. Bizière *et alii, Dictionnaire des biographies. Tome 5 : Le XIXe siècle*
D. Borne, *Histoire de la société française depuis 1945,* 1995.
Ch.-O. Carbonell *et alii, Dictionnaire des biographies. Tome 6 : Le XXe siècle*
O. Dabène, *L'Amérique latine au XXe siècle*
J. Dalloz, *La France et le monde depuis 1945,* 1993.
Y. Durand, *La France dans la Seconde Guerre mondiale,* 1993.
J.-F. Eck, *Histoire de l'économie française depuis 1945,* 1996.
P. Goetschel et E. Loyer, *Histoire culturelle et intellectuelle de la France au XXe siècle,* 1994.
J. Heffer, *Les États-Unis de Truman à Buols,* 1992.
D. Lejeune, *Les causes de la Première Guerre mondiale,* 1992.
D. Lejeune, *Les débuts de la Troisième République*
G. Lemeunier et M.T. Perez-Picazo, *L'Espagne au XXe siècle,* 1994.
R. Marx, *L'Angleterre de 1914 à 1945*, 1993.
R. Marx, *L'Angleterre de 1945 à nos jours*, 1996.
P. Milza, *Les relations internationales de 1871 à 1914*
P. Milza, *Les relations internationales de 1918 à 1939*
M.-T. Picazo, *L'Espagne au XXe siècle*
M. Vaïsse, *Les relations internationales depuis 1945,* 1995.
A. Wahl, *L'Allemagne de 1918 à 1945*, 1996.
A. Wahl, *Histoire de la République fédérale allemande,* 1995.

Collection « Prépas »

F. Abbad, *La France de 1919 à 1939,* 1996.
B. Bruneteau, *Histoire de l'unification européenne,* 1996.
R. Cheize et J.-P. Rousseau, *Le Monde en cartes,* 1996.
R. Cheize, *La France,* 1996.
F. Marcad, *La France de 1870 à 1918,* 1996.
J. Mauduy, *Les États-Unis,* 1996.

Pierre Milza

De Versailles à Berlin 1919-1945

7e édition

ARMAND COLIN

Collection U, série « Histoire »

ISBN : 2-200-01683-2

Armand Colin – 21, Rue du Montparnasse – 75006 Paris

Table des matières

1 Le retour à la paix

Avant même que les alliés aient triomphé des puissances centrales, pèse sur l'Europe la menace de la contagion révolutionnaire. A l'intervention armée, les Bolcheviks ripostent par la formation d'une *Internationale* révolutionnaire qui, dans la plupart des pays, pousse à la création de *partis communistes* et au déclenchement de mouvements insurrectionnels. Ceux-ci n'ont d'ailleurs pas attendu la fondation de la *III*e *Internationale* pour éclater. Mais s'ils triomphent un moment, en Allemagne et en Hongrie, leur victoire n'est que de courte durée et la jeune Russie des soviets, elle-même en proie à de graves difficultés, ne peut pas faire grand-chose pour éviter leur écrasement. Les forces conservatrices peuvent dès lors se reconstituer et engager la contre-offensive, au prix d'un durcissement qui va parfois aboutir à l'établissement de régimes dictatoriaux de droite. C'est dans ce contexte que cesse le conflit mondial et que s'élabore, non sans difficulté, une paix précaire.

RÉVOLUTION ET CONTRE-RÉVOLUTION

I. La contagion révolutionnaire

A. Naissance de la Troisième Internationale – a) *Les objectifs.* La guerre a consacré la faillite de la IIe Internationale (1889-1914) Elle a également réveillé, au sein des partis socialistes, l'opposition entre adversaires et partisans d'une révolution immédiate, suivie de la *dictature du prolétariat.* Ce sont des représentants de cette seconde tendance, appartenant à la « gauche zimmerwaldienne » (fraction du socialisme européen ayant opté pour une stratégie révolutionnaire, lors de la conférence réunie en septembre 1915 à Zimmerwald, en Suisse), qui, répondant à l'appel des dirigeants bolcheviks, se réunissent à Moscou en mars 1919. Il n'est pas certain qu'ils aient eu, au départ, l'intention de fonder immédiatement une nouvelle Internationale. Lénine et Trotski étaient eux-mêmes très hésitants, car ils étaient mal renseignés sur le rapport des forces dans les pays en proie à des troubles révolutionnaires. Néanmoins, après trois jours de débats, la décision est prise. Menacés par les armées blanches et par l'intervention des puissances capitalistes, persuadés d'autre part que la révolution se prépare à embraser l'ensemble du vieux continent, les Bolcheviks optent pour une «stratégie à court terme», fondée sur l'idée offensive de la *révolution mondiale* et s'appuyant sur de petits noyaux de militants prêts à engager l'action contre les «ennemis de classe» de la Russie des soviets et du prolétariat mondial.

b) *L'organisation.* Chargé de préparer la révolution dans tous les pays, le *Komintern* se trouve étroitement lié aux dirigeants soviétiques. Les partis communistes, qui vont se développer un peu partout, devront tenir compte dans leur propre stratégie des intérêts de la Russie, devenue «patrie des prolétaires», et ce fait pèsera lourdement sur l'évolution du mouvement ouvrier. C'est ce qu'avait prévu Rosa Luxemburg lorsque, s'opposant à Lénine, elle s'était déclarée hostile à la création «à chaud» d'une nouvelle Internationale. A la réunion constitutive de l'I.C. (2-6 mars 1919) sont représentés, outre les dirigeants bolcheviks, nombre de militants étrangers exilés en Russie depuis 1917, et seulement quelques représentants des partis socialistes d'Europe centrale et occidentale dûment mandatés par leurs organisations (tel l'Allemand Eberlein). Cette absence de représentativité hypothèque gravement l'avenir de la IIIe Internationale qui demeure cependant jusqu'à la mort de Lénine, et même un peu au-delà, un organisme vivant, largement ouvert à la discussion et fondamentalement différent de ce que deviendra le *Komintern* à l'époque stalinienne.

c) *La situation* semble propice au développement de l'offensive révolutionnaire. *Économiquement,* l'Europe sort de la guerre ruinée, endettée, en proie à l'inflation. L'effondrement de la production a entraîné une pénurie et un renchérissement des produits de consommation. *Socialement,* le conflit a aggravé certaines inégalités ou en a créé de nouvelles (cf. chapitre 2), tandis qu'un puissant brassage s'opérait dans les tranchées, favorisant les aspirations égalitaires des masses. *Psychologiquement,* la guerre a suscité une hostilité très vive pour les forces de conservation (dynasties, haute bourgeoisie, élites traditionnelles, armée), jugées responsables du massacre, et un climat d'exaltation héroïque favorable à l'épanouissement des mystiques révolutionnaires.

B. La révolution en Allemagne — a) *Un terrain privilégié.* Le pays est las de la guerre et des très dures privations dues au blocus. A Berlin et dans beaucoup d'autres villes sévit la disette, parfois accompagnée de débuts d'épidémies (typhus). A la fin de 1918, la ration alimentaire quotidienne ne dépasse pas 1 300 calories et dans certaines régions les adultes doivent se contenter d'un peu de pain et d'un kilo de pommes de terre par semaine. Jusqu'à la fin de l'été 1918, l'espoir d'une victoire proche a permis de surmonter ces difficultés — bien qu'il y ait eu des grèves importantes en avril 1917 et janvier 1918 — mais la brusque révélation, en octobre, de la gravité de la situation militaire, plonge l'Allemagne dans le désarroi. Le mouvement révolutionnaire va exploiter cette situation et chercher à donner un contenu politique à l'agitation spontanée des masses.

b) *De la «dictature» de l'État-major à la révolution de novembre.* Depuis l'échec de la *guerre sous-marine à outrance* et la démission du chancelier Bethmann-Hollweg, en juillet 1917, ce sont les chefs militaires, Hindenburg et Ludendorff, qui détiennent les rênes du pouvoir, l'Empereur voyant son rôle réduit à celui de simple agent d'exécution des volontés de l'État-major et désignant des chanceliers jouissant de la confiance de l'armée. Or, à partir d'août 1918, les premiers revers militaires contraignent celle-ci à envisager l'éventualité d'une paix sans victoire qui ménagerait son avenir et celui de la nation allemande. Wilson ayant refusé de négocier avec la «clique militariste prussienne», on assiste à l'élimination des dirigeants du Reich avec, au moins dans sa phase initiale, la bénédiction de l'État-major. Ce dernier en effet n'est pas mécontent de faire endosser par les civils, et notamment par les partisans d'une démocratie parlementaire, les responsabilités de la défaite. Aussi ne s'oppose-t-il pas à l'entrée des socialistes dans le cabinet que dirige à partir du 4 octobre le prince Max de Bade, un membre de la famille impériale acquis aux idées libérales. Trois semaines plus tard, Ludendorff démissionne et son remplaçant, le général Groener, déclare avec l'accord d'Hindenburg que l'armée se tiendra à l'écart des négociations d'armistice. On s'achemine donc, semble-t-il, vers une libéralisation sans heurt du régime, lorsque brusquement la mutinerie de la flotte donne le signal d'une grave crise révolutionnaire.

Le mouvement commence en effet à Kiel les 28/29 octobre. L'amirauté ayant donné à la flotte l'ordre d'appareiller pour une sorte de «baroud d'honneur», les équipages se révoltent. Le 4 novembre, ils sont maîtres de la ville. Le 5, l'insurrection gagne Lübeck et Hambourg, le 6 Brême et l'ensemble de la flotte. Partout les ouvriers et les soldats se joignent aux marins pour constituer des «*conseils*» sur le modèle russe. C'est bientôt l'Allemagne tout entière qui est en proie aux émeutes et aux grèves. Le 7 novembre à Munich les révolutionnaires proclament la déchéance des Wittelsbach et fondent une république bavaroise dirigée par le socialiste «indépendant» Kurt Eisner. Enfin le 9 novembre, l'agitation atteint Berlin. Tandis qu'ouvriers et soldats se rendent maîtres de la rue et que Guillaume II en fuite renonce au trône, le chancelier Max de Bade transmet ses pouvoirs au social-démocrate Ebert et un autre réformiste, le ministre Scheidemann, proclame la République, prenant de vitesse les dirigeants «spartakistes».

L'un après l'autre, les princes allemands abdiquent cependant qu'à Berlin s'établit une dualité des pouvoirs entre le *Comité exécutif des conseils d'ouvriers et de soldats* et le *Conseil des commissaires du peuple,* dirigé par Ebert et bientôt dominé par les réformistes. C'est ce second organisme qui finit par l'emporter mais son autorité est loin d'être assurée dans tout le pays. Se gardant de toute mesure vraiment révolutionnaire, il se contente d'accorder le suffrage universel et de faire accepter par le patronat la pleine liberté syndicale, l'établissement de conventions collectives et le principe de la journée de 8 heures.

c) *Les socialistes au pouvoir* sont profondément divisés :

• *Les Sociaux-démocrates majoritaires* (S.P.D.) restent les plus nombreux (1 million d'adhérents et 11,5 millions d'électeurs en 1919) et les plus influents. Ils contrôlent de nombreuses municipalités et sont maîtres des syndicats (2,5 millions d'adhérents en 1918). Ayant accepté la guerre en 1914, ils n'ont jamais cessé de voter les crédits militaires. Bien qu'ils continuent d'affirmer leur adhésion à la doctrine marxiste, ce sont des réformistes, hostiles à la dictature du prolétariat et partisans du régime parlementaire. Leurs chefs – Ebert, Scheidmann, Noske – veulent à tout prix barrer la route au bolchevisme (le 7 novembre, Ebert déclare au prince Max de Bade : «Je ne veux pas de la révolution. Je la hais à l'égal du péché»). Aussi dès le 10 novembre, un accord secret est-il signé entre le nouveau chancelier et le haut-commandement (Hindenburg, Groener) pour combattre le mouvement révolutionnaire, tandis qu'une ligne téléphonique directe relie la chancellerie au G.Q.G. de Cassel. Faut-il, avec les historiens marxistes, parler de «trahison» des chefs de la social-démocratie allemande ? «Leur action en 1918, écrit G. Castellan, est dans la logique de toute leur action passée. Acquis au réformisme, le mot «révolution» pour eux n'a qu'un sens : substituer – si possible sans violence – à l'Allemagne impériale, féodale et militariste, une Allemagne démocratique et pacifiste». Il reste que, pour préserver les acquis de novembre et parer au danger d'une révolution de type «bolchevik», ils ont dû faire appel à la fraction la plus réactionnaire de l'ancienne classe dirigeante. Cette alliance contre nature, d'ailleurs rapidement dénoncée par la droite, hypothèque lourdement l'avenir de la République.

• *Le Parti social-démocrate indépendant* (U.S.P.D.) est né en 1917 de la scission du S.P.D., l'aile gauche de cette formation ayant refusé de voter les crédits de guerre. Son hétérogénéité est grande puisqu'il regroupe, jusqu'en 1918, l'extrême-gauche révolutionnaire et des modérés comme Kautsky et Bernstein. Après le 9 novembre, il dispose de 3 des 6 sièges du Conseil des commissaires du peuple, mais se retire fin décembre pour ne pas cautionner la politique contre-révolutionnaire d'Ebert. Partisans de profondes réformes de structure (confiscation des grands domaines fonciers, nationalisations), les Indépendants sont en majorité hostiles à la violence.

• *Les «Spartakistes»* qui forment jusqu'en décembre 1918 l'aile gauche de l'U.S.P.D., s'en détacheront à cette date pour fonder le parti communiste allemand, le K.P.D. Leur nom provient d'une série de «lettres» publiées à partir de 1916 sous forme de publications clandestines et de tracts, et signés «Spartakus». Elles émanaient d'un petit noyau de dirigeants révolutionnaires comprenant Karl Liebknecht, Rosa Luxemburg, Clara Zetkin, Franz Mehring, qui se déclaraient hostiles à la «guerre impérialiste» et à la politique d'Union sacrée pratiquée par le S.P.D. Jusqu'à la fin de la guerre, leur action s'exerce surtout dans un sens pacifiste et internationaliste, ce qui gomme leurs divergences sur d'autres points avec la majorité de l'U.S.P.D. Mais au lendemain de l'armistice de novembre celles-ci éclatent au grand jour. Les «spartakistes» en effet ne répudient ni la violence révolutionnaire, ni la dictature du prolétariat et se réclament de la révolution russe. Cele ne veut pas dire qu'ils soient entièrement d'accord avec les dirigeants bolcheviks, ni qu'ils aient voulu imiter purement et simplement le modèle léniniste, comme en témoigne la polémique qui oppose depuis 1904 Lénine et Rosa Luxemburg sur le thème du «centralisme» et de la «spontanéité révolutionnaire». Beaucoup moins structuré et centralisé que le parti bolchevik, le mouvement spartakiste, devenu le K.P.D. possède son journal : *Die rote Fahne* (Le drapeau rouge) qui s'oppose violemment au *Vorwärts* (En avant !) des sociaux-démocrates.

d) *Vers l'affrontement.* Socialistes majoritaires et spartakistes s'opposent sur la question du pouvoir. Pour les premiers, celui-ci doit être exercé sans discussion par le gouvernement légalement investi, tandis que les seconds voudraient appliquer la formule léniniste : «tout le pouvoir aux soviets». C'est oublier un peu vite que, sauf dans quelques villes (Leipzig, Brême), les «conseils d'ouvriers et de soldats» n'ont pas grand-chose à voir avec leurs homologues russes («ils n'ont pas été les promoteurs de la Révolution, mais le produit de l'effondrement militaire et politique du Reich», écrit J. Droz) et qu'ils demeurent en général entre les mains des majoritaires. On le voit bien lorsque se réunit à Berlin, à partir du 16 décembre, le Congrès national des conseils où ni Liebknecht ni Rosa Luxemburg n'ont été admis à siéger et où 375 délégués sur 485 se prononcent pour la convocation d'une Assemblée Constituante élue au suffrage universel et à qui il appartiendra de décider du sort futur de l'Allemagne. Les «conseils» refusent ainsi d'être les instruments d'une révolution de type bolchevik et se rangent derrière la bannière légaliste des dirigeants S.P.D.

Dès lors l'affrontement armé paraît inévitable. Sous-estimant vraisemblablement la capacité de résistance de leurs adversaires, les spartakistes se décident à agir. Du 29 décembre au 2 janvier, ils tiennent un congrès qui fonde le *Parti communiste allemand* et, lorsque le 4 janvier 1919, le Conseil des commissaires du peuple décide de destituer le préfet de police Eichorn, qui jouit de la sympathie des éléments révolutionnaires, communistes et indépendants de gauche lancent le mot d'ordre de grève générale et déclenchent l'insurrection armée.

C. La révolution en Hongrie — a) *Le terrain* est également favorable. Peu d'ouvriers dans ce pays rural, mais une masse de paysans misérables qui s'emparent des terres des grands propriétaires et pillent les châteaux. Dans les villes, la disette, le chômage et la propagande faite par de nombreux prisonniers revenus de Russie (après le traité de Brest-Litovsk), provoquent une agitation violente. De plus, le pays est inquiet de le pression tchèque, serbe et roumaine sur ses frontières.

b) *L'intermède libéral.* Le 16 novembre 1918 la République est proclamée à Budapest. Depuis les journées révolutionnaires de la dernière semaine d'octobre (4 morts et des centaines de blessés dans la capitale le 29 octobre), le pouvoir est assumé par un gouvernement comprenant des membres de l'ancienne opposition parlementaire, des représentants du parti radical bourgeois de Jaszi et des sociaux-démocrates. Le chef en est Michel Karolyi, un grand seigneur de formation occidentale partisan de profondes réformes sociales : non seulement le suffrage universel et le partage des grands domaines, mais la socialisation des banques et des grandes industries. Toutefois l'opposition des éléments bourgeois à ce programme radical le contraint à quitter le pouvoir pour le poste purement décoratif de président provisoire de la République.

c) *La République des conseils.* En novembre 1918, les éléments les plus révolutionnaires du parti socialiste fondent le *Parti communiste de Hongrie* que dirige Béla Kun, un ancien journaliste social-démocrate, converti aux idées bolcheviques pendant sa captivité en Russie et devenu le compagnon de Lénine. De retour à Budapest, Béla Kun y fomente une agitation violente et tente de soulever la garnison de la ville contre le gouvernement «bourgeois». L'échec de ce mouvement le conduit en prison (22 février), mais le 21 mars, devant l'aggravation de la situation intérieure et des menaces sur les frontières, une insurrection populaire libère les chefs communistes et les fait entrer dans le gouvernement. Commissaire aux Affaires étrangères, Béla Kun en est le véritable chef. Le même jour l'assemblée des conseils d'ouvriers proclame la dictature du prolétariat, mais les nouveaux dirigeants de la Hongrie n'exercent leur autorité que sur le centre du pays et à Budapest même les opposants au régime sont nombreux. Ce qui conduit les communistes à adopter des méthodes expéditives (plus de 500 exécutions sommaires dans la capitale).

D. Dans les autres pays – La poussée révolutionnaire se manifeste un peu partout en Europe. *En Autriche* se constituent, au cours des dernières semaines de la guerre, de nombreux conseils d'ouvriers et de soldats qui, avec l'appui de «gardes rouges», exercent localement l'autorité politique et administrative. Le 3 novembre est fondé à Vienne le parti communiste autrichien dont l'influence sur les masses ouvrières est, il est vrai, insuffisante pour entraîner celles-ci, en majorité favorables au parti social-démocrate et à son prestigieux leader, Friedrich Adler. Les pays vainqueurs ne sont pas non plus épargnés. De puissantes grèves se déclenchent *en Angleterre* (mines, chemins de fer), *en France* (mai-juin 1919 et printemps 1920) et surtout *en Italie* où elles vont prendre rapidement un caractère insurrectionnel. Mais le reflux ne se fait pas attendre.

II. La réaction

A. En Allemagne – a) *Les atouts de la contre-révolution. Les alliés,* préoccupés de la menace bolchevique, s'attachent à ne pas démanteler complètement l'armature militaire de l'Allemagne. Le soir même de l'armistice, Lloyd George songe à «la meilleure manière de venir en aide au Reich». *L'armée* rentre en armes et en bon ordre. Elle conserve en partie son prestige, l'État-major rejetant sur les civils les responsabilités de l'armistice alors que ce sont les chefs militaires qui en ont en fait eu l'initiative. *La division des socialistes* et l'attitude des sociaux-démocrates ont sans doute été déterminantes, de même que l'absence d'une véritable conscience révolutionnaire des masses allemandes (Rosa Luxemburg parle dans son dernier article – *Die rote Fahne,* 14 janvier 1919 – du «manque général de maturité de la révolution allemande»). Les 23 et 24 décembre, marins (de la *Volksmarine Division* venue de Kiel) et ouvriers ayant envahi la chancellerie, Ebert fait appel au général Groener qui envoie des troupes commandées par le général Lequis. Celles-ci sont débordées et désarmées, mais la décision d'utiliser l'armée contre les insurgés est prise. C'est le moment où Noske, un social-démocrate majoritaire, devient commissaire du peuple et accepte d'organiser la répression : «Il faut – écrira-t-il – que quelqu'un soit le chien sanguinaire *(Bluthund).* Je ne me soustrais pas à cette responsabilité». Dernier atout, la création de *corps-francs,* unités de volontaires bien équipés et bien payés (en partie avec les subsides de la grande industrie). On y trouve, aux côtés de militaires de carrière et d'authentiques patriotes, des aventuriers réactionnaires, des déclassés et des chômeurs attirés par la forte solde et la nourriture abondante. Dans les premiers jours de janvier, Noske rassemble ces bataillons spéciaux aux environs de Berlin (4 000 hommes commandés par le général Maercker).

b) *A Berlin,* où depuis le 6 janvier les spartakistes sont maîtres de la rue, l'épreuve de force est engagée le 11. En trois jours, les corps-francs s'emparent des îlots de résistance communiste (notamment l'immeuble du *Vorwärts*), fusillant impitoyablement les insurgés. C'est la «Semaine sanglante». Le 15 janvier, Liebknecht et Rosa Luxemburg – qui ont fait paraître *Die rote Fahne* jusqu'au dernier jour – sont arrêtés et massacrés dans le *Tiergarten* «au cours d'une tentative d'évasion», diront les officiers responsables de ce double assassinat. En mars, de nouveaux mouvements insurrectionnels seront réprimés avec la même vigueur, l'armée intervenant cette fois avec chars et avions et faisant près de 1 200 morts parmi les révolutionnaires.

c) *Dans le reste de l'Allemagne,* Noske lance ses corps-francs qui partout, à Brême et à Hambourg, dans la Ruhr et en Saxe, à Halle et à Brunswick, brisent la résistance ouvrière. A Munich, où Eisner a été abattu le 21 février, les troupes du général von Epp aidées par des volontaires (parmi lesquels Rudolf Hess et Himmler) écrasent les milices communistes en mai, mettant fin à l'éphémère «République des conseils». A la fin du printemps 1919, la contre-révolution a triomphé.

B. En Hongrie, le régime de Béla Kun ne va durer que 133 jours. La crise économique, la disette et la terreur détachent de lui une partie de la population, à commencer par les paysans qui redoutent les idées collectivistes du régime. Un gouvernement contre-révolutionnaire se constitue à Szeged avec l'appui des troupes françaises, mais c'est de l'extérieur que viennent les coups décisifs. L'armée roumaine envahit les provinces orientales et s'empare le 6 août de Budapest où sévit bientôt la terreur blanche. Mais les alliés, qui se méfient des Habsbourg, s'opposent à la proclamation de l'archiduc Joseph comme régent et c'est l'amiral Horthy qui devient maître du pouvoir et instaure, après une période de violence réactionnaire et antisémite, un régime autoritaire.

C. Dans toute l'Europe, la vague révolutionnaire a été suivie du même reflux. En Angleterre et en France les grèves sont réprimées. Ailleurs, la poussée «bolchevique» engendre un puissant mouvement de réaction et aboutit à la mise en place de régimes dictatoriaux : Pologne avec le maréchal Pilsudski, Autriche, pays baltes, Bulgarie, etc., connaissent une évolution de ce type. En Italie, elle aboutira en 1922 au triomphe du *fascisme.*

LA LIQUIDATION DU CONFLIT

Trois mois après le déclenchement de l'offensive alliée, l'effondrement des puissances centrales est total. La Bulgarie dépose les armes le 29 septembre 1918. La Turquie signe le 30 l'armistice de Moudros. Le 3 novembre, les Italiens, qui ont enfoncé le front autrichien à Vittorio Veneto, signent avec la double monarchie l'armistice de Villa Giusti. Enfin le 11 novembre, ce sont les plénipotentiaires allemands, dirigés par Erzberger, qui acceptent à Rethondes les conditions des alliés. Les Allemands doivent évacuer en 30 jours la rive gauche du Rhin, ainsi qu'une bande de 10 kilomètres de large sur la rive droite. Ils doivent livrer Cologne, Coblence, Mayence et tout leur matériel de guerre : armes, flotte, avions, wagons, etc. Enfin les alliés exigent la libération immédiate et sans réciprocité de tous les prisonniers de guerre retenus en Allemagne. Le Reich se trouve donc dans l'impossibilité totale de reprendre les combats en cas de désaccord sur les conditions de paix. Lorsque celles-ci lui seront présentées, en juin 1919, le gouvernement allemand devra suivre le conseil d'Hindenburg et accepter de se soumettre.

I. La conférence de la Paix

A. Organisation de la Conférence — Elle se tient à Paris du 12 janvier au 28 juin 1919 et groupe une trentaine de pays : les 5 «Grands», qui ont chacun deux délégués, et leurs alliés et associés. N'y ont été invités ni les représentants des Etats vaincus, ni ceux de la jeune république des soviets, Clemenceau, soutenu par Sonnino, faisant valoir que les Russes avaient trahi la cause des alliés et qu'il était nécessaire de poursuivre la guerre d'intervention (envoi de corps expéditionnaires français et anglais en Crimée et dans l'extrême Nord du pays) pour établir une «barrière contre le bolchevisme». Les séances plénières, les 16 comités d'experts et les commissions de toute nature (52 au total) y jouent un rôle moins important que le *Conseil des Dix,* formé des chefs de gouvernements et des ministres des Affaires étrangères des cinq principales puissances victorieuses : États-Unis, Grande-Bretagne, France, Italie et Japon. Mais l'organe essentiel de décision est le *Conseil des Quatre* qui réunit, à partir du 24 mars, le Français Clemenceau, le Britannique Lloyd George, l'Italien Orlando et le président des États-Unis Wilson, venu personnellement à Paris pour défendre les principes de sa «nouvelle diplomatie».

B. Les thèses en présence — a) *Les idées de Wilson* dominent les débats. Le président des États-Unis les a exposées bien avant la fin des hostilités, dans son message du 8 janvier 1918, dit des «quatorze points» : droit des peuples à disposer d'eux-mêmes, abandon de la diplomatie secrète, liberté des mers, désarmement, «garanties mutuelles d'indépendance politique et d'intégrité territoriale» dans le cadre d'une «ligue des nations», etc. Il n'y avait pas que des intentions généreuses et utopistes dans ce programme — que l'historiographie européenne oppose sans indulgence au «réalisme» des Franco-britanniques — mais aussi, outre une vision bien comprise des intérêts américains, un souci réel d'éviter les frictions à venir en limitant au maximum les frustrations des vaincus.

b) *Le souci de sécurité* commande l'attitude française. Clemenceau ne suit pas l'extrême droite dans ses visées annexionnistes en Rhénanie. Mais il voudrait, conformément aux différents mémoires rédigés entre novembre 1918 et le 25 février par son principal collaborateur, André Tardieu, et par le maréchal Foch, obtenir des alliés la reconnaissance de la «frontière militaire» du Rhin, ce qui implique l'occupation permanente de la rive gauche de ce fleuve, prolongée par des têtes de pont sur la rive droite, ainsi que la création d'un ou de plusieurs Etats rhénans, détachés de l'Allemagne et placés sous le contrôle de la S.D.N. Ce programme — auquel s'ajoutait le paiement d'une lourde indemnité par le Reich — se heurtera à l'opposition de Wilson et de

Lloyd George, ce dernier craignant une hégémonie française sur le Rhin et désirant le maintien d'une Allemagne forte pour barrer la route au communisme.

c) *Le respect des engagements pris pendant la guerre* est invoqué par certains pays vainqueurs. Ainsi pour *l'Italie* ceux qui découlaient des traités de Londres (1915) et de Saint-Jean-de-Maurienne (1917) et assuraient à cette puissance, outre les «terres irrédentes» (Trieste et le Trentin), l'Istrie et la Dalmatie, de peuplement slave, et certains territoires appartenant à l'Empire ottoman (Smyrne). L'opposition de Wilson, qui ne se sent pas lié par les promesses de ses alliés et adresse, sans consulter les délégués italiens, un appel au peuple de la péninsule, provoquera le départ et l'absence passagère du président du conseil Orlando et de son ministre des Affaires étrangères Sonnino. Elle nourrira d'autre part en Italie un ressentiment contre les alliés (thème de la «victoire mutilée») dont les nationalistes (D'Annunzio), puis les fascistes, sauront tirer le plus grand profit. La *Roumanie* pose un problème identique. Quant au *Japon*, qui réclame l'héritage des droits allemands en Chine, il parviendra à faire céder le président américain en menaçant de ne pas signer le Pacte de la Société des Nations.

C. Le texte du traité est soumis aux Allemands le 7 mai 1919. Le jugeant trop dur, Berlin songe un moment à la reprise des hostilités, mais cède finalement devant la fermeté de Wilson. L'Allemagne considérera toujours le traité comme un *Diktat*.

II. La Société des Nations

A. Le Pacte (Covenant), incorporé aux traités, proclame la nécessité du désarmement et de l'arbitrage devant l'Assemblée (ou devant la Cour de La Haye) en cas de conflit entre Etats signataires. *L'article 16* prévoit des sanctions économiques et même militaires, mais la règle de l'unanimité et l'absence d'une force internationale (comme le réclamait le projet du Français Léon Bourgeois, rejeté par Wilson comme susceptible de « substituer au militarisme allemand un militarisme international »), rendront de telles dispositions inopérantes.

B. L'organisation — *L'Assemblée générale* comprend les délégations de tous les États membres et tient une session annuelle. *Le Conseil* est formé de 5 délégués permanents (France, Royaume-Uni, Italie, États-Unis et Japon) et de membres temporaires (4 puis 8) élus pour 3 ans. Il se réunit 3 fois dans l'année. Un *secrétariat permanent* l'assiste, dont le chef est élu par le Conseil. De nombreux organismes spécialisés sont créés, en particulier le *Bureau International du Travail* (4 délégués par État) qui se donne pour tâche l'amélioration des conditions de travail dans le monde. Tous ces organes siègent à Genève, tandis que la Cour Internationale de Justice demeure à La Haye.

III. Les traités

A. Le traité de Versailles, qui règle le sort de l'Allemagne, est signé le 28 juin 1919 dans la *Galerie des glaces,* choisie pour effacer l'humiliation de la défaite de 1871.

a) *Les clauses territoriales. En Europe,* l'Allemagne «restitue» l'Alsace-Lorraine à la France et cède à la Belgique les cantons d'Eupen et de Malmédy. Après plébiscite, le Schleswig du Nord est rattaché au Danemark. La Sarre, placée pendant 15 ans sous tutelle de la S.D.N., fixera son sort par plébiscite au terme de cette période (elle choisira l'Allemagne à une majorité écrasante en 1935). En attendant, les houillères de la Sarre sont cédées à l'État français en dédommagement des dégâts provoqués par les Allemands dans les mines du Nord. La Posnanie et une partie de la Prusse occidentale vont à la Pologne reconstituée, dont l'accès à la mer est assuré par un «corridor» qui isole la Prusse orientale du reste de l'Allemagne. Les Polonais auront libre accès au port de Dantzig, ville allemande placée sous le contrôle de la S.D.N., de la même façon que Memel (qui sera annexée par la Lituanie en 1925). Le sort de la Haute-Silésie devait être réglé par un plébiscite qui eut lieu en mars 1921 et donna la victoire aux partisans du rattachement à l'Allemagne. Mais les Polonais contestèrent ce résultat (beaucoup d'électeurs étaient venus du Reich par trains entiers). Ils occupèrent militairement le pays et se heurtèrent violemment aux «corps francs» allemands. Finalement le territoire contesté fut partagé par la S.D.N. entre l'Allemagne et la Pologne, solution qui ne contenta aucune des deux parties. L'Allemagne, qui perdait ainsi le septième de son territoire (88 000 km^2) et le dixième de sa population (8 millions d'habitants), n'acceptera jamais de reconnaître ses nouvelles frontières orientales. A noter qu'il lui était en outre interdit de fondre son territoire avec celui de l'Autriche *(Anschluss).* Enfin, *outre-mer,* le Reich perdait la totalité de ses colonies, confiées par la S.D.N. aux vainqueurs sous la forme de *mandats.*

b) *Les clauses économiques et financières :* jugée responsable de la guerre, l'Allemagne devra – en fonction de l'article 231 du traité – payer des *réparations* dont le montant lui sera indiqué avant le 1er mai 1921. Elle devra en outre livrer aux vainqueurs des navires marchands, des machines, du bétail, leur accorder le traitement de la nation la plus favorisée, reconnaître l'internationalisation de ses voies fluviales et ouvrir le canal de Kiel à la navigation.

c) *Les clauses militaires* réduisent considérablement les forces de la jeune République de Weimar. L'armée se trouve limitée à 100 000 hommes, dont 5 000 officiers, tous militaires de carrière car le service militaire est aboli. L'Allemagne ne pourra avoir ni tanks, ni artillerie lourde, ni aviation militaire et devra livrer sa flotte de guerre aux vainqueurs (celle-ci se saborde en rade de *Scapa Flow,* base britannique du nord de l'Écosse, le 21 juin 1919).

d) *Des garanties* sont accordées à la France qui a dû – sous la pression de ses alliés – renoncer au démantèlement de la Rhénanie, où le mouvement autonomiste du docteur Dorten, soutenu par les subsides du gouvernement français, n'a éveillé que peu d'échos. Occupation militaire de la rive gauche du Rhin, qui sera évacuée par secteurs de 5 ans en 5 ans (Cologne, Coblence, Mayence). Démilitarisation de la rive gauche et d'une bande de 50 kilomètres de large sur la rive droite du Rhin. Enfin, *traité de garanties* accordé par les États-Unis et par la Grande-Bretagne, prévoyant l'intervention immédiate de ces puissances en cas de violation par l'Allemagne des frontières de la France. Mais ce traité ne sera jamais ratifié.

B. Les autres traités – Les traités de *Saint-Germain-en-Laye* (10 septembre 1919) et de *Trianon* (4 juin 1920) signés respectivement avec les deux principaux Etats successeurs de l'Empire des Habsbourg, l'Autriche et la Hongrie, désormais séparés, consacrent le démembrement de la Double Monarchie au profit de la Pologne – qui avait disparu de la carte de l'Europe depuis la fin du XVIIIe siècle – de la Roumanie, de l'Italie (à qui sont cependant refusés la Dalmatie et Fiume), et de deux nouveaux États : la Tchécoslovaquie et la Yougoslavie. L'Autriche se trouve réduite à un petit territoire de 83 000 km^2, la Hongrie au tiers de son ancienne superficie. Ni l'une ni l'autre n'ont plus accès à la mer.

Le *traité de Neuilly* (27 novembre 1919) règle le sort de la Bulgarie, qui doit céder une partie de la Macédoine à la Serbie – c'est-à-dire au nouvel État yougoslave – de la Thrace à la Grèce, et la Dobroudja du sud à la Roumanie. Elle doit en outre désarmer et payer des réparations.

Enfin le *traité de Sèvres* (11 août 1920) enlève à l'Empire ottoman ses territoires arabes (confiés sous la forme de *mandats* à l'Angleterre et à la France), limite ses possessions européennes à la région de Constantinople et neutralise les détroits. Mais la révolte des jeunes officiers rassemblés autour de Mustapha Kemal va tout remettre en question.

Les traités de 1919-1920, qui bouleversent complètement la carte de l'Europe, créent un profond ressentiment chez les vaincus, sans pour autant satisfaire toutes les puissances victorieuses, à commencer par l'Italie à qui ont été refusés certains territoires promis par les alliés en 1915. D'autre part, nombre de minorités nationales acceptent mal d'être intégrées dans les États «étrangers» (Allemands des Sudètes en Tchécoslovaquie, Croates hostiles à la domination serbe en Yougoslavie). Ces divers mécontentements vont alimenter un *révisionnisme* (volonté de «réviser» les traités) qui prendra bientôt une tonalité agressive et pèsera lourdement sur l'évolution des relations internationales.

Bibliographie

Sur la révolution et la contre-révolution en Allemagne

G. BADIA, *Histoire de l'Allemagne contemporaine (1917-1962)*, Paris, 1962, 2 volumes. On lira notamment dans le tome 1 les chapitres I, II et III ; du même auteur : *Les Spartakistes*, Paris, (Archives, Juilliard), 1966. On verra aussi : G. CASTELLAN, *L'Allemagne de Weimar, 1918-1933*, Paris, Colin (Coll. U), 1969 ; J. BARIETY & J. DROZ, *République de Weimar et régime hitlérien, 1918-1945*, Paris, Hatier, 1973 ; S. BERSTEIN & P. MILZA, *L'Allemagne, 1870-1970*, Paris, Masson, 1971 ; P. GUILLEN, *L'Allemagne de 1848 à nos jours*, Paris, Nathan, 1970 ; D. VENNER, *Baltikum*, Paris, 1974.

R. POIDEVIN, *L'Allemagne impériale et républicaine, 1900-1933*, Paris, Ed. Richelieu, 1972.

J. ROVAN, *Histoire de l'Allemagne : des origines à nos jours*, Paris, A. Colin, 1994 ; S. SCHIRMANN, R. POIDEVIN, *Histoire de l'Allemagne*, Paris, Hatier, 1992.

Plan

La contre-révolution et la Russie des Soviets (1917-1921)

Introduction. Conjonction de deux forces : la contre-révolution intérieure qui fournit les cadres et les hommes, et l'intervention étrangère qui se limite assez vite à la fourniture d'armes et de capitaux.

1. Les forces de la contre-révolution

A. A L'INTÉRIEUR

a) *les cadres* : officiers et fonctionnaires tsaristes.

b) *les hommes* : en principe tous les mécontents : petite bourgeoisie inquiète des mesures de socialisation, koulaks, paysans encore attachés aux cadres de l'ancien régime, etc.

c) *les conditions économiques* : privations, disette ; *politiques* : anarchie, terreur.

B. A L'EXTÉRIEUR : TROIS FACTEURS A L'INTERVENTION DES PUISSANCES

a) *refus* du gouvernement soviétique *de rembourser les emprunts* du régime tsariste.

b) *désir de conserver le marché russe*, voire de se le partager en zone d'influences : Anglais dans le Caucase et en mer Baltique, Français en Ukraine, Japonais en Sibérie.

c) surtout *crainte de la contagion révolutionnaire* (IIIe Internationale).

2. Les grandes phases de la lutte (voir le détail dans un manuel)

A. JUSQU'A LA DÉFAITE ALLEMANDE (novembre 1918).

B. L'ANNÉE 1919.

a) *l'espoir* de révolution mondiale et l'offensive révolutionnaire.

b) *la lutte contre l'intervention* : Anglo-français à Odessa et en Transcaucasie, Japonais en Sibérie ; blocus.

c) *la lutte contre les généraux blancs* : Amiral Koltchak, Ioudenitch, Denikine. Organisation et premiers succès de *l'armée rouge* (Trotski, Staline).

C. LA TENTATIVE DE WRANGEL ET LA GUERRE CONTRE LES POLONAIS (1920-1921)

3. La politique du cordon sanitaire et l'isolement de l'U.R.S.S.

A. EN EUROPE DANUBIENNE

a) *lois agraires* pour barrer la route au bolchevisme.

b) par la suite, formation de la *Petite Entente*.

B. A L'OUEST ET AU NORD-OUEST

a) problème des frontières de la Pologne ;

b) création de la Finlande et des États Baltes

Conclusion : La politique du *cordon sanitaire* correspond déjà à une position défensive. Dès 1921, la survie du régime semble assurée.

Problèmes – Débats – Controverses

Les «Bolcheviks» et la révolution allemande

On présente parfois le mouvement «spartakiste» comme le reflet, pour ne pas dire la réplique allemande, du bolchevisme russe. Certains auteurs suggèrent même que le mouvement révolutionnaire de janvier 1919 aurait eu pour cause principale l'action propagandiste des «agents de Lénine». Ces affirmations un peu hâtives appellent un certain nombre de remarques.

• La «seconde» révolution allemande (par opposition à celle de novembre 1918 qui substitue une démocratie «bourgeoise» au régime autocratique de Guillaume II), même si elle ne met en branle que des fractions minoritaires de la classe ouvrière, se développe sur un terrain suffisamment propice (faim, chômage, misère) pour qu'il ne soit pas nécessaire de faire appel à des facteurs d'explication externes.

• Il existe une spécificité du spartakisme qui se manifeste au moins à deux niveaux. *Celui de la théorie :* depuis la parution de *Que faire ?* en 1902, Rosa Luxemburg s'oppose avec énergie aux thèses léninistes sur le «centralisme» à l'intérieur du parti et sur les risques de bureaucratisme qu'il peut engendrer. «La centralisation social-démocrate – écrit-elle en 1904 – ne saurait se fonder ni sur l'obéissance aveugle, ni sur une subordination mécanique des militants à un pouvoir central». Au «jacobinisme» centralisateur du leader bolchevik, elle oppose une conception des rapports entre le parti «avant-garde» et les masses qui tient compte de la *spontanéité* révolutionnaire de ces dernières («Au moment où commence une période de grèves de masses de grande envergure, toutes les prévisions et tous les calculs des frais sont aussi vains que la prétention de vider l'océan avec un verre d'eau», écrit-elle en 1906). Certes, il serait pour le moins excessif de voir dans le *luxemburgisme* un spontanéisme pur, comparable à celui des anarcho-syndicalistes (Rosa ne croit guère au mythe de la grève générale et n'a que sarcasmes pour cette «panacée miraculeuse»), mais les divergences avec le léninisme sont assez nettes pour que l'équation spartakisme = version allemande du bolchevisme soit reléguée au magasin des antiquités. D'autant plus que, *sur le plan de l'action et de l'organisation,* les différences sont également sensibles. En effet, comparée au parti bolchevik, l'aile gauche de la social-démocratie allemande se caractérise par le relâchement de ses structures (Cf. Claude Willard, *Le socialisme de la Renaissance à nos jours,* Paris, PUF, coll. Sup., 1971, pp 81-85).

• Cette spécificité et cette spontanéité ne pouvaient que renforcer les tendances *autonomes* de la révolution allemande, et ceci bien que les dirigeants spartakistes aient eu une profonde admiration pour les vainqueurs de la Révolution d'octobre. A cet égard, Trotski écrira en 1935 : «Rosa Luxemburg a compris et commencé à combattre beaucoup plus tôt que Lénine le rôle de frein de l'appareil ossifié du Parti et des syndicats. En tenant compte de l'aggravation inévitable des antagonismes de classes, elle prophétisait toujours l'inévitable entrée en scène autonome et élémentaire des masses en opposition avec la volonté et l'itinéraire fixé des instances officielles. Dans les grandes lignes, par rapport à l'histoire, Rosa a eu raison ; la Révolution de 1918 fut effectivement «spontanée», c'est-à-dire qu'elle était accomplie par les masses contre toutes les prévisions et les dispositions des instances du Parti».

• Il convient enfin d'insister sur l'antériorité de la révolution spartakiste par rapport à la création de la IIIe Internationale. Loin d'être le «chef d'orchestre clandestin» des événements d'Allemagne, l'I.C. n'est fondée que plusieurs semaines après l'écrasement des communistes berlinois et à la veille d'un nouvel affrontement (qui fera des milliers de victimes parmi les révolutionnaires) entre spartakistes et forces de l'ordre. On peut même affirmer que ce sont, dans une large mesure, les rapports enthousiastes du délégué allemand Eberlein et de son homologue autrichien Gruber, sur l'imminence de la victoire révolutionnaire dans les deux pays qu'ils représentent, qui emporte la décision des congressistes réunis à Moscou – et jusqu'alors hésitants – de constituer une nouvelle organisation internationale des travailleurs.

Documents

Le dernier article de Karl Liebknecht

Le 15 janvier, le jour même de la mort du leader spartakiste, la Rote Fahne *publie un long article de Liebknecht sous le titre «Malgré tout». Il y dénonce la collusion des militaires et des sociaux-démocrates. En voici quelques extraits.*

«... Assaut général contre Spartacus ! A bas les Spartakistes !» entend-on hurler dans les rues. «Empoignez-les, fouettez-les, fusillez-les, embrochez-les, mettez-les en pièces !» On commet des atrocités qui font pâlir les tristes atrocités commises en Belgique par des troupes allemandes (1).

De la *Post* au *Vorwärts* (2), on exulte : «Spartacus écrasé !» «Spartacus écrasé !» Et les sabres, les revolvers, les carabines de la vieille police prussienne remise en place (3) et le désarmement des ouvriers révolutionnaires vont sceller sa défaite. «Spartacus écrasé !» C'est sous la protection des baïonnettes du colonel Reinhardt (4), sous la protection des mitrailleuses et des canons du général Lüttwitz (5) que vont se dérouler les élections à l'Assemblée nationale... (6).

...C'est vrai ! Les ouvriers révolutionnaires de Berlin ont été battus ! C'est vrai ! Cent d'entre eux parmi les meilleurs ont été massacrés ! C'est vrai ! Plusieurs centaines et des plus fidèles ont été jetés au cachot...

... C'est vrai, ils ont été battus. Et la loi de l'histoire voulait qu'ils le fussent. Car les temps n'étaient pas encore mûrs. Et pourtant... La lutte était inévitable (7)...

... Mais il est des défaites qui sont des victoires ; et des victoires plus fatales que des défaites. Les vaincus de la semaine sanglante de janvier ont supporté glorieusement l'épreuve ; ils ont combattu pour un idéal grandiose, pour les buts les plus nobles que connaisse l'humanité souffrante, pour le salut moral et matériel des masses dans le besoin ; c'est pour une cause sacrée qu'ils ont versé leur sang et ce sang en a été sanctifié. Et de chaque goutte de ce sang, comme du sang de l'hydre, naîtront des vengeurs des héros tombés, de chaque fibre lacérée naîtront de nouveaux combattants pour notre cause, notre cause éternelle et impérissable comme le firmament...»

Die Rote Fahne, n° 15 du 15 janv. 1919
cité par G. Badia dans *Les Spartakistes*, coll. Archives, Julliard, 1966.

• Trois thèmes : a) *Alliance des forces conservatrices et des réformistes d'Ebert ;* b) *explication de la défaite ouvrière : la situation n'était pas mûre ;* c) *mais la lutte du prolétariat continue et sa victoire est inéluctable.*

• Explications : (1) *Liebknecht s'était rendu en Belgique à la fin août 1914. Il y avait recueilli des témoignages sur les brutalités commises par les troupes allemandes. (2) Journaux berlinois. Le* Vorwärts *est l'organe des sociaux-démocrates majoritaires. Le siège en avait été occupé le 14 janvier par les spartakistes ; ce sera l'un des derniers bastions de la résistance ouvrière. (3) A la suite de la mise à pied du préfet de police Eichorn le 4 janvier par le ministre prussien de l'intérieur. (4) Chef des corps-francs de Berlin. (5) Von Lüttwitz, un aristocrate monarchiste, est pendant la «semaine sanglante» commandant en chef des troupes de Berlin. Il sera ensuite jusqu'au putsch de Kapp (1920), chef suprême de la Reichswehr. (6) Il s'agit des élections à la Constituante décidées par Ebert et fixées au mois de février. (7) Ce thème de l'obligation pour les ouvriers de prendre les armes alors que la situation n'est pas mûre, se retrouve dans le dernier article de Rosa Luxemburg, paru la veille dans la* Rote Fahne.

• Le style. *On notera le caractère oratoire de cet article où se mêlent les éléments d'une analyse historique de la situation et un lyrisme prophétique, presque mystique. Le froid théoricien s'efface devant le «romantique» de la révolution.*

Clemenceau s'oppose à Wilson au Conseil des Quatre de la Conférence de la Paix

Séance du 28 mars 1919. Tardieu, collaborateur et conseiller de Clemenceau, vient d'exposer les arguments (historiques, économiques) de la France au sujet de l'annexion de la Sarre. Après Lloyd George, dont la protestation ne s'est pas élevée au-dessus du plan juridique, Wilson prend la parole pour exposer ses principes. Quand Clemenceau intervient à son tour, ce sont les deux grandes thèses de la conférence qui s'affrontent : justice et sécurité.

Le Président Wilson. «Il n'y a pas de nation plus intelligente que la nation française. Si vous me laissez lui exposer franchement ma manière de voir, je n'ai pas peur de son jugement (1). Sans doute, s'ils voyaient que nous n'appliquons pas partout le même principe, les Français n'accepteraient pas une solution qui leur paraîtrait défavorable ; mais si nous leur montrons que nous faisons de notre mieux pour agir justement partout où se posent des problèmes analogues, le sentiment de justice qui est dans le cœur du peuple français se lèvera pour me répondre : «Vous avez raison». J'ai une si haute idée de l'esprit de la nation française que je crois qu'elle acceptera toujours un principe fondé sur la justice et appliqué avec égalité (2). L'annexion à la France de ces régions (3) n'a pas de base historique suffisante. Une partie de ces territoires n'a été française que pendant vingt-deux ans ; le reste a été séparé de la France pendant plus de cent ans. La carte de l'Europe est couverte, je le sais, d'injustices anciennes que l'on ne peut pas toutes réparer. Ce qui est juste, c'est d'assurer à la France la compensation qui lui est due pour la perte de ses mines de houille, et de donner à l'ensemble de la région de la Sarre les garanties dont elle a besoin pour l'usage de son propre charbon. Si nous faisons cela, nous ferons tout ce que l'on peut nous demander raisonnablement.»

M. Clemenceau : «Je prends acte des paroles et des excellentes intentions du Président Wilson. Il élimine le sentiment et le souvenir : c'est là que j'ai une réserve à faire sur ce qui vient d'être dit. Le Président des États-Unis méconnaît le fond de la nature humaine. Le fait de la guerre ne peut être oublié. L'Amérique n'a pas vu cette guerre de près pendant les trois premières années ; nous, pendant ce temps, nous avons perdu un million et demi d'hommes. Nous n'avons plus de main-d'œuvre. Nos amis anglais, qui ont perdu moins que nous, mais assez pour avoir aussi beaucoup souffert, me comprendront. Nos épreuves ont créé dans ce pays un sentiment profond des réparations qui nous sont dues ; il ne s'agit pas seulement de réparations matérielles : le besoin de réparations morales n'est pas moins grand. Les doctrines qui viennent d'être invoquées permettraient, si elles étaient interprétées dans toute leur rigueur, de nous refuser aussi bien l'Alsace-Lorraine. En réalité, la Sarre et Landau font partie de la Lorraine et de l'Alsace... (4).

... Vous cherchez à faire justice aux Allemands. Ne croyez pas qu'ils nous pardonneront jamais ; ils ne chercheront que l'occasion d'une revanche ; (5) rien ne détruira la rage de ceux qui ont voulu établir sur le monde leur domination et qui se sont crus si près de réussir...».

Paul Mantoux, *Les délibérations du Conseil des Quatre ;* Paris 1955, T. I., p. 69, 70.

(1) Une méthode chère à Wilson consiste à s'adresser aux peuples par-dessus la tête de leurs gouvernants. C'est en voulant l'appliquer aux Italiens qu'il a provoqué le départ d'Orlando et Sonnino. (2) L'erreur de Wilson est de se fonder sur l'idée qu'il se fait d'un peuple, non sur l'état réel de l'opinion publique. Cette vision idéaliste des choses lui vaudra son échec dans la campagne pour la ratification du traité aux U.S.A.. (3) La Sarre et Landau. (4) Sans aller jusqu'à l'annexion de la Rhénanie exigée par l'extrême-droite, une partie de l'opinion française réclamait depuis le début de la guerre la restitution de la Lorraine «dans les limites de l'ancien duché de Lorraine» lequel englobait la Sarre. (5) Attitude en tout point semblable à celle de Bismarck après la victoire allemande de 1871.

2 Bilan de la Première Guerre mondiale

L'Europe sort de la guerre matériellement sinistrée. Ses pertes en vies humaines, la destruction d'une partie de son infrastructure économique, le déséquilibre de ses finances et de son commerce extérieur, ont accentué, dans des proportions considérables, un *déclin* déjà amorcé à l'aube du siècle. Ce «déclin de l'Europe», si les habitants du vieux continent en prennent conscience (c'est le titre d'un livre du géographe A. Demangeon paru en 1920, tandis que le philosophe allemand Spengler intitule le plus célèbre de ses ouvrages *le Déclin de l'Occident),* il leur est d'autant plus difficile de l'enrayer que leurs divisions et leurs problèmes politiques ont généralement été aggravés par la guerre. Il en résulte une profonde crise morale et une remise en question fondamentale des valeurs jusqu'alors les moins contestées de la civilisation occidentale.

I. Le bilan matériel

A. Les pertes humaines — a) *Les pertes militaires* ont été considérables : plus de 8 millions de morts au total (sans compter ceux de la guerre civile et de la guerre d'intervention en Russie). Elles se répartissent de la façon suivante : *France :* 1 300 000 tués ou disparus, soit plus de 10 % de la population active masculine ; il faut y ajouter les 100 000 décès prématurés de gazés et de grands blessés, les 3 millions de blessés, les 1 100 000 invalides de guerre (dont 130 000 mutilés). *Allemagne :* 1 827 000 tués, soit 12 % des actifs mâles et 2,72 % de la population totale, 5 millions de blessés et mutilés. *Autriche-Hongrie :* 1 400 000 morts. *Russie :* 1 700 000 jusqu'en 1917 et sans doute 5 millions au total jusqu'en 1920-1921. *Royaume-Uni :* 750 000 (1 million avec l'Empire). *Italie :* 750 000. *Serbie :* 365 000 (le quart des mobilisés). *Etats-Unis :* 115 000 (chiffre très élevé si l'on songe que ce pays n'est entré en guerre qu'en avril 1917 et n'a engagé sur le front qu'un million d'hommes environ).

b) A ces chiffres, il convient d'ajouter les *décès de civils* dus aux opérations militaires, à la disette, aux épidémies, etc. On évalue les pertes de ce type à plus de 570 000 pour la France, à près de 740 000 pour l'Allemagne. L'épidémie de grippe dite «espagnole» a causé pour la seule année 1918, du fait de la lassitude et de la sous-alimentation des populations, le décès de 187 000 personnes en Allemagne, 112 000 en Grande-Bretagne, 91 000 en France, plus de 270 000 en Italie.

c) Il faut tenir compte enfin des *conséquences à long terme* de ces hécatombes. Aux années de guerre correspond un profond déficit de la natalité (1,5 million environ pour la France, 3 millions pour l'Allemagne). Ces «classes creuses» (elles dessinent de larges entailles dans les pyramides d'âges) atteindront l'âge adulte entre 1934 et 1939, au moment où s'assombrit à nouveau l'horizon international. On comprend qu'un pays comme la France, dont la population souffrait depuis plusieurs décennies d'une inquiétante stagnation de ses effectifs, ait été particulièrement sensible à ce problème. A quoi s'ajoutent pour elle, et pour l'Angleterre, ceux qui tiennent à l'aggravation du vieillissement démographique : alourdissement des charges pesant sur la population active et renforcement des comportements de prudence et de pessimisme qui caractérisent nombre de personnes âgées.

d) La fin de la guerre entraîna d'autre part d'importants mouvements *de migration*. Près d'un million d'Allemands venus de Pologne, des Pays-Baltes, d'Alsace-Lorraine, se sont réfugiés sur le territoire resserré de la République de Weimar. La Hongrie a de la même façon accueilli 400 000 âmes, la Bulgarie 200 000. Le conflit gréco-turc provoquera l'exode de plus d'un million de Grecs d'Asie mineure. Outre les problèmes d'adaptation et de rééquilibrage que posent aux pays intéressés de tels transferts de populations, ces masses de déracinés constitueront chez les vaincus un point d'appui solide pour la propagande révisionniste.

B. Le déclin économique de l'Europe se caractérise par : a) *L'ampleur des destructions matérielles* qui affecte surtout les régions envahies : France du Nord et de l'Est, Belgique, Italie du Nord-Est, Russie d'Europe. *En France*, on compte près de 300 000 maisons détruites, 3 millions d'hectares de terre cultivable hors d'état, parfois sans espoir de les récupérer car les bombardements d'artillerie ont détruit les sols et mis la roche à nu. L'infrastructure ferroviaire, les routes, les ponts et les voies d'eau sont en grande partie détruits, de même que de nombreuses installations industrielles. Avant de se retirer, les Allemands ont inondé les mines du Nord et de l'Est, ce qui au lendemain immédiat du conflit réduit de près de 60 % la production de minerai de fer et à presque rien celle de charbon. Non frappée sur son sol, la *Grande-Bretagne* a perdu une partie importante de sa flotte marchande. Partout, le matériel surmené se trouve aux extrêmes limites de l'usure.

b) *Un net fléchissement de la production. En France,* la récolte de blé tombe de 89 à 63 millions de quintaux, entre 1914 et 1919, celle de pommes de terre de 132 à 62 millions de quintaux. Le nombre de têtes de bétail passe de 14,7 millions à 13,3 millions pour les bovins, de 16,4 à 9,4 millions pour les moutons. La chute de la production industrielle atteint presque 35 % au cours de la même période. *L'Allemagne* n'a connu que peu de destructions mais souffre de la perte de riches régions économiques (Lorraine, Haute-Silésie) et de l'usure de son matériel. La production de charbon tombe entre 1913 et 1919 de 190 à 108 millions de tonnes ; celles de blé et de pomme de terre ont diminué de moitié. *En Russie,* l'effondrement de la production atteint 71 % du chiffre de 1913 pour le charbon, 66 % pour le pétrole, 97 % pour la fonte. Au total, le potentiel agricole de l'Europe a été réduit de 30 %, son potentiel industriel de 40 %.

c) *Un bouleversement des courants d'échanges.* La guerre a détruit une part importante du commerce intra-européen, en orientant vers le nouveau monde (USA, Canada, Argentine) les achats de produits agricoles (céréales, viande), autrefois tournés vers l'Europe orientale et danubienne. En même temps, les pays fournisseurs de produits manufacturés (Allemagne, Grande-Bretagne, France) perdaient une bonne partie de leurs débouchés extra-européens au profit des Etats-Unis et du Japon dont l'action s'exerce en Extrême-Orient, en particulier pour les textiles. D'autre part, des pays autrefois importateurs de produits fabriqués européens, ont profité de la rupture des relations commerciales avec l'Europe pour s'engager dans la voie de l'industrialisation : c'est le cas de l'Inde où ont été créés des filatures, des tissages et des entreprises métallurgiques (Tata), dont les productions entrent en concurrence, au lendemain du conflit, avec celles du Royaume-Uni.

d) *Une grave situation financière.* Les énormes dépenses des belligérants ont eu des effets catastrophiques pour les monnaies européennes.

• L'Europe a cessé d'être le banquier du monde. Elle a dû repatrier ses capitaux ou céder, aux Etats-Unis notamment, une partie de son portefeuille étranger. Le Royaume-Uni par exemple a vendu pour plus de 5 milliards de dollars de placements étrangers et ne reconstituera que très partiellement ses avoirs extérieurs (45 millions de livres au cours des années 20 contre 160 en 1913). Le refus soviétique de payer les dettes du gouvernement tsariste touche particulièrement la France qui détenait plus de 9 millions de francs-or de titres russes sur un total de 12 millions. L'Allemagne pour sa part souffre de la confiscation de ses intérêts économiques en Chine et dans l'Empire ottoman.

• Les belligérants européens ont contracté des dettes considérables : *dette extérieure* (surtout auprès de l'Etat et des banquiers américains) qui s'élève en 1919 à 33 milliards de francs-or pour la France, 32 pour la Grande-Bretagne, 20 pour l'Italie ; *dette intérieure* due aux emprunts émis pendant la guerre, 20 % seulement des dépenses étant couverts par l'impôt. La dette publique est ainsi passée en 5 ans de 33,5 à 219 milliards de francs-or en France, de 17,6 à 196,9 milliards en Angleterre, de 6 à 169 milliards en Allemagne. Mais ceci n'a pas suffi à combler le déficit. Les gouvernements ont dû augmenter le volume des billets en circulation, provoquant une *inflation* d'autant plus dangereuse que le stock d'or diminuait, à la fois parce que les gouvernements européens devaient acquitter en or leurs achats (vivres, matières premières, armements), ou du moins solder de cette façon le déficit de leur *balance des paiements*[1], et parce que nombre de capitalistes ont exporté une partie de leurs avoirs sous la forme de métal précieux placé dans les banques neutres (Suisse, Espagne).

• Il en résulte une dépréciation des principales monnaies européennes qui cessent, à la différence du dollar, d'être convertibles en or. En décembre 1919, la livre sterling a perdu 10 % de sa valeur, le franc 50 %, le mark près de 90 %.

---

1. La *balance commerciale* d'un pays est la différence entre le montant de ses exportations et celui de ses importations. La notion de *balance des paiements* (ensemble des transactions effectuées en un an entre un pays donné et l'étranger) fait intervenir les *exportations invisibles :* revenus des capitaux placés à l'étranger, des compagnies d'assurances, de la flotte marchande, etc.

• L'inflation et la sous-production se traduisent, sur le plan des prix, par *une hausse vertigineuse.* De 1914 à 1919, les prix se trouvent multipliés par 2,5 en Grande-Bretagne, 3,5 en France et 12,5 en Allemagne, augmentation qui n'est pas compensée par celle des salaires.

e) En revanche *les belligérants non européens ont largement profité du conflit.* Les principaux bénéficiaires en sont *le Japon,* dont les soieries et les cotonnades produites à bas prix ont pris pendant la guerre la place des articles français et anglais sur le marché extrême-oriental et en Asie du Sud-Est, *le Canada,* qui exporte vers l'Europe les produits de ses forêts et de sa métallurgie, et surtout *les Etats-Unis.* Ce pays a vu son revenu national et sa production d'acier doubler en cinq ans. Il a prêté plus de 10 milliards de dollars au reste du monde, détient la moitié du stock d'or mondial et domine économiquement le continent américain. Devenus les créanciers de l'Europe, alors qu'ils en étaient les débiteurs en 1914, les Etats-Unis sont maintenant et de loin la première puissance économique et financière du monde.

II. Le bilan social et politique

A. Les bouleversements sociaux – a) *La guerre a eu des effets très variables selon les catégories sociales.* Les détenteurs de revenus fixes, et notamment les *petits rentiers,* ont été ruinés par l'inflation. En France, où beaucoup d'épargnants avaient placé leurs fonds dans les emprunts russes, la fortune mobilière évaluée à 113 milliards de francs-or en 1914 ne dépasse pas 10 ans plus tard 70 milliards de francs-papier, soit à peine 18 milliards de francs-or. Dans beaucoup de pays, une fraction importante de la petite bourgeoisie se trouve ainsi déclassée, privée de ressources et dressée contre l'État libéral qui n'a pas su protéger ses intérêts. Les «fascismes» trouveront dans cette catégorie sociale une partie de leur clientèle. Moins touchés, *les salariés,* et en premier lieu la classe ouvrière, souffrent d'une hausse des prix que ne compense pas l'augmentation des salaires. Le pouvoir d'achat des masses se trouve ainsi réduit de 15 à 20 % en France et en Grande-Bretagne, de 25 % au moins en Italie et en Allemagne. Cette situation explique l'agitation sociale de l'immédiat après-guerre et l'augmentation des effectifs syndicaux qui passent en France de 900 000 à plus de 2 millions d'adhérents, en Grande-Bretagne de 4 à 8 millions. Certains groupes ont en revanche profité de la guerre. Une partie de la *paysannerie* d'abord qui a tiré profit de la hausse continue des produits alimentaires et acquis de nouvelles terres. Beaucoup d'*industriels* aussi, et notamment ceux qui ont obtenu d'importantes commandes de guerre. En France, Schneider (artillerie), Citroën (obus), Boussac (toile d'aviation), Loucheur (gaz de combat), ont réalisé des bénéfices importants. *Spéculateurs et intermédiaires* ont en peu de temps acquis d'immenses fortunes et ces «nouveaux riches» affichent au lendemain de la guerre un luxe qui éveille des rancœurs tenaces, surtout parmi les anciens combattants.

b) Le prestige des classes dirigeantes a été fortement atteint. Le «brassage» qui s'est opéré dans les tranchées et dans les camps de prisonniers a effacé certaines différences liées à la fortune ou à l'éducation et suscité de puissants courants égalitaires (voir dans *La grande illusion*, du cinéaste français Jean Renoir, les rapports entre le «métallo» devenu lieutenant et l'officier d'origine aristocratique). En même temps s'est développé dans les masses un vif ressentiment à l'égard du capitalisme et des milieux dirigeants, jugés responsables du conflit et accusés parfois d'en avoir tiré profit. Le règne des *notables* s'achève et les idéologies anticapitalistes, socialisme ou fascisme, connaissent un succès très large.

B. Les changements politiques — a) *Libéralisme et démocratie semblent triompher en Europe.* La guerre a provoqué l'effondrement des trois grands empires autocratiques et l'extension du régime parlementaire. L'Allemagne et l'Autriche deviennent des républiques. La Tchécoslovaquie, la Pologne, la Yougoslavie, adoptent en 1920-1921 des constitutions inspirées par le modèle français. Partout s'impose le suffrage universel. En même temps s'opère la libération des minorités nationales. Pour leur donner satisfaction, des États ont été créés ou reconstitués : Tchécoslovaquie, Yougoslavie, Pologne, Finlande, États Baltes. Les minorités soumises à un joug étranger représentent moins de 20 millions d'individus pour 60 millions en 1914. Apparemment, la victoire définitive des principes libéraux semble acquise.

b) *En fait, cette situation n'est que temporaire* et la démocratie libérale se trouve bientôt attaquée sur deux fronts.

• *A gauche,* par la montée du *socialisme.* En Russie, le régime libéral bourgeois établi par la révolution de mars 1917 a dû céder la place quelques mois plus tard à la dictature du prolétariat. Dès l'année suivante, le phénomène bolchevik menace de s'étendre à l'ensemble de l'Europe. Un moment renforcé par la révolution russe, le socialisme international ne tarde pas cependant à pâtir des scissions intervenues en 1920-1921 à propos du problème de l'adhésion à la IIIe Internationale. Mais l'affaiblissement qui en résulte profite surtout aux forces de réaction.

• *A droite,* la démocratie se trouve en effet menacée par des *mouvements de tendance autoritaire.* Leur origine est complexe. D'une part, ils reprennent en les amplifiant les thèmes du *nationalisme* de l'avant-guerre, reprochant au parlementarisme son manque d'efficacité. Aucun pays n'échappe à ce phénomène mais il est particulièrement puissant chez les vaincus. Ces mouvements s'appuient en second lieu sur les *classes moyennes,* sur la petite bourgeoisie boutiquière, artisanale, rentière, partiellement ruinée par l'inflation, tout aussi hostile à la concentration capitaliste qu'à la socialisation. Enfin, craignant la contagion révolutionnaire, *la classe dirigeante* n'hésite pas, là où le péril devient trop grand, à abandonner son libéralisme traditionnel pour des méthodes qui lui permettent, fût-ce au prix d'une dictature, de conserver ses positions acquises. Partout la démocratie parlementaire se trouve menacée par ces tendances qui triomphent au lendemain de la guerre en Europe centrale et orientale (Hongrie, Pologne) puis en Italie, avant de s'étendre plus tard à l'Allemagne, à l'Espagne et à de nombreux pays extra-européens.

c) Même dans les pays où survit la démocratie libérale, *on voit se renforcer le pouvoir exécutif.* Pendant la guerre, la nécessité de prendre des décisions rapides a provoqué, à partir de 1917 surtout, un relatif effacement des parlements au profit des gouvernements. La paix revenue, cette tendance ne disparaît pas et l'exécutif s'efforce de conserver ses prérogatives nouvelles, notamment en matière de direction et de contrôle de la vie économique. En Angleterre, cette évolution aboutit à ce que le juriste Ramsay Muir appelle la «dictature du cabinet», en France elle se traduit par la pratique des *décrets-lois ;* elle entraîne d'ailleurs une résistance du législatif qui ne sera pas sans accentuer la tendance à l'instabilité ministérielle.

d) Dernière conséquence politique de la guerre, le *déclin de l'influence européenne dans le monde* et la montée des jeunes nationalismes indigènes. D'abord les vaincus ont perdu leurs colonies, transformées en *mandats* confiés aux vainqueurs pour un temps limité. Surtout, les défaites subies par les alliés ont porté atteinte au prestige de l'homme blanc et ceci d'autant plus que le recours aux troupes coloniales a été souvent important, en particulier de la part des Anglais. Dès la fin de la guerre, des mouvements d'indépendance se développent dans les colonies françaises et britanniques.

III. Le bilan moral et intellectuel

A. Conséquences directes de la guerre sur la mentalité collective — a) *La guerre a profondément marqué la génération des combattants* dont elle hante la mémoire. Elle devient le thème majeur d'un nombre important de romans, nouvelles, témoignages, où domine le sentiment de l'horreur. Tel est le cas des *Croix de bois* de Roland Dorgelès, de *La vie des martyrs* de Georges Duhamel, de *A l'ouest rien de nouveau* de l'écrivain allemand E. M. Remarque. Mais déjà s'affirme un clivage entre des œuvres qui dénotent une certaine nostalgie de l'héroïsme telles que *Les Éparges* de Maurice Genevoix, *Le sel de la terre* de Raymond Escholier ou *L'Équipage* de Joseph Kessel, et les livres qui dénoncent le caractère absurde et monstrueux de la guerre, comme *L'adieu aux armes* de Hemingway, *Le feu* de Henri Barbusse et *Le voyage au bout de la nuit* de L.-F. Céline.

b) Ces deux attitudes se prolongent dans les années de l'après-guerre. La première donne naissance à l'*esprit «ancien combattant»*, l'une des données essentielles de la vie politique de l'entre-deux-guerres, l'autre alimente *un puissant courant pacifiste* qu'illustrent Romain Rolland, Alain, Marc Sangnier et qui trouve son expression politique avec l'action d'Aristide Briand.

B. Mais la guerre détermine surtout une remise en question du système de valeurs sur lequel repose la civilisation occidentale.

a) *Les valeurs morales* ont subi un coup très dur. Le mépris de la vie humaine, l'opposition entre les souffrances des combattants et l'insouciance de l'arrière, le spectacle d'immenses fortunes acquises parfois aux dépens des soldats, tout cela a laissé des traces profondes dans la mentalité collective. Le sentiment d'avoir été, au nom de grands principes, le jouet d'intérêts sordides, suscite une révolte contre les morales traditionnelles fondées sur le devoir et une réhabilitation du plaisir sans contrainte. *Les Nourritures terrestres* d'André Gide, totalement inconnues du public depuis leur publication en 1897, deviennent le livre de chevet de la jeunesse bourgeoise et Marcel Proust reçoit le prix Goncourt en 1919 pour *A l'ombre des jeunes filles en fleurs.* Même évolution vers un individualisme sceptique à l'étranger avec l'Anglais A. Huxley, l'Italien Pirandello et l'Irlandais James Joyce *(Ulysse,* 1922). Mais cette réaction n'est pas seulement littéraire. Elle se traduit dans la vie quotidienne et, après les années de souffrance de la guerre, par *une détente* dont les manifestations sont multiples ; modes extravagantes, engouement pour le jazz qui fait son apparition en Europe en 1917 avec les soldats de l'armée Pershing, danses américaines (one-step, charleston) qui remplacent la polka et la valse des cours d'Europe centrale, théâtre du Boulevard où s'illustrent comme auteurs Robert de Flers, Henry Bernstein et Édouard Bourdet, comme acteurs Gaby Morlay et Charles Boyer.

b) *Les valeurs intellectuelles* ne sont pas moins atteintes. La réaction contre le rationalisme, déjà très vive à la fin du XIXe siècle, se trouve accentuée par la guerre et triomphe avec Bergson, Unamuno et le philosophe allemand Heidegger qui met en valeur la notion de *l'absurde* dans notre univers. Cette crise du rationalisme peut aboutir à un renouveau du sentiment religieux. Elle peut aussi déboucher sur une évasion vers l'irrationnel et sur un refus du monde présent. Ce refus, il se manifeste dès 1919 par le *Manifeste dada,* protestation d'artistes (Picabia, Marcel Duchamp, Tristan Tzara) contre l'absurdité et la faillite de notre univers, et remise en question par un non-conformisme poussé jusqu'au scandale de toutes ses valeurs intellectuelles et artistiques. Dans la même veine se développe un peu plus tard le *mouvement surréaliste* qui groupe autour d'André Breton, les poètes Paul Éluard, Louis Aragon, Robert Desnos, les peintres Max Ernst, Picasso, Salvador Dali et proclame avec la toute-puissance du rêve et de l'instinct, sa volonté de rompre avec les «modes de penser et de sentir de l'humanisme traditionnel». Ces mouvements apparaissent comme une réaction contre la guerre, contre les élites qui l'ont déclenchée et approuvée, contre la science qui lui a fourni ses moyens de destruction massive. Empruntant à la psychanalyse ses méthodes d'investigation de l'âme humaine, ils se proposent de «rechercher l'homme caché sous le vernis de la civilisation».

Mais cette fuite sans l'irrationnel n'est pas l'unique moyen d'échapper à un système de valeurs qui a fait faillite. D'autres, parfois les mêmes, vont chercher l'évasion dans l'action révolutionnaire (Aragon), dans l'esthétisme (Valéry) ou la vie dangereuse (Malraux, Saint-Exupéry).

Loin d'être purement destructrice, cette remise en question devait aboutir à un renouvellement de la vie intellectuelle et artistique de l'Occident.

Bibliographie

M. Reinhard & A. Armengaud, *Histoire générale de la population mondiale*, Paris, 1961 (IVe Partie, chapitre 1) ; M. Crouzet, *L'Époque contemporaine*, Tome VII de *l'Histoire générale des civilisations*, Paris, PUF, 1957 (Ire Partie, ch III à VI) ; M. Baumont, *La Faillite de la Paix*, T XX de la Collection *Peuples & Civilisations*, Paris, PUF, 2 volumes (Tome I) ; C. Ambrosi & M. Tacel, *Histoire économique des grandes puissances*, Paris, 1963 (IVe Partie, introduction).

A. Demangeon, *Le déclin de l'Europe*, Paris, 1920. J.-M. Keynes, *Les conséquences économiques de la paix*, Edition française, Paris, 1920. G. Dupeux, *La société française, 1789-1960*, Paris, IVe Partie, Chapitre 1 (Collection U, A. Colin). D. Artaud, *La reconstruction de l'Europe, 1919-1929*, Paris, PUF, 1973.

Sur l'environnement culturel de la période, on verra les ouvrages cités dans la troisième partie de l'exposé.

S. Berstein, P. Milza, *Histoire de l'Europe, tome V, Déchirures et reconstructions de l'Europe : 1919 à nos jours*, Paris, Hatier, 1993 ; J. Guiffan, *Histoire de l'Europe du XXe siècle, 1918-1945*, Bruxelles, Complexe, 1995.

Documents

Un pamphlet contre la guerre

En 1932, Louis-Ferdinand Céline publie son premier livre : Voyage au bout de la nuit. *Ce médecin de banlieue, qui a été lui-même grièvement blessé au cours de la guerre, y donne de l'humanité une image sans espoir. Les premiers chapitres, d'où sont extraites ces lignes, sont consacrés à la guerre, dont l'auteur souligne le caractère profondément absurde.*

«... Mais bientôt les nuits, elles aussi, à leur tour furent traquées sans merci. Il fallut presque toujours la nuit faire encore travailler sa fatigue, souffrir un petit supplément, rien que pour manger, pour trouver le petit rabiot de sommeil dans le noir. Elle arrivait aux lignes d'avant-garde, la nourriture, honteusement rampante et lourde, en longs cortèges boiteux de carrioles précaires, gonflées de viande, de prisonniers, de blessés, d'avoine, de riz et de gendarmes et de pinard aussi, en bonbonnes le pinard, qui rappellent si bien la gaudriole, cahotantes et pansues.

A pied, les traînards derrière la forge et le pain, et des prisonniers à nous, des leurs aussi, en menottes, condamnés à ceci, à cela, attachés par les poignets à l'étrier des gendarmes, certains à fusiller demain, pas plus tristes que les autres. Ils mangeaient aussi ceux-là, leur ration de ce thon si difficile à digérer (ils n'en auraient pas le temps) en attendant que le convoi reparte, sur le rebord de la route, et le même dernier pain, avec un civil enchaîné à eux, qu'on disait être un espion, et qui n'en savait rien. Nous non plus.

La torture du régiment continuait alors sous la forme nocturne, à tâtons dans les ruelles bossues du village sans lumière et sans visage, à plier sous des sacs plus lourds que des hommes, d'une grange inconnue vers l'autre, engueulés, menacés, de l'une à l'autre, hagards, sans l'espoir décidément de finir autrement que dans la menace, le purin et le dégoût d'avoir été torturés par une horde de fous vicieux devenus incapables soudain d'autre chose, autant qu'ils étaient, que de tuer et d'être étripés sans savoir pourquoi.»

L.-F. Céline, *Voyage au bout de la nuit.* Gallimard Paris 1932.

Naissance de l' «esprit ancien combattant»

Voici au contraire un texte qui, tout en proclamant l'horreur de son auteur pour la guerre, n'aboutit pas à une vision aussi nihiliste. On y trouve l'espoir que la guerre en cours (l'ouvrage a été publié en 1917) sera la dernière et que la paix future sera maintenue grâce à la création d'une «société des nations». Mais il ne s'agit pas véritablement de «pacifisme» au sens que l'on donnait à ce mot en 1917. Maurice Donnay évoque le thème de la «guerre juste» quand il parle de «noble guerre», d' «agression injuste, brutale», etc. Haine de l'agresseur, thème de la «der des der», tels sont les premières composantes de la mentalité «ancien combattant» qui va se développer dans les années 20.

«... Noble guerre, mais terrible, atroce, calamiteuse, et qui doit être la dernière. Quand on pourra juger le drame effrayant dans son ensemble, en saisir les grandes lignes ; quand dans un raccourci documenté, on en aura écrit l'histoire substantielle ; quand on pourra embrasser d'un coup d'œil l'incendie allumé sur tant de ruines et tous les massacres épars ; quand une statistique dira combien de soldats morts ou blessés et combien d'innocentes victimes, vieillards, femmes et enfants, alors il s'élèvera dans toutes les nations un cri d'étonnement, d'horreur et, sans doute, certains rougiront de leur complaisance ou de leur prudence, comprendront le crime de n'avoir pas au moins protesté contre la violation de la petite et sublime Belgique, sinon de n'avoir pas volé à son secours. Alors les meilleurs, dans chaque pays civilisé, voudront créer une société des nations où l'agression, injuste, brutale, soit toujours punie... Oui, si vous interrogiez ceux qui se sont battus sur la Marne, sur l'Yser, sur la Meuse, à Charleroi, à Guise, à Neuville-Saint-Vaast, à Vauquoy, à Carency, à Verdun, si vous leur disiez : «Ça recommencera dans cinq ans, dans dix ans, dans cinquante ans...» Peu importe, tous, les braves, les héros, les poilus. répondraient : «Ce n'est pas pour ça que nous nous sommes battus !»

Maurice Donnay, *Premières confessions,* Paris 1917

Plan

L'Europe en 1914 et en 1919. Étude comparative

Introduction Dès la fin de la guerre, les Européens semblent avoir pris conscience de la transformation profonde du rôle qu'ils ont joué et qu'ils jouent à présent dans le monde (Cf. les ouvrages de Demangeon, *Le déclin de l'Europe*, de Spengler, *Le déclin de l'Occident).* En 1914 en effet, l'Europe domine incontestablement la planète économiquement, politiquement, culturellement. En 1919, elle sort de la guerre ruinée, économiquement sinistrée et financièrement dépendante des États-Unis. Il y a bien eu déclin. Encore faut-il se demander si ce déclin est dû exclusivement à la guerre ou si celle-ci ne fait qu'accélérer un processus déjà en cours.

I. Le déclin matériel de l'Europe

A. En 1914 l'Europe domine le monde

a) *Par ses capitaux.* Elle détient encore les plus grandes réserves d'or et les investissements se font à cette époque dans le sens Europe/reste du monde. Exemples :
– capitaux britanniques en Amérique latine, voire pendant cette période encore en Amérique du Nord ;
– capitaux allemands en Chine ou au Moyen-Orient ;
– capitaux français en Amérique du Sud, en Afrique et en Extrême-Orient.

Les pays européens retirent de très gros profits de ces placements. Les risques sont relativement faibles dans la mesure où, en cas de danger, les groupes de pression peuvent agir pour demander aux gouvernements des puissances *impérialistes* de protéger leurs avoirs. Le cas de la Chine est à cet égard tout à fait significatif.

b) *Par son avance technique.* Ainsi en 1914 les Britanniques sont encore capables d'équiper du matériel le plus moderne et au meilleur prix une usine construite dans un pays d'économie attardée.

c) *Par sa puissance industrielle :*
– dans le domaine de l'énergie : la Grande-Bretagne produit à elle seule en 1913 23 % du charbon mondial, l'Allemagne près de 16 % ;
– dans le domaine de l'industrie lourde : l'Europe produit à la veille de la guerre 80 % environ de l'acier mondial ;
– dans le domaine des industries de transformation : par exemple les cotonnades de Manchester continuent de dominer le marché mondial.

d) *Par son équipement commercial :*
– Londres demeure la principale place boursière du monde et c'est à Paris (plus rarement à Berlin) que s'adressent les Etats qui cherchent à renflouer leurs finances par l'emprunt ;
– les moyens de transport internationaux sont en général contrôlés par les Européens : grandes lignes transocéaniques (notamment anglaises et allemandes), câbles sous-marins, etc.
– les voyageurs de commerce européens (Britanniques et surtout Allemands) parcourent le monde.

B. En 1919, cette situation s'est entièrement modifiée

a) *Le mouvement des capitaux* s'est inversé et se fait dorénavant dans le sens Amérique/Europe. Cette modification des flux financiers est due essentiellement à la guerre. Les alliés européens en effet ont dû rapatrier leurs avoirs pendant les premières années du conflit, puis se sont endettés auprès des banques américaines. A partir de 1917 et au lendemain du conflit, les capitalistes américains investissent d'autre part dans des affaires privées (notamment en Allemagne dans les années 20).

b) *Avance technique et puissance industrielle* de l'Europe ont été fortement affectées par la guerre.

• Les nouveaux concurrents (Japon et surtout USA) ont profité de la guerre à un double titre :
– parce qu'ils n'ont pas connu de destructions ;
– surtout parce que les besoins du conflit ont stimulé la production industrielle ;

• Dans le même temps les anciennes puissances industrielles se trouvaient doublement touchées :
– leur économie a été sinistrée à 80 % pour la Russie, à 30 % pour la France et la Belgique...
– l'équipement non renouvelé pendant les années du conflit et suremployé pour faire face aux besoins de la défense nationale, est maintenant vieilli et inadapté. Un exemple caractéristique est fourni par les mines britanniques. Archaïsmes et impossibilité de renouveler le matériel rendent le charbon anglais très cher. D'où mévente et chute des exportations.

c) *L'hégémonie commerciale* de l'Europe se trouve elle aussi fortement compromise :

• L'équipement commercial a été profondément touché, tant sur le plan intérieur qu'extérieur. Par exemple la flotte de commerce britannique a terriblement souffert de la guerre sous-marine, tandis que la flotte américaine se développait dans des proportions considérables.

• Perte de nombreux marchés extra-européens :
– la concurrence des Etats-Unis triomphe sur le marché latino-américain ;
– celle du Japon s'exerce en Extrême-Orient, notamment dans le domaine des textiles ;
– des pays autrefois importateurs ont profité de la rupture avec l'Europe pour s'industrialiser.

C. Problème posés par cette évolution

a) *Cette situation catastrophique est-elle entièrement due à la guerre ?*

• Sans doute, il y a des faits manifestement provoqués par le conflit : les 8 millions de morts, affectant vivement les classes actives de la population, les destructions matérielles, la ruine financière, etc.

• Cependant, dès les dernières années du XIXe siècle, des symptômes annonçaient un déclin relatif de l'Europe :
– déclin démographique, particulièrement sensible dans un «vieux» pays comme la France, mais également manifeste en Grande-Bretagne, en Belgique, dans les pays scandinaves ;
– ralentissement de la progression économique, notamment en France et en Angleterre ; dès 1890 ce dernier pays avait été dépassé par les Etats-Unis pour la production de charbon et d'acier ;
– le recul de l'influence financière de l'Europe est déjà visible dans les premières années du XXe siècle en Amérique du Nord, dans la zone des Caraïbes, voire en Extrême-Orient (Etats-Unis et Japon).

b) *Cette situation est-elle définitive ?*

• Le «boom» économique consécutif à la guerre est suivi, chez les concurrents de l'Europe, d'une assez forte dépression. Le Canada, le Japon, dans une moindre mesure les Etats-Unis, s'en trouvent affectés. Ne serait-ce pas le moment pour l'Europe de reconquérir une partie du terrain perdu ? C'est ce que la Grande-Bretagne tente de faire en Extrême-Orient, non sans succès partiels. Mais pour être menée à bien cette tâche exigeait un minimum de concentration des forces européennes. Or l'Europe continue de se déchirer.

• Le conflit d'autre part n'a pas eu que des conséquences négatives. En Lorraine et dans la Ruhr, il a permis un renouvellement du matériel. Au total, une situation qui existe déjà en puissance en 1914, que la guerre aggrave dans des proportions considérables et que les divisions de l'Europe rendent irréversible.

II. Les problèmes politiques

A. En 1914, trois forces politiques dominent l'Europe

a) *L'autocratie.* En 1914 seule la France est dotée d'un régime républicain. Le régime parlementaire est loin d'être répandu. Les trois grands Empires – Russie, Autriche-Hongrie et Allemagne – conservent en fait un système dans lequel l'autorité du souverain constitue la pièce essentielle. La conséquence est une inconstestable stabilité politique.

b) *Les nationalismes.* Sur le plan interne, manifestations des minorités nationales au sein des grands Empires ; sur le plan externe, rivalité entre les grandes puissances. Il y a là un double élément explosif.

c) *La montée du socialisme.* Progrès considérables depuis le début du XXe siècle. Trois groupes de pays sont particulièrement affectés :
– les «vieux» pays industriels : France, Royaume-Uni ;
– certains pays d'économie attardée comme l'Italie ;
– les Empires autoritaires, où la résistance du pouvoir rend le phénomène particulièrement dangereux : Allemagne et Russie.

B. En 1919, on constate

a) *Un triomphe apparent de la démocratie :*

• Effondrement des empires autoritaires : l'Allemagne et l'Autriche deviennent des républiques parlementaires ;

• *Extension du régime démocratique :* sur le plan externe (Roumanie, Yougoslavie, Pologne, etc, se donnent des constitutions calquées sur le modèle occidental) et sur le plan interne (suffrage universel, vote des femmes).

• En fait cette situation n'est que temporaire. Dès 1918-1919 on assiste à l'extension du phénomène «fasciste».

b) *Les nationalismes*

• *Sur le plan interne :* détente apparente avec l'apparition de nouveaux Etats-nations. Les minorités soumises à un joug étranger passent de 60 millions d'individus en 1914 à 20 millions en 1919. Inconstestablement des groupes nationaux ont été satisfaits : Tchèques, Slaves du Sud, Polonais. Cependant le remodelage de l'Europe centrale et orientale pose des problèmes nouveaux : balkanisation, rivalités de jeunes nations conquérantes (exemple de la Hongrie de Béla Kun grignotée par ses voisins), refus de certaines minorités d'être agrégées aux nouveaux Etats (Croates en Yougoslavie, Allemands des Sudètes en Tchécoslovaquie).

• *Sur le plan externe :* renforcement des antagonismes entre puissances rivales : problème franco-allemand, rivalité franco-britannique, révisionnisme italien, etc.

c) *Le triomphe du socialisme en Russie* favorise au début la contagion révolutionnaire.

C. ROLE DE LA GUERRE DANS CETTE ÉVOLUTION

a) *L'évolution était déjà entamée* à la fin du XIXᵉ siècle, tant sur le plan des nationalismes (la décomposition de l'Autriche-Hongrie était déjà très avancée en 1914), que du point de vue des régimes politiques (cas de l'Allemagne où les sociaux-démocrates occupent la première place au Reichstag). Pour le socialisme, il est certain que la guerre a joué un rôle important en permettant le triomphe du bolchevisme.

b) *Possibilités d'avenir :* la victoire des bolcheviks en Russie et la menace révolutionnaire vont amener par réaction le succès des «fascismes», d'où une Europe divisée en trois blocs rivaux. D'autre part les nationalismes se trouvent finalement renforcés, surtout chez les vaincus : autre levier pour les dictatures et autre facteur de déséquilibre. Enfin les socialismes vont se trouver déchirés entre le mouvement de solidarité prolétarienne et le sentiment national (rôle de l'Union sacrée).

III. Recul de la civilisation européenne

A. EN 1914 L'EUROPE S'IMPOSE AU RESTE DU MONDE

a) *Par sa présence :* colonies et influence économique ;
b) *Par sa civilisation matérielle ;*
c) *Par sa culture.*

B. EN 1919 CES FORCES SE TROUVENT CONTESTÉES

a) Tout d'abord *la présence des Européens :* début de la décolonisation,
b) Déclin moins manifeste de la civilisation matérielle mais *les profits ne vont plus exclusivement à l'Europe,*
c) *Sur le plan intellectuel :* maintien d'un rôle important dans le domaine des arts et des lettres mais net recul sur le plan scientifique (prix Nobel).

Conclusion : La mutation est évidente. On peut dire que la guerre a joué un rôle d'accélérateur. Mais le déclin de l'Europe se trouvait en germes en 1914. Il y avait à cela des raisons extérieures (puissance des USA) mais aussi des facteurs tenant aux divisions internes de l'Europe. Ces divisions, les traités de 1919 sont loin de les supprimer. Ce n'est qu'après la Seconde Guerre mondiale que l'Europe s'efforcera de trouver des remèdes à une situation dont elle a bien failli périr.

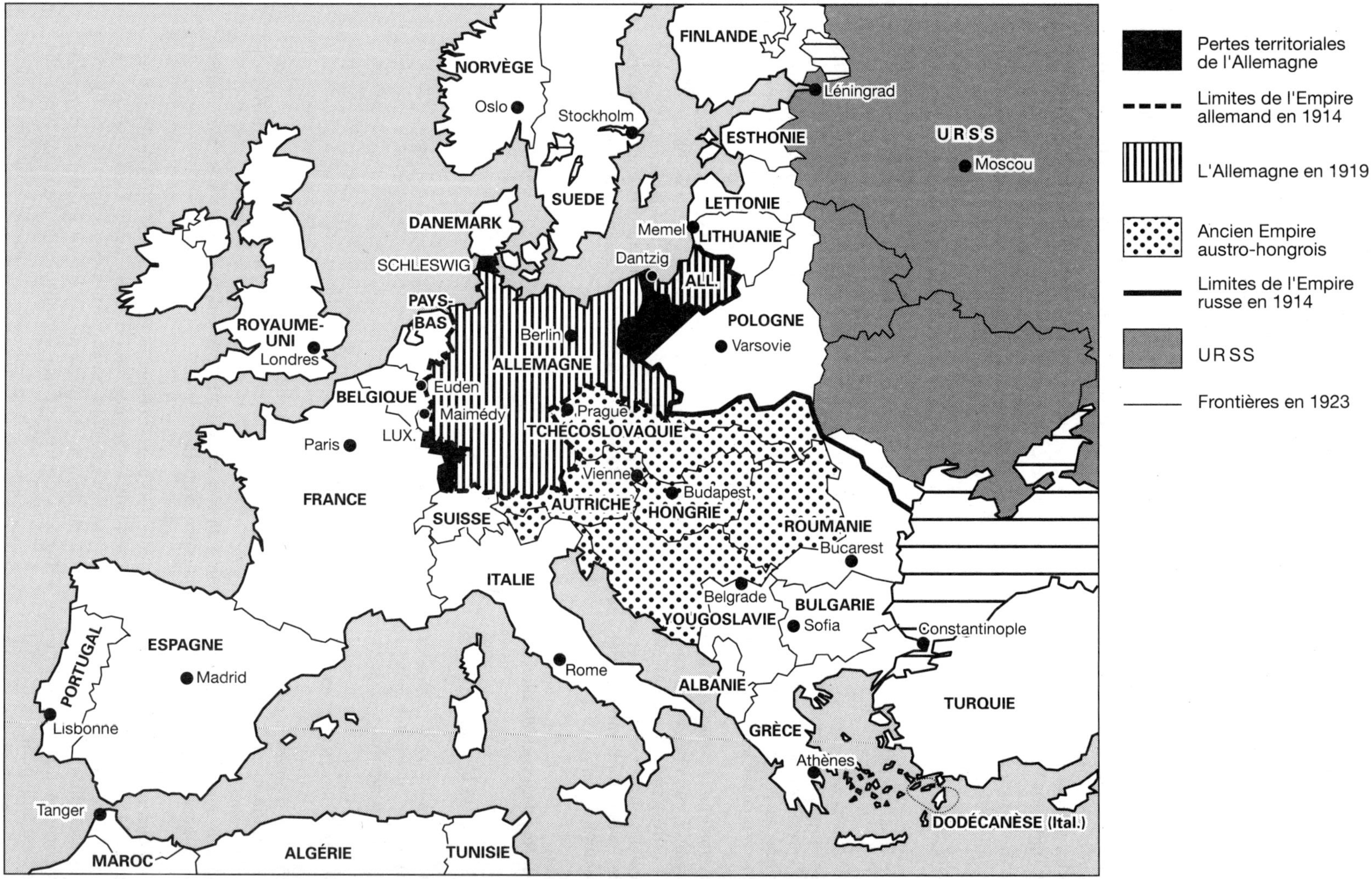

L'Europe au lendemain du premier conflit mondial

3 Les problèmes économiques de 1919 à 1929

Si l'essoufflement et le déclin économiques relatifs de l'Europe, par rapport aux jeunes puissances industrielles que sont le Japon, le Canada et surtout les Etats-Unis, sont déjà perceptibles en 1914, la guerre accélère brusquement le processus entamé au début du siècle et révèle au monde un nouveau rapport de forces fondé sur la primauté américaine, en même temps que s'installe une instabilité monétaire inconnue au XIXe siècle. Après une courte crise en 1920-1921, l'économie des pays capitalistes connaît pendant quelques années une phase dite de «prospérité», mais qui est plus apparente que réelle et très variable suivant les pays.

I. La crise de 1920-1921 et les difficultés du système monétaire international

A. La crise de 1920 — a) *Ses origines :* au lendemain de la guerre, les pays européens manquent de denrées agricoles, de matières premières et de produits manufacturés (cf. chapitre II). Leur reconstruction s'opérant lentement, ils doivent faire appel aux jeunes puissances extra-européennes et particulièrement aux Etats-Unis. D'autre part, l'industrie américaine doit songer à satisfaire la demande intérieure en biens de consommation, sacrifiés pendant deux ans à la mobilisation industrielle. La production continue donc de croître au cours de l'année 1920 (de 20% environ) et les bénéfices réalisés sont aussitôt réinvestis dans un outillage économique de plus en plus puissant. Ce pari sur l'avenir étant fondé sur l'idée d'une croissance continue de la demande intérieure et extérieure. Or à la fin de 1920, la première donne des signes d'essoufflement, tandis que la nouvelle administration républicaine s'engage par souci d'orthodoxie financière dans une politique de *déflation* (réduction de la circulation monétaire, augmentation du taux de l'escompte de 4,5 à 6,5 % et annulation d'une partie des commandes passées par l'administration démocrate) et de limitation des crédits extérieurs. C'était précisément l'argent prêté par les Américains qui permettait aux pays européens d'acheter des marchandises outre-Atlantique et de maintenir artificiellement la parité entre leurs monnaies et le dollar. Restriction du crédit et dépréciation monétaire entraînent une diminution très sensible des commandes de l'Europe et une crise de surproduction aux Etats-Unis.

b) *La crise aux Etats-Unis* est brève mais très violente. Surtout, elle est ressentie de façon d'autant plus vive qu'elle fait suite au «boom» de l'année 1919, lequel s'était caractérisé par une forte hausse des prix, l'augmentation très rapide de la production et la spéculation sur les marchandises. Dès le printemps 1920, le décalage entre les salaires et les prix, les mesures déflationnistes appliquées par Andrew Mellon, homme d'affaire devenu secrétaire au Trésor, ainsi que la diminution des achats européens, provoquent un renversement de la conjoncture. En un an, la production d'acier diminue de moitié, celle d'automobiles de 40 %. De décembre 1920 à décembre 1921, les prix de gros des produits industriels baissent en moyenne de 40 %, les prix des produits agricoles accusent une chute de 100 % et plus (la livre de coton tombe de 35 à 15 cents) et le nombre des chômeurs dépasse 4,5 millions. L'administration républicaine réagit par des mesures visant à réserver le marché américain aux produits nationaux. Elle décide de diminuer les contingents de marchandises importées et de relever très fortement les droits de douane qui, de 21 % passent à 30 % puis à 38 % (tarif Mc Cumber), ce qui provoque une réduction de moitié de la valeur des importations. Il en résulte une extension rapide de la crise au reste du monde.

c) *L'extension de la crise* touche en premier lieu *le Japon* qui exportait vers les Etats-Unis près du tiers de sa production de soie grège. Les mines, les entreprises textiles, les chantiers navals sont atteints, tandis que les prix agricoles s'effondrent à la suite d'excellentes récoltes de riz en 1919 et en 1920. En Europe, *la Grande-Bretagne*, dont les prix de revient industriels restent trop élevés, est frappée la première, suivie de *la France*, où la production demeure cependant très inférieure à celle de l'avant-guerre, et de l'Italie qui a 600 000 chômeurs en 1921. La reprise s'effectue dans le courant de 1922, mais très irrégulièrement selon les pays.

B. Le désordre monétaire, qui s'installe de façon quasi-permanente au lendemain de la guerre, va rendre difficile le relèvement économique de l'Europe. Seul le Royaume-Uni parvient en mai 1925 à rétablir la parité de la livre avec l'or (7,32 g d'or fin) et avec la monnaie américaine (1 livre = 4,86 dollars), mais au prix de lourds sacrifices et sans bénéfice réel pour l'économie britannique. Ailleurs, l'inflation entraîne un effondrement général des monnaies par rapport à l'or et au dollar. Cette situation est particulièrement grave en Europe centrale : Autriche, dont les finances sont renflouées en 1922 par la Société des Nations (création du *schilling* en 1924), Tchécoslovaquie, Hongrie, Pologne, qui doivent entre 1924 et 1926 stabiliser leur monnaie à un niveau très bas, et surtout Allemagne où sévit de 1921 à 1923 une inflation «galopante» absolument unique dans l'histoire. En France, l'instabilité monétaire ne cessera de s'aggraver qu'avec le retour de Poincaré au pouvoir et la dévaluation officielle du franc au cinquième de sa valeur-or en juin 1928. L'expansion économique des années 1922-1929 s'inscrit donc dans un contexte de profond déséquilibre monétaire.

II. Les années de «prospérité» (1922-1929)

Comparées à la crise de 1920-1921, les années qui suivent celle-ci, jusqu'à la *grande dépression* de 1929, font pour les contemporains figure de période de prospérité. En fait, cette façade d'«euphorie» économique cache un malaise latent que va révéler la crise qui se déclenche aux Etats-Unis en octobre 1929. Cette courte période n'en marque pas moins l'apogée de la «seconde révolution industrielle».

A. Une nouvelle mutation des économies industrielles — a) *Les facteurs du changement :* l'élargissement du marché, l'amélioration du pouvoir d'achat des masses et la nécessité de réduire les prix de revient imposent, avec le renforcement de la concentration industrielle, de nouvelles techniques de production :

• *La concentration des entreprises,* leur *intégration* dans de vastes groupes, de plus en plus dominés par les financiers et les banques, font de rapides progrès. Aux Etats-Unis, où les lois anti-trusts (loi Sherman, Clayton Act) sont à peu près restées lettre morte et où de nombreuses fusions s'effectuent au lendemain de la guerre (on en dénombre 89 pour la seule année 1919), 8 groupes financiers géants détiennent 30 % environ de la fortune nationale. Le plus important est le groupe Morgan/First National Bank : il contrôle un certain nombre de sociétés industrielles (General Electric, Pullman Inc., United States Steel Corporation, Continental Oil, etc.), des services publics (American Telephone and Telegraph Co, Consolidated Edison, etc.), des entreprises de chemin de fer et des banques (J.P. Morgan, First National Bank, etc.), soit pour plus de 30 milliards de dollars d'actifs détenus. Viennent ensuite le groupe Rockefeller, avec un actif de 6,6 milliards de dollars (sociétés pétrolières et banques), le groupe Kuhn & Loeb (10,8 milliards de dollars dans les chemins de fer, les télégraphes et les banques) le groupe Mellon (3,3 milliards de dollars), le groupe Dupont de Nemours (2,6 milliards), les groupes de Chicago (4,2 milliards), de Cleveland (1,4 milliard) et de Boston (1,7 milliard).

En Allemagne se développent des *Konzerne* qui, à la manière des *holdings* d'outre-Atlantique rassemblent des entreprises liées entre elles par des participations financières. Dans la sidérurgie, le plus important est celui de Hugo Stinnes qui finit par grouper en 1923 plus de 1 600 entreprises employant 300 000 ouvriers, alors que Krupp en fait travailler 170 000 et Thyssen plus de 50 000. Dans l'industrie chimique, la concentration est encore plus poussée. En 1925, la Badische Anilin constitue, avec les firmes Hoescht et Bayer un puissant holding, l'I.G. Farben, dont le siège est à Francfort. Le Japon connaît une évolution du même type avec l'extension des grands trusts *(zaibatsu)* familiaux : Mitsui, Mitsubishi, Yasuda, etc. La Grande-Bretagne et la France ne s'engagent que lentement dans cette voie et la concentration n'y prend qu'exceptionnellement la forme de holding. On peut noter cependant la création en Angleterre de l'Imperial Chemical Industries (produits chimiques, colorants, engrais) et de l'Unilever, groupe anglo-néerlandais constitué par la Lever britannique (savon) et la firme hollandaise Margarine unie. En France, l'Union industrielle et financière est créée par Schneider avec l'aide de la Banque de l'Union parisienne.

On voit d'autre part se constituer, sur le plan national et sur le plan international, des *ententes* industrielles visant à fixer entre les groupes adhérents des *quota* de production et à se partager le marché. A partir de 1925, des groupements de ce type apparaissent en France : Comptoir sidérurgique, Comptoir français de l'azote, Comptoir d'expansion des mines du Nord et du Pas-de-Calais, etc, ainsi qu'en Allemagne avec le Kohlen-syndicat, cartel de l'industrie charbonnière reconstitué en 1925, et le cartel de l'acier. Parmi les ententes internationales, il faut citer le *cartel de l'acier,* fondé en 1926 par les sidérurgistes français, allemands, luxembourgeois, belges et sarrois. A sa tête se trouve un comité directeur qui fixe trimestriellement le contingent de production de chaque groupe national et gère la Caisse commune de compensation. Celle-ci reçoit les cotisations des membres (1 dollar par tonne d'acier produite) et les amendes versées en cas de dépassement du quota. Elle répartit ensuite les fonds communs entre les producteurs restés en dessous du programme. D'autres ententes se constituent entre producteurs d'aluminium (Cartel européen de l'aluminium), de cuivre (Copper producers association), de produits chimiques (Syndicat franco-allemand de la potasse, accords entre l'I.G. Farben et le groupe Dupont de Nemours) et d'hydrocarbures. Le *Cartel du pétrole,* mis sur pied en 1928, permet aux grandes compagnies anglo-américaines (B.P, Royal Dutch Shell, S.O., etc.) de dominer le marché mondial et de réaliser d'énormes profits en alignant les prix de vente des produits du Moyen-Orient (d'un prix de revient relativement bas) sur ceux du marché intérieur américain.

Le caractère malthusien de ces accords, qui tendent à limiter la production et à répartir les ventes, est le signe d'un écoulement difficile des produits fabriqués. Il masque les limites d'une prospérité fragile et discontinue. Cependant, le développement de grandes unités inter-territoriales — on parlera plus tard de «monopoles internationaux» (terminologie marxiste) ou de «multinationales» — caractérise en même temps une phase nouvelle dans l'évolution des économies capitalistes, phase marquée à la fois par la collaboration à l'échelle internationale et par la relative autonomie de ces *macro-unités* qui tendent à constituer leur propre espace économique, à se jouer des barrières douanières et à avoir leur propre balance des échanges.

• *Les nouvelles méthodes de production et d'organisation du travail* se développent principalement aux Etats-Unis et en Allemagne. La *rationalisation* du travail a été mise au point avant la guerre dans l'industrie métallurgique américaine par l'ingénieur Frederick W. Taylor (originaire d'une famille aisée, il avait été lui-même ouvrier). Le «taylorisme» se caractérise par la parcellisation du travail en tâches simples, exigeant de l'ouvrier un nombre de gestes réduits et stéréotypés et soumises à un strict chronométrage. Il aboutit à une forte amélioration du rendement du travail mais aussi à une mécanisation des gestes (dénoncée par Charlie Chaplin dans *Les Temps modernes* et à une conception autoritaire des rapports avec le personnel. C'est dans le courant des années 20 que ces méthodes de «scientific management» — qui auront un peu plus tard et dans un autre contexte leur équivalent en U.R.S.S. avec le «stakhanovisme» — se généralisent et se perfectionnent, avec l'établissement d'un système de mesure du travail par le Français Charles Bedaux (un ouvrier devenu lui aussi ingénieur). Un autre ingénieur français, Henri Fayol, met au point un système rationnel de gestion des entreprises.

La *standardisation* consiste d'autre part à ramener pour chaque branche industrielle la production à un nombre très restreint de types. La limitation de possibilités de choix offertes à la clientèle se trouve compensée par l'extraordinaire développement de la *publicité* à laquelle les entreprises consacrent une part de plus en plus importante de leur budget. Ces diverses méthodes permettent de généraliser les techniques du *travail à la chaîne* et d'aboutir à une production de masse, fournissant en grande quantité des objets d'un prix relativement modeste. Il en résulte une forte augmentation de la productivité (de l'ordre de 30 à 35 % selon les industries aux Etats-Unis pour la seule période 1925-1929) et un abaissement du coût de la main-d'œuvre qui permet de pratiquer une politique de hauts salaires. Ainsi, les ouvriers finissent-ils par accepter des pratiques qui les réduisent à l'état de machines en ôtant à leur travail toute initiative, toute invention créatrice.

En dehors de l'Allemagne, qui accroît de 40 % sa capacité de production entre 1925 et 1930, l'Europe n'adopte que lentement ces méthodes nouvelles. En Grande-Bretagne, l'absence de dynamisme patronal et la persistance du chômage en freinent l'adoption jusqu'au début des années 30. En France, les innovations restent limitées à la sidérurgie et à l'industrie automobile (Citroën).

b) *La production industrielle* augmente de façon très spectaculaire, mais aussi très inégalement suivant les pays et les secteurs d'activité.

• Globalement, la production progresse d'environ 40 % dans le monde entre 1913 et 1929, mais les différences sont grandes d'un pays à l'autre. Elle a pendant cette période quadruplé au Japon et doublé en Union soviétique. Pour les Etats-Unis, l'augmentation est de l'ordre de 80 %, mais elle ne dépasse pas 40 % en France, 30 % en Allemagne et 5 % en Grande-Bretagne.

• On enregistre également *de grandes différences selon les secteurs* de l'activité industrielle. Dans le domaine de *l'énergie,* on assiste à une stagnation très nette du charbon, dont la production n'augmente que de 8 % entre 1918 et 1929, ceci malgré les progrès réalisés en matière de concentration et de productivité. Les difficultés croissantes d'extraction, le vieillissement du matériel dans de nombreuses mines européennes, le coût élevé de la main d'œuvre et du transport, expliquent ce recul relatif au profit de sources d'énergie nouvelles, caractéristiques de la seconde révolution industrielle : hydroélectricité et surtout pétrole, dont la production est stimulée par le succès croissant de l'automobile. Elle passe de 52 millions de tonnes à plus de 200 millions en 1929, ceci essentiellement au profit du continent américain qui en extrait à lui seul 172 millions de tonnes (dont 138 aux Etats-Unis). Cette révolution de l'énergie favorise donc de façon écrasante les pays neufs aux dépens de l'Europe.

Les transformations sont également importantes dans le domaine des industries. Si la *sidérurgie* poursuit son essor, la production d'acier passant de 74 à 120 millions de tonnes entre 1913 et 1929 (mais les Etats-Unis en fournissent maintenant la moitié au lieu du tiers), certaines *industries textiles traditionnelles* commencent à décliner : c'est le cas de l'industrie lainière et surtout celle de la soie, dont la crise a commencé avant 1914. L'industrie cotonnière continue au contraire à progresser, mais au profit principalement des pays neufs : Etats-Unis, où le nombre des broches passe de 108 à 165 millions, Japon, Inde, Chine, Brésil, pays autrefois fournisseurs de matière première pour les producteurs européens et qui se sont donnés avec la guerre une industrie qui concurrence largement celle de la France et de la Grande-Bretagne.

C'est toutefois dans les branches nouvelles que l'essor est le plus rapide. *L'industrie chimique* connaît une impulsion nouvelle avec la distillation du charbon, le raffinage et l'emploi des sous-produits du pétrole, le succès des textiles artificiels (notamment la rayonne), la consommation croissante d'engrais, de produits pharmaceutiques et photographiques (rôle du cinéma qui devient sonore en 1927). *Les industries électriques* progressent plus rapidement encore avec l'essor du téléphone, des appareils électro-ménagers (surtout aux Etats-Unis où, de 1919 à 1929, le nombre des réfrigérateurs est multiplié par 10), de la radio (aux U.S.A., on passe de quelques milliers de postes en 1920 à 13 millions en 1930). Les progrès les plus spectaculaires sont ceux de *l'aviation* (c'est la grande période de *l'Aéropostale,* avec Mermoz, Guillaumet et Saint-Exupéry, celle également des premiers grands vols intercontinentaux) et de *l'automobile* : il y avait moins de 2 millions de véhicules en circulation en 1914, il y en a – grâce aux techniques nouvelles de la standardisation et du travail à la chaîne – 35 millions en 1930, dont 30 millions aux Etats-Unis qui assurent à cette date 85 % de la production mondiale. Ceci donne une forte impulsion aux industries de l'acier, de l'aluminium, du caoutchouc, etc.

B. Les échanges nationaux et internationaux ne subissent pas de transformations aussi révolutionnaires.

a) *Les conditions et les moyens du commerce* changent peu. Certes l'augmentation de la population et l'amélioration du niveau de vie renforcent dans de nombreux pays le rôle du marché intérieur, au moment où se ferment beaucoup de débouchés extérieurs. Mais il n'y a pas de nouvelle révolution des transports, malgré le développement de l'aviation civile (principalement postale à cette époque) et des transports routiers. Peu de changement également dans le domaine des techniques financières, si ce n'est l'utilisation de la *dévaluation* de la monnaie comme moyen de stimuler (de façon d'ailleurs très temporaire) les exportations. Le phénomène de la concentration affecte cependant la distribution des marchandises, avec le succès persistant des *grands magasins* et l'essor des magasins dits «à prix unique» ou à succursales multiples. Ces derniers se répandent surtout aux Etats-Unis. En Europe, et notamment en France où les petits commerçants jouent le rôle d'un important groupe de pression, ils ne contrôlent qu'une part réduite du commerce de détail.

b) *Le commerce international* progresse, mais à un rythme moins rapide que celui de la production. Si celle-ci a augmenté de 40 % environ entre 1913 et 1929, l'augmentation du volume des échanges n'est que de 5 % pour les produits manufacturés et de 13 % pour les produits alimentaires et les matières premières.

C. Les limites de la «prospérité» – a) *Permanence de la crise agricole.* Pendant la guerre et au lendemain immédiat du conflit, l'accroissement de la demande a entraîné une forte augmentation des prix et incité les agriculteurs à produire davantage, ceci en particulier dans les pays neufs : Etats-Unis, Canada, Argentine, Australie. A partir de 1920, la situation agricole de la plupart des pays européens se rétablit. La réduction des achats outre-mer entraîne rapidement la *surproduction,* l'engorgement des stocks et l'effondrement des prix. Celui du blé diminue de 70 % au Canada entre 1919 et 1929. Pendant la même période, la baisse a été aux Etats-Unis de 50 % pour le blé, de 40 % pour le coton, de 80 % pour le maïs. La crise touche en effet surtout les céréales (diminution de la consommation de pain au profit de la viande et des laitages) et le coton (concurrence des textiles artificiels). Les pays neufs ne sont d'ailleurs pas les seuls à souffrir de la mévente des produits agricoles. L'Europe centrale et orientale, qui fournissait à l'Europe occidentale la moitié de ses importations de blé, a vu sa part réduite à moins de 10 %, du fait de la concurrence américaine. En France même, où la production agricole est protégée par de hautes barrières douanières, les agriculteurs ont du mal à lutter contre les produits étrangers. Partout la fermeture des marchés entraîne un affaiblissement très sensible du niveau de vie des ruraux, d'autant que si les prix agricoles s'effondrent, ceux des produits manufacturés, que protègent de hauts tarifs douaniers, continuent de s'élever (c'est le phénomène dit des «ciseaux», par comparaison au mouvement des deux lames qui s'écartent). Aux Etats-Unis, les agriculteurs qui représentent le quart de la population active touchent en 1927 moins de 9 % du revenu national au lieu de 16 % en 1919. Dans tous les pays, la paysannerie s'endette, hypothèque ses terres (dans l'Est de l'Allemagne les dettes dépassent en 1929 de 50 à 100 % de la valeur des domaines) et restreint ses achats de produits industriels. Il y a là, en pleine période d'expansion économique, un facteur permanent de déséquilibre gros de conséquences pour l'avenir.

b) *Certains pays connaissent, indépendamment des variations de la conjoncture, des difficultés d'ordre structurel.* En Grande-Bretagne, les produits industriels s'écoulent de plus en plus mal sur les marchés extérieurs. C'est la conséquence du déclin du charbon, de l'insuffisante concentration dans certains secteurs, du vieillissement de l'outillage et du prix élevé de la main-d'œuvre. En Allemagne, les principales difficultés sont dues au manque de capitaux, entraînant inflation et endettement vis-à-vis de l'étranger, et à la disproportion qui existe entre un outillage industriel de plus en plus puissant et les faibles possibilités d'absorption du marché. Le Japon connaît un problème analogue. Ses exportations diminuent lentement entre 1925 et 1928, alors que la production industrielle augmente et que les bas salaires n'offrent qu'un marché intérieur restreint.

c) *Le sous-emploi* est une autre tare chronique mais qui touche cette fois l'ensemble des pays capitalistes. Le nombre des chômeurs, qui atteint évidemment son maximum en période de crise, reste élevé pendant toute la période. Aux Etats-Unis, il n'est jamais inférieur à 1,8 million entre 1924 et 1929. L'Allemagne a entre 1,5 et 2 millions de chômeurs pendant la même période, le Royaume-Uni jamais moins d'un million. Ce phénomène, qui pèse lourdement sur le budget (indemnités de chômage) et l'économie des grandes puissances, affecte deux types d'industries : d'une part. les industries traditionnelles (mines, textiles) du fait de la crise des débouchés, et d'autre part les secteurs où la concentration et la rationalisation ont permis de remplacer l'homme par la machine (chômage «technologique»). C'est pourquoi il ne touche pas seulement les pays dotés d'un outillage industriel vétuste.

d) *Les obstacles au commerce international.* Les échanges se trouvent limités par l'essor du nationalisme économique. Les traités ont consacré le cloisonnement de l'Europe en petites unités politiques souvent rivales et soucieuses de conserver leur indépendance économique en subvenant à leurs propres besoins. La guerre a suscité d'autre part la création d'industries dans les pays neufs, industries qu'il importe de protéger, la paix revenue, contre la concurrence des anciens pays exportateurs de produits manufacturés. Il en résulte partout une élévation des barrières douanières et un repliement sur soi qui finiront par toucher, avec la crise, le Royaume-Uni lui-même, patrie traditionnelle du libre-échange. Les droits de douane, qui ont sensiblement augmenté depuis 1913, peuvent atteindre de 20 à 40 % *ad valorem* suivant les pays. Ils sont particulièrement élevés aux Etats-Unis, dans les pays d'Europe centrale et méditerranéenne (plus de 40 % en Espagne) et dans les pays neufs comme l'Argentine.

e) *La spéculation monétaire.* La disparité croissante, sur le marché monétaire international, entre monnaies dites «fortes» (dollar, livre sterling, plus tard «franc Poincaré») et monnaies faibles, incite les détenteurs de capitaux à fuir les secondes et à transformer leurs liquidités en devises réputées solides, en or ou en valeurs «refuges» (terrains, immeubles de rapport, tableaux, bijoux, collections de timbres-poste, etc), voire à transférer leurs fonds à l'étranger. Ces opérations, qui traduisent souvent une inquiétude politique ou la volonté de destabiliser une majorité parlementaire jugée hostile aux intérêts des possédants (cf. la spéculation contre le franc au lendemain des élections de 1924), ne sont pas seulement le fait d'individus mais aussi d'entreprises, et notamment des banques qui, par fonction, disposent de disponibilités considérables. Par exemple les banques françaises peuvent «fuir le franc» d'une façon très simple : en augmentant le flux de leurs opérations avec l'étranger, c'est-à-dire en accélérant la marche de leurs emplois à court terme sur les marchés monétaires (prêts à court terme à l'étranger, escompte commercial par réseau de succursales à l'étranger, etc), qu'elles agissent pour leur propre compte ou pour celui de leur clientèle. Il en résulte, outre le tassement des investissements dans les pays exportateurs de capitaux, des effets déséquilibrants sur leurs balances des paiements pouvant entraîner l'effondrement de l'encaisse de la Banque centrale (cas de la Reichsbank en 1920-1922 et en 1929-1931). Plus généralement, les mouvements incontrôlés des capitaux «flottants» et la spéculation sur les monnaies ont pour conséquence de désorganiser profondément et durablement le marché financier. Ils constituent donc pour l'économie mondiale un facteur important de déséquilibre.

Bibliographie

C. Ambrosi & M. Tacel, *Histoire économique des grandes puissances à l'époque contemporaine, op. cit.*; dans l'édition de 1963, voir toute la IVe partie ; dans l'édition de 1969 rédigée en collaboration avec M. Baleste, voir les livres IV et V du tome I ; A. Philip, *Histoire des faits économiques et sociaux*, Paris (Aubier), 1963, IIe partie ; J.A. Lesourd et C. Gerard, *Histoire économique XIXe-XXe siècles*, Paris (Colin), Coll. U, 1963, 2 vol. IVe Partie, chapitres XVI et XVII ; M. Niveau, *Histoire des faits économiques contemporains*, Paris, PUF ; A. Sauvy, *Histoire économique de la France entre les deux guerres*, Paris, Nouvelle édition, Economica, 3 vol., 1984.

H. Bonin, *Histoire économique de la France depuis 1880*, Paris, Masson, 1988.

P. Léon, *Histoire économique et sociale du monde*, Paris, A. Colin, 1977, t. V, *Guerres et crises*.

Documents

Un article sur «les méthodes américaines» dans l'industrie

«...Ce qui importe, ce n'est pas le salaire nominal, exprimé en francs, ni même le salaire-or ramené à une monnaie stable, c'est ce que les spécialistes appellent le salaire «réel», c'est-à-dire la quantité de marchandises que ce salaire permet d'acheter.

Or, il est un pays où les salaires se sont accrus tandis que les prix baissaient, où, par conséquent, les salaires réels ont considérablement grandi ; ce sont les Etats-Unis. C'est ainsi que de 1920 à 1925 les salaires américains sont passés de 199 à 238, contre 100 en 1913[1], tandis que les prix s'abaissaient de 226 à 150. En Angleterre, au contraire, l'abaissement des prix de 283 à 166 entraînait une baisse, un peu moins forte il est vrai, des salaires qui se trouvaient ramenés de 256 à 175. Ce résultat est généralement attribué aux méthodes d'organisation rationnelle du travail qui ont été appliquées depuis quelques années aux Etats-Unis.

L'année dernière, deux ingénieurs anglais, MM. Bertram Austin et W.F. Lloyd, ont fait sur ces méthodes et sur le «secret des hauts salaires» américains, une enquête qui a excité dans toute l'Europe un grand intérêt.

...De son côté l'Allemagne a suivi passionnément les progrès faits par l'industrie américaine et, en même temps que leur or, elle s'est efforcée d'importer des Etats-Unis leurs méthodes de travail. La «rationalisation» de l'industrie et du commerce fait l'objet, outre Rhin, d'une méthodique et persévérante activité.

En France, la question n'est pas ignorée et déjà de nombreuses industries appliquent les méthodes de production les plus modernes[2].

Deux observations toutefois s'imposent. La première, c'est que les méthodes américaines ont leur origine dans la rareté de la main-d'œuvre aux Etats-Unis et notamment de la main-d'œuvre qualifiée. D'où la nécessité de produire en série des articles uniformes par des moyens mécaniques. Il n'est pas certain que nous ayons intérêt à entrer trop avant dans cette voie et nous devons, au contraire, tirer parti des qualités exceptionnelles de nos ouvriers qualifiés qui assureront à nos produits une clientèle précieuse.

La seconde, c'est que le développement systématique du machinisme exige l'investissement de capitaux considérables. Nous nous trouvons ainsi ramenés au problème de la reconstitution de l'épargne nationale et de l'afflux des capitaux étrangers qui est, nous l'avons démontré, le point capital de notre redressement économique et financier.

Or, seule la *sécurité* monétaire remplaçant définitivement la *confiance* fugitive permettra aux capitaux d'affluer librement et de s'employer efficacement en France.

Sans une politique financière nette et clairement définie des Pouvoirs publics, tous les efforts d'adaptation de l'économie nationale sont voués à un véritable échec.»

Roger Auboin, *L'Europe Nouvelle,* n° 465, 8 janvier 1927, p. 40-41.

• Idée générale : *les méthodes de rationalisation du travail permettent d'importants progrès sur le plan économique et social, mais leur application à un pays comme la France pose de sérieux problèmes.*

• Principaux thèmes – a) Aux Etats-Unis, *les méthodes d'organisation rationnelle du travail ont permis d'augmenter de façon très sensible le niveau de vie des salariés en abaissant les prix et en favorisant une forte hausse des salaires.* b) *Les «méthodes américaines» commencent à prendre pied* en Europe. *L'Allemagne les utilise déjà largement tandis qu'avec un certain retard les Britanniques se préparent à les adopter.* c) En France, *la rationalisation du travail n'a touché que certains secteurs. Sa généralisation pose un problème important dans un pays qui, à la différence des Etats-*

1. Il s'agit d'*indices,* en prenant l'année 1913 comme base de référence et en lui attribuant l'indice 100 ;
2. Notamment dans l'industrie automobile.

Unis, dispose d'une main-d'œuvre qualifiée nombreuse. Le risque est d'accroître le nombre des chômeurs. d) *La principale préoccupation en France est d'ordre* monétaire. *Il faut rétablir la confiance par la stabilité monétaire pour permettre à l'épargne nationale de se reconstituer et aux capitaux étrangers d'affluer de nouveau.*

• Dans quel contexte s'inscrit cet article ? a) La date : *janvier 1927, explique que la conclusion soit dominée par le problème monétaire. Depuis six mois en effet, Raymond Poincaré, revenu aux affaires en juillet 1926, s'efforce d'effectuer le* sauvetage du franc *par une politique d'équilibre budgétaire et de stabilisation des salaires et des prix, susceptible de restaurer la confiance des milieux d'affaires et de faire rentrer les capitaux transférés à l'étranger. C'est pourquoi l'auteur craint que la généralisation en France des «méthodes américaines» entraîne une rupture de l'équilibre difficilement réalisé par le gouvernement Poincaré, en provoquant une brusque hausse des salaires ;* b) L'article *de Roger Auboin nous éclaire sur l'attitude de certains milieux économiques français beaucoup plus soucieux de maintenir la stabilité du franc que de s'orienter vers une politique d'expansion rapide.*

La production d'acier de 1919 à 1929

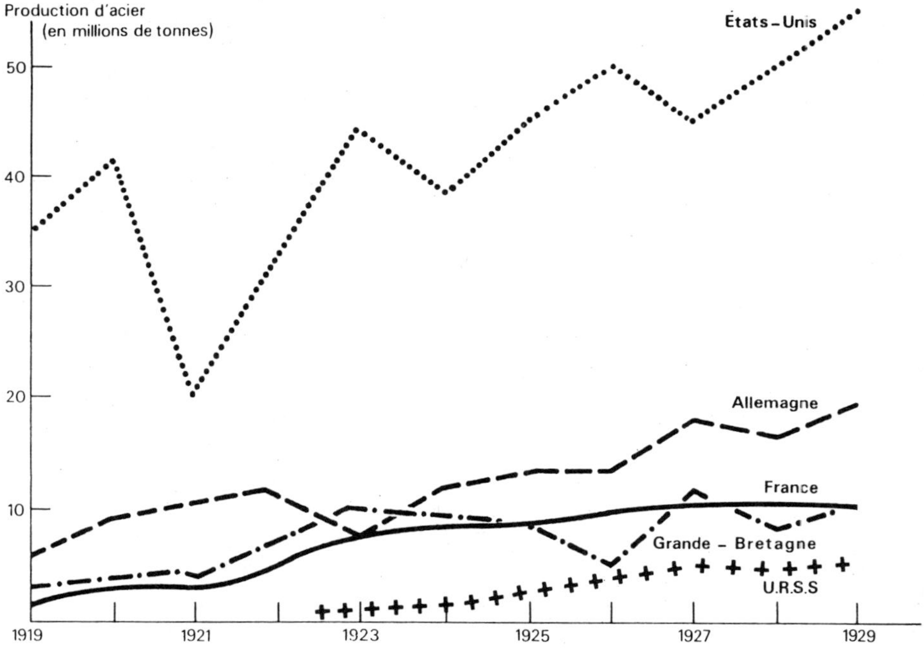

On notera :
– la part importante de la production américaine ;
– l'irrégularité des courbes avec, pour les USA, une progression par paliers, faisant apparaître un creux profond (crise de 1921) ; pour l'Allemagne, la chute de la production avec l'occupation de la Ruhr ; pour la Grande-Bretagne, l'incidence des grèves de 1926.

Indices de l'évolution économique entre 1913 et 1929

	1913	1921	1929
Production industrielle :			
Pour l'ensemble du monde	100		140
U.S.A.	—	89	170
France	—	61	143
Allemagne	—	55	117
Royaume-Uni	—	82	103
Japon	—	259	382
U.R.S.S.	—	13	194
Production mondiale de charbon	100	85	110
— — de pétrole	—	215	390
— — d'acier	—	70	162
Indices des prix de gros :			
Aux États-Unis	100	175	182
Dans le Royaume-Uni	—	200	140

Vocabulaire économique

Nous nous bornons à donner ici quelques définitions simples de termes utilisés dans les chapitres 2 et 3. Pour une meilleure compréhension des mécanismes économiques évoqués dans les pages qui précèdent, nous renvoyons le lecteur aux cours spécialisés et aux deux ouvrages suivants :

– J. RINAUDO & R. COSTE, *Initiation aux sciences économiques*, Paris (F. Nathan éd.) Coll. «Fac», 2 vol, 1968 ;

– J. BOUVIER, *Initiation au vocabulaire et aux mécanismes économiques contemporains (XIXe – XXe siècles)*, Paris (SEDES), 1969 ;

Inflation

L'inflation est un phénomène complexe que l'on peut définir aujourd'hui comme «un état de tension dans lequel les prix augmentent en même temps que les coûts en raison de l'excès des demandes exprimées en monnaie sur les quantités produites» (Rinaudo & Coste, *op. cit*).

Les observateurs des faits économiques ont longtemps concentré leur attention sur *l'inflation monétaire*, laquelle peut se définir par l'augmentation excessive du volume de monnaie mise en circulation et, par extension de papier-monnaie. Cette enflure de la masse monétaire, provenant d'une décision des autorités monétaires (la Banque centrale acceptant de créer des moyens de paiement en trop grande quantité), avait pour effet de provoquer une hausse générale des prix et, dans le cas d'une inflation de la monnaie de papier, la dépréciation de celle-ci par rapport à l'or ou à toute autre valeur fixe de référence.

Aujourd'hui, on ne considère plus l'inflation comme un phénomène se rattachant à la seule sphère monétaire de l'économie, mais comme découlant du système économique tout entier. Pour l'expliquer, on fait intervenir à côté de facteurs strictement monétaires (trop grand laxisme en matière de crédit, déficit budgétaire), des facteurs réels tenant tantôt à l'offre (mauvaises récoltes, grèves, plein emploi de l'appareil de production), tantôt à la demande (accroissement des revenus, hausse de l'investissement). Les deux types classiques d'explication du phénomène (inflation par la demande, inflation par les coûts) ne suffisant pas à rendre compte de toutes les données du problème, certains économistes ont introduit depuis une date récente des analyses plus fines mettant en évidence le rôle des pouvoirs (celui des grandes firmes, celui des syndicats) et celui des structures socio-économiques.

Déflation

Ce mot a connu un sort à peu près analogue à celui du précédent et désigne de nos jours une phase de la conjoncture au cours de laquelle «les prix pourraient diminuer en raison de l'insuffisance de la demande par rapport aux quantités disponibles de biens et de services» (Rinaudo & Coste, *op. cit.*).

A l'époque étudiée dans ce chapitre, on se préoccupe surtout de la *déflation monétaire*. L'émission et la mise en circulation excessives de papier-monnaie étant liées, dans une large mesure, à un déficit budgétaire important, on a souvent cherché le remède à l'inflation dans une politique dite de «déflation». Celle-ci se caractérise par une réduction systématique des dépenses de l'Etat sous forme d'économies, de diminution du traitement des fonctionnaires, etc. On s'efforce en même temps de réduire le volume de monnaie en circulation, de restreindre le crédit, d'obtenir un abaissement des salaires dans le secteur privé. Les expériences faites dans ce sens pendant la période de l'entre-deux-guerres ont généralement échoué, provoquant l'effondrement des prix, l'extension du chômage et de violents conflits sociaux.

Dévaluation

Opération qui consiste, soit à ajuster la valeur légale de la monnaie à une situation de fait due à l'inflation et à la hausse des prix, soit à diminuer volontairement la valeur de la monnaie sur le marché des changes afin de stimuler les exportations. Ce dernier cas s'applique à la dévaluation anglaise de 1931. Le premier caractérise l'expérience Poincaré en 1926-1928. Les prix se trouvaient alors 5 fois plus élevés qu'en 1914. Il fallait donc 5 fois plus de billets de banque pour se procurer la même marchandise. Le stock d'or n'ayant pas augmenté dans les mêmes proportions mais ayant au contraire diminué, la monnaie se trouvait fortement dépréciée par rapport à l'or et détachée de celui-ci. Le gouvernement Poincaré décida de *stabiliser* le franc en le rattachant à nouveau à l'or mais à une valeur égale à un cinquième du franc-or. La loi du 25 juin 1928 dévaluait ainsi des quatre cinquièmes le franc germinal. A noter cependant que le stock d'or français demeurait suffisant en 1928 pour que le gouvernement pût choisir de dévaluer le franc dans une proportion moindre. En choisissant celle du «franc à 4 sous», Poincaré voulut concilier l'aspect financier orthodoxe de l'opération avec les intérêts de l'industrie française.

Intégration

La *concentration verticale* ou intégration est la réunion, en une même unité de production, de diverses entreprises complémentaires participant aux différentes opérations qui concourent à la fabrication d'un produit, depuis l'obtention de la matière première jusqu'à la livraison du produit fini, voire à sa commercialisation. Dans la sidérurgie, il s'agira par exemple pour une même société de contrôler des mines de charbon et de fer, des hauts fourneaux, des laminoirs, des entreprises de transformation de transport et de vente. La *concentration horizontale* consiste seulement à grouper dans un même ensemble plusieurs entreprises travaillant au même stade de la production, par exemple des houillères ou des usines d'automobiles.

Trust

Combinaison financière visant au contrôle d'un certain nombre de sociétés et entreprises. On distingue trois catégories de trusts :
– *le groupement* de plusieurs entreprises conservant leur personnalité juridique en vue d'une action sur les prix ;
– *la fusion* qui aboutit, après la dissolution de plusieurs sociétés, à la création d'une nouvelle et unique société ;
– *le holding* qui est un groupe financier possédant dans un nombre parfois important d'entreprises, qui conservent chacune sa personnalité juridique, des participations financières assez fortes (bien que pas toujours majoritaires) pour permettre le contrôle ou la direction de ces entreprises.

A ce dernier type peuvent se rattacher les *Konzerne* allemands.

Cartel

Accord réalisé entre plusieurs entreprises, distinctes juridiquement et financièrement les unes des autres, en vue de supprimer ou de limiter la concurrence par la réglementation des ventes, la fixation des prix, la limitation de la production et le partage des marchés. Ces cartels ou *ententes* peuvent s'appliquer au plan national ou international.

4 La France de 1919 à 1932

Au lendemain du premier conflit mondial, beaucoup de Français souhaitent le retour à un passé plus ou moins mythique et idéalisé qui est celui de la «Belle Époque». Or ni le «Bloc national», coalition hétérogène qui triomphe aux élections de 1919 pour avoir su exploiter les thèmes de l'anticommunisme et de «l'Union sacrée», ni l'éphémère Cartel des gauches, ne s'avèrent capables de restaurer les structures et les catégories politiques de l'avant-guerre. Il faut attendre 1926 et le retour de Poincaré au pouvoir pour que la nation ait l'impression de retrouver des bases stables. Illusion de courte durée et qui ne survivra guère à la retraite définitive – en juillet 1929 – de l'ancien président de la République, moins encore aux premières manifestations de la crise.

I. Le Bloc national (1919-1924)

A. Une majorité issue de la guerre – a) *La ratification du traité de Versailles* fut le dernier acte important de la Chambre élue en 1914 et donna lieu à un long débat parlementaire. Clemenceau, qui considérait le traité comme un compromis entre ses propres idées et la nécessité de tenir compte des résistances anglo-américaines, sut faire admettre sa position contre ceux qui, à gauche, jugeaient le traité trop dur pour l'Allemagne (en particulier les socialistes) et ceux qui, à droite, lui reprochaient de ne pas être assez rigoureux et de ne pas assurer à la France une véritable sécurité (Maurice Barrès, Louis Marin, etc.). Le traité fut donc ratifié le 2 octobre 1919 par 372 voix contre 53 (presque toutes socialistes) et 74 abstentions.

b) *Les élections de novembre 1919.* Après que la Chambre eut voté un nouveau système électoral complexe, alliant le scrutin de liste départemental et la représentation proportionnelle, la campagne s'ouvrit à l'automne et s'organisa tout de suite autour des thèmes suivants :

• Ralliement autour d'un homme, Georges Clemenceau, le «Tigre», le «Père la victoire», dont la popularité est énorme, même auprès de ses anciens adversaires (l'un des dirigeants de *l'Action française,* Léon Daudet, lui consacrera un livre). Avec lui, c'est toute une tradition jacobine et autoritaire du radicalisme, récupérée par la droite, qui triomphe.

• Crainte du bolchevisme et de la contagion révolutionnaire. L'hostilité à la révolution bolchevique ne se limite pas à la bourgeoisie conservatrice. Elle est également le fait des ruraux (48 % de la population française), d'un nombre important de petits rentiers (les porteurs de fonds russes), de la majorité de la classe moyenne, opposée par principe et par intérêt à toute violence, de beaucoup de Français enfin que la défection de l'allié russe en 1917 et le massacre de la famille impériale (très populaire en France avant 1914) ont dressés contre les Soviets. La peur de l'extension du mouvement révolutionnaire croît avec la montée d'un puissant courant de revendications ouvrières et avec des événements tels que la mutinerie de la flotte française devant Sébastopol en avril 1919 ou le passage aux Soviets du capitaine Sadoul, membre de la mission française en Russie. La droite exploite cette inquiétude en donnant à sa campagne une tonalité nettement anticommuniste. Les murs des grandes villes se couvrent d'affiches représentant un moujik farouche avec un long couteau entre les dents. La presse multiplie les récits, vrais ou faux, de terreur révolutionnaire. De nombreuses autorités intellectuelles, religieuses, militaires, prennent ouvertement parti pour «l'ordre».

- Thème de «l'Union sacrée» qui trouve son prolongement dans un patriotisme jaloux, soucieux de préserver les fruits de la victoire, et dans la mystique du mouvement «ancien combattant». Cette force renouvelée du sentiment national est également exploitée par la droite qui s'efforce de l'annexer en flétrissant les mouvements de gauche du qualificatif d'*internationalistes*, tout en rejetant sur eux les responsabilités de l'insuffisante préparation militaire de la France.

- On souhaite enfin un renouvellement du personnel politique : moins de vieux parlementaires, rompus à tous les exercices de la coulisse politique, et davantage d'hommes nouveaux, ayant fait leurs preuves sur les champs de bataille. De fait, le pays élira une chambre «*bleu horizon*», comportant un grand nombre d'anciens combattants.

Le type de scrutin adopté ne pouvait que favoriser un puissant mouvement d'opinion (il est à noter que les femmes avaient été une fois de plus écartées des urnes, le Sénat leur ayant refusé le droit de vote voté par la Chambre). Les partis de droite et du centre s'unirent pour constituer un «Bloc national», alors que la gauche abordait le combat électoral en ordre dispersé, les socialistes ayant décidé d'agir seuls et de refuser leur soutien aux partis «bourgeois», y compris les radicaux, tandis qu'une partie de ces derniers n'hésitaient pas à s'associer à la coalition des droites. Aux élections du 16 novembre, le *Bloc national* triomphe avec 433 sièges pour 180 seulement à la gauche (dont 68 pour les socialistes, qui avaient 103 élus en 1914, et 86 pour les radicaux qui perdent plus de la moitié de leurs sièges). En fait le renouvellement du personnel politique (247 sortants seulement étaient réélus) était plus apparent que réel et ne correspondait pas à un véritable bouleversement de la carte électorale. Analysé de près, le scrutin n'indique que de faibles déplacements de voix (globalement la droite ne l'emportait que par un écart de 300 000 voix), socialistes et radicaux conservent dans l'ensemble leurs positions. C'est le jeu des alliances qui a fait la décision. Les élections au Sénat (dominé par les radicaux) devaient d'ailleurs confirmer la très grande stabilité du corps électoral.

c) *L'élection présidentielle de janvier 1920* allait vite souligner l'absence de cohésion du «Bloc national». Le rassemblement s'était fait en grande partie, autour du nom de Georges Clemenceau et tout semblait désigner le chef du gouvernement, alors au faîte de sa gloire, pour accéder à la magistrature suprême. Mais le Tigre avait contre lui beaucoup d'anciens ennemis politiques, tous ceux qui se méfiaient de son autoritarisme et de ses projets de réforme fiscale (dans son discours-programme du 4 novembre à Strasbourg il avait préconisé une politique financière d'austérité compensée pour les moins favorisés par une fiscalité plus juste), des nationalistes qui lui reprochaient sa faiblesse pendant les négociations de paix et de nombreux députés catholiques auprès de qui Briand agitait en coulisse l'épouvantail d'un président de la République violemment anticlérical. Briand et ses amis ayant fait campagne pour le président de la Chambre Paul Deschanel, le Parlement préféra cet homme aimable mais irrésolu au principal artisan de la victoire. Le 16 janvier, Clemenceau obtint dans un scrutin préliminaire, 389 voix contre 408 à Deschanel. Il retira aussitôt sa candidature et quitta la vie politique pour se réfugier dans une solitude hautaine. Quelques mois plus tard (septembre 1920), Paul Deschanel devait démissionner pour troubles mentaux, cédant la place à Alexandre Millerand.

B. Les forces politiques — a) *Trois gouvernements* se succèdent de 1920 à 1924. Celui de Millerand — remplacé après son élection à la présidence de la République par Georges Leygues — est surtout dominé par la politique extérieure, seul véritable ciment de la coalition majoritaire. Aristide Briand, président du conseil de janvier 1921 à janvier 1922, s'engage dès son arrivée au pouvoir dans la voie d'un rapprochement avec l'Allemagne. Mais, désavoué par Millerand et ne disposant pas d'appuis suffisants à la Chambre, il doit démissionner et c'est l'ancien président de la République Raymond Poincaré qui devient président du conseil (jusqu'aux élections de 1924).

b) *Les partis.* Ceux qui constituent la majorité de «Bloc national» sont loin de former un ensemble cohérent. On y trouve à côté d'anciens socialistes se qualifiant eux-mêmes d'«indépendants», comme Briand et Millerand, des *modérés,* c'est-à-dire des hommes de la droite libérale, comme Poincaré et André Tardieu, des représentants de la droite «nationale», tel le député de Nancy Louis Marin, d'autres enfin qui refusent «le jeu parlementaire à l'ancienne mode», ce qui est le cas de Barrès, l'un des fondateurs du Bloc national. Certains, liés à l'*Union des intérêts économiques,* défendent les positions de la grande industrie tandis que d'autres s'attachent à la défense de la paysannerie ou de la petite entreprise. Divergence d'intérêts donc, mais aussi divergences idéologiques. Comme le fait remarquer André Tardieu, l'une des principales contradictions des hommes du Bloc national vient du fait «qu'une bonne moitié d'entre eux vient de la tradition catholique et de l'autre moitié de la tradition voltairienne».

A gauche, deux faits méritent d'être mentionnés pendant cette période : la difficile reconstruction du parti radical (cf. en Annexe le dossier relatif à cette question) et la scission du mouvement socialiste.

La révolution bolchevique avait été accueillie avec un certain enthousiasme par les socialistes français, mais beaucoup jugeaient les méthodes de Lénine dangereuses et inadaptées à la situation du mouvement ouvrier français. Jusqu'en 1920 en effet, les Bolcheviks pensaient que la révolution prolétarienne n'avait de sens que si elle s'élargissait rapidement aux dimensions du monde. Pratiquant une «stratégie à court terme», la «révolution mondiale» paraissant imminente, ils entendaient constituer en France, comme partout, un noyau étroit mais solide, de partisans gagnés aux idées de la IIIe Internationale. Aussi pressent-ils le *Comité de la IIIe Internationale* – fondé en 1919 par des socialistes partisans de l'adhésion de la S.F.I.O. à la nouvelle internationale bolchevique – de se transformer officiellement en parti communiste. Or la structure du socialisme français ne semble pas mûre pour cette évolution, et ceci bien que le parti soit sorti de la guerre avec des effectifs renforcés (130 000 adhérents au lieu de 40 000 en 1917), rajeunis et radicalisés.

Trois courants se partagent alors la pensée socialiste. Un *courant syndicaliste révolutionnaire,* antiparlementaire, partisan des solutions violentes et d'une société sans classes, mais soucieux d'autre part de ne pas s'inféoder à une organisation politique trop envahissante et méfiant à l'égard des aspects autoritaires du léninisme. Un *courant jaurésien,* également favorable dans ses fins à une révolution sociale et à une société sans classes, mais réformiste dans ses méthodes et partisan d'une conquête du pouvoir par les voies parlementaires. Enfin un *courant «bolcheviste»,* animé par le Comité de la IIIe Internationale et finalement appuyé par la délégation envoyée en Russie par la SFIO et dirigée par Marcel Cachin, directeur de *l'Humanité,* et L.-O. Frossard, secrétaire général du parti. Ceux-ci, assez réticents au départ, semblent avoir été convertis à l'adhésion par le climat d'élan révolutionnaire qui régnait à Moscou.

Lorsque s'ouvre le *Congrès de Tours,* en décembre 1920, il s'agit de voter ou de refuser l'adhésion à la IIIe Internationale, Lénine ayant fait poser *21 conditions* très strictes : acceptation du principe de la dictature du prolétariat, exclusions des réformistes, agitation, propagande illégale et surtout «soutien sans réserve à toutes les républiques soviétiques dans leurs luttes contre la contre-révolution» (condition 14). Les «réformistes» (Léon Blum, Paul Faure, Marcel Sembat), se déclarent d'entrée de jeu hostiles à l'adhésion. Ils estiment que la France n'est pas mûre pour une révolution sociale et qu'il est dès lors inutile de briser l'unité du mouvement ouvrier pour fonder un parti de combat. Les partisans de l'adhésion pensent pour leur part que si la situation n'est pas révolutionnaire en France, et ils en conviennent, elle l'est par contre dans de nombreux pays, et qu'il ne faut pas désamorcer, par une attitude réformiste, les possibilités de révolution mondiale. Finalement, l'adhésion est votée le 29 décembre par 3 208 mandats contre 1 022 et 397 abstentions (à quoi il faut ajouter une centaine de voix qui seront ensuite réparties entre les deux principales motions). Les minoritaires, refusant non sans déchirement de se soumettre, décidèrent le maintien de la SFIO, tandis que les majoritaires se constituaient en Section Française de l'Internationale Communiste (SFIC). Les communistes conservèrent *l'Humanité,* les socialistes *le Populaire* et la plupart des organes provinciaux du parti (*Midi socialiste, Le cri du peuple, La Montagne,* etc.). En juin 1922, la scission gagna la CGT, avec la création d'une CGTU («unitaire») de tendance communiste. Débordée sur sa gauche et très affaiblie au départ, la SFIO ne devait pas tarder à reprendre souffle, en récupérant une partie de ses militants passés à la SFIC (de 30 000 au lendemain de la scission les effectifs du Parti socialiste remontent à 110 000 en 1925) et surtout en mordant sur les classes moyennes et les milieux ruraux, c'est-à-dire sur la clientèle du parti radical. Peu représentée dans la région parisienne, elle avait cependant perdu une bonne partie de sa base ouvrière (sauf dans le Nord) et allait surtout progresser dans le Midi de la France, parmi les petits exploitants agricoles et les fonctionnaires. Quant au jeune parti communiste, il va connaître des débuts difficiles, ponctués d'exclusions massives (francs-maçons, éléments «gauchistes») exigées par le Komintern. De 110 000 membres en 1921, son effectif tombe deux ans plus tard à 55 000 adhérents, recrutés essentiellement en milieu ouvrier.

C. La politique du Bloc national — a) *Des mesures de circonstance* furent adoptées en tout premier lieu pour satisfaire l'aile conservatrice de la coalition gouvernementale : retour des congrégations religieuses, rétablissement des relations diplomatiques avec le Saint-Siège, statut concordataire pour le clergé et les écoles d'Alsace-Lorraine, etc.

b) *Le problème social.* On assiste en 1919-1920 à un progrès très rapide du syndicalisme auprès des masses ouvrières, les salaires ne s'adaptant pas assez vite à la hausse des prix. Les effectifs de la CGT, qui ont triplé depuis 1918, atteignent 2,5 millions d'adhérents en 1920. De leur côté les travailleurs chrétiens se sont groupés en une confédération (CFTC) qui compte 140 000 inscrits en 1919. En même temps se développe un puissant mouvement de revendications et d'agitation dont les principaux épisodes sont la journée du 1er mai 1919, celle du 1er mai 1920 (2 morts et de très nombreux blessés) et la formidable vague de grèves du printemps 1920 (1 832 grèves recensées intéressant plus de 1 300 000 ouvriers et employés), qui culmine avec la grève générale des cheminots : mouvement de protestation et de solidarité motivé par la mise à pied d'un délégué syndical du PLM.

Face à ce mouvement d'ampleur nationale, le gouvernement Millerand intervient avec la plus grande énergie, utilisant pour faire marcher les trains les non-grévistes et les «volontaires», envoyant la police et l'armée contre les grévistes, faisant arrêter meneurs syndicalistes et dirigeants d'extrême-gauche (notamment Monmousseau et les secrétaires du Comité de la IIIe Internationale). Des poursuites judiciaires sont intentées contre la CGT — un moment dissoute par décision du tribunal correctionnel — et contre les dirigeants de la Fédération des cheminots, sous prétexte de «complot contre la sûreté intérieure de l'État». Après la reprise du travail, fin mai, 18 000 cheminots seront révoqués (soit 5 % du personnel des chemins de fer). C'est une très dure défaite pour la classe ouvrière. L'échec de nouvelles grèves violentes en septembre (3 morts), puis la scission du mouvement socialiste à Tours, celle du syndicalisme deux ans plus tard, ne pourront que l'affaiblir davantage en face d'un gouvernement qui va d'autre part bénéficier de la reprise économique. A la fin de 1922, CGT et CGTU ne comptent plus à elles deux que 800 000 adhérents.

c) *La politique financière.* Les dépenses de la reconstruction, l'indemnisation des victimes de la guerre (120 milliards par an qui, on l'espère, seront payés par l'Allemagne), ont pour effet d'accroître rapidement le déficit du budget. En attendant le paiement des réparations, on cherche à combler celui-ci par l'infiltration et l'émission de bons du Trésor à court terme. Il en résulte une hausse des prix intérieurs et la dépréciation du franc sur le marché des changes. Les gouvernements successifs tentent vainement de redresser la situation par l'emprunt et la stabilisation de la circulation monétaire, mais toutes les mesures adoptées dans ce sens échouent. *La crise monétaire* atteint son paroxysme en mars 1924. A cette date, la livre sterling vaut 117 F au lieu de

63 F en décembre 1922. Le gouvernement Poincaré décide alors d'agir sur deux plans : emprunt auprès de la banque Morgan pour renflouer l'encaisse de la Banque de France (la livre retombe à 65 F), ce qui n'est pas sans incidence sur la politique étrangère de la France, et augmentation des impôts directs de 20 %. Cette dernière mesure, prise à deux mois des élections législatives, devait largement contribuer à l'échec du Bloc national.

LA CHAMBRE DE 1919

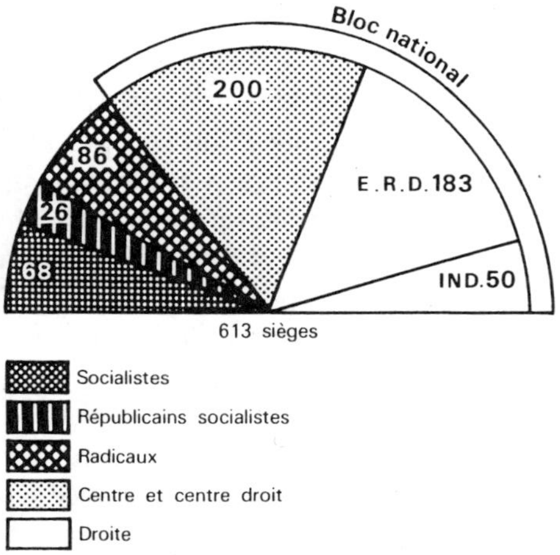

LA CHAMBRE DE 1924

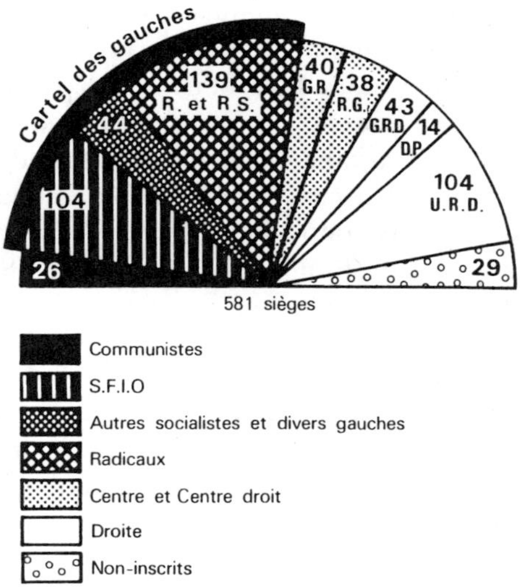

II. L'expérience du «Cartel» (1924-1926)

A. La victoire de la gauche – Aux élections de mai 1924, le Bloc national, déconsidéré par sa politique extérieure (occupation de la Ruhr) et par les récentes mesures de rigueur financière, divisé d'autre part sur la question scolaire, a perdu sa cohésion de 1919 et s'est, dans de nombreux départements, scindé en deux listes concurrentes. Radicaux et socialistes ont au contraire décidé de s'unir en vue du scrutin et de constituer un «cartel des gauches» dont ne font pas partie les communistes. Le déplacement des voix de la droite vers la gauche est assez faible, suffisant toutefois, grâce aux effets multiplicateurs du mode de scrutin adopté (le même qu'en 1919), pour permettre aux listes communes du Cartel d'enlever la majorité des sièges : 327 sur 581, les communistes obtenant pour leur part 26 sièges pour 886 000 voix (dont le tiers dans la région parisienne). En fait le Cartel (qui a obtenu globalement 300 000 voix de moins que la droite) ne détient la majorité à la Chambre que grâce aux 40 voix de la *gauche radicale,* groupe composite assez hostile dans sa majorité au maintien de l'alliance avec les socialistes. Ces derniers, partisans de nationalisations et d'un impôt sur le capital, sont d'ailleurs loin d'être suivis dans cette voie par le parti radical, attaché à la petite propriété et au libéralisme économique. Les seuls points d'accord sont la laïcité, la conciliation à l'extérieur et l'opposition à Millerand.

B. La démission de Millerand – Le Président de la République est accusé par les cartellistes d'avoir manqué à la réserve constitutionnelle en quittant son rôle d'arbitre pour intervenir dans la campagne électorale en faveur des candidats du Bloc national. On lui reproche surtout son discours d'Evreux (octobre 1923) où, prenant la parole sur le thème de la réforme constitutionnelle et préconisant un renforcement des pouvoirs de l'exécutif, il s'est affirmé comme le chef de la majorité sortante. Au lendemain des élections, les vainqueurs exigent sa démission et *le Quotidien*, organe du Cartel («le journal honnête pour les honnêtes gens»), lance la formule : «toutes les places, et tout de suite !» Pour obtenir le départ de Millerand, les chefs de la majorité (Herriot, Painlevé) refusent de constituer un gouvernement, de même que Poincaré, président du conseil sortant. Finalement, le Président de la République s'adresse à l'ex-ministre des Finances François-Marsal, son ami personnel, à qui la Chambre refuse la confiance par 327 voix contre 217. Millerand doit donc quitter la chambre et c'est Gaston Doumergue, radical modéré et candidat du Sénat – dont il est le président – qui accède à la magistrature suprême, obtenant 515 voix contre 309 à Painlevé, candidat du Cartel.

C. Le ministère Herriot (juin 1924-avril 1925) – Édouard Herriot, président du parti radical, constitue un gouvernement sans la participation des socialistes mais avec leur soutien. Après avoir opéré des mutations dans le haut personnel administratif, le nouveau gouvernement s'engage dans une politique anticléricale qui soulève de très vives résistances de la part des organisations catholiques (DRAC, *Fédération nationale catholique* que préside le général de Castelnau) : projets de loi visant à instituer l'école unique ou à étendre la laïcité à l'Alsace-Lorraine, suppression de l'ambassade auprès du Saint-Siège, votée par la Chambre (malgré Briand) mais refusée par le Sénat, etc. A cette opposition des catholiques, qui aboutit parfois à des troubles violents, vient s'ajouter l'action des ligues d'extrême droite : Action française, Faisceau de Georges Valois, Jeunesses patriotes de Pierre Taittinger, dont la clientèle se nourrit de la crise financière et de la peur du communisme. Surtout après le transfert des cendres de Jaurès au Panthéon, grande fête de rassemblement républicain mais qui est suivie d'une imposante manifestation communiste (23 novembre 1924). Le 23 avril 1925 extrême gauche et ligues nationalistes s'affrontent dans des heurts sanglants dont le théâtre principal est la rue Danrémont à Paris.

Mais les principaux problèmes sont d'ordre financier. Inquiets des progrès du parti communiste, mécontents de la politique extérieure d'Herriot qui a, en octobre 1924, reconnu *de jure* la Russie soviétique, indisposés d'autre part par les mesures anticléricales du Cartel ainsi que par l'amnistie de Caillaux et Malvy, les milieux capitalistes engagent la lutte contre le gouvernement par des campagnes dans la grande presse d'information qu'ils contrôlent et par des pressions financières : action sur la Bourse, exportation de capitaux à l'étranger, etc. En butte à cette opposition du «mur d'argent» – symbole des grandes féodalités financières : Comité des forges, Comité central des houillères, principales banques d'affaires, etc. – Herriot hésite à instituer l'impôt sur le capital réclamé par les socialistes et refuse de suivre les conseils du directeur du mouvement général des fonds, Pierre de Moüy, lequel préconisait de renoncer à la politique de déflation et au mythe du retour à la parité d'avant-guerre, quitte à relever le plafond des avances de la Banque de France à l'État (fixé à 41 milliards de francs par la loi du 31 décembre 1923) et à la condition expresse de «dire la vérité au pays», c'est-à-dire aux Chambres.

Au début de 1925, la crise financière s'aggrave brutalement. Le déficit budgétaire s'accroît au moment où la crise du crédit se manifeste par le refus du public de souscrire aux emprunts d'État et par un afflux de demandes de remboursement des bons du Trésor, conséquences directes du vent de panique que soufflent les journaux hostiles au Cartel. Le gouvernement doit alors faire appel aux avances de la Banque de France, dépassant le «plafond» légal de la circulation monétaire tout en masquant cette atteinte à la légalité par divers artifices (notamment en truquant le bilan hebdomadaire de la Banque de France). Mis en minorité devant le Sénat sur cette question, Herriot doit démissionner le 10 avril 1925.

D. La fin du Cartel – Le départ d'Herriot inaugure une phase de grande instabilité ministérielle. Les ministres des Finances se succèdent à un rythme rapide : Caillaux (qui propose un projet de budget d'austérité rejeté par les socialistes), de Monzie, Painlevé, Loucheur, etc. Aucun ne parvient à résoudre la crise. Le 19 juillet 1926, Herriot forme un nouveau ministère qui est très mal accueilli par le monde des affaires et par l'opinion publique. Deux jours plus tard, tandis que la foule conspue les ministres devant le Palais-Bourbon et menace de «jeter à la Seine» le président du parti radical, le nouveau cabinet est renversé par la Chambre : Herriot, qui craint d'être écharpé par les manifestants, doit attendre une heure tardive de la nuit pour aller à l'Élysée porter sa démission au président Doumergue. La livre sterling est alors à 243 francs à Paris (au lieu de 104 francs un an plus tôt) et le pays se trouve au bord de la faillite financière.

III. De l'Union Nationale au Gouvernement des droites (1926-1932)

A. Poincaré et le sauvetage du franc – a) *Le redressement financier.* De retour au pouvoir en juillet 1926, Poincaré constitue un gouvernement d'«union nationale» avec les modérés (Briand, Tardieu), des représentants de la droite conservatrice (Louis Marin) et les radicaux (Herriot). Sa seule présence suffit à restaurer la confiance des capitalistes et des épargnants (en trois jours la livre baisse de 18 % sans qu'aucune mesure ait été prise !). Nanti des pleins pouvoirs financiers, il s'applique en tout premier lieu à rétablir l'équilibre du budget en réduisant très sensiblement les dépenses de l'État (Défense nationale, Travaux publics, Ministère de l'Intérieur avec la suppression de 106 sous-préfectures, Justice, etc.), en créant une *caisse d'amortissement* destinée à résorber la dette flottante et disposant de ses ressources propres (tabac, droits de mutation et de succession, loterie nationale), en procédant enfin à l'augmentation de certains impôts et à celle des droits de douane. Grâce à ces mesures drastiques, le budget de 1926 est en équilibre, ce que le pays n'avait pas connu depuis 1914. Celui de 1927 sera même excédentaire. Rassurés, les capitalistes ne tardent pas à faire rentrer leurs avoirs et les spéculateurs commencent à jouer la hausse du franc (la livre est retombée à 122 F à la fin de 1926).

Le retour à la parité d'avant-guerre, souhaité par l'opinion et notamment par les épargnants pour qui c'était le seul moyen de retrouver la valeur des sommes prêtées à l'État, s'avérant impossible, le franc fut stabilisé en 1928 au niveau de son pouvoir d'achat, c'est-à-dire à une valeur égale au cinquième du franc-or. La convertibilité est rétablie sur la base de 1 franc = 65 mg d'or à 9/10 de fin. La Banque de France était autorisée à réévaluer son encaisse sur la base de la nouvelle définition. Le plafond de la circulation était supprimé mais la loi imposait à l'institut d'émission de conserver une encaisse-or égale à 35 % au moins de ses engagements à vue.

b) *Les élections de 1928,* faites sur le thème de l'approbation de la politique financière de Poincaré, permirent à la droite de regagner une grande partie des positions qu'elle avait perdues en 1924 et marquèrent un net recul du Cartel, qui n'obtenait plus que 271 sièges (dont 100 aux socialistes). Le bloc de l'ordre avait la majorité avec 330 sièges et les communistes voyaient leur représentation réduite à une quinzaine de députés (malgré un gain de 200 000 voix et la victoire à Paris de Jacques Duclos sur Léon Blum). Poincaré continua de gouverner avec la majorité d'*Union nationale* jusqu'au congrès radical d'Angers (novembre 1928) qui, inquiet du succès du parti socialiste auprès de sa clientèle traditionnelle, décida de rompre avec les «réactionnaires» et d'exiger la démission des ministres radicaux. Il constitua donc son dernier ministère avec les seuls représentants de la coalition des droites. Malade et en proie à des difficultés avec les chambres, l'homme d'État lorrain dut quitter le pouvoir en juillet 1929.

B. Les «modérés» au pouvoir — a) *Des cabinets modérés* se succèdent à un rythme rapide (9 en moins de trois ans) à partir de l'été 1929. Deux hommes notamment dominent cette période et cherchent à recueillir l'héritage du poincarisme, tandis que se font sentir les premiers effets de la crise mondiale : *Pierre Laval,* un ancien socialiste révolutionnaire rallié à la droite après le Congrès de Tours (janv. 1931-février 1932) et *André Tardieu* (nov. 1929-fév. 1930, puis 2 mars-4 décembre 1930 et fév.-mai 1932). La droite libérale s'assure également la présidence de la République avec Paul Doumer, élu en mai 1931 contre Briand, puis après l'assassinat de Doumer par l'anarchiste Gorguloff le 5 mai 1932, avec Albert Lebrun.

b) *Cette période sans grande activité politique* est marquée par l'introduction de quelques réformes sociales : retraite des anciens combattants, loi sur les calamités agricoles et surtout organisation d'un système d'*assurances sociales* (loi d'avril 1930). Elle voit d'autre part se développer des scandales politico-financiers qui vont se multiplier au cours de la législature suivante et concourir fortement à l'ébranlement du régime.

Bibliographie

C & A. AMBROSI, *La France, 1870-1981,* Paris, Masson, 1981. M. AGULHON, R. SHOR et A. NOUSCHI, *La France de 1919 à 1940,* Paris, Nathan, 1994. S. BERSTEIN, *La IIIe République,* Paris, M.A., 1986. Paul-M. BOUJU et H. DUBOIS, *La IIIe République* (1870-1940), Paris (Que sais-je ?), 4e éd., 1963. J. NÉRÉ, *La IIIe République, (1914-1940)*, Paris (Colin Coll. U2) 1966. J. CHASTENET, *Histoire de la IIIe République,* Paris (Hachette). T.V. *Les années d'illusion.* É. BONNEFOUS, *Histoire politique de la troisième République*, Paris (PUF). Tomes III : *L'après-guerre* et IV : *Cartel des gauches et Union Nationale.* Ph. BERNARD. *La fin d'un monde,* 1914-1929, Paris (Seuil) 1975 : fondamental. R. REMOND, *Notre siècle.* Paris, Fayard, 1988. M. AGULHON, *La République de 1880 à nos jours,* Paris, Hachette, 1990.

Sur la vie politique de l'Entre-deux-guerres, on aura recours aux deux ouvrages suivants : F. GOGUEL, *La politique des partis sous la IIIe République*, Paris (Seuil), 1968 et A. SIEGFRIED, *Tableau des partis en France*, Paris (Colin), 1930. On lira également avec profit le pénétrant essai de J.-N. JEANNENEY, *Leçon d'histoire pour une gauche au pouvoir, la faillite du Cartel (1924-1926),* Paris (Seuil), 1977.

Sur l'histoire économique de la France pendant cette période, voir les ouvrages cités (AMBROSI et TACEL, SAUVY, etc.) et aussi H. BONIN, *Histoire économique de la France depuis 1880,* Paris, Masson, 1988.

Pour la scission du parti socialiste : Annie KRIEGEL, *Le Congrès de Tours* (1920), Coll. Archives, Julliard 1964 : de nombreux textes précédés d'une introduction dans laquelle l'auteur présente certaines conclusions fondamentales de sa thèse sur les *Origines du Parti Communiste français.*

J.-J. BECKER, S. BERSTEIN, *Victoire et frustrations (1914-1929),* Paris, Seuil, t. 12 de la *Nouvelle histoire de la France contemporaine, 1990.*

Biographies

Clemenceau

Georges Clemenceau est né en 1841 à Mouilleron-en-Pareds (Vendée). Après ses études de médecine, il entre dès 1870 dans la vie politique (maire de Montmartre). Député de la Seine, député puis sénateur du Var, il devient le chef de l'extrême gauche radicale et, orateur incisif et redouté, le «tombeur des ministères». Il s'illustre dans la lutte contre le boulangisme (après avoir un moment poussé Boulanger, son condisciple au lycée de Nantes) puis, après une éclipse de quelques années (Panama), dans l'affaire Dreyfus où il mène une ardente campagne en faveur de la révision dans le journal *L'Aurore*. Président du Conseil de 1906 à 1909, il entre en lutte avec les socialistes et réprime durement l'agitation sociale. Pendant la guerre, il fait campagne dans L'*Homme enchaîné* (il avait fondé *L'Homme libre* en 1973 mais en avait modifié le titre pour protester contre la censure) contre l'incurie et la trahison. Au moment de la crise de 1917, il devient Président du Conseil et se consacre entièrement à la conduite de la guerre, refusant tout compromis et faisant poursuivre pacifistes et défaitistes (Caillaux et Malvy seront traduits en Haute-Cour). Négociateur du Traité de Versailles, il accepta de sacrifier la frontière du Rhin au maintien des alliances. Ayant échoué aux élections présidentielles de janvier 1920, il se retire de la vie politique. Il meurt en novembre 1929. Énergique, combatif, d'une activité inlassable, ses ennemis lui reprochent moins ses orientations politiques que le caractère acéré de son esprit, son autoritarisme et la virulence de son anticléricalisme.

Poincaré

Raymond Poincaré né à Bar-le-Duc en 1860, dans une famille de grande bourgeoisie. Carrière d'avocat et d'homme politique modéré. Il est député de la Meuse à 27 ans, ministre à 33 ans. Président du Conseil en 1912, il est Président de la République de 1913 à 1920. Favorable pendant la guerre à une politique d'annexions, il mène, après son retour à la présidence du Conseil en janvier 1922, une stricte politique d'*exécution* du traité et décide en 1923 l'occupation de la Ruhr. Après l'échec du Cartel, il dirige de 1926 à 1929 un cabinet d'*Union nationale* qui, sous son impulsion, opère le sauvetage et la stabilisation du franc. La maladie l'oblige à se retirer en juillet 1929. Il meurt à Paris en 1934. D'une intelligence très vive, très logique, Poincaré joint à de remarquables qualités d'orateur (pas d'envolées lyriques mais un style concis et incisif), une très grande puissance de travail et un esprit méthodique. D'une honnêteté scrupuleuse, d'un juridisme pointilleux, il manque de chaleur et d'imagination, mais inspire confiance par son autorité et sa probité.

Il serait utile de rédiger des *fiches* sur les principaux hommes politiques de la période en complétant les renseignements qui précèdent par ceux que l'on pourra trouver dans les manuels secondaires ainsi que dans le *Grand Larousse encyclopédique*. On pourrait ainsi établir des fiches sur : Briand, Millerand, Herriot, Caillaux, Painlevé, Doumer, Doumergue, Blum, Cachin, Frossard, Longuet, etc.

Document

Intervention de Léon Blum au Congrès de Tours

Lundi 27 décembre, séance de l'après-midi. Le 3ᵉ jour du Congrès, Blum, l'un des principaux leaders de la tendance hostile aux «21 conditions», prend la parole pour exposer le point de vue de ses amis. Sachant la scission inévitable, il vient en même temps dire adieu à ses anciens compagnons de lutte et demande aux futurs «frères ennemis» de ne pas se déchirer sous les yeux satisfaits de la bourgeoisie. L'émotion qui imprègne son discours est un bon exemple non seulement du «style» de Léon Blum mais aussi de l'atmosphère du Congrès.

«... Nous sommes convaincus, jusqu'au fond de nous-mêmes que, pendant que vous irez courir l'aventure, il faut que quelqu'un reste garder la vieille maison. *(Très bien).*

Nous sommes convaincus qu'en ce moment, il y a une question plus pressante que de savoir si le socialisme sera uni ou ne le sera pas. C'est la question de savoir si le socialisme sera, ou s'il ne sera pas. *(Applaudissements).*

C'est la vie même du socialisme que nous avons la conscience profonde de préserver en ce moment dans la mesure de toutes nos forces.

Et puisque c'est peut-être pour moi la dernière occasion de vous le dire, je voudrais vous demander quelque chose qui est grave à mes yeux. Pouvons-nous vraiment, les uns et les autres, prendre là-dessus une sorte d'engagement suprême ? Demain, nous serons peut-être divisés comme des hommes qui comprennent différemment l'intérêt du socialisme, le devoir socialiste ? Ou serons-nous divisés comme des ennemis ?

Allons-nous passer notre temps devant la bourgeoisie à nous traiter les uns de traîtres et de renégats, les autres de fous et de criminels ? Ne nous ferons-nous pas les uns et les autres, crédit de notre bonne foi ? Je le demande : «Y a-t-il quelqu'un ici qui croie que je ne suis pas socialiste ?»

– *Cartier :* Tu es confusionniste. *(Tumulte).*

– *Blum :* Dans cette heure qui, pour nous tous, est une heure d'anxiété tragique, n'ajoutons pas encore cela à notre douleur et à nos craintes. Sachons nous abstenir des mots qui blessent, qui déchirent, des actes qui lèsent, de tout ce qui serait déchirement fratricide.

Je vous dis cela parce que c'est sans doute la dernière fois que je m'adresse à beaucoup d'entre vous et parce qu'il faut pourtant que cela soit dit. Les uns et les autres, même séparés, restons des socialistes ; malgré tout, restons des frères qu'aura séparés une querelle cruelle, mais une querelle de famille, et qu'un foyer commun pourra encore réunir. *(Applaudissements prolongés sur les bancs de droite – Tumulte à gauche).*

Texte cité par A. Kriegel
in *Le Congrès de Tours* (1920), Paris, Julliard (coll. Archives, 1964).

Problèmes – Débats – Controverses

Les radicaux français de l'Entre-deux-guerres

Voici, reproduites et résumées avec l'aimable autorisation de l'auteur, les principales conclusions de la thèse de Serge Berstein, soutenue en 1976 à l'Université de Paris X-Nanterre, sur l'histoire du parti radical-socialiste en France entre les deux guerres.

1. Qui sont les radicaux ?

• Les radicaux eux-mêmes, lorsqu'ils consentent à se définir, admettent qu'ils sont *le parti des classes moyennes.* Mais ils n'entendent pas par là un groupe identifié de manière trop restrictive avec la très petite bourgeoisie urbaine, à peine dégagée du prolétariat. L'étude sociale des 7 000 membres du Comité exécutif du parti révèle un éventail beaucoup plus large : artisans, commerçants, négociants (19 % de l'ensemble), industriels et entrepreneurs de services (14 %), dont une fraction appartient bien au monde de la petite boutique ou de l'échoppe, mais dont les strates supérieures sont constituées d'une moyenne bourgeoisie très à l'aise ; membres des professions libérales (31,5 %), qui jouent un rôle essentiel au niveau des organes dirigeants du parti ; classe moyenne salariée (22,2 %), particulièrement bien représentée au niveau des fonctionnaires et notamment des fonctionnaires âgés.

Si l'existence de cette base sociologique est indispensable à l'intelligence du parti radical, elle ne saurait suffire à le définir. Une grande partie de la classe moyenne française se reconnaît dans d'autres formations et, à cet égard, le poids de la tradition est déterminant. Les adhérents et les électeurs du parti radical se recrutent dans une classe moyenne à *tradition de gauche* qui épouse les idéaux du parti, c'est-à-dire l'accumulation de références historiques qui sert de base doctrinale à la formation valoisienne, depuis la Révolution française jusqu'au Bloc des gauches. Elle adhère au grand tryptique, qui, depuis 1907, permet de définir le programme radical : fidélité aux institutions de la IIIe République et en particulier à la forme parlementaire du régime, réformisme social s'opposant à la fois au «laisser faire» qui écrase les «petits» et au collectivisme, entente internationale garantie par la S.D.N., ce qui n'exclut pas un attachement réel à la sécurité de la nation. «Programme de juste milieu – écrit S. Berstein, – raisonnable, qui n'est pas de nature à exalter les tenants de vastes perspectives idéologiques, mais qui apparaît rassurant pour des groupes sociaux menacés par l'évolution économique et qui redoutent les bouleversements».

• L'étude des structures du parti est une entreprise difficile, tant il faut se garder de confondre apparences et réalités. En théorie, nous sommes en présence de la plus démocratique des formations politiques : des dizaines de milliers d'adhérents, répartis sur tout le territoire national en plusieurs centaines de comités. Cette base élit les dirigeants de la fédération départementale chargée de la représenter, ainsi que les délégués au congrès national, puis au Comité exécutif, instance suprême du radicalisme dans l'intervalle des congrès, lequel désigne à son tour le bureau et le président du parti.

Mais derrière cette façade démocratique, l'usage secrète *une oligarchie* dont le poids apparaît décisif : élus de tous niveaux, délégués au Comité exécutif, dirigeants des fédérations ou de gros comités urbains, qui sont en fait les véritables maîtres du parti. Ils institutionnalisent leur influence en créant une nouvelle instance, véritable *Sénat* du radicalisme, la Conférence des présidents et secrétaires généraux de fédérations qui, concurremment avec le groupe parlementaire, transforme les autres organes en simples chambres d'enregistrement. Derrière une procédure apparemment démocratique, mais qui viole les statuts, l'élection directe du président par le congrès, ils ôtent en fait cette prérogative au Comité exécutif et font du chef du parti le représentant, préalablement désigné en coulisse, de l'oligarchie qu'ils composent.

Il reste que le parti radical — qui n'est à proprement parler ni un «parti de masse», comparable au PCF ou à la SFIO, ni un simple «parti de cadres», mais une formation de type intermédiaire — adopte en général une ligne politique inspirée par la base. «Ce sont les aspirations de la base qui finissent par l'emporter, même si c'est par la voie indirecte des discussions de comités ou de congrès qui créent une «opinion radicale» diffuse, laquelle finit par s'imposer au parti, et non par la voie du vote sur des motions contradictoires, comme il est d'usage chez les socialistes... la ligne politique proposée par un leader n'a de chances de l'emporter que si elle correspond aux volontés réelles des militants».

«C'est la perception de cette réalité — écrit S. Berstein — qui explique la singulière fortune des personnalités dominantes du parti, un Herriot, un Daladier, un Chautemps, qui, chacun à leur manière, ont entrepris d'incarner une part des aspirations profondes du radicalisme : la tradition républicaine, généreuse, idéaliste, fondée sur la référence permanente à l'humanisme laïque pour Herriot, le jacobinisme énergique assurant la défense intransigeante de la République dans la ligne de la «vertu romaine» des Montagnards pour Daladier, le réalisme souple et pragmatique qui, grâce au compromis permanent, permet la gestion sereine de la République pour Chautemps».

2. L'évolution complexe du radicalisme de 1919 à 1939

Serge Berstein distingue trois grandes phases dans la mutation du radicalisme français.

A. Le temps des illusions (1919-1924)

La guerre a profondément ébranlé le parti radical, dispersant ses militants, discréditant ses principaux chefs (Caillaux et Malvy) et noyant son identité doctrinale dans le consensus artificiel de l'Union sacrée. D'où l'attitude des élus radicaux qui acceptent d'engager leur parti dans les majorités de droite du Bloc national où il risque de perdre jusqu'à son existence.

C'est dans ce contexte que le nouveau président du parti, élu à ce poste en 1919, Edouard Herriot, va se donner pour tâche de reconstruire le parti. Reconstruction qui prend en fait l'allure d'*une restauration* dans la mesure où la formation qu'Herriot veut remettre sur pied est pour l'essentiel celle de l'avant-guerre, avec ses structures floues et peu efficaces, avec sa doctrine née à l'aube du siècle et avec les hommes qui avaient depuis longtemps fourni ses cadres au radicalisme militant. Le grand espoir, c'est de permettre à ce parti replâtré de retrouver l'âge d'or de l'avant-guerre, de redevenir le pivot d'une vaste coalition allant des modérés attachés au régime aux socialistes, comme au temps du «Bloc des gauches». C'est cette perspective qui pousse les militants à peser sur les parlementaires pour qu'ils rompent les alliances à droite nouées en 1919. Or, cette illusion d'un possible retour au passé, effaçant la parenthèse de la guerre, répond aux aspirations d'une bonne partie de l'opinion française. De cette rencontre entre l'image de lui-même qu'a voulu donner le parti radical reconstruit par Herriot et les tendances profondes de l'opinion naît la victoire cartelliste de 1924 qui ramène le radicalisme au pouvoir dans des circonstances apparemment comparables à celles de 1902 où il était la clé de voûte du jeu politique français.

B. L'ÉCHEC DE L'EXPÉRIENCE DE GAUCHE ET LA RECHERCHE DE VOIES NOUVELLES (1924-1934)

Pendant près d'une décennie, le parti radical va effectivement assumer ce rôle de charnière. Soit comme élément prépondérant de la majorité, soit comme force essentielle de l'opposition. Mais en même temps, la confrontation aux réalités va révéler l'inadéquation du programme radical aux problèmes de la France de l'après-guerre. Écartelé entre une tradition politique qui le pousse vers la gauche et ses conceptions socio-économiques qui l'incitent à se rapprocher des modérés pour la défense de la propriété privée et de la libre entreprise, il est condamné à l'immobilisme dès qu'il sort des formules théoriques pour tenter d'agir sur le réel.

Date-clé dans l'histoire du radicalisme, les années 1924-1926 marquent le fin des illusions. L'échec du Cartel souligne l'impossibilité d'en revenir aux catégories politiques de l'avant-guerre et la certitude que le conflit a introduit en France non des perturbations passagères, mais des bouleversements de grande ampleur auxquels il est nécessaire de s'adapter. Deux séries de conséquences découlent de ce constat d'échec :

• D'une part, les chefs du parti s'accordent à considérer que la formule de l'union des gauches est désormais révolue, même si la sagesse commande de continuer à la pratiquer en matière électorale. Avec Herriot, Sarraut et Chautemps, le parti radical se voit désormais comme un parti du centre, un parti du juste milieu, capable de regrouper autour de lui la majorité des Français pour une gestion pondérée et raisonnable de la République. C'est la vieille formule de la «concentration», rebaptisée pour la circonstance *concentration à gauche* puisque les radicaux en seraient la force dirigeante.

• L'autre conséquence est d'ordre idéologique. Conscient de l'inadéquation du programme radical aux réalités de l'après-guerre, un groupe de jeunes intellectuels radicaux ou radicalisants s'efforce de tirer les leçons de l'échec du Cartel et de repenser la doctrine du parti en rejetant les vieilles mythologies. C'est l'origine du mouvement *Jeune-Turc* qui apparaît vers 1926 et dont les idées peuvent se résumer en trois points essentiels : pacifisme, par le désarmement généralisé et l'entente entre les peuples, nécessité d'une organisation économique de type dirigiste et corporatiste, réforme de l'État dans le sens d'un renforcement de l'exécutif (épaulé par une chambre technique, distincte de la Chambre des députés et qui serait constituée de représentants des corporations).

Il est frappant de constater la parenté de cette pensée avec celle des «néo-socialistes» et celle des tendances nouvelles de la droite. C'est donc vers 1925-1926 que naît, tout au moins chez les radicaux, ce que les historiens ont appelé «l'esprit des années 30», et comme analyse des conséquences de la guerre plus que de la crise économique. Toutefois il ne s'agit encore que d'un mouvement d'intellectuels parisiens, sans perspective politique précise, puisque l'on se prononce aussi bien pour un retour à l'union des gauches que pour la constitution d'*un fascisme français* dont le parti radical serait le noyau.

C. CRISE ET GLISSEMENT A DROITE DU RADICALISME FRANÇAIS (1934-1939)

L'affaire Stavisky et le 6 février portent un coup grave au parti radical, non en raison du scandale dont l'ampleur a été délibérément exagérée, mais parce que l'émeute met brutalement fin à la réalisation de l'expérience centriste inaugurée en 1932 et qui s'est traduite par deux ans d'immobilisme. Le 6 février c'est pour le parti radical la fin des espoirs d'incarner cette France du juste milieu et de rassembler autour de lui la majorité des Français. Dans l'affrontement désormais ouvert entre une gauche marxiste et une droite aux aspirations autoritaires, il n'y a plus place pour la synthèse radicale. Cessant d'être un facteur de rassemblement, le parti radical voit passer en son centre la frontière droite/gauche. Il fournit des partisans à chacun des deux camps et paraît condamné à devenir la force d'appoint des coalitions opposées.

Dans un premier temps, Herriot fait de son parti l'auxiliaire résigné d'une majorité de droite qui le méprise et l'injurie. Daladier ensuite engage le parti dans la voie ouverte par le P.C., celle du Front populaire où il sera l'appoint bourgeois des partis marxistes. Expériences décevantes : politiquement d'abord, puisque le parti radical enregistre une défaite sévère aux élections de 1936, mais aussi et surtout socialement. La déflation pratiquée par la droite atteint gravement les petits patrons de l'industrie et du commerce, les petits propriétaires-exploitants agricoles, base de son recrutement, et la politique du Front populaire, qui fait retomber sur un petit patronat déjà ébranlé par la crise le poids de la législation ouvrière, est un facteur d'aggravation. A quoi s'ajoute la crainte, fondée sur l'explosion sociale de juin 1936, d'un vaste mouvement révolutionnaire d'expropriation du patronat. Ceci explique que, dès l'automne 1936, se produise une véritable révolte de la base du parti radical, orchestrée et canalisée par une aile droite valoisienne particulièrement active. Dans cette rupture entre les classes moyennes et les partis de gauche, le Front populaire va trouver la cause profonde de son échec et le parti radical l'origine d'un nouveau départ, mais sur des bases bien éloignées de son passé historique.

Avec la lutte contre le Front populaire, c'est en effet l'aile droite du mouvement «Jeune-Turc» qui a le vent en poupe et qui, s'appuyant sur les réflexions des années 1926 et suivantes, va définir *un néo-radicalisme* fondé sur l'antimarxisme, l'alliance à droite, le rapprochement avec les catholiques, voire la xénophobie et l'antisémitisme, qui ne doivent plus rien aux traditions de jadis et reclassent le radicalisme à droite de l'échiquier politique. Armée de cette idéologie, l'aile droite du parti entreprend la conquête des fédérations, en acculant à la défensive les partisans de l'alliance à gauche. Enfin, sans se confondre avec ce courant, mais en s'appuyant sur lui, Édouard Daladier fait prendre au parti la tête d'une coalition de droite au Parlement, rejetant communistes et socialistes dans l'opposition, et occupant si bien le terrain à droite que les formations représentatives de ce secteur de l'opinion en sont réduites à l'atonie ou au soutien résigné.

La mutation est désormais achevée. Le parti radical, entraîné par sa clientèle de classes moyennes, a abandonné sa tradition politique : il n'est plus le ciment du Bloc des gauches, ni le grand parti centriste ayant vocation à rassembler les Français dans un vaste consensus. Il est devenu une formation que presque rien ne distingue des partis modérés classiques. Du même coup il perd le rôle original qui avait été le sien, celui d'un parti compensateur entre la droite et la gauche, corrigeant par sa vocation centriste et son rôle-charnière au Parlement les poussées à droite et à gauche du corps électoral et, de ce fait, facteur de fluidité, d'équilibre, mais aussi de stagnation de la vie politique française.

5 États-Unis et Royaume-Uni de 1918 à la crise

A la veille de la guerre, la Grande-Bretagne semble encore détenir le *leadership* mondial. Première puissance commerciale et financière du monde, elle possède la flotte la plus importante et l'Empire colonial le plus vaste et le plus peuplé. Pourtant, depuis les toutes premières années du XXe siècle, cette prépondérance britannique paraît ébranlée. Les progrès de l'industrie anglaise sont moins rapides que ceux de ses concurrentes immédiates. L'Allemagne et surtout les États-Unis connaissent à cet égard un essor plus considérable et tendent à prendre, sur de nombreux marchés, la place du Royaume-Uni. La guerre ne fait que précipiter cette évolution. En même temps, elle élimine temporairement la concurrence de l'Allemagne. Si bien qu'en 1919, ce sont les États-Unis qui occupent, et de loin, la première place dans l'économie mondiale. La *Conférence de Washington* (1921), qui établit la *parité* des deux flottes de guerre anglo-saxonnes, est un indice particulièrement significatif du déclin britannique et de la conscience qu'ont de celui-ci les dirigeants politiques anglais. Ce déclin s'accentue avec les années 20, tandis que se renforce la puissance américaine.

LES ÉTATS-UNIS DE 1918 A 1929

I. La fin de l'ère wilsonienne (1918-1920)

Président des États-Unis depuis 1912, réélu en 1916 avec une avance de 600 000 voix sur son adversaire, le républicain Hughes (9 100 000 voix contre 8 500 000), Woodrow Wilson a mis à profit son mandat et les pouvoirs exceptionnels que la guerre lui a permis d'assumer, pour renforcer l'exécutif et exercer un certain contrôle sur la vie économique du pays. Or une bonne partie de l'opinion américaine accepte mal les changements intervenus pendant le conflit et reproche au président son interventionnisme en matière de politique étrangère. Cette double opposition aboutit à l'échec de la ratification du traité de Versailles par le Sénat et à la victoire du candidat républicain aux élections présidentielles de 1920.

A. Les grandes tendances de l'opinion — *Sur le plan intérieur,* l'effort de guerre a entraîné un bouleversement complet des rapports entre le législatif et l'exécutif, entre le pouvoir fédéral et celui des États. Au cours des années 1917 et 1918, le président s'est vu doté d'attributions nouvelles d'une très grande importance : droit d'établir la conscription, pouvoirs de police réduisant fortement les libertés individuelles, contrôle exercé par la Maison Blanche sur la flotte de commerce, les affaires commerciales, l'agriculture et l'industrie. Le *Lever Act* a permis à Wilson de créer dans les derniers mois du conflit près de 5 000 offices fédéraux visant à encadrer et à diriger tous les secteurs de la vie économique du pays, non sans réticences de la part de nombreux Américains qui voient dans ces dispositions une violation flagrante de la liberté d'entreprise. Il importe cependant de nuancer l'idée d'une opposition générale à la politique dirigiste de la Maison Blanche. D'abord parce que le président lui-même n'y a jamais vu qu'une mesure exceptionnelle (dès novembre 1918 la plupart des agences fédérales de contrôle ferment leurs portes). Ensuite parce que nombre d'industriels et d'hommes d'affaires ont été plutôt favorables à un système qui a permis de resserrer la collaboration entre le capital et le travail. Certes ils souhaitent dans l'immédiat le retour à la tradition du « laissez faire », mais beaucoup d'entre eux ont tiré de l'expérience de la guerre l'idée qu'en cas de crise grave, l'intervention de l'État dans l'économie peut être extrêmement utile à leurs intérêts. Autrement dit, le dirigisme wilsonien constitue à bien des égards une « répétition générale » du New Deal. En revanche, les empiètements de l'exécutif et des administrations centrales sont mal supportés par la grande masse de l'opinion.

— *Sur le plan extérieur,* les griefs sont encore plus vifs : hostilité rétrospective à l'entrée en guerre des États-Unis, volonté de ne pas s'associer à un système de sécurité collective risquant d'entraîner l'Union dans un nouveau conflit en Europe (en vertu de l'article 10 du *Covenant* de la SDN et du *traité de garanties* consenti à la France), indignation provoquée par l'«ingratitude» des Européens. Le parti républicain va faire de cette question extérieure l'essentiel de sa plate-forme électorale. Déjà, les élections au Congrès de novembre 1918 ont donné la victoire aux Républicains, mais c'est à propos de la ratification du Traité de Versailles que s'engage la bataille décisive.

B. L'échec de la ratification — Le traité de Versailles devait, conformément à la Constitution, être ratifié par le Sénat à la majorité des deux tiers. Or il y avait au Sénat 49 républicains contre 47 démocrates et, parmi ces derniers, 4 étaient absolument hostiles au traité. La plupart des républicains l'auraient accepté, de même que le *Covenant,* avec des amendements plus ou moins importants. C'était le cas en particulier du président de la commission des Affaires étrangères, Cabot Lodge, adversaire résolu de Wilson. Mais le président ne voulut accepter aucun compromis. Il pensait que la pression de l'opinion publique serait assez forte pour forcer la main des sénateurs et entreprit une grande tournée de propagande dans l'Ouest, l'un des trois points d'appui du parti démocrate (avec le Sud et les classes populaires des grandes villes). Ce voyage l'épuisa et il fut en octobre 1919 frappé d'une attaque qui l'empêcha de poursuivre son action et de suivre les fluctuations de l'opinion.

Celle-ci était, semble-t-il, plutôt favorable à la S.D.N., mais beaucoup plus préoccupée des problèmes intérieurs que des grandes options de politique étrangère. D'autre part, un certain nombre de groupes d'opinion, plus ou moins organisés, plus ou moins cohérents, manifestaient nettement leur opposition à la politique de Wilson. C'était le cas des 7 millions d'Américains d'origine allemande – généralement républicains –, des Irlando-Américains que l'attitude de Wilson à l'égard du problème irlandais avait fortement mécontentés, des Italo-Américains qui lui reprochaient son refus de reconnaître les clauses du *Traité de Londres* (1915). Hostilité également de la part de nombreux «libéraux» (Johnson, Borah), imprégnés des idées de Keynes, des «nationalistes» ainsi que des milieux anglophobes, parfois très influents (presse Hearst). Mal renseigné sur l'état d'esprit réel des sénateurs et négligeant les conseils des ambassadeurs anglais et français, Wilson refusa les amendements proposés par la commission des Affaires étrangères. Présentés à deux reprises devant le Sénat (19 nov. 1919 et 19 mars 1920), le traité et le pacte de la S.D.N. ne purent recueillir la majorité des deux tiers et furent rejetés.

C. L'élection présidentielle de novembre 1920 – Paradoxalement, le «boom» économique de 1919 s'accompagne d'une vive agitation sociale. Les prix ont en effet augmenté beaucoup plus vite que les salaires et les conditions de travail restent souvent très dures (journées de 11 et 12 h, absence de repos hebdomadaire dans certaines branches). Le mouvement est d'ailleurs spontané, sans racines politiques ni doctrinales, même s'il débouche parfois sur des manifestations de sympathie à l'égard des Soviets. Il se traduit essentiellement par un essor spectaculaire du syndicalisme (l'*American Federation of Labour* de Samuel Gompers a vu ses effectifs passer de 2 à 4 millions d'adhérents depuis 1914) et par un puissant mouvement de grèves qui affecte notamment la sidérurgie en septembre (350 000 grévistes dans un secteur où la moitié des ouvriers travaillaient 70 h par semaine pour un salaire de misère), les charbonnages en octobre-novembre (450 000 mineurs) et même la police de Boston ! Au total plus de 4 millions de travailleurs en grève en 1919.

A la différence de ce qui s'était passé pendant la guerre, l'Administration va prendre systématiquement parti pour les industriels, poussée par des hommes comme l'Attorney général A. Mitchell Palmer – qui ordonne en janvier 1920 l'arrestation de 4 000 personnes dans 33 grandes villes – par les classes moyennes que gagne une véritable hystérie anti-bolchevique (préfiguration de ce que sera la maccarthysme des années 50) et anti-anarchiste, et par le patronat qui dénonce, non sans arrière-pensée, le «danger révolutionnaire».

La réprobation de l'opinion publique à l'égard de ce mouvement revendicatif devait inévitablement rejaillir sur l'administration démocrate, accusée d'avoir favorisé le développement du syndicalisme et fait le lit des «rouges». C'est dans ce contexte d'agitation sociale que se déclenche au printemps 1920 une brève mais sévère *crise économique* (cf. chapitre 3) et que s'inscrivent les élections présidentielles de novembre 1920. Wilson espérait encore, en soutenant la candidature de Cox, faire massivement approuver sa politique. Mais les Américains furent davantage séduits par le programme isolationniste *(America first)* et traditionnaliste *(Back to Normalcy)* du républicain Harding. Celui-ci fut élu triomphalement avec 61 % des suffrages et 16 millions de voix contre 9 à son adversaire.

II. L'Amérique de la «prosperity» (1920-1929)

La décennie qui suit le premier conflit mondial est marquée par une évolution aux aspects apparemment contradictoires :
– sur le plan économique et financier, elle est caractérisée par *une phase d'expansion* dont les historiens tendent aujourd'hui à souligner les limites mais qui a été ressentie par les contemporains comme une période de grande prospérité entre deux phases de dépression accentuée ;
– sur le plan des mœurs et de la psychologie collective, l'essor du *Big Business* ne s'accompagne pas d'une ouverture sur le monde extérieur mais au contraire d'*un repliement sur soi de la nation américaine* et d'une volonté de retour aux sources qui se traduit – dans divers domaines – par le rejet des éléments considérés comme «étrangers» à l'esprit de l'Amérique traditionnelle.

A. La «prospérité» et ses manifestations – Après la brève mais violente crise de l'immédiat après-guerre (chapitre 3), la conjoncture redevient favorable en 1922. De cette date, jusqu'au déclenchement de la grande dépression, en octobre 1929, l'expansion est pratiquement ininterrompue (sauf de courts paliers en 1924 et 1927). L'indice de la production industrielle passe de 73 (100 en 1913) à 126, le revenu national de 60,7 à 87,2 milliards de dollars et les salaires réels augmentent de 17 % environ (de 32 % par rapport à 1914), tandis que la production d'acier, de pétrole et d'électricité double. Quels sont les facteurs de ce développement rapide et quelles en sont les limites ?

a) *Les facteurs de l'expansion.* Trois faits ont joué un rôle déterminant :

• *Le «pari» sur la consommation intérieure.* Dès la reprise les industriels, poussés dans cette voie par des hommes comme Henry Ford, vont s'efforcer d'éviter une nouvelle récession en jouant sur le développement du marché de consommation. Ceci implique tout d'abord *une forte augmentation des salaires* (le salaire nominal croît de plus de 13 % en 7 ans tandis que le coût de la vie amorce un mouvement de baisse à partir de 1923), à quoi s'ajoutent les effets d'une politique paternaliste qui permet aux ouvriers de bénéficier d'avantages jusqu'alors peu répandus : logement en cités construites par les entreprises, caisses de retraites financées par les patrons, distribution d'actions, participation aux bénéfices, accueil de représentants ouvriers dans les comités d'entreprise, etc. Il en résulte une incontestable amélioration du niveau de vie des travailleurs qui a des conséquences inévitables sur leur action revendicative. Les effectifs syndicaux stagnent autour de 3 millions, alors que la population ouvrière s'accroît de plus de 500 000 unités par an. Outre qu'elle permet d'élargir le marché intérieur, cette politique a pour effet d'intégrer la grande masse des salariés à la société capitaliste en la faisant bénéficier des fruits de l'expansion : partage inégal certes, mais qui n'a pas de commune mesure avec ce qui se passe alors dans les pays européens.

Deux autres éléments concourent également à l'extension du marché de consommation. Il s'agit de *la publicité,* qui connaît un essor considérable avec le développement des mass media (presse, cinéma, radio), et de *la vente à crédit,* appliquée aux biens de consommation. En 1929, près de 15 % des ventes au détail s'opèrent de cette manière (60 % pour les automobiles).

• *L'abondance du numéraire et des moyens de paiement,* conséquence du remboursement, même partiel, des dettes européennes, de l'excédent de la balance commerciale américaine et des gains réalisés par la spéculation sur les monnaies européennes. L'accumulation considérable d'or permet aux États-Unis – dont les réserves passent de 1,5 à 4 milliards de dollars entre 1913 et 1929 – de pratiquer une politique de crédit à bon marché (3,4 à 3,8 % pour 4,5 % en Grande-Bretagne, 6,5 % en France et de 6 à 10 % en Allemagne), ce qui constitue également un moteur de la prospérité.

• *La concentration et la rationalisation* de l'industrie américaine, et la généralisation de pratiques telles que le taylorisme et le travail à la chaîne (cf. chapitre 3), vont dans le même sens.

b) *Une prospérité sélective.* L'expansion n'atteint pas de la même façon tous les secteurs de l'activité économique. On distingue en effet :

• *Des industries qui connaissent une certaine stagnation.* Dans le domaine énergétique, *le charbon,* dont la part tombe de 89 % à 63 % de la consommation d'énergie entre 1900 et 1930, traverse une crise grave, due en partie à l'insuffisante concentration des entreprises. *L'industrie ferroviaire* perd de son côté le rôle moteur qu'elle avait eu dans l'économie américaine et ceci, bien que les compagnies multiplient leurs investissements et cherchent à renouveler le matériel. Les recettes-marchandises augmentent peu et les tarifs-voyageurs diminuent, devant la concurrence croissante de l'automobile et de l'autocar, ce qui oblige l'État à intervenir pour garantir aux actionnaires un taux minimum de rémunération du capital. Parmi les autres industries en perte de vitesse on trouve les constructions navales, les textiles, le tabac, le cuir et les produits alimentaires.

• *Des industries en plein essor.* En tête vient *l'automobile,* avec une production annuelle qui atteint 1,5 million de véhicules en 1921 et près de 5 millions en 1929. A cette date, on compte 23 millions de voitures en circulation aux États-Unis, pour 1,5 million en Grande-Bretagne et 1,3 million en France. Absorbant 15 % de l'acier et 80 % du caoutchouc américains, employant 7 % de la main d'œuvre industrielle et distribuant près de 8 % des salaires de l'industrie, cette branche joue dans l'économie du pays un rôle absolument fondamental. L'essor de *l'aviation commerciale* date également des années de la prospérité. C'est seulement en 1927 que Lindbergh réussit la première traversée aérienne de l'Atlantique et pourtant, trois ans plus tard, on compte déjà aux États-Unis 122 compagnies qui se partagent un réseau de 75 000 km et transportent plusieurs dizaines de milliers de passagers. *L'industrie du bâtiment* trouve pour sa part un regain de vigueur en raison des techniques nouvelles, de l'engouement pour les édifices en hauteur et de l'enrichissement général qui fait considérer comme démodés les bâtiments construits depuis peu. Enfin, il faut souligner le développement rapide des industries électriques et en particulier celui de *la radio.* Le gouvernement fédéral a levé en 1919 l'interdiction de posséder des postes récepteurs. Dix ans plus tard, une famille américaine sur trois en possède un.

c) *Les incidences sociales de la Prosperity.* Avec la hausse des salaires et la baisse relative des prix de vente industriels – conséquence du passage à la production de masse – le niveau de vie de l'Américain moyen s'accroît de façon très sensible, en même temps qu'il accède, avec la multiplication des automobiles, des postes de radio et des appareils électro-ménagers, à un confort que commence à lui envier le reste du monde. L'un des indices les plus caractéristiques de l'amélioration des conditions de vie est sans doute le développement de l'instruction dans toutes les couches de la société. Au cours de la période, le nombre des élèves dans les *High Schools* passe de 2 à 4 millions, celui des étudiants de l'enseignement supérieur de 598 000 à 1 180 000, soit un effectif dans ces deux ordres d'enseignement qui équivaut à celui de tous les autres pays du monde réunis.

Il faut cependant nuancer l'image d'une Amérique uniformément prospère. En 1929, 60 % des Américains gagnent encore moins de 2 000 dollars par an, ce qui est considéré comme un minimum vital. Si un maçon gagne de 15 à 17 dollars par jour à New York et un ouvrier qualifié environ 10 dollars, un ouvrier des filatures de coton du Sud n'en reçoit que 2. D'autre part les revenus du capital ont augmenté beaucoup plus que ceux du travail. De 1922 à 1929, les dividendes distribués par les sociétés industrielles et commerciales sont passés de 7 à 10 milliards de dollars, soit une augmentation de 43 %. Comparé à la hausse du salaire réel, cela implique un déséquilibre porteur de risques graves pour l'économie américaine.

d) *Les limites de l'expansion*

• *Les difficultés du monde agricole* constituent, en pleine période d'euphorie économique, un facteur permanent de déséquilibre. Elles sont dues à la fois à la baisse de la demande extérieure, conséquence de la reconstruction agricole de l'Europe et de la concurrence des pays neufs, et à la modification des habitudes alimentaires des Américains, qui consomment moins de pain, davantage de viande, de laitages, de volaille et de fruits. De 1922 à 1929 on assiste à un véritable effondrement du prix des céréales (de l'ordre de 40 %), du porc et du coton (concurrencé par les fibres artificielles), tandis que croissent les charges des agriculteurs. Cette «crise des ciseaux» se traduit par une forte diminution du revenu des farmers, dont la part dans le revenu national ne cesse de baisser : 16 % en 1919, 8,8 % en 1929, une baisse importante de leur pouvoir d'achat et un endettement croissant. En 1923, 36 % des propriétaires exploitants ont dû hypothéquer leurs terres et leurs dettes couvrent 42 % de la valeur de leurs biens.

• *Le déséquilibre production/consommation.* L'écoulement de l'énorme production américaine pose un double problème. *Au plan intérieur,* l'élévation des salaires croît moins vite que celle des revenus du capital, tandis que la crise du monde rural réduit d'autant les capacités d'absorption du marché intérieur. *Au plan extérieur,* les marchés étrangers ne peuvent absorber l'excédent de la production américaine car ils manquent de moyens de paiement : or et dollars. En investissant insuffisamment dans le reste du monde, en maintenant leur balance commerciale en excédent et en pratiquant un protectionnisme douanier très strict, les États-Unis privent les autres pays de la possibilité de se procurer les dollars nécessaires à l'achat de produits américains. Cette politique à courte vue prépare les voies de la grande dépression.

• *Le déséquilibre production/valeur des actions.* Tandis que la production augmente de 30 % environ, la valeur des actions s'accroît dans une proportion beaucoup plus considérable (elle est parfois multipliée par 3). Quant aux dividendes, ils ont souvent quintuplé depuis 1919. La facilité et le bon marché du crédit permettent aux possesseurs d'actions d'utiliser une partie seulement de ce qu'elles rapportent pour en acheter de nouvelles et de faire ainsi fortune à partir de rien, ce qui encourage la spéculation. Pour que le système fonctionne, il suffit que la hausse des actions demeure supérieure à l'intérêt du crédit. Il repose donc sur la confiance et sur la possibilité pour les banques de prêter de l'argent à un taux modéré. Que ces deux conditions fassent défaut et c'est le système tout entier qui s'effondre.

La prospérité a donc été réelle. Mais elle n'a été ni aussi générale que l'imagerie des années 20 l'a retenu, ni aussi solide que l'ont cru les Américains de l'époque. La croissance anarchique des «*twenties*» contient les germes de la crise de 1929.

B. Les «années folles» : un tournant dans l'histoire socio-culturelle des États-Unis — a) *Le contexte politique.* Les années 20 correspondent à une domination incontestée du parti républicain, identifié au «*business*» et à la prospérité. Pourtant entre les fortes personnalités que furent Wilson et F.D. Roosevelt, les présidents de l'ère républicaine paraissent bien pâles. Leurs victoires faciles, ils les doivent à la fois à l'euphorie de l'époque et à la division de leurs adversaires.

Après la courte présidence de Harding (mort en 1923), trois hommes dominent la période : Calvin Coolidge, président jusqu'en 1928, Herbert Hoover, secrétaire au commerce puis président à partir de 1928 et Andrew Mellon, banquier et milliardaire, qui occupe à partir de 1921 et jusqu'à l'élection de Roosevelt la charge de secrétaire au Trésor. Tous trois sont d'ardents zélateurs du libéralisme le plus large et s'opposent à toute intervention de l'État dans la vie économique. Leur philosophie politique se résume en quelque sorte dans cette formule de Coolidge : «La grande affaire du peuple américain, ce sont les affaires». Et de fait, on peut dire que, malgré la survivance du courant progressiste, incarné par La Follette lors des élections de 1924, c'est bien la collusion entre le monde des affaires et le gouvernement fédéral qui domine la période. Elle se manifeste à plusieurs niveaux :

• *Par un pillage en règle des richesses de l'État,* particulièrement net sous la présidence de Harding. Originaire de l'Ohio, le successeur de Wilson a rassemblé autour de lui un groupe d'amis plus ou moins recommandables, bientôt baptisé «gang de l'Ohio» par la presse d'opposition, et à qui il confie des postes importants. C'est pourtant d'un autre membre de l'entourage présidentiel, le sénateur du Nouveau-Mexique Albert B. Fall, que devait venir le scandale le plus retentissant. Nommé secrétaire à l'Intérieur, Fall convainquit Harding de transférer à son administration des réserves pétrolifères jusqu'alors contrôlées par la Marine et qu'il loua secrètement, en échange d'énormes pots de vin, à des compagnies privées. Soumis à une enquête sénatoriale, Fall sera condamné en 1927 à un an de prison et à une lourde amende, mais il est caractéristique de l'esprit du temps que ni la presse ni le public ne manifestèrent beaucoup d'indignation, nombre de journaux s'en prenant au contraire aux sénateurs Walsh et Wheeler, qui avaient été les premiers à dénoncer le scandale, les qualifiant de «remueurs de boue» et «d'assassins de tempérament».

• *Par l'action de Hoover à la tête du secrétariat au commerce.* Tout en encourageant les ententes entre industriels et la standardisation, l'ancien directeur du ravitaillement multiplia les mesures d'aide aux intérêts privés (subventions en faveur des chantiers navals et des compagnies de navigation, contrats avantageux consentis aux sociétés aériennes, etc.). La législation anti-trusts cessa en même temps d'être appliquée.

• Enfin et surtout, *par la politique fiscale de Mellon.* Nommé au secrétariat au Trésor à la suite de fortes pressions des milieux d'affaires, ce dernier pratique une politique de strict équilibre budgétaire, cherchant à amortir la dette publique et à limiter au maximum les dépenses. Mais surtout, il adopte après les présidentielles de 1924 une politique fiscale qui accorde aux plus fortunés (en principe pour leur permettre d'accroître leurs investissements) des privilèges exorbitants : diminution des impôts sur les entreprises, réduction de moitié de l'impôt foncier et de l'impôt sur les gros revenus, abolition de la contribution sur les donations, etc. Le manque à gagner pour l'État est alors largement compensé par l'augmentation substantielle des droits de douane.

b) *La libération des mœurs et le développement d'un nouveau conformisme.* Le code moral puritain, hérité des colons fondateurs, sort très ébranlé de la guerre, qui a fait sortir des millions de jeunes Américains de leur cadre de vie habituel et provoqué par réaction un fort appétit de jouissance. Surtout, le conflit a eu une incidence très forte sur le rôle et l'image de la femme dans la société américaine. Appelée à prendre temporairement la place des hommes et à assumer des responsabilités nouvelles, celle-ci entend bien conserver cet acquis et poursuivre son émancipation. Aussi, beaucoup d'Américaines — généralement issues des classes moyennes urbaines — vont-elles prendre la tête de la rébellion contre la tradition en inaugurant l'ère de la «*flapper*», c'est-à-dire de la jeune femme affranchie. Ceci se traduit par des modifications d'ordre vestimentaire (disparition des cheveux longs, des robes tombant jusqu'aux chevilles, de l'armature du corset, au profit des cheveux «à la garçonne», de la robe-fourreau, etc.) et surtout par un comportement nouveau (on fume et on boit en public, on se rend au bal sans chaperon, etc.). Certes, il ne s'agit encore que d'une avant-garde, mais l'ébranlement des mœurs qu'elle révèle va bientôt affecter une proportion importante des femmes américaines.

La libération des mœurs prend d'ailleurs un caractère plus général. Les années 20 sont celles du défoulement d'une société trop longtemps comprimée dans le carcan de la morale traditionnelle, un défoulement que résume et symbolise l'engouement pour la musique de jazz et les danses nouvelles (charleston, black bottom, etc.) et qui trouve son accomplissement avec l'émergence de l'érotisme et le succès foudroyant des doctrines freudiennes, mises à la mode par des écrivains comme Walter Lippmann et Maw Eastman. Bien entendu, cet appétit de libéralisation des mœurs — à vrai dire très contenu si on le compare à celui de nos sociétés contemporaines, mais sans doute perçu comme plus subversif dans la mesure où il s'attaquait à un ordre moral à peu près intact — devait provoquer dans les secteurs restés attachés à la tradition des réactions d'inquiétude et d'indignation furieuse qui transparaissent dans la presse et dans la littérature de l'époque.

L'essor des mass media et de la société de consommation ne pouvait que renforcer cette tendance générale à la rupture avec l'ordre traditionnel et pousser à la mise en place d'*un nouveau conformisme.*

• Avec l'essor de *la radio,* un nombre croissant de familles américaines se trouve quotidiennement soumis aux effets d'une publicité qui concourt puissamment à l'uniformisation des goûts et au mimétisme social, de la même façon que les «feuilletons» radiodiffusés.

• *Le cinéma* joue au cours des années 20 – qui correspondent à l'apogée du «muet» – un rôle encore plus considérable dans la standardisation des habitudes sociales. C'est la grande époque de Hollywood et du *star system.* Par le truchement de la «vedette» se modèlent de nouveaux stéréotypes (le héros de l'Ouest, dur, pur et généreux, la «femme fatale», le milliardaire au cœur tendre, etc.), en même temps que sont inspirées à la jeunesse de nouvelles attitudes. En outre les idoles de l'écran, comme celles du sport, servent à lancer, à grand renfort de publicité, de nouveaux modèles d'automobiles, des modes vestimentaires ou immobilières, des marques de produits alimentaires, etc. Surtout le cinéma sert de vitrine à la société de consommation et alimente le rêve américain, en même temps qu'il joue un rôle décisif dans le développement d'une mythologie nationale dont le vecteur essentiel est le *Western.*

• *Le sport,* qui a fait son apparition aux États-Unis au milieu du XIXᵉ siècle, en temps que passe-temps aristocratique, exerce une fonction identique : à la fois comme instrument de formation – et d'uniformisation de la classe dirigeante et des classes moyennes (par le développement du sport universitaire) – et comme moyen de communication de masse. Il est également une école de vedettes et une industrie fructueuse. Ces divers aspects expliquent la vogue de *la boxe,* qui atteint son apogée dans les années 20 : en juillet 1921, le match qui oppose à Jersey City Jack Dempsey à Georges Carpentier, pour le titre mondial des «lourds», attire 91 000 spectateurs et fait entrer plus d'un million de dollars dans les caisses des organisateurs.

La contestation de ce néo-conformisme est l'œuvre des intellectuels et des artistes. Déçue de voir les classes moyennes et le peuple applaudir aux effets bêtifiants de la prospérité et de la société de consommation, l'intelligentsia progressiste se détourne des idéaux sociaux et démocratiques pour se réfugier dans l'individualisme, la vie sans contrainte de Greenwich Village, la littérature d'avant-garde et l'art abstrait, quand ses représentants (Hemingway, Fitzgerald, etc.) ne prennent pas purement et simplement le chemin de l'Europe. Deux écrivains méritent une mention particulière et incarnent l'esprit de la «génération perdue» des années 20. Ce sont Sinclair Lewis, dont les romans, *Main Street* (1920) et *Babbitt* (1922), peignent avec un réalisme féroce la vie mesquine et le vide culturel d'une petite cité du Middle West, et Henry L. Mencken, qui dans sa revue, l'*American Mercury,* dénonce pêle-mêle l'idéalisme, le patriotisme, la démocratie, l'hypocrisie pudibonde, le mariage et la prohibition.

c) *La réaction américaniste.* Les bouleversements économiques, sociaux, psychologiques et culturels entraînés par la guerre et par la seconde révolution industrielle avaient été trop rapides et trop profonds pour ne pas provoquer une réaction d'intensité égale de la part des catégories qui demeuraient attachées, par conviction ou par frustration, aux idéaux de la vieille Amérique. Cette réaction de l'Amérique agraire et puritaine devait prendre toutes sortes d'aspects, la haine de l'étranger et des innovations qui lui étaient imputées leur tenant lieu de commun dénominateur. Elle se traduit par un repliement sur soi qui se caractérise par :

• *Une politique extérieure isolationniste* et un renforcement du *protectionnisme douanier* : les droits s'élèvent à 38 % en 1922 (tarif Fordney Mc Cumber) et à 59 % en 1930 (tarif Hawley-Smoot).

• *Une stricte limitation de l'immigration.* Sélection individuelle et surtout traitement différentiel visent à favoriser l'élément nordique (anglo-saxons, germaniques) au détriment des Méditerannéens et des Slaves. Les WASP (White Anglo-Saxon Protestants), dont le complexe de supériorité raciale se nourrit d'idées pseudo-scientifiques issues du darwinisme social (cf. l'ouvrage de Madison Grant, *The Passing of the Great Race*, publié en 1916), entendent ainsi préserver une certaine unité ethnique en privilégiant l'élément «vieil américain», grossi d'apports aisément assimilables du fait de leur appartenance à un tronc linguistique et religieux commun (protestantisme). On écarte au contraire les éléments qui, par leur origine ethnique, leur langue, leur genre de vie et leur religion (catholique, orthodoxe ou juive) sont trop éloignés, du *type américain* pour être facilement absorbés. A cela s'ajoutent des raisons économiques et sociales, par exemple l'opposition des ouvriers percevant des salaires élevés à l'entrée massive d'immigrés misérables, prêts à accepter des conditions de travail plus rigoureuses, ou celle des patrons, qui croient discerner un «rouge» derrière chaque immigrant originaire des pays de l'Europe du Sud et de l'Est. Dans cette perspective, une loi de mai 1921 fixe, pour chaque État étranger, à 3 % du nombre de ressortissants de cet État vivant aux États-Unis en 1910, le contingent autorisé annuellement. En 1924, le *quota* est abaissé à 2 % et l'on prend 1890 comme année de référence (période où dominait encore très largement l'élément nordique). L'affaire Sacco-Vanzetti se rattache également à cette tendance xénophobe. Deux anarchistes italiens, un ouvrier dans une fabrique de chaussures (Nicola Sacco) et un petit commerçant (Bartolomeo Vanzetti) sont accusés en 1920 d'avoir tué trois personnes au cours d'une agression à main armée, condamnés sans preuve dans une atmophère de «chasse aux sorcières» et exécutés après des années passées en prison.

• *Une vive réaction de la tradition puritaine,* véritable combat d'arrière-garde de l'Amérique agraire, visant à maintenir la pureté, la cohésion et la santé morale de l'élément «vieil américain» contre l'influence croissante de conceptions nouvelles, étrangères ou réputées telles. Les formes en sont multiples.

La plus caractéristique, celle qui exprime le mieux le volonté de retour au passé et la défense naïve du patrimoine puritain est le *fondamentalisme.* Ce mouvement, qui se fonde sur l'interprétation littérale du contenu de la Bible, se développe à partir de 1920, notamment chez les *baptistes* et les *méthodistes* du Sud et des régions situées à l'Ouest du Mississippi (et colonisées par les puritains). Il s'oppose aux conceptions «modernistes» du Nord-Est (dominé par les catholiques, les juifs et les «étrangers») et va faire de la lutte contre les doctrines évolutionnistes son cheval de bataille. Soutenu par l'ancien secrétaire d'État de Wilson, William J. Bryan, qui prend la tête d'une véritable croisade visant à débarrasser les écoles publiques de l'enseignement sur l'évolution des espèces, le fondamentalisme va atteindre son apogée dans le Sud et le Sud-Ouest entre 1921 et 1925. Des livres darwinistes sont brûlés dans la vallée du Mississippi par des pasteurs méthodistes qu'encouragent des foules enthousiastes. En 1923 un professeur de l'Université de Tennessee est révoqué pour avoir recommandé un ouvrage faisant référence à l'hypothèse de l'évolution. En 1925, la législature du même État vote une loi interdisant à tout enseignant public de professer une théorie contraire à la version biblique de la création de l'homme. Relevant le défi avec l'appui de l'*American Civil Liberties Union* et d'un des plus grands avocats du moment, un jeune professeur d'école secondaire de la petite ville de Dayton, John T. Scopes, accepte de se laisser accuser d'avoir enseigné à ses élèves que l'homme descend d'une espèce inférieure d'animaux. Il est condamné à une amende de 100 dollars mais le procès, qui a pendant 15 jours (juillet 1925) mobilisé l'opinion américaine, se retourne contre les fondamentalistes. Vaincu par le ridicule, le mouvement décline rapidement.

C'est dans le même sens d'une préservation de l'élément national protestant qu'il faut interpréter *la réapparition du Ku Klux Klan* à partir de 1915. A l'origine de cette résurrection, on trouve un personnage curieux, véritable symbole des aspirations et des frustrations de la *Middle Class* du vieux Sud, William J. Simmons, dit le «colonel Simmons», en fait ancien commis-voyageur devenu prédicateur méthodiste. D'abord limité à la région d'Atlanta (Georgie), le «Klan réincarné» va connaître un essor remarquable au lendemain de la guerre. Dirigé à partir de 1922 par un dentiste texan, le «sorcier impérial» Evans, il finira par regrouper aux environs de 1925 de 4 à 5 millions d'Américains, non seulement habitants des petites villes du Sud et de l'Ouest, mais également des grandes métropoles du Centre et du Nord (notamment Chicago), où il sert de structure d'accueil aux déracinés et aux laissés pour compte de la Prospérité.

Partout, le KKK nouvelle manière apparaît comme une protestation du nationalisme américain contre les influences «étrangères». Rassemblés autour du slogan «*Native, White, Protestant*», ses membres mènent le combat non seulement contre les noirs, mais contre tout ce qui peut, à leurs yeux, menacer l'américanisme : catholicisme, judaïsme, modernisme, bolchevisme, etc. Le vêtement (robe et cagoule), le langage et le rituel imitent ceux de l'ancien *Klan,* de même que ses méthodes terroristes : meurtres, flagellations, mutilations, enlèvements d'adversaires enduits de goudron et de plumes, à quoi s'ajoutent, à partir de 1924, des manifestations monstres dans les rues de Washington. Toutefois au cours des années 1927-1928, une série de scandales internes va déconsidérer le *Klan,* lequel décline très fortement à l'approche de la crise.

Dernier aspect de la réaction puritaine, *la prohibition de l'alcool,* imposée à l'ensemble de l'Union par le 18e amendement (1919) et terme d'une longue campagne menée depuis la fin du XIXe siècle par l'*Anti-Saloon League.* Les études qui ont été faites sur cette campagne révèlent clairement l'opposition entre une Amérique «sèche», qui coïncide à peu près exactement avec les régions rurales du Middle West, des Rocheuses et du Sud, et une Amérique «humide», qui correspond en gros aux zones urbanisées du Nord, de l'Est et de l'Ouest. L'interdiction de fabriquer, de vendre et de consommer toute boisson contenant au moins un demi pour cent d'alcool, établie par le *Volstead Act,* s'avère d'ailleurs très vite inapplicable et va aboutir, notamment dans les grandes villes, à des excès pires que le mal : prolifération des débits clandestins, les *speakeasies* (on en dénombre 32 000 à New York), souvent avec l'accord tacite de la police, trafic d'alcool douteux, cause de troubles organiques graves, augmentation de l'alcoolisme dans tous les milieux, par réaction contre une mesure qui est ressentie comme une atteinte à la liberté individuelle mais aussi par snobisme. Surtout la fabrication, la contrebande et la vente de boissons illégales vont donner une impulsion nouvelle au *gangstérisme.* Chaque grande ville aura son *gang,* ou ses *gangs* rivaux, le plus célèbre étant celui d'Al Capone à Chicago, lequel au plus beau temps de la prohibition tire environ 135 millions de dollars par an de ses divers rackets et 100 millions de dollars de la vente de la bière, ceci au prix de 350 à 400 meurtres annuels. Jusqu'au jour où, en 1931, il sera condamné pour fraude fiscale à 11 ans de prison. Finalement, devant l'impossibilité de faire appliquer la loi, le gouvernement fédéral nomme une commission qui, dès 1931, conclut à l'échec de la prohibition. Il faut cependant attendre la victoire des démocrates aux présidentielles de 1932 pour que, l'année suivante, elle soit officiellement supprimée (21ᵉ amendement).

Comme la vague fondamentaliste, comme l'accès d'hystérie collective que traduit l'essor du second *Klan,* la tragi-comédie de la prohibition s'achève donc dans le scandale et dans le ridicule. L'événement peut paraître sans importance. En réalité la victoire des anti-prohibitionnistes constitue un épisode essentiel de l'histoire socio-culturelle des États-Unis. Avec elle, c'est la dernière résurgence de l'Amérique traditionnelle, agraire et puritaine, qui prend fin.

Avec les «twenties» s'achève également une ère de prospérité qui avait donné aux Américains le niveau de vie le plus élevé qu'un peuple ait jamais atteint, et aussi le sentiment d'un progrès irréversible et sans limites de leurs conditions d'existence. On comprend que la crise qui s'ouvre en octobre 1929 avec la panique boursière de Wall Street, et qui ne s'achèvera pratiquement qu'avec la guerre, ait été perçue par beaucoup d'entre eux comme le naufrage d'une civilisation.

LE ROYAUME-UNI DE 1918 A 1931

La guerre a eu pour effet d'aggraver de façon très sensible les difficultés rencontrées par la Grande-Bretagne et de révéler celles-ci au monde en même temps qu'au peuple britannique lui-même. On peut, à partir de 1919, parler d'une véritable «crise britannique» (c'est le titre d'un ouvrage d'André Siegfried, paru en 1931).

I. Les difficultés économiques

A. La production — *Le problème du charbon* est fondamental. Ce produit, qui constituait avant la guerre l'une des principales ressources du pays, se vend mal. D'abord parce qu'il subit la concurrence des nouvelles sources d'énergie : hydro-électricité et pétrole. Ensuite et surtout parce qu'il est trop cher. Les *royalties* payées par les compagnies aux propriétaires du sol (qui en Grande-Bretagne sont aussi propriétaires du sous-sol) pèsent lourdement sur les prix de même que les salaires relativement élevés des mineurs. La concentration est tout à fait insuffisante (300 grosses compagnies et plus de 1 000 petites employant moins de 100 ouvriers) ce qui ne permet pas de rénover l'outillage. Les entreprises les plus importantes, habituées à un bénéfice suffisant avec des moyens techniques vétustes, ne cherchent pas à se moderniser et préfèrent attendre les subventions de l'État. Le rendement reste donc très faible (600 kg par jour et par mineur en 1925) et l'extraction est devenue déficitaire. Aussi la production diminue-t-elle avec des creux très accusés correspondant aux périodes d'agitation sociale : 233 millions de tonnes en 1920, 165 Mt en 1921, 280 Mt en 1923, 127 Mt en 1926.

– *La production industrielle* connaît des difficultés inégales selon les branches. Les *industries récentes* sont dans l'ensemble assez prospères, dans la mesure où elles fournissent le marché intérieur : c'est le cas de l'industrie automobile, de l'appareillage électrique, des brasseries, de l'industrie chimique. Mais les *industries traditionnelles* traversent au contraire une crise grave, notamment les deux grandes pourvoyeuses de l'exportation britannique au XIXe siècle : textiles et industrie métallurgique. La production de fonte tombe ainsi de 10,4 millions de tonnes en 1913 à 6,7 Mt en 1928, la production d'acier stagne, la consommation de balles de coton diminue de 25 %. Ce fléchissement de la production a des causes multiples ; *vétusté de l'outillage* : la métallurgie utilise encore de vieux fours à coke au rendement médiocre ; *mauvaise organisation de l'industrie* : la concentration est loin d'être suffisante et les entreprises restent spécialisées à l'extrême (dans l'industrie cotonnière, on compte 700 filatures et 1 200 tissages) ; *esprit routinier du patronat anglais* qui semble avoir perdu le dynamisme et l'esprit d'émulation qui avaient fait sa force ; *prix élevé de la main-d'œuvre* : les salaires dépassent de 40 % ceux de l'ouvrier français, de 30 % ceux de l'ouvrier allemand. Enfin *poids des charges fiscales* subies par les entreprises.

B. Les échanges – C'est dans le domaine du commerce extérieur que les symptômes de la dépression sont les plus manifestes. De 1921 à 1929, le chiffre total des importations et des exportations se stabilise aux alentours de 700 milliards de livres, soit une diminution de plus de 20 % par rapport à l'avant-guerre. D'autre part, les importations (matières premières, denrées alimentaires) augmentent plus vite que les exportations (produits fabriqués) : celles-ci ne représentent plus en 1929 que 69 % des importations au lieu de 82 % en 1913. Et le déficit de la balance commerciale est de plus en plus difficilement compensé par les exportations invisibles : bénéfices de la marine marchande, assurances, revenus des capitaux placés à l'étranger et dont beaucoup ont dû être rapatriés pendant la guerre.

C. La question monétaire – A la différence de la plupart des pays européens et des États-Unis, la Grande-Bretagne a sacrifié, pour des raisons de prestige, son expansion économique à la restauration de sa monnaie, en pratiquant une politique de *déflation* et de restriction du crédit. En 1925, le *Gold Standard Act* rétablit l'étalon-or et rend à la livre sa valeur de 1913. La livre redevient une monnaie forte, très demandée à l'extérieur, ce qui permet aux Britanniques de reconstituer leur stock d'or et leur portefeuille étranger. Mais les prix demeurant élevés malgré la déflation, la livre apparaît bientôt comme une monnaie surévaluée, ce qui a pour effet de rendre l'exportation plus difficile.

II. Le malaise social

Cf. en annexe le plan de dissertation sur *les problèmes sociaux de la Grande-Bretagne.*

III. Les difficultés politiques

A. Le cabinet Lloyd George (1918-1922) - Le libéral Lloyd George, chef du cabinet d'union nationale pendant la guerre, reste au pouvoir après les élections de décembre 1918. Celles-ci, faites sur le thème de la victoire («Pendons le Kaiser») assurent une majorité écrasante à la coalition gouvernementale (338 conservateurs et 136 libéraux), les libéraux dissidents d'Asquith n'obtenant que 26 sièges et les travaillistes 59 (avec près de 2,4 millions de voix). Le cabinet Lloyd George eut à résoudre des problèmes considérables : crise économique de 1920-1921, vague d'agitation sociale, question d'Irlande (cf. chapitre 11). Mais ce sont surtout les échecs de sa *politique étrangère* (guerre gréco-turque, fin du protectorat en Égypte) qui obligèrent Lloyd George à démissionner en octobre 1922.

B. Les conservateurs exercent le pouvoir d'octobre 1922 à décembre 1923 avec Bonar - Law puis avec Baldwin, les élections de novembre 1922 leur ayant permis de conserver la majorité avec 347 sièges contre 117 aux libéraux toujours divisés et 142 aux travaillistes (4,2 millions de voix). Devant la persistance des difficultés économiques et sociales, Baldwin songe à rétablir le *protectionnisme.* Lié par les engagements de son prédécesseur, il décide de recourir à de nouvelles élections (déc. 1923) qui aboutissent à une défaite des conservateurs : 258 sièges pour 158 aux libéraux et 191 aux travaillistes, les uns et les autres hostiles au protectionnisme.

C. Le premier cabinet travailliste (1923-1924) est dirigé par le chef du *Labour Party,* Ramsay Mac Donald. Celui-ci ne peut gouverner qu'avec l'appui des libéraux et doit par conséquent se contenter de timides réformes sociales (habitations à bon marché), malgré la pression de ses troupes qui raillent ce «socialisme de poule mouillée». La persistance du chômage, l'inquiétude de l'opinion devant les progrès de la propagande communiste, la divulgation d'un scandale auquel son nom se trouve mêlé, obligent Mac Donald, mis en minorité aux Communes, à dissoudre cette assemblée en octobre 1924. La campagne électorale fut menée sur le thème du péril bolchevik et aboutit à un triomphe des conservateurs : 415 sièges contre 152 aux travaillistes (qui gagnaient cependant 1 million de voix) et 42 seulement aux libéraux.

D. Baldwin et les conservateurs restent au pouvoir de novembre 1924 à mai 1929. Winston Churchill est à l'Échiquier et Austin Chamberlain aux Affaires étrangères. L'action du gouvernement s'exerce essentiellement dans deux directions :

– *Politique de restauration monétaire* avec le rétablissement de l'étalon-d'or et de la convertibilité de la livre en mai 1925 ;

– *Politique de réaction sociale* à la suite de l'échec de la grève générale de mai 1926 (Cf. plan en annexe). Une loi votée en 1927 limite le droit de grève aux conflits professionnels, interdit les grèves de solidarité et empêche les *Trade-Unions* de collecter des souscriptions en faveur du parti travailliste. Les mesures d'intimidation envers les non-grévistes sont interdites et la grève générale est déclarée illégale. La même année, les relations diplomatiques avec l'URSS (dont le gouvernement avait été reconnu en 1924 par Mac Donald) sont rompues. Quelques réformes sont cependant accordées sous l'influence de Churchill, concernant notamment les pensions pour veuves, orphelins et vieux travailleurs.

Sur le plan économique, la Grande-Bretagne profite médiocrement de la prospérité générale. Le renforcement de la livre, le maintien des prix à un niveau élevé, gênent les exportations. Le chômage persiste (encore un million de chômeurs en 1929). Les élections de mai 1929 donnent 287 sièges aux travaillistes (8,6 millions de voix) contre 261 aux conservateurs et 59 aux libéraux.

E. Le second cabinet travailliste est de nouveau dirigé par Mac Donald (Henderson au Foreign Office, Snowden à l'Échiquier), les libéraux retrouvant leur rôle d'arbitres. Les difficultés initiales sont les mêmes qu'en 1924. Elles vont se trouver décuplées par la crise mondiale qui atteint l'Angleterre pendant l'été 1931.

Bibliographie

États-Unis

R. Remond, *Histoire des États-Unis*, PUF (Que sais-je ?) ; A. Kaspi, *Les Américains, I. Naissance et essor des États-Unis*, 1607-1945, Paris, Seuil, 1985. Y.-H. Nouailhat, *Les États-Unis : l'avènement d'une puissance mondiale, 1898-1933*, Paris (Bordas-Richelieu), 1973 ; L. Frank, *Histoire économique et sociale des États-Unis de 1919 à 1949*, Paris, Aubier, 1951 ; H.-U. Faulkner *Histoire économique des États-Unis d'Amérique*, Paris, PUF, 2 vol., 1958 ; C. Fohlen, *L'Amérique anglo-saxonne de 1815 à nos jours*, Paris, PUF (« Nouvelle Clio ») 1969 ; C. Fohlen, *La société américaine, 1865-1970*, Paris, Arthaud, 1973 ; P. Melandri, *Histoire des États-Unis, 1865-1896*, 6e éd., Paris, Nathan, 1996 ; P. Melandri, J. Portes, *Histoire intérieure des États-Unis au XXe siècle*, Paris, Masson, 1991.

On se reportera également avec profit à l'ouvrage d'André Siegfried, *Les États-Unis d'aujourd'hui*, Paris (Colin) 1927, témoignage «sur le vif» de l'un des fondateurs de la science politique française.

Royaume-Uni

R. Marx, *La Grande-Bretagne contemporaine, 1890-1973*, Paris, A. Colin (Coll U), 1973, du même auteur, *Histoire du Royaume-Uni* (même collection) et *Le déclin de l'économie britannique*, Paris, PUF (Dossier Clio), 1972 ; E. Hobsbawn, *Histoire économique et sociale de la Grande-Bretagne*, Tome 2 : *De la révolution industrielle à nos jours*, Paris (Seuil), 1977 ; A. Siegried, *La crise britannique au* XXe *siècle*, Paris, A. Colin, 1931 ; M. Tacel, *Le Royaume-Uni de 1867 à 1980*, Paris, Masson, 1981 ; M. Charlot, *Le syndicalisme en Grande-Bretagne*, Paris, A. Colin, 1978 ; J. Guiffan, *La Question d'Irlande*. Bruxelles, Complexe, 1989. P. Morris, *Histoire du Royaume-Uni*, Paris, Hatier, 1992. F. Mougel, *La Grande-Bretagne au XXe siècle*, Paris, PUF, 1989.

Biographies

Wilson

Woodrow Wilson est né à Staunton (Virginie) en 1856. Fils d'un pasteur presbytérien, il fait ses études à Princeton, échoue dans la carrière d'avocat et devient professeur de sciences politiques à Princeton, puis Président de l'Université. Ses qualités d'administrateur le rendent célèbre et il est en 1911 élu gouverneur du New Jersey. Candidat des démocrates, il est élu Président des États-Unis en 1912 grâce à la division des républicains. Entouré de conseillers de valeur (Louis Brandeis, colonel House), Wilson s'engage dans une politique de réformes qui sera interrompue par la guerre : diminution des tarifs douaniers, élection des sénateurs au suffrage universel, mesures contre les trusts, etc. Mais son nom reste surtout attaché à la «nouvelle diplomatie» qui le conduit à engager les États-Unis dans la guerre en 1917, puis à élaborer les conditions d'une paix juste et durable *(14 points, Covenant).* Frappé d'hémiplégie en 1919, il meurt à Washington en 1924. Idéaliste, généreux, très attaché à la démocratie et au «droit des peuples à disposer d'eux-mêmes», Wilson ne manque pas cependant d'esprit pratique mais il est desservi par son intransigeance et son obstination.

Harding

Warren G. Harding est originaire de l'Ohio où il est né en 1865. Il est d'abord journaliste, puis propriétaire d'une feuille locale avant de devenir, à près de 50 ans, sénateur des États-Unis (1914). Son opposition à Wilson pendant la conférence de la Paix le fait désigner comme candidat républicain à la Maison Blanche où il est élu contre le démocrate Cox en 1920. Aimable, plein de dignité et d'une grande gentillesse (il adorait serrer des mains), Harding avouera lui-même quelques semaines après son accession à la présidence : «Je savais bien que cette fonction était beaucoup trop difficile pour moi ». Très affecté par les malversations de ses amis (Fall et le « gang de l'Ohio »), il meurt en août 1923 avant l'expiration de son mandat, terrassé par une attaque.

Coolidge

Calvin Coolidge est originaire du Vermont où il est né en 1872. Avoué à Northampton, il devient gouverneur du Massachusetts en 1919, avant d'être élu l'année suivante à la vice-présidence. La mort de Harding en 1923 lui ouvre les portes de la Maison Blanche où il est réélu triomphalement en 1924. Homme consciencieux, plein de tact, mais austère et froid dans sa vie publique, il ne manque pas d'humour et – si l'on en croit Arthur Schlesinger – aime jouer des tours pendables aux valets de chambre et aux agents du service secret de la Maison Blanche. Mais surtout Coolidge devait se faire remarquer par son inactivité. L'huissier du palais présidentiel dira de lui : «Je n'ai jamais connu au cours de ma carrière un président qui ait dormi autant».

Hoover

Herbert Hoover est originaire de l'Iowa (1874) et d'une famille de fermiers quakers. Études à Stanford puis ingénieur des mines. Pendant la guerre, il est chargé du ravitaillement des régions envahies, puis directeur des vivres pour les États-Unis. A partir de 1921, il est secrétaire d'État au commerce et mène à ce poste une politique favorable aux trusts. Président républicain des États-Unis en 1928, il ne peut arrêter la crise et est battu par Roosevelt en 1932. Excellent administrateur, grand travailleur, l'homme est froid et réservé.

Lloyd George

Gallois d'origine, David Lloyd George est né à Manchester en 1863 dans une famille pauvre. Études de droit puis député libéral en 1890. De tendance radicale, homme de justice et de paix, il fait campagne contre le capitalisme et l'impérialisme. Chancelier de l'Échiquier de 1908 à 1915, il mène une politique de réformes sociales qui le met en conflit avec les Lords (1910-1911). Pendant la guerre, il est ministre des munitions puis chef du *War Office* et enfin Premier Ministre à la fin de 1916. Il dirige jusqu'en 1922 un cabinet de coalition. Après cette date, il poursuit son activité politique dans l'opposition. Il meurt en 1945.

Mac Donald

Ramsay Mac Donald est né en 1866 dans l'Elginshire, dans un milieu extrêmement modeste. Journaliste, il adhère en 1894 à l'*Independant Labour Party* et joue un rôle très important dans la création du parti travailliste en 1900. Député depuis 1906, il est à partir de 1911 *leader* du parti. Pacifiste, hostile à l'action violente, il s'oriente peu à peu vers un réformisme modéré qui lui permet en 1924 de recevoir l'appui des libéraux. Après le second cabinet travailliste (1929-1931), il dirige un gouvernement d'union nationale et crée un groupe de *Nationaux travaillistes.* Très critiqué par son parti, épuisé par les charges du pouvoir, il se retire en 1935 et meurt en 1937. Excellent orateur, très énergique, l'homme est desservi par son esprit ombrageux.

Plan

Les problèmes sociaux en Grande-Bretagne de 1918 à 1931

Introduction. La tension sociale de l'après-guerre s'explique par la volonté des ouvriers de maintenir intact leur niveau de vie alors que la crise des exportations et la politique de déflation imposent une baisse des salaires. Elle est donc liée aux difficultés économiques du Royaume-Uni.

1. Le problème social

A. SITUATION EN 1914

a) *Les travailleurs manuels* (industriels et ruraux) constituent 74 % de la population active ;
– les ouvriers des villes dominent largement ce secteur, les ruraux ne représentant que 12 % de la population active.

b) *Forte inégalité des conditions sociales*
– entre salariés et membres de la classe dirigeante : les différences sont nettement plus fortes que sur le continent, notamment qu'en France. Le quart de la population de Londres n'atteint pas le niveau nécessaire au strict minimum vital (21 sh par semaine). Pour l'ensemble du pays, ce niveau n'est pas atteint par 12 % de la population.
– entre l'«aristocratie» des ouvriers qualifiés et la masse des ouvriers non qualifiés.

B. Conséquences de la guerre

a) *Les salaires* ont augmenté beaucoup moins vite que les prix. En prenant pour base l'indice 100 en 1914, les salaires sont en moyenne à 140 en 1917, le coût de la vie à 180. A la suite de mouvements de grèves en 1917-1918 un réajustement s'opère à la fin de la guerre.

b) *Un mélange* (dilution) s'est effectué entre qualifiés et non-qualifiés, malgré les conventions collectives passées avant la guerre. Le salaire des non-qualifiés et des femmes s'est accru au détriment de celui des ouvriers qualifiés.

c) *L'augmentation du niveau de vie ouvrier* vient essentiellement du fait de l'allongement de la journée de travail (jusqu'à 14 h). De plus, les femmes ont été rémunérées au même taux que les hommes. Le niveau de vie des familles ouvrières s'est parfois trouvé doublé.

d) *Or le retour à la paix* et les difficultés économiques de l'après-guerre entraînent une diminution sensible du nombre d'heures supplémentaires et du travail des femmes. Le désir de conserver un pouvoir d'achat intact explique l'essor du mouvement syndical.

C. Conséquences de la crise de l'économie britannique

– *Politique de déflation* impliquant une baisse des salaires ;
– *Chômage chronique :* le nombre des chômeurs oscille entre 1 million et 2,5 millions entre 1920 et 1931.

2. Développement du mouvement ouvrier

A. Sur le plan syndical

a) *Développement des effectifs :* 3,2 millions de syndiqués en 1914, 5,5 millions en 1918, plus de 8 millions en 1920, groupés dans le *Trade Union Congress,* la plus grande centrale syndicale du monde.
b) *Développement du prestige des Trade Unions* qui bénéficient du rôle qu'elles ont joué pendant la guerre.

B. Sur le plan politique

a) *Réorganisation du parti travailliste* en 1918 : établissement d'un nouveau programme en juin 1918, réformiste mais plus nettement socialiste qu'en 1914 – création d'une *section* du parti dans chaque circonscription électorale.
b) *Succès électoraux* à la faveur de la scission du parti libéral. Les éléments de gauche du libéralisme rejoignent le parti travailliste.

3. L'agitation sociale : trois grandes vagues

A. 1919-1921

– *Origines* et déclenchement du mouvement : grèves des cheminots de 1919, etc. ; – *la grève des mineurs* de mars à juin 1921 ; – *le retour au calme* progressif.

B. La vague de grèves de 1925-1926

a) *Origine du mouvement :* politique de déflation et annonce d'une baisse des salaires. Début d'un mouvement de grève, stoppé par le gouvernement qui annonce la création d'une *Commission économique* et demande un sursis de 9 mois. Pendant cette période le gouvernement se prépare à la lutte et, au terme du sursis, la Commission conclut à une baisse des salaires et à une augmentation de la durée du travail.

b) *Grève générale en mai 1926 :* près de 4 millions de travailleurs en grève. Baldwin brise la grève après s'être fait donner les pleins pouvoirs. Échec dû surtout à la division des leaders syndicaux. Le 31 mai reprise générale, sauf les mineurs qui tiendront 6 mois.

c) *Conséquences de cet échec :* politique de réaction sociale : limitation du droit de grève.

C. Troisième vague avec la crise mondiale

Conclusion : Conséquences de ces mouvements sur l'aggravation de la situation économique du Royaume-Uni.

6 L'Allemagne de 1919 à 1929

L'échec de la révolution spartakiste et la répression qui lui fait suite ne marquent pas la fin des troubles pour la jeune République allemande. L'agitation politique et sociale persiste pendant plusieurs années sur un fond de crise économique et financière. Le point de tension extrême est atteint en 1923 avec l'occupation de la Ruhr par les troupes franco-belges, avec une inflation devenue «galopante» et la multiplication des coups de force contre le régime. En 1924, l'assainissement de la situation financière se traduit sur le plan politique et social par un apaisement réel. A partir de cette date et jusqu'en 1929, l'Allemagne weimarienne connaît une grande prospérité économique. Disposant de capitaux abondants, fournis par les investissements américains, favorisée par la concentration et par la modernisation de ses forces productives, elle se hisse au second rang des grandes puissances industrielles. Mais cette prospérité, qui repose sur le crédit américain à court terme et sur la pénétration des marchés extérieurs, est extrêmement fragile. La crise de 1929 aura tôt fait de démontrer la vulnérabilité de l'économie allemande et la précarité de l'équilibre politique du régime de Weimar.

I. La mise en place des nouvelles institutions

A. La Constitution de Weimar — a) *L'Assemblée constituante* se réunit le 6 février 1919 dans la petite ville de Weimar, en Thuringe. Elue au suffrage universel (hommes et femmes de plus de 20 ans) et au scrutin proportionnel, elle comprend 421 députés ainsi répartis :

— 44 *nationaux-allemands* (ex-conservateurs) : formation monarchiste, regroupant les grands propriétaires fonciers, les officiers supérieurs, les hauts fonctionnaires de l'ancien régime ;

— 19 *populistes* (ex-nationaux-libéraux) liés à la haute finance et à l'industrie lourde. Leurs dirigeants sont Stresemann et Thyssen ;

— 91 représentants du *Zentrum* (centre catholique), dont l'aile gauche rassemble les ouvriers catholiques et les petits propriétaires du Sud et de l'Ouest (les leaders en sont Erzberger et Wirth) mais devra peu à peu s'effacer devant l'aile droite ;

— 75 *démocrates* (anciens libéraux et progressistes) qui représentent essentiellement la bourgeoisie libérale et la petite bourgeoisie ;

— 187 *sociaux-démocrates,* toujours divisés en *majoritaires* (165) et *indépendants* (22). Bien qu'ils aient recueilli 45 % des voix (14 millions sur un total de 30 millions), les sociaux-démocrates ne détiennent donc pas la majorité à la Constituante. Ils doivent accepter l'alliance des modérés et vont constituer avec les «démocrates» et le centre catholique la «coalition de Weimar». C'est cette majorité qui désigne Ebert comme premier président de la République le 11 février et qui, dix jours plus tard, votera la confiance au gouvernement constitué par Scheidemann et qui comprend 6 socialistes, 3 membres du *Zentrum* et 3 démocrates. Après quoi, l'assemblée peut consacrer tous ses efforts à la rédaction d'une constitution de caractère démocratique.

b) *La constitution* qui entre en vigueur le 14 septembre 1919 est un *compromis :*
– compromis entre tendances modérées (régime parlementaire, enseignement religieux maintenu dans le programme de la plupart des écoles) et tendances socialistes (création d'un Conseil économique, de conseils d'ouvriers dans les entreprises, conditions de salaires et de travail fixées par des commissions mixtes, etc) ;
– compromis entre la nature républicaine et démocratique du nouveau régime (référendum populaire possible à l'initiative de 10 % du corps électoral) et le maintien d'un exécutif fort ;
– compromis enfin entre particularisme des *Länder* et tendance au renforcement de l'unité, entre les idées autonomistes qui se manifestent à ce moment en Bavière ou en Rhénanie et les projets d'État unitaire du secrétaire d'État à l'Intérieur, le démocrate Hugo Preuss, qui avait été chargé d'élaborer l'avant-projet du texte constitutionnel et aurait voulu diluer la Prusse (60 % de la population allemande) dans un Reich unifié et décentralisé. On décide finalement que la République fédérale sera composée de 17 *Länder* (au lieu de 26), chaque *Land* conservant son assemblée et son gouvernement (responsable de l'éducation, des travaux publics et de la police) mais demeurant soumis à l'autorité du président du Reich (art 13 : le droit du Reich brise le droit des États).

c) *Le pouvoir législatif* appartient à deux assemblées :

– *Le Reichstag,* élu pour 4 ans au suffrage universel suivant le système proportionnel (1 député pour 60 000 électeurs environ). Il vote les lois et investit le *chancelier* et les ministres qui sont responsables devant lui. Il peut être dissout par le président du Reich.

– *Le Reichsrat* comprend les délégués des *Länder,* en nombre proportionnel à la population de chaque État. Aucun *Land* ne peut cependant disposer de plus de 2/5 des sièges, ceci afin d'éviter la prépondérance de la Prusse. Ses attributions sont modestes : droit de veto suspensif (pour 4 ans au maximum) sur les lois votées par le *Reichstag,* sauf si le vote a été obtenu dans cette assemblée à la majorité des deux tiers.

d) *Le Président du Reich,* élu pour 7 ans au suffrage universel direct, a des pouvoirs très étendus : il choisit le *chancelier* (chef du gouvernement), nomme et révoque les fonctionnaires, promulgue les lois – avec un droit de veto suspensif de deux ans – et peut en subordonner la promulgation à un referendum (article 73). Chef suprême de l'armée, il peut dissoudre le Reichstag et gouverner avec les pleins pouvoirs dans les circonstances exceptionnelles (l'article 48 l'autorise à proclamer l'état d'urgence, à suspendre la constitution d'un *Land* et à faire appel à l'armée pour rétablir l'ordre).

Entre régime strictement parlementaire et régime présidentiel, la Constituante n'a donc pas véritablement tranché, laissant à la pratique constitutionnelle le soin de choisir.

B. Les forces d'opposition au nouveau régime viennent de deux horizons différents :

a) *A droite* ce sont :

• *L'État-major* et l'ensemble du corps des officiers dont le prestige demeure intact. Recrutés dans le milieu aristocratique, les cadres de la *Reichswehr* sont hostiles à la République et au régime des partis qui les ont privés de leur place dominante dans l'État. Ils s'appuient, indépendamment de l'armée proprement dite, dont l'effectif a été fixé à 100 000 hommes par le traité de Versailles, sur des formations de *corps-francs,* officiellement dissoutes, mais qui continuent en fait d'entretenir dans le pays une atmosphère de terreur. Ce sont eux qui vont accréditer dans l'opinion la légende du «coup de poignard dans le dos», née d'une déclaration de Hindenburg devant une commission d'enquête du Reichstag. Pour les hommes de l'État-major en effet, l'Allemagne n'a pas été vaincue militairement. Elle a été trahie par «l'arrière», par les «criminels de novembre», c'est-à-dire par les hommes politiques qui ont déclenché la révolution puis accepté le «Diktat» de Versailles.

• *Les Junkers,* grands propriétaires fonciers de l'Est et du Nord de l'Allemagne, restés profondément monarchistes et hostiles à toute réforme agraire. Unis dans le *Reichlandsbund,* lié au corps des officiers et des hauts fonctionnaires, ainsi qu'au pastorat luthérien, ils entretiennent parfois des milices d'anciens corps-francs, véritables gardes prétoriennes qu'ils utilisent pour défendre leurs domaines contre une éventuelle menace révolutionnaire.

• *Les cadres civils de l'ancien régime,* hauts fonctionnaires, magistrats, universitaires, qui ont aussi conservé leurs anciennes attaches. Très sévère à l'égard des agitateurs d'extrême gauche, la justice se montrera au contraire indulgente pour les putschistes nationalistes et pour les membres des organisations terroristes.

• *La grande industrie,* dont la puissance économique se renforce (Stinnes contrôle en 1920 16 % de la production charbonnière et emploie 300 000 ouvriers), exerce une influence croissante sur la vie politique (presse, liens avec certains groupes nationalistes). Mais son opposition est surtout économique et il est probable qu'elle a délibérément accentué la tendance à l'inflation dans le but d'éteindre rapidement ses dettes.

b) *A gauche,* l'opposition vient des communistes. Fondé en janvier 1921 par l'union des anciens spartakistes et de l'aile gauche du Parti socialiste indépendant (USPD), le KPD (Kommunistiche Partei Deutschlands) s'est vite transformé en un parti de masses disposant de 350 000 membres et d'une trentaine de quotidiens. Mais jusqu'en 1923 il est le lieu de tensions très vives entre «droitiers» et «gauchistes», ces derniers partisans de la spontanéité révolutionnaire des masses et de l'action insurrectionnelle (c'est principalement contre eux que Lénine avait écrit en 1920 «la maladie infantile du communisme»). D'où l'incapacité du KPD à exploiter en 1923 une situation éminemment favorable au développement de l'offensive prolétarienne. Débarrassé par diverses purges de ses éléments gauchistes, le parti communiste s'engage après cette date dans la voie d'une «bolchevisation» qui se transforme vite en «stalinisation», ses militants abandonnant le pouvoir aux mains d'un appareil étroitement contrôlé par le Komintern et qui privilégie la discipline et la tactique aux dépens du débat idéologique. Adoptant d'autre part les thèses de l'Internationale concernant la nature du phénomène fasciste, le KPD tend à considérer la république «bourgeoise» et la social-démocratie comme des adversaires aussi dangereux que les formations d'extrême droite (thème du *social-fascisme*). Aussi combattent-ils avec la même détermination le parti dominant de la coalition gouvernementale et les organisations qui affichent leur volonté de substituer un régime d'autorité aux institutions républicaines. Cette orientation sectaire – version allemande de la stratégie «classe contre classe», alors prônée par le *Komintern* – est lourde de conséquences pour l'avenir, dans la mesure où elle prive l'Allemagne de Weimar du soutien d'une fraction importante de la classe ouvrière (de 1924 à 1932, le nombre de voix communistes oscille entre 2,7 et 6 millions de voix).

II. Les années troubles (1920-1924)

A. La crise monétaire – a) *Ses origines.* Il faut noter tout d'abord que la crise allemande ne constitue pas un phénomène isolé, mais qu'elle s'inscrit au contraire dans *un contexte international,* et notamment européen, qui est celui de l'inflation généralisée (cf. chapitre 3). *Le paiement des réparations* joue d'autre part un rôle qui, sans être déterminant (comme l'ont prétendu les dirigeants du Reich), a sans doute accentué la tendance, les 5 milliards de marks versés en or en 1920-1922 ne pouvant que creuser le déficit du budget et contraindre le gouvernement à émettre davantage de papier-monnaie. *L'occupation de la Ruhr* en 1923 précipitera le mouvement en immobilisant, pendant plusieurs mois, une part importante des forces productives du pays et en obligeant les pouvoirs publics à financer la «résistance passive» (2 millions d'ouvriers en grève). Mais les principales responsabilités viennent sans doute des milieux économiques allemands et en particulier de *l'industrie lourde.* Les industriels voient en effet dans l'inflation un moyen de se libérer rapidement des lourdes dettes contractées auprès des banques privées et de la Reichsbank. Ils bénéficient d'autre part, pour leurs exportations, de la dépréciation extérieure du Mark, plus rapide que la hausse des prix intérieurs. En multipliant les emprunts, en refusant par ailleurs de rapatrier leurs capitaux à l'étranger, ils ont puissamment concouru à un effondrement monétaire qui sert leurs desseins. Ceci avec la complicité au moins partielle d'un État qui maintient, jusqu'en août 1923, le taux d'escompte à 5 %, autorise la Reichsbank à financer le déficit (par des avances excessives au Trésor), permet aux industriels de rembourser leurs dettes en monnaie dépréciée et se garde bien d'accroître la pression fiscale sur les classes possédantes. Il faut attendre l'arrivée au pouvoir de Stresemann pour que cette politique de soutien inconditionnel aux grands intérêts – cyniquement appliquée par Cuno qui était lui-même président d'une grande compagnie de navigation – soit abandonnée.

b) *Ses manifestations.* La circulation des billets est passée en 1919-1920 de 23 à 92 milliards de marks, si bien qu'en février 1921 le mark est tombé à 9 % de sa valeur nominale, à 2 % en novembre. Dès l'année suivante le mouvement s'accélère et on assiste à *une véritable décomposition de la monnaie :* en janvier 1922, le mark-or vaut encore 46 marks-papier, il en vaut 4 280 en janvier 1923, 84 000 en juillet, 24 millions en septembre, 6 milliards en octobre, 1 trillon en décembre.

Devant cet effondrement de la monnaie-papier, les commerçants s'efforcent d'ajuster leurs prix à la valeur-or des marchandises. Instruits par les chambres de commerce des variations de la valeur du mark, ils modifient quotidiennement – bientôt plusieurs fois par jour – leurs étiquettes, sans réussir le plus souvent à adapter leurs prix au cours de la monnaie. Partout (banques provinciales, grandes entreprises), on se met à émettre des billets qui doivent presque aussitôt être surchargés, de même que les timbres-poste. Ouvriers et employés demandent à être payés quotidiennement, voire deux fois par jour, et il faut une valise pour emporter les billets.

B. Les conséquences sociales de la crise sont extrêmement variables

a) *Les classes dirigeantes* ont dans l'ensemble profité de la crise, à commencer par les *hommes d'affaires* et les *industriels.* Dans les derniers mois de la guerre, beaucoup d'entre eux avaient fait passer leurs fonds en pays neutres. Ils disposent donc de devises étrangères qui conservent toute leur valeur. Certains vont d'autre part tirer avantage de la spéculation. Ils achètent des terres, des usines, des hôtels, des immeubles, des objets précieux en versant comptant une faible partie du bien acquis, puis en payant le solde à échéance avec une monnaie dépréciée. L'État devra intervenir pour que soit exigée la stipulation du paiement en valeur-or dans les opérations commerciales et pour que soient abrégées les durées de crédit (un mois, 15 jours, puis 8 jours). Mais cela ne suffira pas pour empêcher que, dans ce court laps de temps, ne soient réalisés des bénéfices considérables. Les grands magnats de l'industrie peuvent ainsi racheter à bon compte une foule de petites et de moyennes entreprises en difficulté et renforcer de cette façon une concentration déjà fort avancée. L'inflation leur permet d'autre part de rembourser rapidement, en monnaie dépréciée, les dettes qu'ils avaient contractées pendant la guerre, ou depuis celle-ci, notamment auprès de l'État. Elle a enfin l'avantage de stimuler les exportations, et ceci d'autant plus que la baisse des salaires réels (les salaires augmentent moins vite que le coût de la vie) permet de gagner sur les prix de revient et de vendre à meilleur marché à l'extérieur.

Les grands et moyens propriétaires fonciers ont également bénéficié de l'inflation galopante, dans la mesure où celle-ci leur a permis de se libérer rapidement de leurs dettes, tout en profitant de la forte hausse des produits agricoles.

b) *Les ouvriers.* Bien que la condition du travailleur à la journée soit paradoxalement moins mauvaise que celle du fonctionnaire, du cadre ou de l'employé payé au mois, la crise inflationniste touche durement le prolétariat des villes. La hausse des salaires n'a pas suivi celle des prix et l'on estime qu'en septembre 1923, le salaire horaire, évalué en marks-or atteint à peine le quart de ce qu'il était en 1914. Si les ouvriers qualifiés de l'industrie parviennent tant bien que mal à survivre, la couche la plus misérable de la classe ouvrière et surtout les chômeurs — 10 % en gros de la population active en 1923, avec des pointes mensuelles à 20 et même 28 %, soit un indice moyen inférieur, il faut le noter, à celui du Royaume-Uni — connaissent un dénuement effroyable.

c) *Les classes moyennes* sont, comparativement aux autres catégories sociales, les plus fortement touchées. En premier lieu, tous ceux dont les revenus sont fixes : rentiers, retraités, petits épargnants qui ont placé leurs économies dans les emprunts d'État et qui se trouvent brusquement ruinés. En second lieu les fonctionnaires, les employés et les cadres, payés à la semaine ou au mois. De même les patrons des petites et moyennes entreprises, incapables de lutter contre la concurrence des grosses et absorbées par celles-ci, ainsi que de nombreux commerçants dont les prix ne parviennent pas à suivre le cours du mark. On peut parler d'une véritable *expropriation* de la petite et de la moyenne bourgeoisie, aboutissant à un bouleversement dans la hiérarchie des valeurs et des personnes. Hostiles par tradition et par réflexe culturel (poids de l'idéologie dominante s'exerçant par le truchement de l'école, des églises, de la presse, etc.) à toute révolution sociale, ces «déclassés» ne chercheront pas de remèdes à leurs malheurs dans les organisations se réclamant du marxisme, mais s'orienteront vers des mouvements qui préconisent la revanche des classes moyennes et sauront détourner leur colère contre les soit-disant «responsables» de la débâcle économique : pays vainqueurs, hommes et partis de la coalition de Weimar, juifs, régime parlementaire. C'est dans ces catégories marginalisées que le nazisme va trouver ses plus fidèles soutiens.

C. L'agitation politique prend un double aspect :

a) *Le terrorisme.* D'anciens *corps-francs* dissous se reconstituent sous la forme de sociétés secrètes qui utilisent l'assassinat politique comme principal moyen d'action. Dirigés par des officiers, ces groupes recrutent leurs troupes dans une jeunesse désespérée par la défaite et attachée à ses privilèges de classe, ainsi que parmi les déclassés, les chômeurs, les aventuriers de profession. L'un des plus actifs, le groupe *Consul,* dirigé par le capitaine Erhardt et auquel appartient l'écrivain Ernst von Salomon, l'auteur des *Réprouvés,* dirige ses coups «contre les juifs, la social-démocratie et les partis de gauche». Le 26 août 1921, deux de ses membres abattent le leader du Centre catholique Erzberger à qui l'extrême-droite reprochait d'avoir accepté le Traité de Versailles et proposé, alors qu'il était ministre des Finances, des projets fiscaux frappant durement le grand capital. Une bonne partie des fonds dont disposent ces sociétés secrètes vient d'ailleurs des industriels et des grands propriétaires fonciers. Elles bénéficient d'autre part de la protection plus ou moins officielle de la *Reichwehr* et de l'indulgence des juges. Pour 354 assassinats politiques commis entre janvier 1919 et juillet 1922 par des groupes d'extrême-droite, on ne relève que 24 condamnations à des peines de prison et aucune condamnation à mort. L'une des dernières victimes de cette vague de terreur sera le ministre des Affaires étrangères, Walter Rathenau, industriel d'origine israélite, président du trust de l'électricité AEG et favorable à un rapprochement économique avec les alliés. Il est abattu à Berlin le 24 juin 1922 par des hommes de l'organisation *Consul.*

b) *Les coups de force*

• *Le coup d'État de Kapp* (mars 1920). En août 1919, le général *von Lüttwitz* et le fondateur de la *Ligue Nationale* Wolfgang Kapp décident de renverser Ebert avec l'aide des corps-francs utilisés en Lettonie et en Courlande contre le bolchevisme. Les alliés ayant exigé le rapatriement et le licenciement de ces unités, la brigade commandée par le capitaine de corvette Erhardt (6 000 hommes), s'est installée dans la région de Berlin dans l'attente de sa démobilisation. Les conjurés voudraient profiter de la présence de ces soldats aguerris et farouchement hostiles au communisme, pour s'emparer du pouvoir et installer un gouvernement militaire capable de s'opposer à l'application du traité de paix. Informé de ce qui se prépare, le gouvernement Ebert voudrait résister mais l'adjoint de von Lüttwitz, le général von Seeckt déclare : «la Reichswehr ne tire pas sur la Reichswehr». Le 13 mars, les ministres quittent Berlin pour Dresde puis pour Stuttgart, tandis que la brigade Erhardt entre dans la capitale et que Kapp se proclame chancelier. C'est la rapidité de la riposte ouvrière qui fait échouer le putsch. A l'appel des communistes et des sociaux-démocrates, les syndicats déclenchent la grève générale. Celle-ci est totale. En quatre jours, elle oblige Kapp à s'enfuir et la brigade Erhardt à se retirer, non sans heurts : pogroms dans les quartiers juifs et chocs sanglants avec les ouvriers. Redevenu maître de la situation, le gouvernement désarme les ouvriers et amnistie les conjurés, à l'exception d'Erhardt qui pourra cependant s'enfuir en Autriche. Mais la grève générale continue dans la Ruhr où les milices ouvrières s'emparent de plusieurs villes (Dortmund, Essen). En avril, von Seeckt brise cette tentative révolutionnaire et exerce une sanglante répression.

• *La tentative de la «Reichswehr noire»* (octobre 1923). Depuis 1920, un commandant de réserve, Buchrucker, a organisé à l'insu du gouvernement des périodes d'instruction pour les soldats n'appartenant pas à l'armée régulière. En 1923, cette armée clandestine comprend environ 20 000 hommes groupés dans la région de Spandau. Buchrucker songe alors à rééditer le coup d'état de Kapp. Il mobilise ses hommes pour marcher sur Berlin mais se heurte à l'armée régulière qui détient le pouvoir depuis le 26 septembre (état de siège). Enfermé avec ses troupes dans la forteresse de Spandau, il doit se rendre le 6 octobre. Condamné à 10 ans de forteresse, il n'en fera que 4 et sera amnistié par Hindenburg en 1927. A la suite de ce putsch avorté, une nouvelle vague révolutionnaire se développe en Saxe, en Thuringe et à Hambourg. En quelques jours l'armée et la police ont raison des «centuries rouges» et l'ordre est entièrement rétabli au début novembre.

• *Le «putsch de la brasserie»* (novembre 1923). En Bavière, un gouvernement séparatiste d'extrême-droite dirigé par von Kahr et soutenu par le général von Lossow est en place depuis le 26 septembre. Hitler, qui dirige depuis l'éviction de l'ouvrier Drexler un petit parti ultra-nationaliste, le «parti national socialiste ouvrier allemand», voudrait profiter de ce mouvement pour prendre le pouvoir en Bavière et organiser, sur le modèle mussolinien, une «marche sur Berlin». La situation semble favorable. L'occupation française de la Ruhr a soulevé une très forte vague nationaliste. D'importants groupes de volontaires revenant de la Baltique ou de Silésie affluent à Munich et viennent s'enrôler dans les sections d'assaut (S.A.) du parti nazi. Le général Ludendorff, l'un des chefs militaires les plus prestigieux, donne son appui au complot. Le

8 novembre, une bande de S.A. armés envahit la brasserie Bürgerbrauhaus à Munich où von Kahr tient un meeting. Sous la menace d'un revolver, Hitler oblige von Kahr et von Lossow à promettre leur participation à un gouvernement nationaliste dont l'autorité s'étendrait à toute l'Allemagne. Mais, dans la nuit du 8 au 9, les deux hommes se ravisent et le lendemain une manifestation de rues des groupes nationalistes est dispersée par la police, qui fait usage de ses armes (il y a 14 morts). Les chefs sont arrêtés mais Ludendorff sera acquitté et Hitler, condamné à 5 ans de prison et incarcéré à la forteresse de Landsberg, sera libéré au bout de 9 mois de captivité.

III. Le retour au calme (1924-1929)

A. Le sauvetage de la monnaie — a) *Deux conditions* président au redressement financier du Reich.

• *La politique extérieure de Stresemann,* qui met fin à la résistance passive dans la Ruhr, obtient par le *plan Dawes* des aménagements dans le paiement des réparations et inaugure une ère de détente dans les relations avec la France (cf. chapitre 8).

• *L'action des populistes,* arrivés au pouvoir avec Stresemann, et notamment de trois hommes : le banquier *Helfferich,* secrétaire au Trésor (et qui appartient pour sa part au parti des nationaux-allemands), le docteur *Hans Luther,* bourgmestre populiste d'Essen et ministre des Finances, surtout le *docteur Schacht,* directeur de la Darmstaedter Bank, l'une des plus grandes banques allemandes, puis Commissaire à la monnaie et enfin, en 1924 directeur de la Reichsbank. Utilisant les pleins pouvoirs qui ont été votés à Stresemann en octobre 1923, Luther et Schacht vont tenter et réussir une audacieuse opération de sauvetage du mark.

b) *Les étapes du redressement financier*

• Une nouvelle monnaie est créée, *le Rentenmark.* L'émission en est confiée à une banque nouvelle, la *Rentenbank* au capital de 2 400 milliards de Rentenmarks, capital non versé en espèces, mais représenté par une hypothèque portant pour moitié sur l'agriculture, et pour moitié sur l'industrie et le commerce. Autrement dit la monnaie nouvelle n'est pas gagée sur l'or mais sur la totalité de l'économie allemande (couverture fictive puisqu'il s'agit de biens non mobilisables). Elle ne se substitue pas au mark déprécié mais existe parallèlement et dans un rapport constant avec celui-ci, l'État l'acceptant dans toutes ses caisses comme une monnaie officielle sans en imposer le cours forcé. Echangeable sur le marché à raison de 1 RM pour 1 000 milliards de marks, le Rentenmark inspire très vite confiance et ne tarde pas à faire prime sur le marché.

• *L'équilibre du budget* est rétabli et la masse monétaire réduite dans des proportions importantes grâce à une sévère politique déflationniste : restriction du crédit, économies budgétaires portant sur le nombre des fonctionnaires, la réduction des allocations-chômage, la suppression des subventions aux postes et aux chemins de fer, forte augmentation des impôts (payables en monnaie nouvelle). En même temps, l'État se débarrasse de sa dette intérieure en décidant que les titres d'emprunt émis avant l'inflation ne seraient revalorisés que dans une proportion allant de 2,5 à 10 %, selon la date d'émission, ce qui était dérisoire compte tenu de la dépréciation de la monnaie et correspondait à une banqueroute de fait.

• *La limitation des opérations d'escompte* oblige les industriels à rapatrier leurs capitaux placés à l'étranger pour faire face à leurs paiements immédiats.

• Enfin, *la loi du 30 août 1924* restitue à la *Reichsbank* le privilège d'émission des billets. Elle décide le principe du retour à la monnaie-or, avec comme unité le *Reichsmark* (= 358 mg d'or). L'échange avec l'ancienne monnaie se fait sur la base de 1 Reichsmark pour 1 trillion de marks-papier.

Ces diverses mesures, qui achèvent de ruiner les petits épargnants, porteurs de fonds d'État, vont permettre aux finances du Reich de partir sur des bases nouvelles. Dès la fin de 1924, l'Allemagne a de nouveau une monnaie stable.

B. La prospérité économique – a) *Ses causes.* • Il faut noter tout d'abord que, paradoxalement, la crise financière s'est accompagnée d'une forte expansion économique. Dès 1922, les chiffres de 1913 sont retrouvés pour le charbon, dépassés pour le lignite, tandis que la production d'acier atteint 64 % de celle de 1913 malgré la perte de la Lorraine et de la Haute-Silésie.

• *L'afflux des capitaux étrangers,* principalement américains, sous forme de prêts aux entreprises privées ou à l'État, et d'investissements dans les entreprises industrielles, constitue l'un des moteurs essentiels de l'expansion. A partir de 1924, ils se substituent à l'épargne disparue au cours de la crise et voient leur entrée largement facilitée par le gouvernement du Reich. Celui-ci favorise en effet l'endettement du pays, avec la volonté de lier étroitement le sort de l'Allemagne à celui des États-Unis.

• *L'abondance de la main-d'œuvre,* due à l'installation massive de réfugiés venus des territoires perdus ou des colonies, permet de maintenir les salaires à un niveau relativement faible, sans que cette politique entraîne de véritables tensions sociales. Les grèves sont rares car les ouvriers allemands se montrent sensibles à la stabilité de l'emploi et à la diminution relative du chômage, tandis que les syndicats et le SPD abandonnent toute attitude révolutionnaire, répudiant officiellement les principes de la lutte des classes et de la dictature du prolétariat au profit d'une politique contractuelle et de collaboration, bien vue des milieux d'affaires. Cette intégration de la classe ouvrière dans la nation se trouve renforcée par une législation sociale très en avance sur celle des autres pays européens.

b) *Ses manifestations* apparaissent dans tous les secteurs de l'activité économique.

• *Dans le domaine agricole,* du fait de la politique systématique de soutien des grands domaines qui est pratiquée par la droite à partir de 1924 : dégrèvements fiscaux, rachat des stocks par l'État à des prix garantis, adoption en 1927 d'un tarif protectionniste, création en 1929 de l'*Ost Hilfe* qui permet aux agriculteurs de l'Est (région dominée par la grande propriété) de recevoir des prêts à faible intérêt, etc. Ces mesures permettent à l'agriculture de se développer mais dans des conditions artificielles et anti-économiques ;

• *Dans le domaine industriel,* grâce aux efforts entrepris pour rationaliser le travail (la productivité dans les mines de charbon augmente de près de 50 % en dix ans), concentrer les entreprises (tandis que les *Konzerne* nés de l'inflation galopante déclinent ou disparaissent avec les mesures déflationnistes des années 1924-1929, les grandes entreprises familiales doivent s'intégrer dans de vastes ensembles dominés par les banques) et développer la recherche scientifique et technique, la production connaît un boom remarquable, dépassant de 15 % en 1928 les chiffres de 1913. A cette date, l'Allemagne est en tête de la production mondiale pour les industries mécaniques, la chimie, les industries électriques et l'optique.

• *Les activités commerciales* sont également en plein essor. En 1929, la valeur des exportations allemandes dépasse d'un tiers le chiffre de 1913.

C. La stabilisation politique — a) *Les conservateurs maîtres du pouvoir.* Les élections de mai 1924 sont encore des élections de crise, caractérisées par l'effritement de la coalition de Weimar et par un renforcement spectaculaire des extrêmes : (les nazis ont 6,6 % des voix et le KPD passe de 2,1 à 12,6 % des suffrages). Celles de décembre 1924 se déroulent au contraire, avec la reprise économique et la signature du plan Dawes, dans un climat de retour au calme. Elles marquent un recul sensible des nazis (3 % des voix, 14 sièges) et des communistes (9 %, 14 sièges) au profit des partis du centre et surtout des sociaux-démocrates (26 % des suffrages et 131 sièges). Ces derniers vont cependant se trouver écartés du pouvoir par le Dr Luther dont le gouvernement, constitué en janvier 1925, s'appuie sur une coalition conservatrice qui s'étend jusqu'aux nationaux-allemands. C'est donc la droite qui tire profit de la consolidation de la République.

Cette tendance se trouve renforcée par l'élection présidentielle de 1925. A la succession d'Ebert, mort d'épuisement avant la fin de son mandat, la droite présente un candidat unique (Jarres), tandis que la gauche et les partis de Weimar vont au combat en ordre dispersé. Au second tour, les partis «républicains» (à l'exception du KPD qui maintient son candidat) parviennent à se rassembler sur le nom du catholique Marx, mais la droite a l'habileté de retirer son candidat en faveur du vieux maréchal Hindenburg. Officiellement placée sous le signe de l'apolitisme, la candidature d'Hindenburg (qui a demandé pour se présenter l'autorisation de Guillaume II) symbolise en fait le retour en force de l'Allemagne traditionnelle et monarchiste. Elle obtient en effet 14,6 millions de suffrages, contre 13,7 au centriste Marx et un peu moins de 2 millions au communiste Thaelmann.

Le nouveau président accepte certes d'appliquer les règles du jeu constitutionnel, alors que les nationaux-allemands le poussent à mettre le parlement au rencart et à gouverner en s'appuyant sur l'article 48, mais ses sentiments monarchistes l'inclinent à infléchir le régime dans un sens ultra-conservateur, prenant l'armée en mains, imposant les anciennes couleurs impériales à côté de celles de la République dans les consulats et ambassades et prenant position contre un projet visant à exproprier sans indemnité les princes allemands (dont les biens avaient été mis sous séquestre en 1918).

b) *Des signes inquiétants subsistent :* instabilité ministérielle due à la fragilité des coalitions gouvernementales fondées sur une alliance très précaire entre les partis du centre et la droite conservatrice. Renaissance de la droite conservatrice et essor des formations paramilitaires subventionnées par la grande industrie. Alfred Hugenberg, fondateur de la Ligue pangermaniste et ancien président de la firme Krupp, organise les forces nationalistes. Disposant d'un immense empire de presse (35 % de la presse allemande), il contrôle une part importante des agences d'information et 90 % de la production cinématographique, ce qui lui permet d'exercer une influence considérable sur l'opinion publique. En même temps, il rassemble une partie des anciens corps-francs dans une puissante formation paramilitaire, le Casque d'acier *(Stahlhelm)*, dont les effectifs atteindront en 1930 près de 500 000 militants ayant prêté un serment anti-marxiste et anti-pacifiste. Adversaire irréductible du régime, Hugenberg mène campagne contre le plan Dawes, puis contre le plan Young, et attaque avec une extrême violence les fondateurs de la République (notamment Ebert). Mais il ne parviendra jamais à fédérer les forces de l'extrême droite et doit compter avec l'influence croissante du N.S.D.A.P. de Hitler, également organisé en groupes de combat (avec les S.A. et les S.S.), ainsi qu'avec de nombreux mouvements qui, rejetant les valeurs sur lesquelles avait reposé jusqu'alors la civilisation occidentale, se veulent à la fois conservateurs et révolutionnaires : *Juni-Klub, Herren-Klub*, «jeunes conservateurs», «nationaux-révolutionnaires» ou «nationaux-bolcheviks» (ces derniers manifestant une certaine complaisance à l'égard de l'URSS et des communistes allemands).

Face à cette offensive de la droite, les partis de gauche paraissent divisés et impuissants. Impliqués dans de nombreux scandales politico-financiers, les socialistes sont accusés d'être des «social-traîtres» par un parti communiste qui est lui-même en proie à des divisions persistantes (en 1925, Thaelmann fait exclure avec l'appui de l'Internationale les «droitiers» Brandler et Thalheimer, et devient chef du parti). Certes, il existe bien à gauche des groupes d'auto-défense, la *Reichsbanner* (Bannière du Reich) socialiste et le «Front rouge» communiste, qui disputent la rue aux formations paramilitaires d'extrême droite, mais ils ne disposent ni de la même organisation, ni des mêmes complicités que leurs adversaires. Aussi, bien que les élections de 1928 marquent un recul de la droite (les nationaux-allemands perdent 2 millions de voix et une trentaine de sièges) et une forte avancée de la gauche (le parti communiste retrouve pratiquement ses voix de 1924 et les socialistes remportent un véritable triomphe, avec près de 30 % des voix et 153 sièges), l'Allemagne vit à cette date une véritable veillée d'armes.

Bibliographie

R. POIDEVIN, *L'Allemagne impériale et républicaine, 1900-1933*, Paris, Ed. Richelieu, 1972.

Ed. VERMEIL, *L'Allemagne contemporaine* (1850-1890), tome II : *La république de Weimar et le IIIe Reich*, Paris (Aubier) 1953. G. BADIA, *Histoire de l'Allemagne contemporaine* (1917-1962), Paris 1962, tome I (1917-1933). A. RIVAUD, *Les crises allemandes (1919-1931)*, Paris (Colin) 1932. G. CASTELLAN, *L'Allemagne de Weimar*, Paris (A. Colin), Coll. U. F.G. DREYFUS, ***Histoire des Allemagnes***, **même coll. P. GUILLEN**, ***L'Allemagne de 1848 à nos jours***, **Paris** (F. Nathan), coll. Fac. J. BARIETY et J. DROZ, *République de Weimar et régime hitlérien, 1918-1945*, Paris (Hatier), 1973. W. LAQUEUR, *Weimar. Une histoire culturelle de l'Allemagne des années 20*, trad. de l'anglais, Paris, R. Laffont, 1978 ; A. WAHL, *L'Allemagne de 1918 à 1945*, Paris, A. Colin, 1993.

Deux attitudes opposées en face du désarroi de la génération de la guerre : celle d'Ernst GLAEZER dans *Classe 22* qui développe le point de vue pacifiste et celle d'Ernst von SALOMON dans *Les Réprouvés.*

Sur la culture allemande à l'époque de la République de Weimar, on lira avec profit l'article «expressionisme» dans le tome VI de *l'Encyclopaedia Universalis.* On essaiera d'autre part de voir ou de revoir, à la cinémathèque ou en ciné-club, *Le cabinet du docteur Caligari* (1919) de Robert Wiene (sur un scénario de Carl Meyer), *Nosferatu* (1922) de F.W. Murnau, *Le cabinet des figures de cire* (1924) de Paul Leni, *Metropolis* de Fritz lang et *L'Ange bleu* de Josef von Sternberg (respectivement de 1926 et 1930).

Biographies

Erzberger

Mathias Erzberger est né en 1875 dans le Wurtemberg ; député du *centre catholique* depuis 1903, il est dès cette époque lié à la grande industrie. Chef des services de propagande pendant la guerre, il est en novembre 1918 président de la commission d'armistice. Ministre des Finances en juin 1919, il élabore un projet fiscal très mal accueilli par le monde des affaires. Les nationalistes ne lui pardonnent pas d'avoir accepté le traité de Versailles et il est abattu par des membres de l'organisation *Consul* le 26 avril 1921.

Rathenau

Walter Rathenau est né à Berlin en 1867. D'origine israélite, il remplace son père à la tête de la Société générale d'électricité (A.E.G.). Il dirige l'office des matières grasses pendant la guerre et devient ministre de la Reconstruction en 1921 puis ministre des Affaires étrangères en janvier 1922. Ses projets de socialisation de l'industrie lourde et ses tentatives de rapprochement économique avec les alliés lui attirent la haine des milieux nationalistes. Le 24 juin 1922, il est assassiné à Berlin.

Schacht

Hjalmar Schacht est né en 1877 à Tingleff dans le Sleswig (aujourd'hui danois). Fils d'un gros négociant, il passe une partie de sa jeunesse avec son père aux États-Unis. En 1903, il entre à la Dresdner Bank, dont il sera administrateur de 1908 à 1915. Directeur de banque dès 1916, nommé commissaire à la monnaie en 1923 puis président de la Reichsbank, ce technicien de l'économie va jouer un rôle essentiel dans le sauvetage du mark et dans le redressement financier de la République de Weimar. Politiquement, Schacht est un conservateur doublé d'un nationaliste convaincu. En 1929, il démissionne de son poste pour protester contre le plan Young, ce qui lui vaut la sympathie des milieux d'extrême droite et même de Hitler, dont il soutient financièrement la campagne électorale en février 1933. Ce ralliement au nazisme lui permet de retrouver son poste de président de la Reichsbank, puis de devenir ministre de l'Economie. Cependant, après 1936, il se détache peu à peu du régime et finit par s'opposer radicalement au Führer. Inculpé (à tort semble-t-il) de complicité dans l'attentat contre le chef du IIIe Reich (juillet 1944), il est envoyé en camp de concentration. Libéré par les troupes américaines, il est jugé avec les autres dirigeants nazis lors du procès de Nuremberg et acquitté. Il poursuit dès lors sa carrière d'expert financier jusqu'à sa mort en 1970.

Stresemann

Gustav Stresemann, né à Berlin en 1878 dans une famille d'extraction modeste, fait des études d'économie, avant de devenir en 1902 syndic de l'Union des industriels saxons et l'année suivante membre du parti national-libéral. En 1907, il est élu député au Reichstag. Lié aux milieux pangermanistes, devenu en 1917 chef du groupe parlementaire national-libéral, il fait figure pendant la guerre de porte-parole de la grande industrie et fait partie du petit groupe qui réclame en son nom l'annexion de la Lorraine française et soutient Ludendorff contre Bethmann-Hollweg. Après la défaite, Stresemann est élu député à la Constituante et dirige le parti populiste. Partisan d'une politique réaliste, il devient en 1923 chef du gouvernement qui décide de mettre fin à la résistance passive dans la Ruhr, puis ministre des Affaires étrangères jusqu'à sa mort en 1929. A ce titre, il s'engage dans une politique de rapprochement avec la France qui n'est pas sans équivoque, de même que son attitude à l'égard de la République de Weimar.

Documents

Naissance et état d'esprit des corps-francs selon Ernst von Salomon

«... Peu à peu quelque vingt hommes se trouvèrent réunis. Ceux-là se reconnaissaient entre eux à un regard, un mot, un sourire ; ceux-là savaient qu'ils appartenaient à la même famille.

Mais ils n'étaient pas fidèles au gouvernement, ils n'étaient même pas du tout fidèles au gouvernement. C'est qu'ils ne pouvaient respecter l'homme et le commandement auxquels ils avaient obéi jusqu'à présent, auxquels ils obéissaient encore, et l'ordre social qu'ils devaient aider à créer leur semblait dépourvu de tout sens.

Ils constituaient des foyers de trouble dans leurs compagnies ; la guerre habitait encore en eux. C'est elle qui les avait formés ; elle avait fait jaillir leurs plus secrets penchants comme des étincelles, elle avait donné un sens à leur vie et sanctifié leur enjeu. Ils étaient des revêches, des indomptés, des hommes rejetés du monde des normes bourgeoises, des dispersés qui à présent se rassemblaient par petites bandes pour chercher leur front de combat. Il ne manquait certes pas de drapeaux autour desquels ils pouvaient se rallier. Lequel flottait au vent le plus fièrement ? Il y avait encore beaucoup de châteaux forts à prendre à l'assaut et nombre de bandes ennemies qui campaient un peu partout. Ils étaient des lansquenets, mais quel était le pays dont ils étaient les serviteurs ? Ils avaient reconnu la grande duperie de cette paix et ils ne voulaient pas participer à ce confortable ordre social qu'on leur vantait en termes mielleux. Ils étaient restés sous les armes, obéissant à un instinct infaillible. Ils tiraient à droite et à gauche parce que tirer les amusait, ils traversaient le pays de-ci de-là parce que les horizons lointains leur apportaient sans cesse de nouveaux et dangereux souffles, parce que de tous côtés l'odeur de mâles aventures les appelait. Et cependant chacun d'eux cherchait quelque chose d'autre, et donnait à ses recherches d'autres raisons ; on ne leur avait pas encore passé le Mot. Ils le pressentaient ce mot et même ils le prononçaient et ils avaient honte de l'entendre sonner comme une monnaie usée, et ils le tournaient et le retournaient, pleins d'une angoisse secrète et ils le bannissaient du cours de leurs mille conversations et malgré cela il ne cessait de planer sur eux. Enveloppé de ténèbres compactes il était là debout, ce mot, rongé par l'usure des siècles, enchanteur, plein de mystère, rayonnant de force magique ; on le sentait et pourtant on ne le reconnaissait pas, on l'aimait et pourtant on ne le prononçait pas. Ce mot c'était : Allemagne»

Ernst von Salomon, *Les Réprouvés (Die Geächteten)* Plon, éd.

• L'auteur – *Ernst von Salomon est né à Kiel en 1902 dans une famille de petite noblesse sans fortune (son père est officier de police). En 1912, il entre à l'école des cadets de Potsdam et il achève sa formation militaire ; lorsqu'éclate la révolution de 1918, E. von Salomon à 17 ans. Il appartient à cette génération de jeunes Allemands dont la carrière et les aspirations se trouvent brisées par l'effondrement de l'Allemagne aristocratique et militariste. Il s'engage dans les corps francs de von Lüttwitz et participe en janvier 1919 à l'écrasement de la révolution spartakiste à Berlin. Il combat contre les Bolcheviks en Lettonie, en Courlande et dans les provinces de l'Est puis entre à Berlin avec la brigade Erhardt pendant le coup d'état de Kapp. Après la dissolution des corps-francs, von Salomon s'engage dans l'action clandestine. Il fait partie de l'organisation* Consul *que dirige le capitaine de corvette Erhardt et se trouve mêlé à la préparation de nombreux attentats politiques. Sa complicité dans l'assassinat de Walter Rathenau lui vaut une condamnation à 6 ans de prison. En 1930 paraît son premier livre,* Les Réprouvés, *suivi de* Die Stadt *(la ville) en 1932 et* Die Kadetten *(les cadets) en 1933. Il ne publie rien sous le régime hitlérien et ne reprend sa carrière littéraire qu'en 1951 avec* Le Questionnaire.

• L'œuvre – Les Réprouvés, *publié en 1930 (trad. française en 1931), retrace l'expérience de l'auteur et de ses camarades, cadets et anciens combattants, au sein des corps-francs et de sociétés secrètes nationalistes. Ils sont un témoignage du désarroi d'une génération et d'un certain groupe social devant la défaite de l'Allemagne et l'avènement d'un ordre social et politique qu'ils refusent.*

• Les enseignements du texte – *Quels sont les* hommes *qui s'engagent en 1919 dans les corps-francs ? Tout d'abord des officiers, des cadets, appartenant au même groupe social, à la caste militaire, ayant reçu la même éducation : ils se reconnaissent «à un regard» et ont le sentiment d'appartenir «à la même famille». Ce sont aussi des anciens combattants encore «habités» par la guerre, des déclassés, des aventuriers. Quels sont* les motifs *de leur engagement ? Certainement pas la défense d'un homme (Ebert) ou d'un gouvernement auxquels ils n'ont jusque-là obéi que par haine de la révolution spartakiste, ni d'un ordre social auquel ils ne peuvent s'adapter. Le texte de von Salomon est important parce qu'il passe en revue à peu près toutes les composantes du sentiment qui anime ces groupes nationalistes. Pour beaucoup, c'est d'abord la conscience d'appartenir à une «caste», à un groupe social privilégié et menacé, et l'attachement à l'ancien régime impérial, lequel reposait en grande partie sur cette caste. C'est ensuite, pour tous, le double refus du capitalisme, de l'ordre «bourgeois» et du socialisme même sous sa forme parlementaire et réformiste. Mais leur engagement ne se réduit pas seulement à une attitude de réaction sociale. Il y a aussi le refus de la défaite, sentiment complexe où se mêlent un patriotisme authentique et l'orgueil blessé du guerrier vaincu. Et c'est à ce niveau qu'interviennent les motivations les plus secrètes : goût de la violence et de la guerre qui «a donné un sens à leur vie», exaltation de la vie dangereuse, passion de l'aventure. Sentiments diffus et complexes auxquels il faut donner* un sens et une justification : *ce sera «l'Allemagne». Nous touchons ici aux racines profondes du nationalisme. D'un nationalisme blessé à vif et qui aboutit en fin de compte au désespoir et à la pure violence comme en témoigne cet autre passage du livre de von Salomon :*

«... Nous étions enragés. Nous chassions les Lettons comme des lièvres à travers champs, nous incendiions toutes les maisons, nous réduisions en miettes tous les ponts jusqu'au dernier pilier, nous abattions tous les poteaux télégraphiques. Nous jetions les cadavres au fond des puits et nous lancions des grenades par-dessus. Nous renversions tout ce qui nous tombait sous la main, nous mettions le feu à tout ce qui pouvait brûler. Nous voyions rouge. rien des sentiments humains ne subsistait dans nos cœurs. Partout où nous avions saccagé, le sol criait sous la destruction. Où nous avions attaqué il ne restait des maisons d'autrefois que des décombres, des cendres, des débris de bois rougeoyants comme un large ulcère sur des champs dévastés. Un drapeau de fumée marquait notre chemin. Nous avions allumé un bûcher où il n'y avait pas que des objets inanimés qui brûlaient : nos espoirs, nos aspirations y brûlaient aussi, les lois de la bourgeoisie, les valeurs du monde civilisé, tout y brûlait, les derniers restes du vocabulaire et de la croyance aux choses et aux idées de ce temps, tout ce bric-à-brac poussiéreux qui traînait encore dans nos cœurs.»

Fragilité des bases financières de l'économie allemande

«... D'où viennent les sommes énormes engagées dans la production allemande ? A cette question, les experts allemands répondent invariablement : de l'étranger. L'Allemagne s'est relevée, elle a reconstruit ses usines et renouvelé son outillage, uniquement grâce à l'emprunt. Cependant, elle doit, malgré l'inflation, conserver des disponibilités propres, un capital qui lui appartient, et sur lequel elle peut, en tout état de cause, compter. Le malheur est qu'il est prodigieusement difficile d'évaluer ce capital et même d'en discerner les éléments constitutifs. On peut songer aux avoirs allemands à l'étranger, à l'encaisse-or des banques, aux «capitaux d'épargne». Mais, et ce fut l'illusion des financiers allemands d'avant-guerre, cette richesse n'est pas fixée en Allemagne : elle varie d'une heure à l'heure suivante. Elle peut s'évaporer en quelques jours, si les événements la détruisent. Le compte que l'on essaye de dresser ici a un caractère provisoire : Il est faux déjà à l'instant où l'on écrit».

Albert Rivaud, *Les crises allemandes* (1919-1931), Paris, Colin 1932.

Les élections allemandes (1919-1928)

Les élections au Reichstag

	N.S.D.A.P. (Nationaux Socialistes)	D.N.V.P. (Nationaux Allemands)	D.V.P. (Populistes)	B.V.P. (Centre Bavarois)	Zentrum (Centre catholique)	D.D.P. (Démo-crates)	S.P.D. (Sociaux démocrates)	U.S.P.D. (Indé-pendants)	K.P.D. (Commu-niste)
19/1/1919 Assemblée Constituante		44 sièges 3 121 000 (10,3 %)	19 sièges 1 346 000 (4,4 %)		91 sièges 5 930 000 (19,7 %)	75 sièges 5 642 000 (18,6 %)	165 sièges 11 509 000 (37,9 %)	22 sièges 2 317 000 (7,8 %)	
6/6/1920 Reichstag		71 sièges 4 249 000 (14,9 %)	65 sièges 3 919 000 (13,9 %)	21 sièges 1 239 000 (13,6 %)	64 sièges 3 845 000 (13,6 %)	39 sièges 2 334 000 (8,3 %)	102 sièges 6 104 000 (21,6 %)	84 sièges 5 047 000 (17,9 %)	4 sièges 589 000 (21 %)
4/5/1924 Reichstag	32 sièges 1 918 000 (6,6 %)	95 sièges 5 696 000 (19,5 %)	45 sièges 2 694 000 (9,2 %)	16 sièges 947 000 (3,2 %)	65 sièges 3 914 000 (13,4 %)	28 sièges 1 665 000 (5,7 %)	100 sièges 6 009 000 (20,5 %)	235 000 (0,8 %)	62 sièges 3 693 000 (12,6 %)
7/12/1924 Reichstag	14 sièges 903 000 (3 %)	103 sièges 6 209 000 (20,5 %)	51 sièges 3 051 000 (10,1 %)	19 sièges 1 135 000 (3,7 %)	69 sièges 4 121 000 (13,6 %)	32 sièges 1 921 000 (6,3 %)	131 sièges 7 886 000 (26 %)		45 sièges 2 712 000 (9 %)
20/5/1928 Reichstag	12 sièges 810 000 (2,6 %)	73 sièges 4 382 000 (14,2 %)	45 sièges 2 680 000 (8,7 %)	16 sièges 946 000 (3 %)	62 sièges 3 712 000 (12,1 %)	20 sièges 1 322 000 (3,8 %)	153 sièges 9 153 000 (29,8 %)		54 sièges 3 265 000 (10,6 %)

Les élections présidentielles de 1925

Premier tour 29 mars 1925	Deuxième tour 27 avril 1925
Jarres (Popul) = 10,4 M (38,7%)	Hindenburg = 14,6 M (48,3 %)
Braun (SPD) = 7,8 M (29 %)	Marx = 13,7 M (45,3 %)
Marx (Z) = 3,8 M (14 %)	Thaelmann = 1,9 M (6,3 %)
Thaelmann (KPD) = 1,8 M (6,9 %)	
Hellpach (DDP) = 1,6 M (6 %)	
Hell (BVP) = 0,99 M (4 %)	
Ludendorff (NSDAP) = 0,21 M (1,4 %)	

7 La Russie des soviets de 1917 à 1921

Profitant des difficultés du régime tsariste, engagé dans une guerre trop moderne pour les faibles moyens industriels de la Russie, la bourgeoisie et la classe ouvrière russes s'efforcent de conquérir le pouvoir au printemps 1917. Ne disposant pas des solides assises économiques et financières des bourgeoisies d'Europe occidentale, menacée aussitôt par un mouvement ouvrier déjà organisé et concentré dans les grandes villes, libéraux et réformiste ne gardent que quelques mois un pouvoir dont les bolcheviks s'emparent finalement en novembre 1917.

Ce pouvoir, il faut ensuite l'organiser et le conserver contre toutes les forces de la contre-révolution liguées, à l'intérieur et à l'extérieur, contre le jeune État soviétique.

Débuts difficiles, qui condamnent la révolution russe à un ascétisme et à une rigueur qui ne sont pas sans rappeler la France de l'An II. Mais le rapport des forces entre bourgeoisie et prolétariat est assez nettement en faveur du second pour qu'en Russie l'An II ne cède pas la place à Thermidor.

I. La révolution

A. La Russie en 1917 est loin de présenter les conditions que Marx jugeait nécessaires au déclenchement et au succès d'une révolution prolétarienne.

a) *La situation économique* reste à bien des égards, dans cet immense empire de 22 millions de km² et de 170 millions d'habitants (dont 40 % seulement de Russes), celle d'un pays sous-développé. La terre demeure la richesse principale et occupe l'immense majorité du peuple russe (85 % de la population). La propriété collective des terres (système du *mir*), avec redistributions périodiques, est en recul, mais couvre encore un tiers du total. La propriété individuelle est très inégalement répartie et les exploitations sont en général de dimensions modestes (moins de 1,5 ha par paysan en moyenne), ce qui favorise peu les progrès agronomiques. Certes la production agricole est quantitativement importante (22 M de t de blé, 10 M de t de betteraves, 85 % de la récolte mondiale de lin) et donne lieu à de fortes exportations (45 % du blé, 26 % des pommes de terre), mais les rendements restent très médiocres, du fait de la faible mécanisation et de l'usage insuffisant des engrais. De surcroît, le marché mondial des produits agricoles manque de stabilité et une partie des bénéfices va aux firmes étrangères – françaises et anglaises notamment – qui contrôlent les exportations.

Depuis la fin du XIXe siècle, la Russie s'est dotée d'une industrie moderne dont les progrès ont profité à plusieurs régions : l'Oural, qui ne fournit plus que le quart de la fonte et reste le domaine des vieilles familles industrielles, le Donetz, devenu la grande région sidérurgique grâce à l'afflux des capitaux allemands, belges (Cockerill) et français, et qui fournit maintenant 70 % du charbon et 55 % du fer, la Silésie russe (20 % du charbon), la région de Bakou, qui fournit encore 30 % du pétrole mondial, la région de Moscou, spécialisée dans les industries de transformations, notamment textiles (Moscou et Ivanovo, le «Manchester russe», ont 60 % des broches à filer) ; enfin la région de Saint-Petersbourg, avec ses filatures de coton et l'usine *Poutilov,* la plus grande entreprise pour le matériel ferroviaire et l'armement lourd (24 000 ouvriers). Cette focalisation géographique s'accompagne d'une forte concentration. Près de 60 % des ouvriers sont employés dans des entreprises de plus de 1 000 personnes, utilisant un matériel très moderne. Aussi la production est-elle en augmentation sensible. Elle atteint 36 M de tonnes pour le charbon, près de 5 M de tonnes pour le fer et l'acier.

Cet essor toutefois demeure limité. La Russie tout d'abord conserve un certain retard par rapport à la production des autres puissances industrielles. Son équipement est encore très médiocre, en particulier dans le domaine des transports. Les routes sont mauvaises, les chemins de fer insuffisants (70 000 km dont 5 000 pour le Transsibérien). Mais surtout l'industrie russe se trouve liée trop étroitement au capital étranger (environ 40 % des capitaux investis dans ce secteur). Celui-ci s'investit principalement dans les branches les plus rentables, négligeant les secteurs peu productifs mais utiles à la vie de la nation. Une large partie des profits, exportés sous forme de dividendes, n'est pas réinjectée dans le circuit économique national.

b) *Les structures sociales* reflètent ce déséquilibre entre une Russie archaïque et rurale, qui reste numériquement la plus forte, et la Russie nouvelle, née de l'industrialisation rapide.

• *Les groupes traditionnels. L'aristocratie* conserve son statut de classe dirigeante. Elle détient la quasi-totalité des postes de commande dans l'armée et dans l'administration, mais n'exerce pas le pouvoir politique, la *Douma* ne jouant le plus souvent qu'un rôle consultatif. Certes le Tsar s'efforce de faire une politique favorable à ses intérêts, mais ce n'est pas une règle absolue. La modernisation du pays implique en effet certaines atteintes aux privilèges de la noblesse, que le Tsar cherche d'autre part à contrôler de façon plus étroite. D'où un certain mécontentement parmi les nobles. Globalement, ceux-ci possèdent encore 40 % du sol (60 M d'ha sur un total de 150 M), mais il faut faire une distinction entre les hobereaux peu fortunés, qui constituent la majorité de ce groupe social, et la haute noblesse fortunée qui dispose de vastes domaines (une centaine de milliers de familles se partagent le quart des terres). En règle générale, la noblesse s'est appauvrie depuis le milieu du XIXe siècle. D'abord parce qu'elle participe peu au développement industriel. Mais aussi parce que les terres rachetées aux nobles par les serfs affranchis leur sont payées en titres de rente (c'est l'État qui a fait l'avance) qui se sont rapidement dépréciés. Beaucoup de nobles doivent ainsi vendre leurs terres (Cf. *La Cerisaie* de Tchékov) qui échoient à de nouveaux riches (bourgeois, paysans aisés). Quelques familles aristocratiques ont cependant profité des transformations économiques. Ce sont celles qui, possédant d'immenses domaines, ont pu en affermer une partie et bénéficier de l'augmentation du loyer des terres (x 3 en 40 ans), ou tirer parti de l'expansion industrielle. Un exemple : le prince Galitzine qui a reçu en 1879 12 000 actions de la *Société franco-russe de l'Oural,* patronée par la *Banque de l'Union parisienne* et par les sidérurgistes de Saint-Etienne, en échange de forêts, mines, usines, etc.

La paysannerie représente encore la majorité de la population : 110 millions de personnes qui ne possèdent que 10 % des terres. Ses conditions de vie sont très difficiles. L'abolition du servage n'a guère modifié l'existence quotidienne du *moujik* qui doit, en outre, rembourser par annuités les terres rachetées au seigneur. L'augmentation de la population se traduit par une «faim» de terres qui s'accompagne d'un mécontentement très vif dans les campagnes, où les lots attribués périodiquement à chaque paysan par le *Mir* (communauté villageoise) deviennent de plus en plus exigus. Les révoltes rurales ne sont pas rares. Elles sont durement réprimées. Dans l'intervalle de ces explosions de colère, les paysans réclament le partage des grands domaines et l'abolition du système archaïque du Mir, remplacé par la propriété individuelle. En fait, seule la fraction la plus consciente de la paysannerie s'élève jusqu'à ce niveau, clairement formulé, de revendications. Le plus grand nombre cherche l'oubli de ses misères dans une religion teintée de superstition et dans l'alcoolisme.

• *Les couches nouvelles.* L'industrialisation et les réformes agraires ont entraîné des mutations sociales. Mais celles-ci n'intéressent encore qu'une minorité.

La bourgeoisie, pratiquement inexistante dans l'ancienne Russie, a commencé à se développer à la faveur des transformations économiques. Dans les villes, il existe depuis toujours une petite bourgeoisie de boutiquiers et d'artisans qui a plutôt tendance à décroître avec la concurrence de la grande industrie (le père de Staline, artisan cordonnier, doit vendre son échoppe pour aller travailler en usine à Tiflis). Il se constitue en revanche une bourgeoisie d'affaires, composée d'industriels et de financiers, qui profite de la révolution économique. Mais cette classe est peu nombreuse. Elle est loin d'avoir l'importance et la cohésion de la bourgeoisie française en 1789. Elle n'a pas non plus la même formation intellectuelle. L'enseignement est peu répandu et de médiocre qualité et les cadres administratifs, de formation hâtive, sont en petit nombre. Il y a cependant une *intelligentsia,* illustrée par Dostoïevski, Tolstoï, Gogol, etc. Mais elle représente une infime minorité. Dans les campagnes, une bourgeoisie rurale s'est constituée sous l'impulsion du ministre Stolypine. Au lendemain de la révolution de 1905, celui-ci a entrepris de démanteler le système archaïque du *mir,* qui perd en 10 ans le quart de ses terres, au profit des paysans propriétaires, les futurs *koulaks.* Ces derniers agrandissent peu à peu leurs domaines, louent des terres aux grands propriétaires et s'enrichissent en pratiquant l'usure auprès des paysans pauvres. Ils sont généralement détestés mais c'est sur eux que le régime tsariste voudrait désormais s'appuyer.

La classe ouvrière. La révolution industrielle a donné naissance à un prolétariat urbain. Les ouvriers sont encore peu nombreux : 3 millions en 1914, auxquels il faut ajouter une masse flottante de paysans-ouvriers qui reviennent à la terre au moment des gros travaux agricoles. Mais ils se trouvent concentrés dans de grandes entreprises, autour de quelques villes qui constituent les centres vitaux de la Russie (Saint-Petersbourg, Moscou), ce qui amplifie considérablement leur action. Ils sont, d'autre part, largement gagnés aux idées révolutionnaires. C'est ce qui explique, en dépit de leurs effectifs relativement faibles, le rôle des ouvriers dans la révolution de 1917. Surtout, une fois le régime tsariste abattu, ils vont constituer, en face de la bourgeoisie libérale, un groupe infiniment plus cohérent et plus organisé politiquement. La propagande révolutionnaire a d'autant plus de prise sur eux que la condition ouvrière reste très dure. La durée du travail est en principe limitée à 10 heures, mais cette prescription est rarement appliquée, de même que les dispositions relatives à la protection contre la maladie, les accidents du travail, etc. Les salaires très bas augmentent moins vite que les prix. La nourriture et les conditions de logement sont très mauvaises. Les syndicats sont tolérés mais étroitement surveillés.

c) *La situation politique.* Le régime conserve son caractère autocratique malgré la Constitution accordée en 1905 : la *Douma* législative est dissoute dès qu'elle se montre indocile et le gouvernement ne dépend que du Tsar. Le prestige de celui-ci a fortement baissé avec le règne du faible Nicolas II, surtout depuis que Raspoutine, un guérisseur doublé d'un aventurier, exerce sur la famille impériale son influence néfaste. *L'opposition* est vive et comprend deux courants. *Un courant libéral et réformateur* animé surtout par la bourgeoisie et partisan d'un régime parlementaire à l'occidentale. Le groupe le plus représentatif de cette tendance est celui des *constitutionnels-démocrates* (K.D.) dont le chef est l'historien Milioukov. *Un courant révolutionnaire* qui se partage lui-même entre deux partis. Les *socialistes-révolutionnaires* (S.R.) sont les héritiers des populistes nihilistes du XIXᵉ siècle. Hostiles à l'industrialisation du pays, ils s'appuient essentiellement sur la paysannerie à qui ils promettent la confiscation des grands domaines et l'exploitation collective du sol. Les *sociaux-démocrates* (S.D.) se réclament des idées de Marx et exercent leur action de propagande auprès du prolétariat des villes. Depuis 1903 (Congrès de Bruxelles), le parti se trouve divisé en deux tendances, d'abord séparées par de simples questions de tactique, puis par des divergences beaucoup plus profondes. Les *Bolcheviks* (majoritaires) groupés autour de Lénine veulent faire du parti un groupe organisé et discipliné, capable de conduire le moment venu la classe ouvrière à une Révolution qui devra aboutir le plus vite possible à la dictature du prolétariat. Leurs chefs sont en exil (Suisse) ou en déportation, mais leur propagande pénètre en Russie par l'intermédiaire de journaux clandestins (*l'Iskra, la Pravda*). Les *Mencheviks* (minoritaires) auraient souhaité faire du parti un grand mouvement de masse, ouvert à différentes tendances et susceptible de s'allier avec les partis bourgeois libéraux pendant la longue phase de transformation qui amènerait la Russie au stade pré-révolutionnaire. Leurs dirigeants sont Trotski, Martov et Axelrod. En 1912, la scission est totale et Lénine constitue à Prague un *parti bolchevik* indépendant.

d) *Les difficultés se trouvent brusquement aggravées par la guerre. Sur le plan économique,* la situation se dégrade très rapidement. La Russie n'avait pas atteint un degré de développement suffisant pour faire face à une guerre «industrielle» de longue durée. La main-d'œuvre (13 millions de mobilisés) et les moyens de transport (notamment les chemins de fer saturés) manquent. La production qui se maintient péniblement au niveau de 1913 ne peut satisfaire les besoins croissants en armements modernes, en munitions (370 000 obus par mois quand il en faut 1 million et demi), en vivres, et l'armée russe doit de plus en plus compter sur l'aide matérielle des alliés. La pénurie de biens de consommation et le financement de la guerre ont d'autre part déclenché une hausse vertigineuse des prix (multipliés par 3 ou 4 en 3 ans) non compensée par une augmentation correspondante des salaires si bien que *la situation sociale* se tend. Il se développe à partir de l'automne 1916 une vague de grèves qui touche en novembre 200 000 ouvriers de Pétrograd. *Sur le plan militaire,* les choses ne vont guère mieux. Les soldats russes, dépourvus d'armes et de munitions, mal commandés et souvent affamés, ont été jetés sans compter dans des offensives coûteuses et parfois désespérées (c'est le cas de l'offensive devant Riga en janvier 1917). On compte déjà, à la fin de 1916, 3 millions de morts et près de 5 millions de blessés. Aussi le moral des troupes, déjà très atteint par les défaites des premiers mois (Tannenberg) tend-il à se décomposer en 1917. Les hommes désertent par centaines de milliers ou se mutilent volontairement pour ne pas rejoindre le front. Bien entendu, toutes ces difficultés ont *un profond retentissement politique.* A partir de 1916, l'«Union sacrée» qui s'était constituée dans l'enthousiasme au début de la guerre se trouve ébranlée. Ceci d'autant plus que Nicolas II accumule les maladresses. On lui reproche l'influence germanophile (l'impératrice est d'origine allemande) et corrompue qui règne à la Cour, le choix de ministres pro-allemands aux postes de commande (Stürmer Président du Conseil, Sukhomlinov à la Guerre), la dictature maléfique aux yeux de l'aristocratie russe exercée en coulisse par le favori Raspoutine (finalement assassiné en décembre 1916 par des familiers de la Cour dirigés par le prince Youssoupov). La bourgeoisie lui en veut surtout de profiter de la guerre pour restaurer l'absolutisme, en abusant de l'article 87 des lois fondamentales qui permet à l'empereur de légiférer par décrets en dehors des sessions – réduites à un temps très court – de la *Douma.* Les députés «octobristes» et progressistes qui jusque-là s'étaient déclarés d'accord avec le manifeste impérial d'octobre 1905, se joignent aux K.D. pour constituer à l'Assemblée un bloc dit «progressiste» qui demande l'établissement d'une véritable monarchie constitutionnelle et la mise en place d'un gouvernement investi de la confiance du pays. Organisées localement au sein des *zemstvos,* la noblesse libérale et la bourgeoisie voudraient agir avant que la situation ne devienne favorable aux partisans d'une révolution sociale dont ils ne veulent pas.

B. La chute du tsarisme – a) *Les journées de février* (mars dans notre chronologie qui est en avance de 13 jours sur le calendrier russe de 1917).

Depuis janvier 1917, la situation intérieure s'est brusquement aggravée. Des grèves éclatent dans toutes les régions et des manifestations de plus en plus suivies ont lieu quotidiennement dans les principales villes, aboutissant parfois à des émeutes. Le pain manque à Pétrograd et à Moscou, et à la mi-février le gouvernement prend la décision d'instituer les cartes de rationnement. On fait par 20 degrés au-dessous de zéro la queue devant les boulangeries. Des bruits courent dans la capitale faisant état d'un complot militaire visant à renverser le tsar et à instaurer, sous le couvert du tsarévitch, un pouvoir fort, capable de conjurer le péril révolutionnaire tout en poursuivant la guerre. La grève des ouvriers des usines métallurgiques Poutilov marque le début du mouvement insurrectionnel.

Le 23 février (8 mars) les femmes manifestent et il y a 90 000 grévistes à Saint-Petersbourg. Les 24 et 25, les émeutiers se rendent maîtres de la capitale et le 26 ils reçoivent l'appui d'une partie de l'armée. Le 27, l'insurrection est générale et le Palais d'Hiver occupé, tandis qu'à Moscou le Kremlin tombe aux mains des insurgés. *Deux pouvoirs de fait* se constituent au lendemain de ces journées révolutionnaires. D'une part le *Comité exécutif provisoire* de la *Douma*, formé de députés libéraux ou K.D. (le prince Lvov, Milioukov) qui voudraient maintenir le contact avec les «corps constitués». D'autre part le Soviet des ouvriers et des soldats, élu le 27 février (12 mars) et composé de mencheviks et de S.R.

b) *L'abdication des Romanov.* Tandis que des *soviets* (= conseils) se constituent dans toutes les grandes villes, Nicolas II, qui se trouve à Mohilev au siège du Grand Quartier général, se prépare à la résistance. Les troupes du général Ivanov étant passées aux insurgés, le tsar arrive à Pskov le 2 mars et lance l'ordre de réprimer les émeutes. Mais sa garde personnelle l'abandonne ainsi que le chef d'Etat-Major et les principaux chefs militaires. Le 15 mars (chronologie occidentale), il abdique en faveur de son frère, le Grand-Duc Michel, qui refuse d'assumer le pouvoir. La monarchie se trouve suspendue.

C. L'évolution du nouveau régime (mars-novembre 1917) — a) *La dualité des pouvoirs.* Des négociations entre le Soviet de Pétrograd et le Comité exécutif de la Douma aboutissent à la constitution d'un *gouvernement provisoire* présidé par le prince Lvov, un aristocrate libéral. Il est constitué en majeure partie de bourgeois libéraux, partisans jusqu'alors de la monarchie constitutionnelle : «octobristes» comme le ministre de la Guerre Goutchkov ou «cadets» (K.D.) comme Milioukov, ministre des Affaires étrangères. L'élément de gauche est représenté par Kérenski, un socialiste modéré. C'est le «paradoxe de février», le peuple confiant le pouvoir à la fraction progressiste de la classe dirigeante. Il s'explique par l'absence de véritable leader ouvrier (les bolcheviks sont en prison ou en exil) et par le remplacement dans les usines, au cours des mois qui ont précédé la révolution, des ouvriers mobilisés par des éléments moins formés politiquement : adolescents, femmes, travailleurs des campagnes. Ce que Trotski a appelé le «délayage du prolétariat». Soucieux de préserver les conquêtes de la révolution bourgeoise et de poursuivre la guerre, le gouvernement provisoire s'efforce de reprendre en main une situation que le Soviet de Pétrograd semble devoir aisément contrôler car il jouit de l'appui populaire. Mais les *menchéviks*, qui ont la majorité dans les soviets, restent fidèles à leur théorie (la révolution bourgeoise doit précéder la révolution prolétarienne) et ne veulent pas exercer le pouvoir.

b) *Le premier gouvernement provisoire* (17 mars-15 mai dans la chronologie occidentale). La pression des masses va obliger le gouvernement provisoire à prendre position sur les revendications qu'elles formulent et les députés du Soviet à collaborer avec l'équipe dirigeante. *Les ouvriers* réclament un contrôle sur la gestion des entreprises et l'établissement d'une république démocratique. *Les paysans* veulent la redistribution des terres vacantes et de celles des grands propriétaires. Quant aux *soldats*, s'ils aspirent à la paix immédiate, ils exigent avant tout des mesures d'aide aux familles et aux victimes de la guerre, ainsi qu'une humanisation de la discipline. Au total, *des aspirations réformistes*, doublées de revendications immédiates (journée de 8 heures, hausse des salaires), que la bourgeoisie n'est pas disposée à satisfaire.

Le gouvernement du prince Lvov – que dominent en fait les K.D. et leur leader Milioukov – se contente en effet de concéder de timides mesures libérales (amnistie, pouvoirs plus étendus reconnus aux zemstvos, proclamation des libertés fondamentales). Mais il se refuse à satisfaire les deux principales revendications des masses : la paix immédiate («Sans la guerre, écrit Milioukov, tout s'écroulerait beaucoup plus vite») et le partage des terres, qui s'opère spontanément et parfois de façon très brutale. C'est ce qui explique le succès de Lénine (cf plan en annexe) qui, arrivé de Suisse le 16 avril après avoir traversé l'Allemagne, développe dans la *Pravda* ses «thèses d'avril» : la paix, la terre aux paysans, le pouvoir aux soviets. Sous son impulsion, les bolcheviks vont rapidement progresser. Ils sont bientôt 80 000 et s'imposent dans de nombreux soviets, aux usines Poutilov et parmi les marins de Cronstadt. Les 3 et 4 mai, de grandes manifestations populaires obligent Milioukov à se retirer.

c) *Le premier ministère de coalition (18 mai-5 août).* Le prince Lvov reste à la tête du gouvernement, mais les mencheviks et les S.R. entrent dans le cabinet et Kerenski devient ministre de la Guerre. Ceci ne modifie guère la politique sociale, très prudente, du gouvernement, et les bolcheviks en profitent pour renforcer leur influence. Le 3 juin se réunit à Pétrograd le premier *Congrès panrusse des soviets* qui groupe environ 800 délégués, parmi lesquels, représentant le plus souvent le monde rural, se réclament des deux partis socialistes de gouvernement. Une centaine seulement appartient au parti bolchevik. Les «gouvernementaux» n'ont, dans ces conditions, aucun mal à faire approuver leur politique par le Congrès. Lénine, considéré comme le chef d'une secte d'agitateurs, n'est pas pris au sérieux. Seul *Trotski,* dont la rupture avec les mencheviks est toute récente, semble capable de donner une certaine cohésion à l'opposition. Au sein même du parti, Lénine a eu de grandes difficultés à faire admettre ses «thèses d'avril» (Kamenev avait refusé de les publier dans la *Pravda* autrement que sous la forme d'un article personnel et les avait ensuite vivement critiquées). C'est seulement au début du mois de mai, lors du premier congrès légal du parti, qu'il réussit à imposer son point de vue et à faire désigner un comité central dans lequel ses partisans se trouvent en majorité.

Au début de l'été, le mécontentement des ouvriers et des paysans se trouve aggravé par les difficultés de ravitaillement et par l'échec de l'offensive menée par Broussilov sur le front de Galicie. A Pétrograd, l'atmosphère devient explosive et les bolcheviks ont du mal à ne pas se laisser déborder par de petits groupes «gauchistes», partisans de l'action immédiate. A partir du 16 juillet, les ouvriers de la capitale et les marins de Cronstadt manifestent. Le 18 le mouvement tourne à l'émeute. Les bolcheviks, qui estiment que la situation n'est pas mûre, s'efforcent d'endiguer cette insurrection spontanée, finalement brisée par le gouvernement provisoire.

d) *Le gouvernement Kerenski.* Tandis qu'une sévère répression s'abat sur les bolcheviks (Lénine, accusé d'«intelligence avec l'ennemi», doit se réfugier en Finlande, le siège du parti est saccagé et ses journaux sont interdits), un nouveau gouvernement remplace celui du prince Lvov. Il a à sa tête Kerenski et comprend une majorité de socialistes modérés. Il doit faire face à une situation économique qui se dégrade rapidement :

dépréciation du rouble, hostilité grandissante des milieux d'affaires qui exportent leurs capitaux à l'étranger et spéculent à la hausse des prix en constituant des stocks, multiplication des grèves avec occupation des locaux industriels, amplification dans les campagnes du mouvement d'appropriation des terres. Politiquement, ceci débouche pour lui sur un double péril. *A droite,* la tentative contre-révolutionnaire de Kornilov, ancien commandant militaire de Pétrograd qui, après avoir négocié avec Kerenski, exige la démission du ministère et lance sa cavalerie sur la capitale. Le soulèvement populaire et la défection des cosaques empêcheront ce putsch d'aboutir. *A gauche,* les progrès foudroyants des bolcheviks qui ont activement participé à la riposte populaire et en ont tiré un très grand prestige. Ils ont maintenant 240 000 adhérents et leur congrès, qui s'est tenu fin juillet dans la clandestinité, a établi un programme précis et envisagé le recours à l'insurrection armée. Kerenski se trouve isolé, coupé de la gauche parce qu'il a traité un moment avec Kornilov et de la droite qui lui reproche son revirement. Après le retrait des ministres K.D., il met sur pied un nouveau gouvernement dominé par les socialistes.

D. La «Révolution d'Octobre» — a) *La préparation.* Depuis le congrès clandestin de juillet, le parti bolchevik a accueilli dans ses rangs Trotski et son équipe. Il a ensuite entrepris la conquête des soviets. Dès la mi-septembre il a la majorité dans les deux soviets de Pétrograd et de Moscou. C'est ensuite le tour de ceux de Kiev, de Saratov, d'Ivanovo et d'une cinquantaine d'autres, Jugeant la situation mûre, Lénine décide de rentrer en Russie. Le 15 octobre, il est à Viborg, le faubourg ouvrier de la capitale et le 23, il expose ses thèses devant le comité central, réuni en séance secrète. Par 10 voix contre 2, la décision de recourir à l'insurrection est prise.

C'est Trotski qui préside aux ultimes préparatifs. Devenu président du soviet de Pétrograd, il obtient la création d'une organisation militaire qui dépendra uniquement de cet organisme : c'est le Comité militaire révolutionnaire de Pétrograd (PVRK), dont la direction est confiée à un S.R. de gauche et qui va devenir l'état-major de l'insurrection. Il organise une milice populaire, les *gardes rouges,* et s'assure le soutien de la garnison de la capitale. En même temps, le comité central du parti dépêche des représentants en mission dans toute la Russie, en Finlande, sur le front, dans l'Oural et dans le bassin de Donetz, afin d'établir la liaison avec les soviets locaux.

De son côté Kerenski, qui croit tenir encore en main la situation, se déclare décidé à en finir avec les blocheviks. Il masse des troupes autour de Saint-Petersbourg et dans la région de Moscou, en même temps qu'il fait interdire les journaux bolcheviks. C'est le signal de l'épreuve de force.

b) *L'exécution.* L'insurrection est dirigée, depuis l'Institut Smolny, siège du soviet de Pétrograd, par Lénine et les hommes du P.V.R.K. Dans la nuit du 6 au 7 novembre (du 24 au 25 octobre dans la chronologie russe), les bolcheviks prennent l'initiative, occupant silencieusement les points stratégiques de la capitale : le central téléphonique, les ponts, les arsenaux, les imprimeries, les gares, les entrepôts de charbon, de pétrole et de blé. Au matin du 7 novembre, Kerenski se trouve isolé dans le Palais d'Hiver, défendu par une maigre garnison et placé sous la menace des canons du croiseur *Aurora,* venu de Cronstadt. Dans la soirée du 7, tandis que Kerenski parvient à prendre la fuite, les bolcheviks s'emparent sans coup férir du Palais Marie et du Palais d'Hiver.

Au total, la prise du pouvoir s'est opérée à la suite d'un coup de force, savamment préparé et exécuté de façon impeccable par des groupes organisés de révolutionnaires, soutenus il est vrai par une fraction importante de la population ouvrière.

II. L'installation du régime et le communisme de guerre (1917-1921)

A. Les bolcheviks maîtres du pouvoir – Les partisans de Lénine ont triomphé à Pétrograd mais la situation reste critique. On se bat encore à Moscou et dans la capitale même, où la Douma municipale siège en permanence et où continuent de paraître les journaux mencheviks, l'autorité des bolcheviks est loin d'être assise. Il se constitue un Comité pour le salut du pays et de la révolution, formé de socialistes modérés, qui appelle la population à la résistance. Il reçoit l'appui des syndicats de cheminots et de postiers, tandis que les fonctionnaires des ministères se mettent en grève. Des troupes se concentrent dans les environs de Pétrograd, avec à leur tête le général Krasnov, un ancien lieutenant de Kornilov. Le 9 novembre, Kerenski les lance contre la capitale. Elles seront finalement arrêtées par Trotski, qui a regroupé en toute hâte les *gardes rouges* et les marins de Cronstadt. Mais les bolcheviks se rendent compte qu'il faut rapidement constituer un gouvernement et obtenir le soutien des masses en donnant satisfaction à leurs revendications essentielles. Arrêtée par le comité central du parti bolchevik et acceptée par le IIe Congrès panrusse des soviets, la liste des *commissaires du peuple* (on a répudié le terme de ministre) ne comprend que des bolcheviks. Zinoviev et Kamenev auraient souhaité la participation de mencheviks et de S.R. de gauche, mais Lénine et Trotski ont refusé. Lénine est président du conseil. On trouve Trotski aux Affaires étrangères, Rykov à l'Intérieur, Stepanov aux Finances et Staline aux Nationalités.

B. Les premières mesures ne visent pas à appliquer immédiatement la doctrine marxiste mais se proposent avant tout de rallier au régime les masses populaires. *Quatre décrets*, votés entre le 8 et le 15 novembre, s'inscrivent dans cette perspective : *décret sur la paix* qui définit une «paix équitable et démocratique... sans annexions et sans contributions» ; *décret sur la terre* abolissant la grande propriété foncière «sans délai et sans aucune indemnité» (les paysans ayant occupé les grands domaines pour les partager, on ne peut pour l'instant procéder à la collectivisation du sol) ; *décret sur les entreprises industrielles* qui, dans une première étape, passent sous le contrôle des ouvriers ; *décret sur les nationalités* établissant l'égalité et la souveraineté de tous les peuples de l'Empire. Lénine a fait preuve de réalisme en faisant «capituler la doctrine devant la tactique».

C. La paix – Un armistice a été signé le 5 décembre, mais les bolcheviks sont divisés sur le problème de la continuation de la guerre. Pour Lénine, le pays n'a ni les moyens ni le désir de poursuivre la lutte. Il faut signer la paix même si les conditions en sont rigoureuses car l'essentiel est d'«avoir les mains libres pour vaincre en premier lieu la bourgeoisie de son propre pays». Au contraire, Trotski et les «communistes de gauche» (Boukharine) croient possible une guerre révolutionnaire. Un premier ultimatum ayant été repoussé par Trotski, les Allemands reprennent l'offensive et menacent Pétrograd. Lénine menace alors de démissionner si le Comité central ne se range pas à ses vues, ce qu'il fait finalement à une voix de majorité. La paix sera signée le 3 mars à *Brest-Litovsk*. Les conditions en sont très dures : abandon de la Pologne et des Pays Baltes, évacuation de l'Ukraine et de la Finlande par les troupes russes. Le 7 mars, le VIIe Congrès du Parti se rallie à la «théorie du répit» défendue par Lénine : avant de songer à effacer l'humiliation du traité, il faut en premier lieu sauver la Révolution et relever l'économie du pays.

D. Le communisme de guerre – a) *Pourquoi un « communisme de guerre »?* Les « décrets d'octobre » ont été pris dans un pays en plein désordre. Dans de nombreuses usines occupées, les ouvriers pillent les caisses et détruisent les machines, tandis que de véritables jacqueries éclatent dans les campagnes. La pénurie de moyens de transport, la mauvaise volonté des *koulaks* qui stockent leurs récoltes pour faire monter les prix, l'attaque des convois de ravitaillement par les « blancs » ou par des bandes de pillards, entraînent dans les villes une terrible disette. A Pétrograd et à Moscou, on manque de viande et de pain (on en distribue 25 g par jour) ainsi que des objets de consommation les plus courants : savon, aiguilles, etc. Le typhus fait son apparition. Il faut en même temps faire face au double péril de la contre-révolution intérieure et de la guerre d'intervention. Cette situation catastrophique, comparable en pire à celle de la France en 1793, contraint le gouvernement bolchevik à prendre des mesures d'exception, à instaurer, pour sauver la révolution et combattre la famine, un régime d'état de siège tout en profitant des rares moments de répit pour promouvoir des réformes plus durables et d'un intérêt moins immédiat (programme d'électrification, établissement du *Gosplan*).

b) *Application du communisme de guerre*

• Sur le plan économique : *l'industrie* est nationalisée en novembre 1920 (entreprises de plus de 5 ouvriers utilisant la force motrice et de plus de 10 ouvriers sans force motrice). L'accent est mis sur la nécessité d'accroître les rendements à tout prix. On fait pour cela appel à l'émulation («L'héroïsme d'un travail organisateur» – écrit Lénine – «est infiniment plus difficile qu'un héroïsme d'insurrection»), à la persuasion, mais aussi à la contrainte. On n'hésite pas pour augmenter la productivité des entreprises à recourir au travail aux pièces, aux méthodes de rationalisation américaines ou à faire appel aux spécialistes étrangers. *L'agriculture* est soumise à un régime plus rigoureux encore. Des décrets sur le monopole des blés et la réquisition des produits agricoles n'avaient pas empêché les *koulaks* de stocker les grains pour les vendre illégalement aux prix les plus hauts. Deux méthodes sont utilisées par le gouvernement. D'une part, l'organisation, sur le plan local, des paysans pauvres qui ramassent le blé en excédent et procèdent au partage des terres des *koulaks*. D'autre part, l'envoi dans les campagnes, pour soutenir l'action des paysans pauvres, de brigades d'ouvriers armés chargés de la réquisition du blé détenu par les *koulaks* et de son acheminement vers les villes. Ceci dans une atmosphère de guerre civile où se succèdent les exécutions de *koulaks* et les assassinats de militants isolés. A noter que les Bolcheviks n'ont pas partout l'appui de la paysannerie pauvre. En Ukraine par exemple, celle-ci se rassemble parfois autour de chefs anarchistes, tel Nestor Makhno.

• Sur le plan politique : d'abord assez libérale, la Révolution se durcit avec le renforcement des oppositions, celle en particulier des socialistes-révolutionnaires, hostiles à la politique agraire de Lénine. L'attentat de Fanny Kaplan, une S.R. de droite qui blesse grièvement Lénine le 30 août 1918, déclenche une vague de *terreur* politique. Des mesures sont prises pour contrôler étroitement la presse et les élections. Les arrestations et les exécutions sommaires se succèdent (en juillet 1918, celle de la famille impériale). Création également d'une *Tchéka*, police politique dont l'organisation s'inspire de celle de l'ancienne Okhrana tsariste et qui est chargée de dépister et de combattre toute opposition.

c) *Le bilan.* La production industrielle continue de fléchir et les réquisitions dans les campagnes ne peuvent venir complètement à bout de la disette. Mais la terreur économique et politique ont permis de vaincre la contre-révolution. Celle-ci semble écrasée en 1921, mais l'opposition de nombreux éléments populaires (paysans, marins de Cronstadt) va amener Lénine à tirer la leçon des événements et à promouvoir une «nouvelle politique économique»

d) *La Constitution de 1918,* qui est précédée d'une Déclaration des droits du «peuple exploité et travailleur», met en place les institutions nouvelles. Le suffrage universel pour les hommes et les femmes est proclamé en droit mais limité en fait : en sont exclus les membres du clergé, les anciens policiers, tous ceux qui exploitent le travail d'autrui. Les élections se font selon un vote à 2 degrés dans les villes et à 3 degrés dans les campagnes. Le pouvoir est confié au *Congrès panrusse des soviets* où siègent les délégués des soviets locaux : les villes, avec un député pour 25 000 habitants, sont avantagées par rapport aux campagnes (1 pour 125 000). Cette assemblée suprême a au moins deux sessions par an. Elle désigne un *Comité exécutif* de deux cents membres qui est responsable devant elle et possède les mêmes attributions pendant les périodes de vacances du Congrès. Le Comité désigne à son tour le *Conseil des commissaires du peuple* qui joue le rôle de gouvernement. Les soviets locaux ont des attributions importantes et le parti communiste contrôle l'ensemble de très près.

Bibliographie

R. GIRAULT et M. FERRO, *De la Russie à l'U.R.S.S.,* Paris (Nathan), 1974 ; Marc FERRO, *La Révolution de 1917 : La chute du tsarisme et les origines d'octobre,* Paris (Aubier) 1967, et, du même auteur, *La Révolution russe de 1917,* petite coll. Flammarion, 1967. F.X. COQUIN, *La Révolution russe* (Que sais-je ?). J. BRUHAT, *Histoire de l'U.R.S.S.* (Que sais-je ?). M. LARAN, *Russie-U.R.S.S., 1870-1970,* Paris (Masson), 1973. H. CARRERE D'ENCAUSSE, *L'Union soviétique de Lénine à Staline, 1917-1953,* Paris (Bordas/Richelieu), 1972.

Pour le déroulement des événements, le livre fondamental est le reportage de John REED, *Dix jours qui ébranlèrent le monde* (coll. 10/18). On verra également : Ch. BETTELHEIM, *Les luttes de classes en U.R.S.S. 1/1917-1923,* Paris (Seuil-Maspero), 1974. M. LARAN, J.-L. VAN REGEMORTER, *Russie-U.R.S.S., 1870-1970,* Paris, Masson, 2ᵉ éd. 1970.

Biographies

Kerenski

Alexandre Feodorovitch Kerenski est né à Simbirsk en 1881. Etudes d'avocat, puis il entre dans la politique. Il adhère au parti socialiste-révolutionnaire mais siège à la Douma depuis 1912 au groupe «travailliste». Il devient ministre de la Justice dans le premier gouvernement provisoire puis ministre de la Guerre après l'éviction de Milioukov et joue un rôle important dans l'offensive de Broussilov en Galicie. Après les journées de juillet, il remplace le prince Lvov à la tête du gouvernement de coalition. Ses négociations avec Kornilov le déconsidèrent aux yeux des éléments populaires. Après sa fuite de Pétrograd pendant les journées d'Octobre, il essaie vainement de reprendre la ville. Il s'exile aux Etats-Unis où il publie des articles et des ouvrages sur la Russie.

Trotski

Lev Bronstein, dit Trotski, est né en 1879 en Ukraine dans une famille de la petite bourgeoisie. Il fait des études de droit à Odessa et milite dans les rangs marxistes ce qui lui vaut d'être déporté en Sibérie. En 1902, il quitte la Russie pour Londres où il se lie avec Lénine mais, au Congrès de Bruxelles, il épouse les thèses des mencheviks. Revenu en Russie, il est pendant la révolution de 1905 l'un des animateurs du soviet de Pétrograd. De nouveau déporté, il repart pour l'exil et se trouve en Suisse en août 1914. Il est au Canada au moment de la révolution de 1917. Il rallie bientôt Saint-Petersbourg et prend une part prépondérante dans la préparation de la révolution d'Octobre. Il est commissaire du peuple aux affaires étrangères et signe à ce titre le traité de Brest-Litovsk, puis devient commissaire du peuple à la guerre et joue un rôle décisif dans la victoire des soviets en organisant l'Armée rouge. A la mort de Lénine, il est l'un des héritiers possibles mais Staline parvient à le faire éliminer. Il quitte la Russie en 1929 et devient à partir de cette date le chef du *marxisme de gauche,* s'opposant inlassablement dans des articles et des ouvrages publiés à l'étranger aux thèses de Staline sur l'édification du socialisme dans un seul pays. Trotski proclame au contraire la nécessité de la «révolution permanente». En 1938, il fonde la IVe Internationale. Le 20 août 1940, il est abattu au Mexique par un agent de Staline. Sur Trotski, on verra le livre de L. Comby, *Trotski,* Paris, Masson, 1976 et surtout la superbe biographie que lui a consacré Pierre Broué (*Trotski,* Paris, Fayard, 1988).

Document

John Reed analyse les diverses tendances du socialisme russe à la vieille de la révolution

Socialistes populaires ou Troudoviks (Parti du Travail)

Parti numériquement faible, composé d'intellectuels prudents, des chefs des sociétés coopératives et de paysans conservateurs. Bien que se disant socialistes, les troudoviks défendaient en réalité les intérêts de la petite bourgeoisie : employés, petits commerçants, etc. Ils étaient les héritiers directs de la tradition conciliatrice du Parti du Travail de la IVe Douma impériale, composée en grande partie de délégués paysans. Kerenski était le leader des troudoviks à la Douma impériale quand la révolution de février 1917 éclata...

Parti ouvrier social-démocrate russe

A l'origine socialistes, marxistes. Lors d'un congrès, tenu en 1903, le parti se divisa sur la question de la tactique en deux factions : la majorité *(bolchinstvo)* et la minorité *(menchistvo)*. De là viennent les noms de *bolcheviks* et *mencheviks*...Ces deux ailes devinrent deux partis distincts... A partir de la révolution de 1905, les bolcheviks se trouvant être en minorité, gardèrent néanmoins leur nom ; ce n'est qu'en septembre 1917 qu'ils reconquirent la majorité.

• *Mencheviks* – Ce parti comprend des socialistes de toutes nuances, convaincus que la société doit progresser vers le socialisme par évolution naturelle et que les travailleurs doivent commencer par conquérir le pouvoir politique. C'est un parti nationaliste. C'est le parti des intellectuels socialistes ; l'enseignement étant entre les mains des classes possédantes, les intellectuels obéissant à la formation qu'ils ont reçue, prennent naturellement la défense de ces classes. Représentants : Dan, Lieber, Tsérételli.

• *Mencheviks internationalistes* – Aile gauche des mencheviks ; internationalistes, ennemis de coalition avec les classes possédantes, mais ne voulant pas rompre avec les mencheviks conservateurs et opposés à la dictature du prolétariat, préconisée par les bolcheviks. Trotski fut longtemps membre de ce groupe. Parmi les chefs : Martov, Martynov.

• *Bolcheviks* – Ils se sont nommés *Parti Communiste* pour souligner leur rupture complète avec la tradition du socialisme «modéré» ou «parlementaire» qui continue à dominer chez les mencheviks et les «socialistes majoritaires» de tous les pays. Les bolcheviks préconisaient l'insurrection prolétarienne immédiate et la prise du pouvoir gouvernemental pour hâter la réalisation du socialisme, qui exige la possession des industries, de la terre, des richesses naturelles et des institutions financières. Ce parti représente essentiellement les ouvriers d'usines, mais aussi une fraction importante de la paysannerie pauvre.

• *Social-démocrates internationalistes unifiés* – Nommés également «Groupe de la Vie nouvelle» d'après le journal *Novaïa Jizn,* très influent, qui était leur organe. Petit groupe d'intellectuels comprenant seulement quelques membres ouvriers parmi lesquels la suite personnelle de Gorki, le chef du parti. Ces intellectuels avaient sensiblement le même programme que les mencheviks internationalistes avec cette différence que le groupe de la *Novaïa Jizn* refusa toujours de se lier à aucune des deux grandes factions. Combattant la tactique des bolcheviks, ils restèrent néanmoins dans le gouvernement des soviets. Noms marquants : Avilov, Kramarov.

• *Edinstvo* – Petit groupe très réduit et en voie de disparition, composé presque entièrement des disciples personnels de Plékhanov, un des pionniers du mouvement social-démocrate russe dans les années 80 et son plus grand théoricien...

Parti socialiste révolutionnaire

On appelle ses membres couramment les «S.R.», d'après les initiales du nom du parti. A l'origine, parti révolutionnaire paysan et parti des organisations de combat, c'est-à-dire des terroristes. Après la révolution de février, il vit affluer à lui de nombreuses recrues, dont beaucoup n'avaient jamais été socialistes auparavant. A cette époque les S.R. réclamaient la suppression de la propriété privée de la terre, mais avec indemnisation des propriétaires. Le développement de l'esprit révolutionnaire chez les paysans rendit bientôt nécessaire l'abandon de cette clause d'indemnisation et les intellectuels les plus jeunes et les plus ardents rompirent avec le gros du parti pour former un nouveau parti nommé «socialiste révolutionnaire de gauche». Les S.R. appelés dorénavant par les groupements de gauche «socialistes révolutionnaires de droite» adoptèrent l'attitude politique des mencheviks et travaillèrent de concert avec eux. Ils finirent par représenter les paysans aisés, les intellectuels et les populations sans éducation politique des districts ruraux éloignés.

• *Socialistes révolutionnaires de gauche* – Bien que partageant en théorie le programme de dictature prolétarienne des bolcheviks, ils étaient au début peu enclins à adopter la tactique impitoyable de ceux-ci. Cependant ils restèrent dans le gouvernement soviétique, y acceptant des portefeuilles, en particulier celui de l'Agriculture... Les paysans, qui désertaient de plus en plus les rangs des S.R. venaient grossir le parti socialiste révolutionnaire de gauche, qui devint ainsi le grand parti paysan, soutenant le gouvernement des Soviets, réclamant la confiscation sans indemnité des grandes propriétés foncières et un nouveau partage effectué par les paysans eux-mêmes...

• *Maximalistes* – Excroissance du parti S.R. à l'époque où, pendant la Révolution de 1905, celui-ci, âme d'un puissant mouvement paysan, réclamait l'application immédiate du programme socialiste maximum. Dans la suite, groupe insignifiant de paysans anarchistes.

John Reed, *Dix jours qui ébranlèrent le monde* (Notes préliminaires)

John Reed est un journaliste américain qui se trouvait à Saint-Petersbourg en octobre 1917 et qui a vécu la préparation et la réalisation de la révolution bolchevique. L'adhésion de l'auteur aux idées marxistes-léninistes explique en particulier le caractère étroitement sociologique de son analyse (troudoviks = petite bourgeoisie, mencheviks = intellectuels socialistes, etc.). Cette explication largement dépassée doit toutefois être replacée dans son temps.

Plan

Lénine

Introduction. Entre l'action pure des nihilistes et le socialisme doctrinaire d'un Plékhanov, Lénine a su trouver une voie moyenne, où se mêlent théorie et action, la théorie guidant l'action mais sachant aussi tirer la leçon des faits. Cette capacité d'adaptation rapide aux réalités historiques, Lénine a su la communiquer au parti bolchevik, tout en maintenant la discipline et la cohésion de celui-ci. C'est ce qui a permis à ses partisans et à lui-même de jouer le rôle décisif dans la révolution russe et dans la construction de l'Etat socialiste.

1. L'homme et sa formation

A. Le milieu

Vladimir Ilitch Oulianov est né le 22 avril 1870 à Simbirsk, une petite ville de 30 000 habitants sur la Volga, au milieu d'une campagne encore toute imprégnée du souvenir des jacqueries. Sa famille appartient à l'*intelligentzia* locale et à la moyenne bourgeoisie. Le père, ancien professeur de physique, est devenu inspecteur des écoles primaires. Il lèguera à son fils ses sentiments démocratiques et la passion d'instruire les autres. La mère, Maria Alexandrovna, enseigne à ses enfants l'anglais, l'allemand et le français. L'excellente atmosphère familiale explique peut-être que Lénine soit devenu un révolutionnaire plutôt qu'un révolté.

B. La formation intellectuelle

Excellentes études secondaires à Simbirsk (le directeur du lycée est le père de Kerenski). Puis études de droit à l'Université de Kazan dont il est expulsé en 1887, et Pétrograd où il devient avocat en 1891. Mais il plaidera très peu.

C. La formation politique

Deux faits l'ont profondément influencé. La mort de son frère, pendu en 1887 pour complot contre la vie du Tsar le détourne du terrorisme et de l'*action sans théorie*. La rencontre avec la pensée de Marx (il lit le premier tome du *Capital* en 1888) le renforce dans cette orientation mais son tempérament personnel l'éloigne de la *théorie sans action*. L'acte et l'idée seront pour Lénine inséparables.

D. L'HOMME

D'une intelligence vive, Lénine est un travailleur infatigable. Homme d'action doublé d'un orateur passionné, ce n'est pas à proprement parler un meneur d'hommes mais surtout un organisateur. Il a le goût du commandement et n'est embarrassé par aucun scrupule dans la réalisation de ses desseins. Sa principale qualité est une remarquable intuition du sens des événements en cours. Trotski dira de lui : «La principale force de Lénine consistait en ceci qu'il comprenait la logique interne du mouvement et réglait d'après elle sa politique».

2. Le révolutionnaire

A. L'HOMME D'ACTION : TROIS GRANDES ÉTAPES

a) *L'avocat marxiste :* dès 1888 il entre dans le combat révolutionnaire. Avocat des ouvriers, il entreprend leur éducation politique au sein des cercles marxistes. En 1893, il dirige l'«Union de lutte pour la libération de la classe ouvrière». Après trois années de déportation en Sibérie, il se réfugie à l'étranger.

b) *Le propagandiste en exil :* à Londres il connaît les pionniers du marxisme russe (Plékhanov). Pendant 17 ans, il va d'une capitale à l'autre (sauf un séjour en Russie pendant la révolution de 1905) préparant du dehors la révolution. Rôle important dans la naissance de la tendance bolchevique au congrès de Bruxelles.Il dirige l'*Iskra.*

c) *Le chef du parti bolchevik :* en 1912, il fonde à Prague un parti distinct dont il est le chef incontesté. Sa propagande pénètre en Russie par l'intermédiaire d'un nouveau journal, *La Pravda.* De retour à Pétrograd en 1917 (avril) son nom est désormais indissociable des événements révolutionnaires.

B. LE THÉORICIEN

a) *Les œuvres :* très nombreuses. Les plus importantes sont : *Que faire ?* (1902), *Matérialisme et empirocriticisme* (1908), *L'impérialisme stade suprême du capitalisme* (1915), *L'État et la Révolution.*

b) La pensée : un apport original à la pensée de Marx, que Lénine ne considère nullement comme intangible. Marx n'avait pas songé à la concurrence entre Etats capitalistes, Lénine voit au contraire dans l'impérialisme aboutissant à la guerre une étape vers le socialisme. Il étudie d'autre part la phase intermédiaire entre capitalisme et société communiste et conclut à la nécessité de la dictature du prolétariat.

3. Le chef d'État

Trois phases correspondant chacune à un compromis entre la doctrine et les nécessités historiques, entre la théorie et l'action.

A. LES DÉCRETS «D'OCTOBRE» ET LA PAIX DE BREST-LITOVSK.

B. LE COMMUNISME DE GUERRE (à développer en utilisant l'exposé fondamental).

C. LA N.E.P. (cf. chapitre 15)

Conclusion : L'opportunisme de Lénine, qui n'est nullement abandon de la doctrine mais adaptation de celle-ci à des situations nouvelles et aux nécessités de l'action, a permis au parti communiste de contrôler et de sauver la Révolution.

8 Les relations internationales de 1919 à 1933

Deux faits dominent la vie internationale entre 1919 et 1933. En premier lieu, la *prépondérance française* en Europe continentale. L'effondrement militaire de l'Allemagne, la dissolution de la double monarchie austro-hongroise, l'effacement de la Russie, en proie aux plus lourdes difficultés économiques, laissent le champ libre aux initiatives françaises. Apparemment, c'est la situation de 1871 inversée au profit de la France, alors dotée de la première armée du monde. En réalité cette prépondérance est précaire et repose sur des bases économiques, financières, démographiques, fragiles. Dès 1924-1925, l'Allemagne a retrouvé assez de force et d'appuis extérieurs pour que l'on doive compter avec elle, comme il faut alors compter avec la Russie soviétique et avec l'Italie mussolinienne, sans parler du Royaume-Uni dont la vocation reste plus mondiale qu'européenne. Il n'en reste pas moins que jusqu'au milieu des années 30, la France joue un rôle prééminent dans les affaires continentales. Le second point est le *parallélisme à peu près parfait entre les mouvements de l'économie mondiale et les phases de tension et de détente internationales.* Aux difficultés économiques et diplomatiques de l'après-guerre, succède une phase de prospérité et de détente que viennent interrompre la grande dépression de 1929 et sa propagation en Europe.

I. Les nouvelles conditions de la vie internationale

A. De nouveaux principes — Les idées du Président Wilson, reprises par un petit nombre d'hommes d'État européens, ont eu une influence réelle sur la «morale internationale». Cela ne signifie pas qu'elles aient abouti à la mise en place d'un système efficace de règlements des différends entre États. Mais un certain nombre de principes ont été proclamés, dont le mépris entraîne une condamnation quasi universelle. Le premier de ces principes est le *droit des peuples à disposer d'eux-mêmes.* Il a servi de base au remodelage de l'Europe en 1919 et, si des minorités demeurent insatisfaites, on peut dire que la carte des États s'est sensiblement rapprochée de celle des nationalités. L'usage du plébiscite s'est généralisé (Haute-Silésie en 1921, Sarre en 1935) et les échanges de territoires coloniaux cessent d'être monnaie courante : la cession de zones quasi désertiques à l'Italie en janvier 1935 provoquera une flambée d'indignation dans la gauche française. Second principe, celui de l'*égalité entre les États,* grands ou petits, venant se substituer à l'idée d'un «Directoire des Puissances». Tel devait être pour

Wilson le but suprême de la S.D.N. ainsi défini dans le point 14 : «Une association générale des nations devra être formée... dans le but de fournir des garanties mutuelles d'indépendance politique et d'intégrité territoriale aux grands comme aux petits États». Lorsque l'Italie attaque l'Éthiopie en 1935, les pays membres de la S.D.N. se contentent de voter des sanctions économiques et l'on a par la suite reproché à cette institution sa carence. Or le simple fait d'avoir mis l'Italie fasciste en accusation, de lui avoir imposé des sanctions, alors que l'agressé était un pays d'outre-mer, constitue quelque chose d'absolument nouveau, d'impensable avant 1914. Troisième principe, celui de la *sécurité collective* dont beaucoup souhaiteraient qu'elle prît la place des traités défensifs entre puissances, responsables avant la guerre de la division de l'Europe en deux blocs rivaux. Ces principes ne cesseront pas, il est vrai, d'être transgressés. Il leur a manqué un instrument d'exécution efficace, une institution internationale capable de prendre effectivement des mesures économiques et surtout militaires contre un éventuel agresseur.

B. De nouvelles méthodes — Wilson avait manifesté une vive hostilité à l'égard de la diplomatie secrète. Celle-ci, en tenant les peuples et même les parlements à l'écart des engagements pris envers d'autres puissances, ne pouvait qu'aboutir à des crises du type de celle de juillet 1914. La diplomatie traditionnelle ne va pas pour autant disparaître et l'on voit se nouer dès les années vingt des alliances d'inspiration classique (Petite Entente, alliances «de revers» de la France). Mais deux éléments nouveaux sont à signaler. En premier lieu, le rôle accru des Parlements en matière de politique extérieure. En France, par exemple, les initiatives de la Commission des Affaires Étrangères de la Chambre, les grands débats de politique extérieure (celui de mars 1931 sur l'Anschluss économique, celui de décembre 1935 sur la politique de Laval au moment de la crise éthiopienne, etc.), le refus de ratifier certains engagements (Pacte à Quatre) pèsent de plus en plus lourd sur l'orientation diplomatique du pays. Le second élément est la part croissante des *conférences internationales* aboutissant à des accords ou à des procès-verbaux communiqués au public, ou à des traités dont les clauses sont connues de tous. Cette «diplomatie ouverte» a pour effet d'entraîner des modifications dans la nature et dans le rôle du personnel diplomatique. Le rôle des ambassadeurs, capital avant 1914, tend à diminuer au profit des conversations directes (Briand-Stresemann, Mussolini-Laval) et des conférences groupant experts et dirigeants politiques. Ceci est vrai pour les démocraties occidentales, mais l'est encore bien davantage pour les pays gouvernés autoritairement. En Italie, le personnel diplomatique «traditionnel», d'origine généralement aristocratique et de haute culture, cède la place, au début des années trente, à des éléments issus du parti fasciste, exécutants dociles de la diplomatie mussolinienne. D'autre part, la nécessité pour les pays occidentaux de maintenir en face de ces régimes «forts» un minimum de continuité, en dépit des fluctuations politiques, va accroître l'importance des responsables permanents. En France, Philippe Berthelot jusqu'en 1933, Alexis Léger de 1933 à 1940, sont, en tant que secrétaires généraux du Quai d'Orsay, les véritables animateurs de la politique étrangère.

II. Les difficultés de l'après-guerre (1919-1924)

A. La désunion entre les vainqueurs — a) *France et Grande-Bretagne* s'opposent au Moyen-Orient. *En Turquie,* Mustapha Kemal a pris la tête d'un mouvement national qui réclame la révision du traité de Sèvres. Il est soutenu par la France (rétrocession de la Cilicie) et par l'Italie. Lloyd George pousse au contraire les Grecs contre lui. D'abord vainqueurs, ceux-ci sont écrasés en avril 1922. Les Britanniques, isolés, doivent renoncer à soutenir le Sultan et accepter un armistice. Le *traité de Lausanne* (juillet 1923) annule celui de Sèvres. La Turquie récupère la totalité de l'Anatolie et un territoire de 23 000 km^2 en Europe. Ses forces militaires ne sont plus limitées et elle reçoit la présidence de la Commission chargée de faire respecter la liberté de circulation dans les Détroits. Les relations franco-anglaises ont subi le contre-coup de cette crise qui a provoqué la chute de Lloyd George. *Les anciennes provinces arabes de l'Empire turc* ont d'autre part fait l'objet d'un partage d'influence entre la France et le Royaume-Uni. La *Conférence de San Remo* a confié à la France un mandat sur la Syrie, la Grande-Bretagne recevant dans les mêmes conditions l'Irak et la Palestine. Mais les Britanniques, qui voudraient constituer sous leur contrôle un vaste royaume arabe, fournisseur de pétrole et bastion avancé sur la route des Indes, poussent contre la France l'émir Fayçal qui prend en mars 1920 le titre de roi de Syrie. L'intervention du général Gouraud en juillet 1920 permet à la France de redresser la situation, mais la rivalité subsiste entre les deux puissances mandataires.

b) *Les États-Unis et la Grande-Bretagne* font cause commune *contre la France.* Le refus américain de ratifier le *traité des garanties,* proposé à la France sous condition qu'elle renonce à la rive gauche du Rhin, entraîne celui du Royaume-Uni. L'accord entre les deux puissances anglo-saxonnes porte en premier lieu sur le problème allemand. Le livre de J.-M. Keynes, *Les conséquences économiques de la paix,* publié en 1919, a attiré leur attention sur les risques que ferait courir à l'Europe l'effondrement de l'économie allemande. Elles souhaitent le redressement rapide d'un pays qui est à la fois l'un des meilleurs clients de leur industrie et un marché privilégié pour leurs capitaux. Elles estiment d'autre part que la persistance des difficultés économiques est susceptible de faire basculer la République de Weimar dans le camp bolchevik, et s'inquiètent des risques d'une hégémonie française sur le continent. Ceci est vrai pour la Grande-Bretagne, qui a depuis toujours cherché à maintenir un certain équilibre entre les puissances continentales. Mais ce l'est tout autant pour les États-Unis dont le but essentiel est, au lendemain de la guerre, la reconstruction d'une Europe prospère et ouverte à leur pénétration économique. Ce qui implique la réintégration de l'Allemagne dans le «concert des nations», de manière à éviter la renaissance de tensions politiques dangereuses, ainsi que la création (à la faveur du traité de paix et de ses prolongements) d'un bloc économique rival de la puissance américaine.

Or la France manifeste, au lendemain de l'armistice de Rethondes, une forte volonté d'expansion économique en Europe. C'est un point qui avait été jusqu'alors peu étudié par l'historiographie des relations internationales mais que nous connaissons bien aujourd'hui grâce aux travaux récents de D. Artaud et J. Bariéty (cf. bibliographie en annexe). Il est clair pour ces auteurs que les «buts de paix» inclus dans le traité de Versailles ou dérivés de celui-ci enveloppent une perspective économique d'envergure dont la pièce essentielle est le «projet sidérurgique» élaboré par le Quai d'Orsay et visant à rétablir la suprématie industrielle de la France sur le continent (grâce aux modifications des frontières allemandes, aux livraisons obligatoires de charbon et de coke et aux conditions commerciales du traité qui prévoit que pendant 5 ans les entreprises lorraines, alsaciennes et sarroises pourront faire pénétrer librement leurs produits en Allemagne). Ces projets inquiètent fort les puissances anglo-saxonnes pour qui le risque majeur n'est plus celui d'une Europe unifiée par l'Allemagne mais bien celui d'une Europe dominée économiquement et militairement par la France en vertu des atouts juridiques que ce pays a retirés du traité. C'est pourquoi les financiers américains et britanniques vont contribuer au relèvement économique de l'Allemagne, tandis que leurs gouvernements se dresseront contre la «politique d'exécution» menée par la France.

Autre sujet d'accord entre les deux pays anglo-saxons, le «désarmement naval». A la *conférence de Washington* (novembre 1921-février 1922), les États-Unis, que les ambitions japonaises inquiètent, amènent le Royaume-Uni à renoncer à son alliance avec le Japon et à accepter le principe de la parité navale (alors que les Britanniques avaient toujours posé comme principe que leur flotte de guerre devait être le double de celle de leur plus proche concurrent, théorie dite du *Two Powers Standard*). Le tonnage maximum en navires de ligne est fixé à 525 000 tonnes pour les États-Unis et la Grande-Bretagne, 315 000 tonnes pour le Japon (qui a l'avantage de pouvoir concentrer toute sa puissance navale dans le Pacifique), 175 000 tonnes pour la France et l'Italie.

c) *L'Italie* s'oppose à la Yougoslavie et aux alliés à propos de Fiume, Wilson refuse de reconnaître les clauses du Traité de Londres, qui promettaient à l'Italie, outre les *terres irrédentes* (Trentin, Trieste) dont personne ne conteste l'«italianité», l'Istrie et la Dalmatie, peuplées en majorité de Slovènes. La France et l'Angleterre se gardent bien, de leur côté, de soutenir les revendications italiennes. En septembre 1919, des groupes de volontaires, les *arditi*, ayant à leur tête le poète Gabriele d'Annunzio, s'emparent de la ville. Ils devront l'évacuer quinze mois plus tard après que l'Italie et la Yougoslavie eurent décidé par le *traité de Rapallo* de faire du territoire de Fiume un Etat indépendant, que Mussolini annexera d'ailleurs en 1924.

B. Le problème soviétique continue de préoccuper les puissances capitalistes. Après l'échec de la guerre d'intervention, un glacis de petits États indépendants est constitué dans le but d'isoler la Russie soviétique. Il comprend la Finlande, les Pays Baltes : Estonie, Lithuanie, Lettonie, ainsi que la Pologne. C'est la politique du «cordon sanitaire». Mais le danger de contamination subsiste, avec l'action de la IIIe Internationale et son influence sur les partis communistes qui se sont créés un peu partout en 1920-1921. Le gouvernement soviétique, écarté de la préparation des traités de paix, ne cache pas d'autre part ses sentiments «révisionnistes». L'U.R.S.S. allait s'efforcer dans ces conditions de se rapprocher d'une autre isolée, l'Allemagne, avec laquelle elle conclut en avril 1922 le *traité de Rapallo*, accord économique prolongé par des négociations militaires secrètes. Le «front capitaliste uni» (selon l'expression de l'historien Potemkine) se trouvait rompu. Peu à peu cependant les industriels occidentaux songent à reprendre pied sur le marché russe et se déclarent favorables à un rapprochement.

En mars 1921, ce sont les Britanniques qui font le premier pas en signant un accord commercial. «Nous trafiquons bien avec les cannibales» dira Lloyd George.

C. Le problème des réparations et le conflit franco-allemand La France n'a pas obtenu sur le Rhin la frontière «stratégique» que réclamaient les militaires et les ligues nationalistes. Elle a dû renoncer à la *garantie* anglo-saxonne et se trouve bientôt complètement isolée. Pour les hommes du Bloc national – Poincaré sans doute, mais aussi Aristide Briand qui, avant de devenir «l'apôtre de la paix», a été celui du «gage productif», et qui a envisagé dès le printemps 1921 d'occuper militairement la Ruhr – la seule manière d'assurer la sécurité du pays réside dans une politique de stricte exécution des traités, ce qui en premier lieu implique que l'on fasse «payer l'Allemagne».

a) *Les réparations.* Le principe de la responsabilité allemande dans le déclenchement de la guerre a été énoncé dans l'article 231 du traité de Versailles. Pour l'opinion française, une justification de fait s'ajoute à cette justification en droit : l'Allemagne, pays «agresseur», conserve un potentiel économique pratiquement intact, alors que la France, pays «agressé», sort de la guerre avec une économie partiellement ruinée. La part de chaque bénéficiaire des *réparations* allemandes est fixée en juillet 1920 par la conférence de Spa : 52 % pour la France, 22 % pour le Royaume-Uni, 10 % pour l'Italie, 8 % pour la Belgique. Quant au montant à exiger du vaincu, il est établi par la Commission des réparations à 132 milliards de marks-or.

Or il est clair que l'Allemagne – qui a été vaincue mais non détruite – ne paiera les sommes qui lui sont demandées qu'à deux conditions : ou bien si elle y trouve un certain intérêt par une relance de son économie, dans le cadre d'accords de complémentarité avec les puissances victorieuses (c'est ce que propose le plan Seydoux au cours de l'été 1920) ; ou bien si elle est contrainte de payer son dû par la force. Au début, les alliés semblent d'accord pour «mettre la main au collet» de l'Allemagne (Briand). Mais très vite les Français vont se retrouver seuls, parmi les grands vainqueurs de la guerre, pour faire appliquer les décisions prises en commun par les alliés. Déjà, lorsqu'en mars 1920, à la suite du putsch de Kapp et de l'intervention de la Reichswehr en Rhénanie, ils avaient occupé les villes de Francfort, Darmstadt et Duisbourg, avec l'appui des Belges, les protestations britanniques avaient été très vives et, à la Conférence de San Remo (avril 1920), la France avait dû accepter de retirer ses troupes. L'année suivante (avril-mai 1921), le front des pays vainqueurs s'était temporairement reconstitué pour obliger l'Allemagne à accepter «l'état des paiements». Un véritable ultimatum avait été adressé au gouvernement du Reich et il avait même été question d'une occupation collective de la Ruhr. Mais, l'Allemagne ayant repris ses paiements, il n'avait pas été donné suite à ce projet.

Or à partir de l'automne 1921, la pression de l'extrême droite et le développement de la crise monétaire incitent le gouvernement allemand à la résistance, et ceci d'autant plus que les idées de Keynes commencent à rencontrer un accueil favorable en Grande-Bretagne. A la *Conférence de Cannes* (novembre 1921), Briand est sur le point d'accepter les propositions de Lloyd George : aménagement de la dette allemande en échange d'une garantie des frontières françaises par le Royaume-Uni. Mais il n'est pas suivi par le Parlement et, désavoué par le président de la République Millerand, il quitte le pouvoir en janvier 1922.

b) *L'affaire de la Ruhr.* Poincaré (qui avait été président de la République de 1913 à 1920 et jouissait d'un immense prestige) remplace Briand en janvier 1922. Plusieurs événements vont l'inciter à adopter à l'égard de l'Allemagne une politique d'exécution rigoureuse. Tout d'abord l'échec de la négociation d'un traité de «garantie» avec la Grande-Bretagne. Poincaré aurait voulu obtenir de cette puissance une promesse d'intervention automatique en cas d'attaque allemande contre les troupes françaises d'occupation en Rhénanie, mais Lloyd George refusa lors de l'entrevue des deux chefs de gouvernement à Boulogne-sur-mer en février 1922. En second lieu, le rapprochement germano-russe, concrétisé lors de la conférence de Gênes (avril-mai 1922) par les accords de Rapallo, lesquels, du point de vue allemand, visaient précisément à faire pression sur les occidentaux pour obtenir des aménagements importants dans le règlement des réparations. Enfin et surtout, la décision prise par les Britanniques, en juillet 1922, d'aligner leurs positions sur celles des Américains, en exigeant également de leurs anciens alliés le remboursement des dettes contractées par eux pendant la guerre (le Royaume-Uni ayant à la fois prêté des sommes importantes aux pays européens et emprunté aux États-Unis). Or sur ce point, la position du gouvernement français est claire : il met comme condition au remboursement des sommes qu'elle a empruntées aux pays anglo-saxons (et notamment aux États-Unis) le paiement par l'Allemagne des réparations.

Or dans le courant de l'été 1922, le gouvernement Cuno fait savoir qu'il est incapable de poursuivre ses paiements et il réclame un moratoire de six mois que Poincaré refuse de lui accorder. Sauf si en échange les mines de la Ruhr sont temporairement remises aux Alliés. Ainsi s'élabore à Paris la doctrine du «gage productif», permettant au vainqueur de se payer en nature, et par prélèvement direct, sur le patrimoine économique du débiteur défaillant. En adoptant cette attitude ferme à l'égard du vaincu de la veille, Poincaré cherche à la fois à faire payer l'Allemagne – et ceci est d'autant plus urgent que l'équilibre du budget en dépend largement – à favoriser le ravitaillement de la France en charbon et en coke, et aussi à contraindre les Britanniques à montrer plus de compréhension vis-à-vis des positions françaises réclamant la liaison entre réparations et dettes de guerre. Dès la fin de l'automne, le gouvernement français est bien décidé à prendre prétexte du moindre manquement allemand au paiement des réparations pour engager l'épreuve de force. Un retard de quelques semaines dans une livraison en nature (un chargement de poteaux télégraphiques) va lui fournir l'occasion souhaitée pour saisir la Commission des réparations. Le 26 décembre, celle-ci décide par 3 voix (France, Belgique, Italie) contre 1 (celle du délégué britannique), l'occupation de la Ruhr, où des troupes franco-belges pénètrent le 11 janvier 1923.

L'Allemagne réplique par la «résistance passive» : c'est une grève générale de 2 millions d'ouvriers, soutenue financièrement par le gouvernement du Reich, coupée d'attentats et de sabotages (il y aura 13 tués le 31 mai au cours d'une échauffourée aux usines Krupp et un Allemand sera fusillé le 26 mai pour avoir fait sauter un train militaire). Pour briser le mouvement, Poincaré fait venir des mineurs, des employés des chemins de fer, des soldats du génie, français et belges, en même temps qu'il fait expulser 150 000 Allemands. A ce prix, il parvient à remettre partiellement en marche l'économie de la Ruhr. Financièrement en difficulté (on est en pleine crise inflationniste), mollement soutenu par la Grande-Bretagne, le gouvernement allemand (Stresemann remplace Cuno en août) décide, en septembre, de mettre fin à la résistance passive.

c) *La fin du conflit.* Vainqueur sur le terrain, Poincaré va être obligé, au cours des mois qui suivent la fin de la résistance passive, d'adopter une attitude plus souple à l'égard de l'Allemagne et du problème des réparations. Il y a à cela plusieurs raisons : le légalisme du président du conseil français, l'appréciation qu'il porte sur la situation financière de l'Allemagne, devenue catastrophique à la fin de 1923, mais surtout les difficultés du franc, dont la valeur n'a cessé de baisser depuis l'automne 1922. N'ayant pu obtenir de la Chambre du Bloc national l'effort fiscal qui aurait permis de rétablir l'équilibre du budget et de donner une certaine aisance au Trésor, soucieux de juguler les effets d'une spéculation internationale qui, dans les premières semaines de 1924, joue contre le franc (l'historien américain S.-A. Schuker estime que, dans cette bataille monétaire dirigée contre la France, l'action des financiers allemands a été déterminante), Poincaré se voit contraint de demander à la banque Morgan l'ouverture d'un crédit, et les Anglo-Saxons en profitent pour exercer une pression sur son gouvernement. Celui-ci finit par céder et accepte la réunion d'un comité d'experts présidé par un banquier américain, le général Dawes.

III. La phase de détente (1924-1929)

A. Les conditions nouvelles — A partir de 1924, l'atmosphère se détend, pour trois raisons :

• *L'amélioration de la situation économique.* La phase de dépression s'achève en 1924 avec le redressement financier de l'Allemagne. L'Europe connaît, à l'exception de la Grande-Bretagne, une phase de prospérité favorable à un apaisement politique.

• *L'avènement de la gauche* en France et en Angleterre. Travaillistes britanniques et hommes du Cartel en France ne feront aucune difficulté pour reconnaître le gouvernement des Soviets, les premiers en février, les seconds en octobre 1924. Mais surtout la gauche française se montre résolue à rompre avec la politique d'exécution du Bloc national et à adopter à l'égard de l'Allemagne une attitude de conciliation.

• *Les hommes* jouent un rôle de premier plan. Herriot, leader du Cartel, qui soutient en 1924 le projet connu sous le nom de «Protocole de Genève» et visant à établir un système de règlement des conflits internationaux par l'arbitrage de la S.D.N. (ce sera un échec). Le Britannique Austin Chamberlain, beaucoup plus favorable à la France que Lloyd George. Et surtout Briand, ministre français des Affaires étrangères de 1925 à 1932 et Gustav Stresemann qui occupe le même poste en Allemagne de 1923 à 1929, artisans du rapprochement franco-allemand.

B. Les relations franco-allemandes — a) *Le sens du «rapprochement» :* pour Briand, la paix passe par la réconciliation entre les deux anciennes ennemies. Il faut donc, si l'Allemagne donne des preuves de bonne volonté, et en échange de certaines garanties, accepter un certain nombre d'aménagements aux clauses du traité. Les adversaires de Briand, et notamment la droite nationaliste, lui ont reproché son absence totale de réalisme et son aveuglement en face des manœuvres de son partenaire. Il faut nuancer l'image d'un Briand idéaliste et pacifiste béat, berné de bout en bout par l'habileté d'un Stresemann. En fait, Briand pense que la France doit faire la politique de sa natalité et de ses moyens financiers. Il veut éviter d'autre part qu'elle se trouve isolée en face d'une Allemagne en bons termes avec les Anglo-Saxons et avec la Russie, et prête à prendre la tête d'une *Mitteleuropa* économique, premier pas vers le rétablissement de son hégémonie continentale. C'est dans ce sens qu'il faut interpréter ses tentatives pour intégrer le Reich dans un ensemble international assez vaste pour qu'il n'y joue pas seul les premiers rôles : Société des Nations, signataires du pacte Briand-Kellog, Union européenne. Pour Stresemann, il s'agit de rendre à l'Allemagne la place qu'elle occupait en Europe avant la guerre : c'est ce qu'il déclare dans sa lettre au Kronprinz du 7 septembre 1925. Mais à la différence de Hitler et de Hugenberg, qui dirigent contre lui de violentes attaques, il estime que l'Allemagne doit elle aussi, dans l'immédiat, faire la politique de ses moyens. Il faut «finasser et se dérober aux grandes discussions», non s'engager dans une politique de force dont on ne peut espérer sortir vainqueur. Plus tard, quand l'Allemagne aura recouvré ses forces, elle pourra remettre en cause certaines clauses du traité, celles en particulier qui définissent ses frontières orientales. Mais cela ne signifie pas que, vis-à-vis de la France et des garanties données à Locarno, les engagements pris n'aient pas été sincères.

b) *Les étapes du rapprochement :* Avant même l'arrivée de Briand au Quai d'Orsay, le *plan Dawes* (1924) limite et échelonne les versements allemands, garantis cependant par un contrôle allié sur les chemins de fer et les douanes du Reich. La Conférence de *Locarno,* réunie en octobre 1925, aboutit à la signature d'un pacte signé par Briand Stresemann, Chamberlain, Mussolini et le Belge Vandervelde. Les puissances signataires acceptent de garantir *le statu quo* des frontières de la France et de la Belgique, ce qui pour l'Allemagne signifie qu'elle reconnaît librement la perte de l'Alsace-Lorraine. Mais elle refuse de prendre les mêmes engagements à propos de sa frontière orientale. *L'admission de l'Allemagne à la S.D.N.* sur proposition de la France, en septembre 1926, consacre la réconciliation. En 1929, un nouveau comité d'experts élabore le *Plan Young* qui réduit une nouvelle fois la dette allemande et prévoit un paiement en 36 annuités. Enfin, en 1930, *la Rhénanie est évacuée* avec près de 5 ans d'avance sur la date prévue.

C. L'apogée de la S.D.N. et de la sécurité collective est atteinte en août 1928 avec le *Pacte Briand-Kellog* proposé par le chef du Département d'État américain, sur l'initiative de Briand, qui voulait en faire l'instrument d'un rapprochement avec les États-Unis. Soixante pays signèrent ce document qui proclamait la guerre «hors-la-loi».

D. Les limites de la détente — a) *L'U.R.S.S. demeure isolée* malgré le maintien de liens cordiaux avec l'Allemagne qui use de ses bonnes relations avec la Russie soviétique comme moyen de pression sur les occidentaux. En avril 1926, un accord d'amitié et de neutralité est signé à Berlin entre les deux pays. Mais les rapports avec l'Italie et surtout avec la Grande-Bretagne sont infiniment moins bons. En 1927, le cabinet conservateur de Baldwin, qui reproche aux Soviets d'avoir soutenu financièrement les ouvriers anglais en grève, et les accuse d'ingérence dans les affaires intérieures du Royaume-Uni, rompt les relations diplomatiques avec l'U.R.S.S. L'adhésion de Moscou au pacte Briand-Kellog marquera cependant une amélioration.

b) *En Europe centrale et balkanique,* deux blocs se sont constitués. Les pays «*satisfaits*», ceux que les traités ont avantagés, se sont placés sous la protection de la France qui a passé avec eux des traités d'alliance. C'est le cas de la Pologne en 1921, de la Tchécoslovaquie en 1924, de la Roumanie en 1926 et de la Yougoslavie en 1927. D'autre part, trois d'entre eux, la Tchécoslovaquie, la Yougoslavie et la Roumanie, se groupent au sein de la *Petite Entente,* soutenue par la France et dirigée contre les ambitions territoriales de la Hongrie. Les pays «*révisionnistes*», Hongrie et Bulgarie, se tournent pour leur part vers l'Italie dont toutes les revendications n'ont pas été satisfaites par les traités de paix. Mussolini en profite pour étendre son influence dans les Balkans ainsi qu'en Autriche. Il rallume la question de Fiume et finit par obtenir en 1924 *(Traité de Rome)* la reconnaissance par la Yougoslavie de la souveraineté italienne sur cette ville. Ses ambitions le portent enfin à étendre peu à peu sa protection sur l'Albanie (traités de Tirana en 1926 et 1927). La rencontre de ces deux influences dans les Balkans entraîne un certain nombre de frictions entre la France et l'Italie.

IV. Les premières conséquences de la crise

Tandis que disparaissent les promoteurs du rapprochement franco-allemand (Stresemann meurt en octobre 1929, Briand en mars 1932), la généralisation de la crise économique réveille la tension internationale.

A. Le projet d'Union européenne, présenté par Briand à l'assemblée générale de la S.D.N., en septembre 1929, est un échec. Dans l'esprit de son auteur, il visait à établir des liens politiques («Je pense qu'entre les peuples qui sont géographiquement groupés comme les peuples d'Europe, il doit exister une sorte de lien fédéral»), puis des liens économiques, entre les nations européennes. Mais, formulé de façon très vague dans un mémorandum qui fut adressé en mai 1930 aux 27 Etats européens membres de la SDN, il fut rejeté par la plupart d'entre eux (seules la Yougoslavie et la Bulgarie y adhérèrent entièrement), et finalement noyé dans des travaux de commission.

B. La tentative d'Anschluss économique – En mars 1931, le nouveau ministre allemand des Affaires étrangères Curtius et le chancelier autrichien Schober, signent un projet d'union douanière entre les deux pays de langue allemande. Il s'agit essentiellement de faire pièce aux tentatives, amorcées en 1930, entre la «Petite Entente» et la Pologne, pour créer un «bloc des pays agricoles», plus ou moins lié économiquement à la France, et de lui substituer une «*Mitteleuropa*» dominée par les pays germaniques. L'émotion est vive en France, où l'on craint que ce projet ne débouche sur une unification politique, comme le *Zollverein* prussien du XIXe siècle avait abouti à l'Unité allemande. Mais l'affaire est vite enterrée, car l'Autriche qui est touchée par la crise mondiale en mai 1931 doit faire appel à la France pour renflouer ses finances, et renoncer à l'«Anschluss économique» avec l'Allemagne.

C. La fin des réparations – Frappée à son tour par la crise (juin 1931), l'Allemagne fait appel au président Hoover, qui propose un *moratoire* d'un an sur les dettes entre Etats. L'année suivante, la *Conférence de Lausanne* décide de mettre fin aux réparations. Malgré l'insistance d'Herriot, la France suspend alors le paiement de ses dettes de guerre envers les États-Unis, bientôt suivie par l'Angleterre. Cette décision aura pour effet de renforcer l'isolationnisme américain.

D. L'Affaire de Mandchourie (cf. chapitre 16).

E. La Conférence du désarmement, réunie à Genève à partir de février 1932, et groupant 62 pays (dont l'URSS et les États-Unis), aboutit elle aussi à un échec, après que lui eurent été soumis un certain nombre de plans (Tardieu, Herriot, Hoover, Mac - Donald, etc.).

Mais c'est l'avènement du national-socialisme en Allemagne, en janvier 1933, qui va brusquement aggraver la tension.

Bibliographie

P. Renouvin, *Histoire des relations internationales,* tome VII : *Les crises du XXe siècle, de 1914 à 1929* & tome VIII : *De 1929 à 1945,* Paris, (PUF), 1957 et 1958 ; M. Baumont, *La faillite de la paix,* tome XX de la collection «Peuples & civilisations», 2 volumes. Paris, PUF, 1967 ; J.-B. Duroselle, *Histoire diplomatique de 1919 à nos jours,* Paris (Dalloz), 5e édition, 1970 ; et du même auteur : *De Wilson à Roosevelt, la politique extérieure des États-Unis, 1913-1945,* Paris (Colin), 1960 ; J.-M. Keynes, *Les conséquences économiques de la paix,* trad. frse, Paris, 1920.

Dans le domaine des relations internationales, l'historiographie des années 20 est actuellement en plein renouvellement. On consultera avec profit : J. Bariety, *Les relations franco-allemandes après la première guerre mondiale,* Paris, (Pedone), 1977 ; D. Artaud, *La question des dettes interalliées et la reconstruction de l'Europe (1917-1929),* Thèse multigraphiée, 1976, Université de Lille III ; et du même auteur, *La reconstruction de l'Europe, (1919-1929),* Paris 1973 (un «dossier Clio» d'un accès plus aisé publié par les PUF) ;

Sur les liens entre l'économique et le politique pendant la période considérée on pourra voir : J.-N. Jeanneney, *François de Wendel en République, l'argent et le pouvoir, 1914-1940,* Paris, Le Seuil, 1976 ; ainsi que le numéro 13 de la revue *Relations internationales* (printemps 1978), consacré à « La politique économique extérieure de la France dans l'entre-deux-guerres ». P Milza, *Les Relations internationales de 1918 à 1939,* Paris, A. Colin, 1995 ; R. Girault, R. Frank, *Turbulente Europe et nouveaux mondes, 1914-1941,* Paris, Masson, 1988 ; G. Soutou, *L'or et le sang. Les buts de guerre économique des puissances,* Paris, Fayard, 1989 ; J. Bariéty, R. Poidevin, *Les relations franco-allemandes, 1815-1975,* Paris, A. Colin, 1977.

Document

Stresemann dévoile au Kronprinz les buts de sa politique (lettre du 7 septembre 1925)

«... Voici posée la question de notre entrée dans la Société des Nations. A mon avis, la politique de l'Allemagne a, pour le prochain avenir, trois grands buts. D'abord la solution de la question rhénane dans un sens tolérable pour l'Allemagne et l'assurance de vivre en paix, sans quoi l'Allemagne ne pourra pas recouvrer ses forces. En second lieu, la protection des dix à douze millions d'Allemands qui vivent maintenant sous le joug étranger. Troisièmement, la rectification de nos frontières orientales, reprise de Dantzig, du corridor polonais et modification du tracé de la frontière de Haute-Silésie. A plus longue échéance, rattachement de l'Autriche à l'Allemagne, bien que je me rende compte que ce rattachement ne soit pas de nature à n'apporter à l'Allemagne que des avantages, car il compliquera beaucoup le problème de notre organisation.

Si nous voulons atteindre ces buts, il faut faire converger vers eux nos efforts. De là le pacte de sécurité qui doit nous assurer la paix, notre frontière ouest étant dorénavant garantie par l'Angleterre et même, si Mussolini se met de la partie, par l'Italie. Ce pacte comporte de notre part un abandon, en ce sens que nous renonçons à un conflit armé avec la France pour reconquérir l'Alsace-Lorraine ; mais cet abandon n'a qu'un intérêt théorique puisqu'en fait nous n'avons aucune possibilité de faire la guerre à la France...

... Entrer dans la SDN ne signifie pas que nous options pour l'Ouest en tournant le dos à l'Est. On ne peut opter que quand on a derrière soi une force militaire. Malheureusement nous ne l'avons pas. Nous ne pouvons, ni être le mercenaire au service de l'Angleterre sur le continent, comme le croient certains, ni nous prêter à une alliance avec la Russie. Chercher les bonnes grâces du bolchevisme me paraît une utopie dangereuse. Si les Russes s'installent à Berlin, ils commenceront par arborer sur le château le drapeau rouge ; puisque la Russie souhaite la révolution universelle, elle sera très heureuse d'avoir bolchevisé l'Europe jusqu'à l'Elbe et donnera le reste de l'Allemagne en pâture à la France. Nous sommes d'ailleurs parfaitement prêts à nous entendre sur une autre base avec l'État russe, qui, je crois, n'est pas au bout de son évolution, et nous n'avons pas du tout l'intention de nous vendre à l'Europe occidentale en entrant dans la SDN ; c'est un fait au sujet duquel je serais heureux de m'entretenir un jour verbalement avec Votre Altesse impériale. Mais l'essentiel est le premier des points que j'énumérais tout à l'heure, la libération de notre sol, la disparition des troupes d'occupation ; il faut tout d'abord que nos étrangleurs lâchent prise ; c'est pourquoi la politique allemande devra pour commencer suivre la formule que Metternich, je crois, adoptait en Autriche après 1809 : finasser et se dérober aux grandes décisions...»

Les papiers de Stresemann, Paris, Plon 1932, T. II

• L'expéditeur : *Gustav Stresemann est né à Berlin en 1878. Avant la guerre, il est député et président du groupe national-libéral. C'est aussi un grand homme d'affaires, Syndic depuis 1902 de* l'Union des industriels saxons. *Il représente les intérêts d'une partie importante de la grande bourgeoisie industrielle et commerçante. Après la guerre, il dirige le parti populiste et devient chancelier en août 1923. Après avoir mis fin à la résistance passive, il quitte la chancellerie en novembre 1923 pour devenir ministre des Affaires étrangères. Il le restera jusqu'à sa mort en octobre 1929.*

• Le destinataire : *le* Kronprinz *Frédéric-Guillaume est le fils aîné de l'Empereur Guillaume II. Avant la guerre de 1914, il apparaît comme le chef des pangermanistes et du parti de la guerre. Pendant la guerre, il joue un rôle important, notamment devant Verdun où il commande en 1916 un groupe d'armées. En 1918, il abdique en même temps que son père et gagne la Hollande. Il rentre en Allemagne en 1922.*

• Retentissement : *cette lettre a paru dans* les papiers de Stresemann, *publiés en France en 1932, mais elle était connue du public français dès 1931 et a été pour beaucoup dans le discrédit porté sur la politique de Briand.*

Plan

La politique extérieure de l'Allemagne de 1919 à 1930

Introduction : Les années vingt sont marquées par l'effacement de la puissance allemande en Europe. Changement très profond puisque, avant 1914, on pouvait parler sinon d'hégémonie, du moins de prépondérance allemande sur le continent. Or, de 1919 à 1930, on voit l'Allemagne s'efforcer de retrouver une place qui soit, dans les relations internationales, conforme à sa puissance économique, laquelle a été beaucoup moins touchée que ses forces militaires, au point qu'il y a, pendant toute cette période, une distorsion profonde entre la puissance réelle de l'Allemagne et son potentiel d'action d'une part, et de l'autre, les limitations très strictes qui sont apportées à ses moyens d'action diplomatique. Évolution qui se fait en deux temps : *de 1919 à 1924,* une phase de résistance ; *de 1924 à 1930,* une phase de détente et de coopération.

1. La résistance (1919-1924)

A. CONDITIONS DE L'ACTION DIPLOMATIQUE DE L'ALLEMAGNE

a) *Les conditions internes :* il y a *un affaiblissement apparent* de la puissance allemande, à la fois sur le plan territorial (68 000 km² avec 8 millions d'habitants), économique (pertes de provinces industrielles, des colonies, réparations), démographique (1,7 million de morts) et militaire (armée réduite à 100 000 hommes, pas de flotte, de chars ni d'aviation). En réalité, *la puissance allemande n'est nullement écrasée.* Elle conserve ses centres nerveux essentiels et particulièrement la Ruhr. Les dégâts matériels ont été minimes et l'industrie amorce dès 1920 une reprise rapide. La crise monétaire elle-même favorisera la concentration. Malgré les pertes de la guerre, la population demeure nombreuse, active et très disciplinée. Sur le plan militaire, l'armée de 100 000 hommes deviendra une armée de cadres, destinée à encadrer la future Wehrmacht. Elle se trouve doublée par la milice, véritable armée auxiliaire, puis par des organisations paramilitaires : Reichswehr noire, casques d'acier. Enfin un réarmement clandestin s'opère, surtout après Rapallo. L'Allemagne conserve donc des moyens d'action. Ceux-ci ne peuvent cependant être comparés à ceux dont disposent les vainqueurs et particulièrement la France. Il y a là un point faible avec lequel le gouvernement du Reich doit compter. Il doit d'autre part tenir compte d'un certain nombre de pressions intérieures : crise économique et financière qui se traduit bientôt par un ralentissement de la production et surtout pression de l'*opinion publique* dont de larges secteurs vont s'engager, la crise sociale aidant, dans la résistance à outrance.

b) *Les conditions externes :* il s'agit essentiellement de la position de l'Allemagne en face des puissances et de leurs rivalités. La diplomatie allemande dispose à cet égard de trois atouts :
– *La rivalité franco-britannique.* En France, le Bloc national, soutenu par l'opinion, songe avant tout à la sécurité et au maintien de l'équilibre budgétaire grâce au paiement des réparations. Les Britanniques ont au contraire des soucis purement économiques. Ils s'efforcent d'autre part de limiter les risques d'une hégémonie française sur le continent.
– *L'appui des États-Unis* qui ont, dès 1920, investi massivement leurs capitaux en Allemagne.
– *Le rapprochement avec l'U.R.S.S.* qui permet au Reich de rompre son isolement et de faire pression sur les occidentaux.

B. L'ACTION DIPLOMATIQUE : DEUX GRANDES ORIENTATIONS

– *Les relations franco-allemandes* (cf. les manuels et l'exposé fondamental).
– *Les relations germano-russes* (id.).

2. La phase de détente (1924-1930)

A. LES NOUVELLES CONDITIONS

a) *Sur le plan intérieur :* le sauvetage du mark et le *redressement économique* et financier permettent à l'Allemagne de profiter de la prospérité générale. Ceci entraîne une détente politique : recul des partis extrêmes et fin de l'agitation violente.

b) *Sur le plan extérieur,* trois faits importants :
– affaiblissement du «péril soviétique» (reconnaissance de l'U.R.S.S.), ce qui enlève à l'Allemagne l'un de ses meilleurs moyens de pression ;
– attitude beaucoup moins intransigeante de la France après le succès de la gauche aux élections de 1924 ;
– rôle des hommes : Herriot et Briand.

B. UNE DIPLOMATIE PLUS SOUPLE : PROGRAMME ET ACTION DE STRESEMANN

– *La détente franco-allemande :* Locarno, Thoiry ;
– *L'entrée à la S.D.N. ;*
– *Les relations avec l'U.R.S.S.*

C. LES RÉSULTATS

Aménagement des réparations, évacuation anticipée de la Rhénanie, adhésion au pacte Briand-Kellog.

Conclusion. Quand Stresemann meurt en octobre 1929, son programme est loin d'être entièrement réalisé. En favorisant l'avènement de Hitler, la crise inaugure une nouvelle phase de tension qui aboutira à la Seconde Guerre mondiale.

9 La crise de 1929

La crise économique qui se déclenche aux États-Unis en octobre 1929, avant de s'étendre aux autres pays d'économie libérale et d'ébranler les assises du monde capitaliste, est d'une tout autre dimension que les traditionnelles crises cycliques qui l'ont précédée. La manière dont elle se répand illustre bien la prépondérance nouvelle des États-Unis dans le monde puisque c'est l'exportation de la crise américaine qui provoque la dépression mondiale. C'est donc aux Etats-Unis qu'il faut en rechercher l'origine et les fondements, même si comme l'a fait remarquer A. Sauvy elle s'inscrit dans un contexte général de baisse des prix de gros, des valeurs boursières, des prix de détail, du niveau de l'emploi, perceptible en Europe dès les premières semaines de 1929.

I. Les origines de la crise

Elles sont extrêmement complexes et les historiens de l'économie ne sont pas d'accord sur l'importance respective qu'il convient de donner à chaque facteur.

A. Un phénomène cyclique ? On entend par mouvements cycliques en économie des mouvements qui sont caractérisés à la fois par leur périodicité et par la régularité de leur amplitude. Parmi ceux qui permettent de définir les fluctuations de la conjoncture économique à l'époque du capitalisme libéral, deux semblent particulièrement importants :

– Les mouvements de longue durée dits *Kondratieff* (du nom de l'économiste soviétique qui les a étudiés dans le courant des années 20) s'étendent sur une période de 25 à 40 ans et comprennent une phase de prospérité et de hausse des prix (*phase A* pour le Français Simiand) et une phase de dépression et de baisse (*phase B*). Il est à noter que ce type de fluctuations n'a pu être mis en relief de façon certaine que pour les rythmes cycliques qui se fondent sur l'analyse des prix-or et qu'il est beaucoup plus difficile de déceler leur existence dans la conjoncture complexe de l'économie actuelle.

– Les cycles d'amplitude moyenne (distincts des cycles «courts» proprement dits ou cycles de Kitchin, d'une durée de 40 mois environ, étudiés par l'école américaine). Ces cycles de *Juglar* (du nom de l'économiste français qui en a fait la théorie en 1860) durent de 8 à 11 ans et constituent le rythme fondamental de la conjoncture dans les pays industriels au XIXe siècle.

Ce second type de mouvement peut évidemment se superposer au premier. La période 1896-1940 correspondrait dans cette perspective à un *Kondratieff*, la phase de hausse allant de 1896 à 1920, la phase de baisse de 1920 à 1940. Ainsi s'expliquerait la gravité de la «crise de 1929», la phase dépressive de longue durée venant à partir de cette date cumuler ses effets avec ceux d'une dépression d'amplitude moyenne. Or cette explication est sans doute insuffisante, même si, comme l'ont démontré nombre d'économistes (Simiand, Sauvy, Schumpeter), la dépression des années 30 correspond bien, par son déroulement, son scénario et ses conséquences, à une crise cyclique.

B. Une conséquence du déséquilibre financier qui affecte depuis la guerre les échanges internationaux ? Les États-Unis qui ont accumulé des réserves d'or considérables (près de la moitié du stock mondial) n'ont pas voulu accroître parallèlement le volume de papier-monnaie en circulation, ce qui aurait entraîné une hausse des prix intérieurs. Les exportations se seraient trouvées freinées au profit des importations et la balance commerciale aurait alors accusé un déficit, permettant aux pays européens d'acquitter leurs dettes et d'acheter des marchandises américaines sans s'appauvrir. La politique anti-inflationniste des financiers de Wall Street et le renforcement des mesures protectionnistes les plaçaient au contraire devant l'alternative suivante : suspendre leurs achats aux États-Unis (et réduire d'autant les possibilités d'écoulement de la production américaine) ou obtenir de ceux-ci des *crédits à court terme* dont le retrait précipité entraînerait la propagation immédiate de tout accident économique d'origine américaine. La mauvaise répartition du stock d'or mondial constitue donc pour l'économie internationale un élément permanent de trouble et de précarité.

C. Une crise de surproduction ? Pour de nombreux auteurs, le krach boursier d'octobre 1929 n'a été que le révélateur d'une crise beaucoup plus profonde qui affecte en premier lieu l'économie des États-Unis et qui se traduit par une disparité croissante entre une production de plus en plus abondante et un marché d'autant plus restreint que la distribution des revenus se fait mal (c'est notamment la thèse de Galbraith qui cependant ne réduit pas la crise à ce seul paramètre). Peut-on pour autant parler de *surproduction*, et si surproduction il y a, comment se manifeste-t-elle ?

• *Dans le domaine agricole :* les pays neufs — et au premier rang d'entre eux les États-Unis — fournisseurs de l'Europe en guerre, ont continué au lendemain du conflit d'accroître leurs emblavures et de pousser leurs rendements. Le rétablissement d'une situation agricole normale en Europe n'a pas tardé à provoquer l'engorgement des marchés et à faire baisser les prix. Vendant moins cher, les agriculteurs américains ont alors cherché à maintenir leurs revenus en produisant davantage, accélérant la tendance à la baisse. Les prix ont ainsi, en quelques années, diminué de moitié, parfois des deux tiers. Résultat, les *farmers* achètent moins de produits fabriqués.

• *Dans le domaine industriel,* le phénomène est moins manifeste. Il n'en révèle pas moins, à long terme, des symptômes inquiétants. Le «boom» américain et japonais, l'industrialisation de pays d'économie «coloniale» (Inde), n'ont pas cessé avec la remise en marche des industries européennes. La production mondiale a donc augmenté de façon très sensible et à un rythme beaucoup plus rapide que le pouvoir d'achat des consommateurs. Aux États-Unis, où la production industrielle s'est accrue de près de 60 % entre 1920 et 1929, les salaires n'ont pendant la même période augmenté que de 20 % environ et les revenus des agriculteurs ont légèrement baissé (et encore s'agit-il d'un pays où la progression des salaires a été forte). Si les prix se maintiennent, c'est à cause de l'action exercée par les grands trusts. Quant à l'écoulement de la production, il n'est possible que grâce au développement de la publicité et du crédit à la consommation.

Cette image d'une crise mondiale de surproduction ne fait pas l'unanimité des historiens de l'économie. Certains d'entre eux préfèrent parler de sous-consommation par mauvaise distribution des revenus (Galbraith), ou par renversement de la conjoncture démographique (J. Néré), et font remarquer que le taux d'accroissement annuel de la production, qui est de 3 % dans le monde pour la période 1925-1929, ne permet pas de parler de surproduction. A quoi s'ajoute la constatation que le rythme d'accroissement provient moins des produits traditionnels (charbon, acier, coton) que des productions nouvelles (pétrole, aluminium, caoutchouc, fibres artificielles).

D. Un effet de la spéculation boursière ? On assiste à partir de 1925 à un *boom* des valeurs mobilières américaines. Devant la prospérité générale et les profits réalisés par les affaires industrielles, confiants en l'avenir illimité du capitalisme libéral, beaucoup d'Améraicains se sont mis à acheter des actions. Les banques leur accordent des crédits à vue qui permettent aux plus modestes d'entre eux d'acquérir avec un petit comptant (20 à 25 % de leur valeur) des titres qu'ils revendront quelques mois plus tard avec un bénéfice substantiel. Comme d'autre part le rendement de ces prêts est assez élevé (9 à 10 %, 12 % en 1929) ils attirent sur la place de New York nombre de capitaux flottants (en particulier d'origine britannique) et rendent à peu près impossibles les emprunts à vocation productive. Bientôt, une véritable fièvre spéculative s'empare des Etats-Unis. De 1925 à 1929, la valeur totale des titres cotés à la Bourse de New York passe de 27 milliards à 87 milliards, ce qui ne correspond pas à une augmentation proportionnelle de la valeur des entreprises représentées par ces titres, ni des profits correspondants. Toutefois les bénéfices réalisés dans cette spéculation à la hausse permettent à ceux qui s'y livrent de rembourser les prêts à la consommation qu'ils ont contractés pour acheter voiture, appareil de radio, etc. Qu'ils cessent brusquement et c'est l'effondrement de tout le système de crédit, sur lequel repose très largement la prospérité américaine.

La panique boursière d'octobre 1929 n'apparaît donc pas dans un ciel serein. Elle s'inscrit au contraire dans le contexte d'une économie fondamentalement malsaine dont elle va révéler, avec une brutalité extrême, les déséquilibres et les insuffisances.

II. La crise aux États-Unis

A. La crise boursière – a) *Ses origines immédiates.* La hausse des titres mobiliers ne pouvait indéfiniment se poursuivre. A partir d'un certain moment, celui qui cherche un revenu régulier et non un gain risqué en capital se rend compte que le *dividende* (part de bénéfice versée annuellement à chaque actionnaire) de l'action qu'il possède augmente beaucoup moins vite que le prix d'achat de celle-ci (donc que le rendement de l'action diminue) et il se met à revendre. Deux faits vont accélérer le processus : un léger fléchissement des affaires à partir du printemps 1929 (l'indice des prix de gros commence à diminuer en février-mars en Europe et la production industrielle enregistre une baisse légère dans le courant du mois d'avril) et surtout la faillite du consortium londonien Hatry (cabines Photomaton, appareils à sous) qui provoque d'importants remous dans les Bourses étrangères. Mais l'élément le plus important est peut-être la décision des autorités monétaires américaines d'augmenter de 1 % le taux de l'escompte en août 1929 et de prendre des mesures de restriction du crédit. Non que ces mesures n'aient pas été nécessaires. Elles étaient même devenues indispensables, compte tenu de l'inflation du crédit et de la fièvre spéculative qui sévit en Amérique depuis le début de 1928. Simplement, au moment où elles sont adoptées, elles ne peuvent plus guère que servir de détonateur à une explosion depuis longtemps prévisible.

b) *Le Krach de Wall Street.* Les premiers symptômes du malaise de la bourse commencent à se manifester au début du mois de septembre (il y avait eu un premier fléchissement en juin 1928 mais il avait été vite surmonté, et oublié). Le 5, 5 millions et demi d'actions sont échangées à Wall Street tandis que devant un parterre de businessmen réunis à Wellesley (Massachusetts), le statisticien Roger Babson annonce que «tôt ou tard une catastrophe viendra» et qu'«elle peut être terrible». Il est immédiatement démenti par les plus hautes autorités du monde économique mais l'avertissement a été suffisamment pris au sérieux pour que dans les jours qui suivent plusieurs millions d'actions changent de mains.

Cette situation précaire débouche sur le krach de Wall Street, le plus long de l'histoire boursière (il dure 22 jours). Le mouvement de baisse s'amorce dans la soirée du 22 octobre. Les cours se maintiennent péniblement le 23, malgré les 6 millions d'actions jetées sur le marché, mais le jeudi 24 (*black Thursday*) l'afflux massif d'ordres de vente provoque une véritable panique : 13 millions d'actions sont vendues dans la journée. Le 29, le record est atteint, avec 16 millions et demi de titres négociés, malgré l'intervention du syndicat des banquiers new yorkais, réunis à la banque Morgan. En décembre 1929, l'ensemble des valeurs industrielles accuse déjà une baisse de 30 à 35 % et le mouvement se poursuit jusqu'en 1933. La perte atteindra 90 % pour certaines actions (Dupont de Nemours, Chrysler).

B. De la crise boursière à la crise économique – Il n'était pas évident que la crise boursière dût déboucher sur une dépression économique de grande envergure. En effet l'image d'une Amérique unanimement occupée à spéculer en bourse relève de la légende. Sur 122 millions d'Américains, un million et demi tout au plus possédait des actions et jouait à la hausse des valeurs mobilières. Certes une partie d'entre eux, ceux dont les revenus étaient constitués pour une part importante par les bénéfices de la spéculation et par les dividendes d'actions, n'ont plus la possibilité de rembourser les emprunts qu'ils ont contractés pour l'achat de biens de consommation. Ceux qui ont de l'argent en banque opèrent des retraits de fonds pour solder leurs dettes ou seulement parce que l'inquiétude les gagne. Toutefois ce mouvement, aussi important soit-il, n'aurait sans doute pas suffi à ébranler le système bancaire américain si les établissements de crédit n'avaient pas eux-mêmes spéculé et transformé une partie de leur actif en titres désormais dévalorisés.

Pour faire face aux demandes de remboursement et aux pertes enregistrées par leurs portefeuilles de valeurs mobilières, les banques vont s'efforcer d'accroître leurs liquidités, soit en réduisant les crédits, soit en obtenant le remboursement des prêts venus à échéance. Il en résulte une forte diminution des crédits bancaires (en 1931 ils seront inférieurs de plus de 9 milliards de dollars au total existant à l'automne 1929) qui ne peut pas ne pas avoir de conséquences sur le niveau de l'activité économique. Ce qui n'empêchera pas de nombreuses banques d'être bientôt acculées à la faillite. On en compte 642 en 1929, 1 345 en 1930, 2 298 en 1931. La contraction des crédits entraîne une forte diminution des investissements (15,8 milliards de dollars en 1929, 5,4 en 1931, 0,9 en 1932), laquelle, venant s'ajouter à la réduction de la consommation, provoque une chute rapide de la production, le marasme dans un secteur entraînant aussitôt la paralysie d'un autre. Trois mois après le Krach, la production automobile ayant diminué de moitié, ce sont les industries des pièces détachées, du pétrole, du caoutchouc, qui sont touchées l'une après l'autre. Les prix industriels fléchissent (30 % de baisse en 3 ans) tandis que ceux du secteur agricole connaissent un véritable effondrement (60 à 70 %). Nul indice ne révèle mieux l'effondrement de l'économie américaine que celui du produit national brut : en 1933 il représente à peu près la moitié de son niveau de 1929.

C. De la crise économique à la crise sociale — Toutes les catégories sociales sont touchées par la crise mais de façon très inégale. Les faillites industrielles et commerciales se multiplient : on en a dénombré une centaine de milliers de 1929 à 1932, la plupart frappant de petites et de moyennes entreprises qui n'ont pas bénéficié de l'aide des banques. Les salaires baissent (indice 173 en 1933 pour 224 en 1929 et 100 en 1913), le nombre d'heures de travail diminue (Ford fait travailler ses ouvriers trois jours par semaine en 1931) et surtout un chômage considérable se développe. On compte environ 8 millions de chômeurs en 1931 (environ 16 % de la population active) et de 12 à 13 millions en 1933 (un actif sur quatre), les zones les plus touchées se trouvent en Floride, en Virginie, en Caroline du sud, ainsi que dans les grandes villes industrielles du Nord-Est (il y a plus de 18 % de chômeurs à Pittsburgh et à Toledo). Ce sont des ouvriers — parmi lesquels surtout des jeunes — mais aussi des «chômeurs en col blanc» : employés, cadres, membres des professions libérales, souvent plongés dans un dénuement total.

D. Les premières mesures de lutte contre la crise furent mises en place par l'administration républicaine. Mais le président Hoover, qui croyait à une crise courte et pensait, en bon représentant de l'orthodoxie libérale, que la dépression jouerait son rôle traditionnel d'assainissement de la situation, ne voulut prendre aucune mesure qui pût empiéter sur les responsabilités des États et sur la liberté des particuliers. Certes, il serait injuste de réduire la personnalité de Hoover à un optimisme béat, et son action à des discours lénifiants destinés à rassurer les Américains («la prospérité est au coin de la rue»). Mais les mesures qu'il fait adopter au début de la crise restent parfaitement classiques et tout à fait inadaptées à la gravité de la situation : les droits de douane sont une nouvelle fois augmentés (tarif Hauwley-Smoot) et le taux d'escompte est abaissé jusqu'à 1,5 % en juillet 1931. La crise s'aggravant, il fallut cependant prendre des dispositions visant à soutenir les entreprises industrielles et agricoles. C'est dans cette perspective que furent créés la *Reconstruction Finance Corporation* qui engagera des fonds fédéraux (500 millions de dollars) pour sauver de grandes entreprises (chemins de fer, banques) en difficulté et le *Federal Farm Board* destiné à soutenir les prix agricoles. Par contre le sort des chômeurs fut abandonné aux autorités locales et aux initiatives privées.

III. L'extension de la crise

A. Le mécanisme de l'extension – Deux faits majeurs expliquent la contagion de la crise à l'ensemble du monde capitaliste.

• *La contraction des échanges internationaux* En 1929, les États-Unis étaient devenus la première puissance commerciale du monde. Or, en trois ans, leur commerce extérieur recule de 9,5 milliards de dollars à moins de 3 milliards, ce qui représente une baisse proportionnellement beaucoup plus forte que celle de l'activité économique. Celle-ci affecte en tout premier lieu les importations d'origine européenne qui doivent faire face en même temps à l'effondrement du marché intérieur américain et à la forte augmentation des tarifs douaniers. En sens inverse, l'abaissement des prix américains se répercute dans le monde entier. Les États-Unis sont en effet, et de loin, le premier exportateur mondial et leurs concurrents doivent rapidement s'aligner. Les pays fournisseurs de produits de base (matières premières, produits agricoles) sont à cet égard les plus touchés : Canada, Argentine, Brésil, pays d'Europe centrale et balkanique. Il ne faut pas négliger cet aspect de la propagation de la crise. Si la dépression brutale n'atteint l'Europe qu'au cours de l'été 1931, il ne faut pas oublier qu'elle a été précédée d'un net ralentissement des affaires, lié au mouvement des prix et à la diminution des commandes américaines. Par la suite, le mouvement va se trouver amplifié par la généralisation des pratiques protectionnistes. Partout en effet, les gouvernements vont aligner leur politique douanière sur celle des États-Unis, non seulement en majorant classiquement les droits d'entrée sur les produits étrangers, mais encore en établissant des systèmes de restriction quantitative, c'est-à-dire en imposant des contingentements ou *quotas,* qui fixent pour différentes catégories de biens un maximum au volume ou à la valeur des importations. Tous les pays – y compris le Royaume-Uni, citadelle traditionnelle du libre-échange – vont ainsi s'efforcer de réserver leur marché national aux produits nationaux tout en essayant d'exporter plus qu'ils n'importent, sans qu'aucune tentative sérieuse soit faite pour trouver une solution d'ensemble.

• *Les mouvements de capitaux* ont sans doute joué un rôle déterminant. Tout d'abord il faut noter que certains économistes anglo-saxons imputent à la France la responsabilité du krach de Wall Street, dans la mesure où elle a servi de refuge, à partir de 1928 (franc Poincaré), à la masse des capitaux flottants en quête de profits spéculatifs (en 1932, elle détiendra 27 % du stock d'or mondial), provoquant une pénurie de liquidités sur le marché de New York et gênant ainsi le crédit et la hausse continue des valeurs mobilières. Or si les retraits français – au cours des 18 mois qui précèdent la crise – ont bien été effectifs, il semble qu'ils aient été largement compensés par les rentrées de capitaux placés dans d'autres pays. Et c'est précisément ce phénomène de rapatriement des capitaux investis en Europe par les banquiers et par les hommes d'affaires américains (ils ont besoin de liquidités pour faire face à leurs paiements) qui va accentuer le processus de crise. Le mouvement s'accélère en effet en 1931, mettant en difficulté les banques européennes et acculant certaines d'entre elles à la faillite. La crise du crédit se répercute ensuite très rapidement sur l'industrie et sur le commerce.

B. La crise en Europe – Les pays le plus vite touchés sont ceux qui avaient bénéficié le plus largement des crédits américains (et subsidiairement anglais) à court terme.

a) *L'Autriche* est frappée la première. Avant même le krach de Wall Street, on avait enregistré un ralentissement des crédits américains, les dollars se trouvant accaparés par la spéculation boursière outre-Atlantique. En octobre 1929, *La Boden Kredit Anstalt,* en faillite, avait été absorbée par la *Kredit Anstalt,* la plus importante des banques viennoises, fondée en 1855 par les Rothschild. En mars 1931, ce grand établissement financier est frappé à son tour. A l'annonce du projet d'union douanière austro-allemande, considéré dans de nombreuses capitales comme le premier pas vers l'unification politique *(Anschluss),* les milieux financiers européens qui avaient participé au renflouement économique de l'Autriche pour éviter précisément qu'elle ne fût absorbée par l'Allemagne, retirent leurs capitaux, provoquant la faillite de la *Kredit Anstalt* (mai 1931). L'action du gouvernement autrichien qui, après avoir fait appel à la S.D.N., tente de sauver la *Kredit Anstalt* en lui octroyant une avance de 150 millions de schillings, arrive trop tard et ne peut empêcher la crise de s'étendre.

b) *L'Allemagne* est atteinte à son tour. Depuis 1930, elle souffre de l'effondrement du cours mondial des céréales *(Junkers* de l'Est) et d'un net fléchissement de ses exportations (13,7 milliards de RM en 1929 ; 9,7 en 1931). La production industrielle diminue de 20 % entre février 1929 et février 1931. Mais là aussi, ce sont les retraits de capitaux américains qui précipitent le mouvement. Et, comme en Autriche, ces retraits ne sont pas seulement dus à la nécessité pour les capitalistes américains de faire face à leurs engagements. Il y a également des raisons politiques, la menace d'*Anschluss* économique et le succès des partis extrêmes aux élections de septembre 1930 qui donnent 107 députés aux nazis (6,5 millions de voix) et 77 aux communistes (4 millions de voix). Le krach de la *Kredit Anstalt* porte enfin un coup très dur aux banques allemandes. Le moratoire Hoover (juin 1931-juin 1932) qui suspend pour un an les dettes entre États et les crédits accordés par des banques d'émission étrangères ne suffisent pas à redresser la situation. La faillite de l'un des principaux groupes textiles allemands, la *Nordwolle* de Brême entraîne celle de la *Danat Bank,* l'une des plus puissantes institutions de crédit. Le 13 juillet, Brüning décide la fermeture de toutes les banques et caisses d'épargne. Elles ne rouvriront qu'en août, mais avec des restrictions sévères apportées aux retraits de fonds et aux opérations de change. Touchée à la fois dans ses possibilités de crédit et dans ses débouchés extérieurs, l'industrie allemande s'enfonce rapidement dans la crise. La production de charbon tombe de 160 à 100 millions de tonnes, celle de fer de 16 à 5,7 millions de tonnes et l'Allemagne a en 1932 près de 6 millions de chômeurs.

c) *En Angleterre,* la crise semble moins violente au début parce qu'elle atteint un pays déjà plongé depuis plusieurs années dans la marasme. Cependant, de 1929 à 1931, la production a déjà diminué de 30 % et les exportations de moitié. La balance des comptes devient déficitaire ce qui entraîne une hémorragie d'or. En juillet 1931, Londres est touchée à son tour par la crise financière. Les retraits de capitaux américains, puis la faillite de la *Kredit Anstalt* où étaient placés beaucoup de capitaux britanniques, mettent en difficulté de nombreux établissements de crédit. Ne pouvant faire face à tous les retraits, les banques se tournent vers la Banque d'Angleterre qui voit son stock d'or diminuer dangereusement et devra avoir recours pour sauver la livre à des crédits du *Federal Reserve Board* américain et de la Banque de France.

d) *En France,* la crise est à la fois plus tardive (début 1932) et moins profonde. Ceci est dû à une autonomie économique plus grande (production agricole suffisante, achats de matières premières limités), à une industrialisation moins poussée, à l'importance très modérée des investissements étrangers et à la très grande solidité du franc Poincaré. Cependant la Banque de France, qui possédait des réserves importantes de livres sterling, subira le contrecoup de la dévaluation anglaise (sept. 1931) qui a d'autre part pour effet de réduire la compétitivité des prix français et de restreindre les exportations. En 1931, celles-ci avaient déjà diminué de 40 % par rapport à 1929. En 1932, la baisse est de 60 %. Elle atteindra 70 % en 1935. La chute est plus forte qu'ailleurs dans ce domaine car les gouvernements modérés ayant refusé de dévaluer, il en résulte une surévaluation relative des prix-or français. Dès lors, deux solutions seulement sont possibles. Soit l'adoption, comme en Allemagne, d'une politique d'*autarcie* relative, assortie d'un contrôle des changes, et c'est une solution que les milieux financiers refusent parce qu'ils la jugent «totalitaire», soit une dévaluation de la monnaie qui répugne à de larges secteurs de l'opinion publique et qui n'interviendra finalement qu'en 1936, c'est-à-dire à un moment où l'économie française se trouvera déjà profondément enlisée dans la dépression. Beaucoup plus que d'une crise brutale, on peut donc parler pour la France d'un marasme prolongé, comparable à bien des égards à celui qu'a connu l'économie du Royaume-Uni au cours des années 20. En effet, la production industrielle ne fléchit que lentement et n'est en 1933 que de 20 % inférieure à celle de 1929. Le nombre des chômeurs reste lui aussi relativement modéré (300 000 en 1932, 450 000 en 1935), ainsi que la baisse du salaire réel (moins de 20 %).

C. La crise dans les pays neufs – La baisse du prix des matières premières, celle beaucoup plus spectaculaire des prix agricoles, frappent durement les pays dont les revenus dépendent essentiellement de l'exportation des produits primaires. *Au Canada,* le revenu des agriculteurs diminue de moitié de 1929 à 1932 ; l'indice des prix agricoles accuse une chute de plus de 60 %, alors que celui de l'ensemble des prix n'a diminué que de 30 %, ce qui réduit à presque rien le pouvoir d'achat des fermiers. La valeur d'un hectare de terre qui dépassait 200 dollars en 1928 est, quatre ans plus tard, inférieure à 15 dollars. *L'Australie* et la *Nouvelle-Zélande, l'Inde* et *l'Afrique du Sud,* connaissent des problèmes analogues avec la chute des cours du blé, de la viande, de la laine, du coton. Il en est de même de *l'Argentine. Le Brésil* souffre pour sa part de l'effondrement du prix mondial du café qui entraîne la ruine pour les planteurs, le chômage pour les salariés agricoles.

IV. Les conséquences de la crise

A. Renforcement des antagonismes sociaux – Toutes les catégories sociales ont été touchées par la crise mais trois groupes ont particulièrement souffert. *Les ruraux* : ouvriers agricoles réduits au chômage, petits propriétaires et fermiers incapables d'acquitter leurs dettes et chassés de leurs terres par leurs créanciers. De grandes banques parviennent ainsi à implanter dans le Middle West américain une agriculture de type capitaliste aux dépens de la petite exploitation individuelle, provoquant un nouvel exode rural. *Les salariés de l'industrie et du commerce,* victimes de la baisse des salaires, de la réduction des horaires et surtout du chômage qui touche en 1932 plus de 30 millions de travailleurs. Leur mécontentement se retournera fréquemment contre les non-qualifiés, contre les travailleurs étrangers (en France, les Italiens et les Polonais), contre les minorités raciales (noirs américains, israélites allemands). *Les classes moyennes,* frappées par les dévaluations (rentiers), par les faillites (artisans, boutiquiers, abandonnés à la concurrence des grosses entreprises), par la politique de déflation (fonctionnaires).

B. Conséquences politiques – Devant ce qui apparaît alors comme le «naufrage» du capitalisme, deux attitudes dominent. De nombreux ouvriers et employés, jusque-là peu attirés par le *communisme,* vont apporter leurs voix à l'extrême-gauche. Celle-ci accomplit en France et en Allemagne des progrès importants. Beaucoup de membres des classes moyennes se tournent au contraire vers des formations qui prétendent s'opposer à la fois au communisme et au capitalisme. Sous des formes très diverses, le «*fascisme*» gagne ainsi du terrain en Allemagne, en Europe centrale et balkanique, voire en France et en Angleterre. Par crainte d'une nouvelle flambée révolutionnaire, les classes dirigeantes, la grande industrie, les milieux d'affaires, apporteront souvent leur soutien et leurs fonds à ces mouvements et assureront ainsi leur accession au pouvoir.

C. L'intervention de l'État dans la vie économique est un fait à peu près général. La plupart des solutions «classiques» ayant échoué, les pouvoirs publics sont amenés à jouer peu à peu le rôle d'arbitre et à prendre des mesures coordinatrices : réglementation des prix et des salaires qui cessent d'être soumis à la loi de l'offre et de la demande, soutien des cours agricoles par une politique de primes et de subventions, sauvetage d'entreprises en difficulté, établissement de plans de grands travaux, etc. On aboutit ainsi, à la limite, à un *dirigisme* qui n'est pas admis par tous, de nombreux intérêts demeurant fidèles aux dogmes du libéralisme. Certains chercheront à promouvoir une voie moyenne entre libéralisme sans contrôle et interventionnisme, tel l'économiste anglais John M. Keynes, qui publie en 1936 sa *Théorie générale de l'emploi, de l'intérêt et de la monnaie.* Keynes préconise pour assurer le plein emploi une politique de stimulation de la consommation par l'augmentation des investissements publics, une meilleure distribution des revenus, une inflation contrôlée et limitée, la baisse du taux de l'intérêt. Pour lui l'État doit, sans porter atteinte aux intérêts privés et par des voies essentiellement financières, jouer le rôle d'un régulateur de la vie économique. Les idées keynésiennes exerceront une grande influence sur la politique économique des grandes démocraties. Mais dans les pays où les structures du capitalisme coexistent avec un pouvoir autoritaire (Allemagne, Italie), l'action de l'État sera infiniment moins discrète. Elle aboutira à une réglementation très stricte de toutes les activités, tendues vers un même but : la préparation économique, financière et militaire de la guerre.

D. Les relations internationales subissent inévitablement le contrecoup d'une crise qui restreint les possibilités d'écoulement de la production, provoque le relèvement des tarifs douaniers et porte au pouvoir dans certains pays (Allemagne, Japon) des équipes qui verront dans le conflit armé et dans la conquête la solution de toutes les difficultés intérieures.

Bibliographie

Outre les ouvrages généraux déjà cités on verra : Lionel ROBBINS, *La grande dépression, ;* R. LEWINSOHN, *Histoire de la crise ;* J.K. GALBRAITH, *La crise économique de 1929, anatomie d'une catastrophe financière,* Paris (Payot), 1970 (traduction d'un ouvrage paru aux États-Unis en 1961) ; enfin, l'excellent petit U2 de J. NÉRÉ, *La crise de 1929,* Paris (Colin), 1968. B. GAZIER, *La crise de 1929,* Paris, PUF, coll. « Que Sais-je ? », n° 2126, 1983.

Documents

L'exode des petits fermiers du Middle West et du Sud chassés par la crise

«... Sur ces entrefaites arriva la masse des expatriés, attirée par le mirage de l'Ouest ; du Kansas, de l'Oklahoma, du Texas, du Nouveau Mexique, du Nevada, et de l'Arkansas, par familles, par tribus entières ils s'amenèrent, chassés par la poussière, chassés par les tracteurs. Des charretées, des caravanes de sans-logis affamés : vingt mille, cinquante mille, cent mille, deux cent mille. Ils déferlaient par-dessus les montagnes, ventres creux, toujours en mouvement – pareils à des fourmis perpétuellement affairées, en quête de travail – de quelque chose à faire – de quelque chose à soulever, à pousser, hisser, à traîner, à piocher, à couper – n'importe quoi, n'importe quel fardeau à porter en échange d'un peu de nourriture. Les gosses ont faim. Nous n'avons pas de toit. Pareils à des fourmis perpétuellement affairées, en quête de travail, de nourriture et surtout de terre...

... Ils avaient faim et ils devenaient enragés. Là où ils avaient espéré trouver un foyer, ils ne trouvaient que de la haine. Des Okies. Les propriétaires les détestaient parce qu'ils se savaient amollis par trop de bien-être, tandis que les Okies étaient forts, parce qu'ils étaient eux-mêmes gras et bien nourris, tandis que les Okies étaient affamés ; et peut-être leurs grands-pères leur avaient-ils raconté comme il est aisé de s'emparer de la terre d'un homme indolent quand on est soi-même affamé, décidé à tout et armé. Les propriétaires les détestaient. Et dans les villes et les villages, les commerçants les détestaient parce qu'ils n'avaient pas d'argent à dépenser. Pour s'attirer l'aversion d'un boutiquier, il n'est pas de plus sûr moyen ; leur estime et leur admiration étant orientées exactement dans le sens opposé. Les citadins, les petits banquiers, détestaient les Okies parce qu'il n'y avait rien à gagner sur leur dos. Ils ne possédaient rien. Et la population ouvrière détestait les Okies parce qu'un homme qui a faim a besoin de travailler et s'il doit travailler, s'il a absolument besoin de travailler, alors l'employeur lui paie automatiquement un salaire moindre ; et par la suite, personne ne peut obtenir plus...

... L'objet de leurs convoitises s'étalait tout au long de la route, là, sous leur yeux, à portée de la main. Des champs fertiles avec de l'eau pas loin ; de la belle terre grasse qu'on émiette entre ses doigts pour l'expertiser ; l'herbe odorante et les brins d'avoine que l'on mâchonne jusqu'à ce que l'on sente dans sa gorge cette saveur pénétrante, légèrement sucrée.

Plus d'un, devant un champ en friche, se voyait déjà au labeur, le dos courbé, sachant que le travail de ses deux bras ferait surgir à la lumière choux-fleurs, navets, carottes et maïs doré.

Et un homme affamé, sans gîte, roulant sans trêve par les routes, avec sa femme à ses côtés et ses enfants amaigris à l'arrière, voyant à l'abandon ces champs susceptibles de produire non pas des bénéfices mais de la nourriture, cet homme avait le sentiment qu'un terrain en friche est un péché, qu'un sol non cultivé est un crime commis contre des enfants affamés. Et en parcourant les routes cet homme était perpétuellement tenté devant cette richesse non exploitée ; il était harcelé par le désir de s'en emparer et d'en tirer de la santé pour ses enfants et un peu de confort pour sa femme. L'objet de son désir était constamment sous ses yeux. La vue de ces champs, de ces fossés d'irrigation de la Compagnie où l'eau coulait en abondance, l'obsédait et le rendait enragé.

Arrivé dans le Sud, il voyait les oranges dorées accrochées aux branches, les petites oranges dorées suspendues au feuillage vert foncé ; et il voyait aussi les gardes armés de fusils surveillant les orangeraies, les gardes chargés d'empêcher un homme de cueillir une orange pour un enfant affamé, de ces oranges destinées à être jetées au premier signe d'une baisse des cours.»

John Steinbeck, *Les raisins de la colère,* Gallimard, éd.

• L'auteur : *John Steinbeck est né en 1902 en Californie. Pour payer ses études à Stanford, il exerce des activités extrêmement modestes. Il est tour à tour ouvrier agricole, maçon, aide de laboratoire, ce qui lui permet d'avoir une bonne connaissance du monde ouvrier. Parmi ses nombreux romans, il faut citer* Tortilla Flat *(1935),* Des souris et des hommes *(1937),* En un combat douteux *(1936) dont le thème principal est une grève de journaliers agricoles,* Les raisins de la colère *(1939),* A l'est d'Eden *(1952). Steinbeck a reçu le prix Nobel de littérature en 1962.*

• L'ouvrage : Les raisins de la colère (The Grapes of Wrath) *ont paru en 1939. De petits métayers de l'Oklahoma doivent quitter la terre qu'ils cultivent parce que la banque qui en est propriétaire a décidé de grouper les domaines qu'elle possède pour constituer de grandes exploitations mécanisées. Chassés de leur ferme, les Joad partent vers l'ouest en compagnie d'autres fermiers dépossédés. Ils arrivent en Californie, terre promise où ils ne trouveront que des désillusions.*

• Principaux thèmes : *a)* L'exode *vers l'Ouest au temps de la grande dépression de milliers de petits agriculteurs du Middle West et du Sud. Ils ont été chassés de leurs fermes par les grandes sociétés qui possèdent la terre et la donnent en fermage ou en métayage à de modestes exploitants. Bien souvent d'ailleurs, les petits propriétaires qui avaient dû au plus fort de la crise emprunter de l'argent aux banques et qui n'ont pu rembourser leurs dettes à la suite de l'effondrement des prix agricoles, ont été contraints de céder à bon compte leur domaine à leurs créanciers, devenant fermiers ou métayers avant d'être évincés ; b)* La souffrance *de ces déracinés qui ont dû quitter la terre que leurs ancêtres cultivaient parfois depuis plusieurs générations et qui connaissent la faim ; c)* Le heurt *entre ces nouveaux venus (pour les gens de l'Ouest, ils sont les* Okies, *ceux qui viennent de l'Oklahoma) qui ne possèdent rien et les nantis, véritable conflit de nomades et de sédentaires. Ces oppositions de catégories sociales sont tout à fait caractéristiques de la crise, notamment celle qui dresse les uns contre les autres les ouvriers en place et les non-qualifiés dépourvus de tout et prêts à accepter pour vivre, les salaires les plus bas ; d)* La «terre promise» *est aussi une terre en crise. La surproduction a contraint les agriculteurs californiens à laisser en friche une partie de leurs terres et lorsque les prix baissent, on jette les oranges que l'on gardait militairement jusque-là sous les yeux des Okies affamés, tout comme on brûle au Brésil le café dans les locomotives.*

Production industrielle et chômage au temps de la grande dépression.

	Indice de la production industrielle *(pour l'indice 100 en 1928)*		Nombre de chômeurs *(en millions de personnes)*	
La crise aux États-Unis............	Février 1929	105	1929	1,5
	Août 1929	111		
	Novembre 1929	96		
	Mai 1930	94	1930	4,2
	Août 1930	83		
	Février 1931	78	1931	7,9
	Août 1931	71		
	Février 1932	62	1932	11,9
	Août 1932	54	1933	12,6
La crise en Allemagne	Février 1929	91	1929	2,4
	Août 1929	104		
	Février 1930	93	1930	3
	Août 1930	80		
	Février 1931	69	1931	4,7
	Août 1931	68		
	Février 1932	63	1932	6
	Août 1932	59	1933	5,6
La crise en France................	1929	100	1929	0,04
	1930	99	1930	0,013
	1931	86	1931	0,06
	1932	73	1932	0,3
	1933	81	1933	0,3
	1934	75	1934	0,36
	1935	73	1935	0,46

Problèmes – Débats – Controverses

Les interprétations de la crise de 1929

L'analyse de la grande dépression a donné lieu à des interprétations diverses et oppose aujourd'hui encore les historiens de l'économie.

• *Pour les «monétaristes»*, comme Jacques Rueff, la cause principale de la crise de 1929 aurait été l'insuffisance de la couverture métallique (encaisse-or des banques centrales), aggravée par la répartition de plus en plus inégale de l'encaisse-or mondiale. C'est le *Gold Exchange Standard*, adopté après la guerre de 1914-1918, qui est responsable de l'inflation et de perturbations monétaires graves aboutissant à la fin des années 20 à un dérèglement général du système. Cette argumentation est contestée par de nombreux historiens économistes. Jean Bouvier fait notamment remarquer qu'au moment où éclate la crise, les monnaies sont en cours de stabilisation et l'inflation fortement ralentie.

• *Jacques Néré (La crise de 1929*, Paris, Colin, 1968) privilégie également les faits monétaires dans l'analyse économique des années 20. Il souligne l'importance de la spéculation monétaire et de son effet déséquilibrant et considère qu'avec la spéculation boursière elle explique très largement le krach de Wall Street. En revanche il refuse de voir dans la crise un effet de la *surproduction*. Pour Néré en effet, la surproduction des années 20 est un «mythe» qui ne repose sur aucune analyse sérieuse (jusqu'en 1925, la production industrielle augmente peu, le niveau de 1925 étant voisin de celui de 1913, et de 1925 à 1929, la croissance n'est qu'une remise en ordre) et il préfère parler de *sous-consommation relative*, tout en affirmant qu'au cours des 10 années qui suivent la guerre les masses laborieuses et grandes consommatrices n'ont pas été plus défavorisées qu'auparavant.

• *J.K. Galbraith (The Great Crash*, Boston, 1961) voit dans la crise boursière le reflet des difficultés et du caractère structurellement malsain de l'économie américaine. Pour lui, celle-ci présente en 1928-1929 cinq faiblesses principales :
– *la mauvaise répartition des revenus*. En 1929, 5 % de la population américaine touche le tiers des revenus individuels. Cette répartition inégale signifie que l'économie dépend d'un haut niveau d'investissements ou d'un haut niveau de dépenses de luxe, c'est-à-dire d'éléments soumis à de grandes fluctuations (alors que la consommation populaire, fondée sur l'achat de biens de première nécessité, est beaucoup plus rigide) ;
– *la structure déficiente des sociétés financières*, soit parce qu'il s'agit d'entreprises véreuses qui se sont nourries de la prospérité, soit parce que groupées dans de vastes *holdings* et imbriquées les unes dans les autres, elles répercutent sur l'ensemble du groupe leurs propres aléas financiers ;
– *les défaillances du système bancaire*, composé de 12 banques fédérales et d'un très grand nombre d'unités indépendantes. «Quant une banque coulait, écrit Galbraith, les biens des autres étaient gelés tandis que les déposants y voyaient un avertissement à aller retirer leur argent. Ainsi, une faillite en entraînait d'autres et celles-ci s'étendaient comme la chute des dominos» ;
– *l'état incertain de la balance commerciale ;*
– *enfin l'insuffisance des connaissances économiques :* parmi les mythes qui ont, selon Galbraith, paralysé les dirigeants américains et qui les ont empêché de trouver une solution à la crise, il y a l'équilibre du budget (alors qu'en période de réduction des recettes, l'équilibre budgétaire signifie la réduction des dépenses et l'augmentation des impôts, c'est-à-dire la contraction du marché de consommation et l'aggravation de la crise), l'attachement à l'étalon-or et la crainte de l'inflation.

• D'autres interprétations de la grande dépression méritent également d'être signalées : celle du Soviétique Varga, reprise partiellement par certains économistes libéraux (G. Pirou, B. Nogaro), qui y voit *une crise générale et très grave du système capitaliste* et introduit des facteurs d'explication socio-politiques (aggravation des tensions sociales, essor des P.C et des mouvements nationalistes dans les pays coloniaux, etc) ; celle de l'Américain Hansen (Harvard, 1938) qui insiste sur *la stagnation du capitalisme américain*, entré dans une phase de ralentissement (démographique, technologique, etc) ; celle enfin de *l'enchevêtrement et de l'interférence des cycles économiques* (Simiand, 1929, Schumpeter, 1935). Ces interprétations sont aujourd'hui considérées comme partielles et peu convaincantes. En revanche, *la problématique keynésienne* conserve des défenseurs. Keynes montre, en partant de l'exemple britannique, que la surproduction n'est pas seulement un déséquilibre entre l'offre et la demande, mais aussi entre la *demande effective* (consommation + investissement + demande extérieure + demande de l'État) et le *potentiel productif* (qui augmente plus vite qu'avant 1914), pour aboutir à la notion de *surcapacité productive*, assez proche à divers égards de ce que les marxistes appellent *suraccumulation du capital*. Jean Bouvier reprend ces thèses en les affinant et en les appliquant à l'ensemble du monde capitaliste. De 1919 à 1929, la rationalisation du travail a permis un progrès considérable de la productivité industrielle (+ 43 %), alors que les prix restaient stables et les salaires peu expansifs. Il s'ensuit un niveau élevé des profits et des taux de profit industriels qui alimentent l'investissement par autofinancement. Les biens d'investissement progressent plus vite (6.4 % par an) que les biens de consommation durables (5.9 %) et surtout que les biens de consommation non durables (2,8 %). Autrement dit, la capacité industrielle augmente plus rapidement que les possibilités du marché. La crise de 1929 correspondrait dans cette perspective au moment où le déséquilibre serait apparu, la diminution des profits entraînant le ralentissement boursier.

Plan

L'Europe en 1929 (URSS non comprise)

Introduction : L'année 1929 marque l'apogée d'une courte période de prospérité. Après les difficultés économiques et les troubles politiques et l'après-guerre, les années 1924-1929 ont permis à l'Europe de refaire une partie de ses forces et aboutissent à une amélioration réelle. En fait, tant sur le plan économique que du point de vue politique et social subsistent de puissants facteurs de déséquilibre que la crise va brusquement réveiller.

1. L'apogée de la «prospérité»

A. LE RELÈVEMENT ÉCONOMIQUE DE L'EUROPE SE MANIFESTE DE LA FAÇON SUIVANTE

a) Un accroissement à peu près régulier de *la production.* De 1925 à 1929 l'indice de la production industrielle passe de 100 à 120. A peine peut-on noter un léger fléchissement en 1926. Cette reprise est due à la remise en état de l'équipement industriel des pays économiquement sinistrés, au redressement monétaire, à la demande croissante en biens de consommation. Dans certains pays, elle s'accompagne d'une forte concentration et de l'adoption des méthodes «américaines» de production.

b) La reconquête partielle de certains *marchés extérieurs* par le commerce européen : à un niveau il est vrai nettement inférieur à celui de 1913, on voit l'Allemagne reprendre pied économiquement en Amérique latine et aux États-Unis, la France et le Royaume-Uni retrouver en partie leur clientèle asiatique.

c) Le *redressement monétaire.* Le Dr Schacht opère en 1923-1924 le sauvetage du mark. En 1925, le «Gold Standard Act» rend à la livre sa parité à l'égard du dollar et sa valeur de 1913, ce qui permet à la Grande-Bretagne de reconstituer son portefeuille étranger. En 1928, c'est la France qui revient à l'étalon-or : le franc Poincaré devient une monnaie très demandée et l'or afflue de nouveau dans les caves de la Banque de France.

B. LA SITUATION POLITIQUE ET SOCIALE S'EST AMÉLIORÉE

a) La relative prospérité de l'économie entraîne dans la plupart des pays une *détente sociale.* A l'exception du Royaume-Uni qui traverse une véritable crise de structure, le chômage et les grèves sont en régression.

b) On assiste à un *recul des partis extrêmes.* En Allemagne, les élections de décembre 1924 se soldent par un échec pour les nazis (3 % des voix) et pour les communistes (9 %). En France, le parti communiste gagne lentement des voix (875 000 aux élections de 1924, 1 064 000 à celles de 1928) mais perd de nombreux militants : 130 000 en 1921, 40 000 en 1925. En Angleterre, l'audience des communistes est infiniment plus faible.

c) Dans les pays où la *dictature* a été instaurée entre 1919 et 1924, le régime achève son installation : Pologne de Pilsudski, Hongrie de Horthy, etc. En Italie, l'opposition qui avait été très vive entre 1924 et 1926 (affaire Matteotti) se trouve à peu près jugulée. La signature des *accords de Latran* en février 1929 marque l'apogée du régime fasciste.

C. L'APOGÉE DE LA «PROSPÉRITÉ» EST AUSSI CELLE DE LA SÉCURITÉ COLLECTIVE

La signature du pacte Briand-Kellog en 1928, l'adoption du plan Young en 1929 suivie de l'évacuation anticipée de la Rhénanie marquent le point culminant de la détente internationale.

2. Les déséquilibres et les tensions persistent derrière cette apparence de prospérité

A. PERMANENCE DU DÉSÉQUILIBRE ÉCONOMIQUE : LES MANIFESTATIONS EN SONT MULTIPLES

– On a souvent sacrifié l'expansion économique à la *stabilité monétaire*. Certaines monnaies vont se trouver surévaluées, ce qui entraîne une diminution des exportations : c'est le cas notamment de la livre, à un moindre degré du franc Poincaré.
– *Le déséquilibre des échanges internationaux* est défavorable à l'Europe. Il est dû essentiellement à la mauvaise répartition du stock d'or mondial.
– Le pouvoir d'achat des masses s'est accru beaucoup moins vite que la production et ceci n'est pas compensé comme aux U.S.A. par un développement suffisant du crédit ; résultat : la *sous-consommation*.
– En pleine phase de prospérité, on a pu constater la persistance de difficultés «chroniques» : crise agricole, crise de structure de l'économie britannique.

B. LES TENSIONS POLITIQUES ET SOCIALES RESTENT SOUS-JACENTES

– *Le chômage* persiste malgré la «prospérité». Il reste important en Allemagne et surtout en Angleterre.
– *Les classes moyennes,* mises en difficulté par la crise de 1920-1923, n'ont pas rétabli leur situation. En Allemagne et aussi en France, elles alimentent un fort courant de mécontentement. Des mouvements nationalistes et antiparlementaires se constituent ou se renforcent : nationaux-socialistes en Allemagne ; ligues en France : Jeunesses patriotes de Taittinger, Faisceau de G. Valois puis Croix-de-Feu.

C. DANS LES RELATIONS INTERNATIONALES

Les principaux problèmes restent sans solution : désarmement, revendications allemandes, révisionnisme italien, etc.

Conclusion : Très grande précarité de fait de la «prospérité» et de la «stabilité» européennes. Dés le début de la crise, les tensions profondes vont resurgir.

10 Les États-Unis de 1929 à 1941

Les timides mesures de l'administration Hoover n'ayant pu empêcher les États-Unis de s'enfoncer dans la crise (le programme de grands travaux adopté en 1932 était insuffisant et arrivait trop tard pour relancer l'économie et résorber le chômage), c'est un véritable raz-de-marée électoral qui porte le démocrate F.-D. Roosevelt à la présidence en novembre 1932. Dès son arrivée à la Maison Blanche, celui-ci s'applique à promouvoir une politique économique nouvelle et audacieuse, Le «New Deal», qui va permettre au capitalisme américain d'échapper au naufrage, au prix d'une transformation profonde de ses structures et d'un interventionnisme dont l'application n'ira pas sans résistance.

I. L'échec des Républicains et l'avènement de Roosevelt

A. La crise s'aggrave de 1929 à 1932 – Le nombre des chômeurs est passé de 3 millions à 13 millions, ce qui représente, avec leurs familles, une trentaine de millions de personnes plongées dans la misère et abandonnées à la générosité des sociétés de bienfaisance et aux initiatives des autorités locales, lesquelles manquaient en général de moyens et ne pouvaient assister, dans le meilleur des cas, que les plus déshérités. Le nombre des mariages et des naissances diminue de 30 % environ, alors que celui des décès et principalement des suicides atteint des chiffres records. A New York, où l'on vend des pommes à l'unité au coin des rues, des centaines de chantiers de construction sont à l'abandon, des gratte-ciel restent inachevés, symboles de l'élan brisé d'une civilisation. Des milliers de chômeurs, ouvriers mais aussi employés du secteur tertiaire, cadres de l'industrie et du commerce, membres de professions libérales, sont devenus laveurs de carreaux ou cireurs de souliers pour gagner quelques cents. On organise de véritables parades de «sans travail», des enchères publiques où des chômeurs âgés, hissés sur des tables comme on le faisait autrefois pour les ventes d'esclaves, offrent leurs services pour une bouchée de pain. Les plus misérables, ceux qui ne peuvent payer leur loyer, se réfugient dans les bidonvilles – baptisés par dérision *hoovervilles* – qui prolifèrent à la périphérie des grandes villes ou au cœur de la cité (à New York, entre Central Park et l'Hudson). Ils y vivent dans des conditions épouvantables, le plus souvent sans gaz, électricité ni chauffage, car ils ne peuvent payer leurs factures, au milieu de bandes d'enfants et d'adolescents sous-alimentés ; terrain favorable à une délinquance qui croît de façon inquiétante et revêt des formes multiples. Le problème est d'autant plus grave que la misère, accentuée par les effets d'une très forte sécheresse, sévit également dans les campagnes, poussant de nombreux ruraux à émigrer vers les villes, réflexe traditionnel en temps de calamité grave, ou vers la «terre promise» de l'Ouest californien (Cf. en annexe du chapitre 9 l'extrait des *Raisins de la colère* de J. Steinbeck).

Un profond mécontentement se manifeste devant l'incurie de l'administration républicaine et l'entêtement aveugle de Hoover, qui refuse toute atteinte sérieuse au principe du laisser-faire. La colère grandit, avec la répression des premiers troubles dans la rue, par exemple lorsque le président envoie le général Mac Arthur, avec des chars et des mitrailleuses, contre les *vétérans* de la Grande Guerre, qui ont organisé une marche pacifique sur Washington, pour protester contre le retard apporté au paiement du *bonus* (prime pour services outre-mer promise en 1924).

B. L'élection présidentielle a lieu en novembre 1932 dans un climat de désarroi profond. Hoover reste le candidat des républicains. Il pense que seul le temps permettra de venir à bout de la crise et prêche la patience en l'absence de tout programme sérieux. Celui des démocrates n'est pas beaucoup plus précis, mais l'homme qu'ils présentent, Franklin. D. Roosevelt, gouverneur de l'État de New York, est d'une autre trempe. Élu par la convention démocrate, Roosevelt s'engage à apporter une «nouvelle donne» *(New Deal)* au peuple américain et mène sa campagne sur le thème de «l'homme oublié au bas de la pyramide économique». Son élection à la présidence est un triomphe : 23 millions de voix contre moins de 16 à Hoover (majorité dans 42 Etats contre 6 à son concurrent). Il entre en fonction en mars 1933, alors que la situation économique et sociale s'est encore aggravée depuis les élections de novembre.

II. Le New Deal

Les pratiques que Roosevelt et son équipe adoptent en 1933-1934 pour relancer l'économie américaine, tranchent nettement avec les politiques européennes de lutte contre la crise, lesquelles se réclament alors soit de l'autarcie, soit de l'orthodoxie financière la plus stricte (budgets en équilibre, attachement à la valeur-or de la monnaie, etc.). Elles constituent en effet une expérience de type keynésien, fondée sur la relance de l'économie par le déficit budgétaire *(deficit spending)*, la dévaluation de la monnaie et l'intervention de l'État dans la vie économique dans le cadre d'un système qui demeure celui de l'économie de marché et du libéralisme politique. Cela dit, il s'agit moins d'une théorie globale et cohérente que d'une suite d'expérimentations et d'expédients, parfois contradictoires, appliqués avec pragmatisme, mais aussi avec une conviction et un optimisme qui emporteront l'adhésion de nombreux Américains.

A. Les hommes et les principes — a) *Les promoteurs du New Deal* — Autour de Roosevelt (cf. biographie en annexe), l'équipe gouvernementale comprend deux groupes. Le *cabinet* proprement dit avec Cordell Hull au département d'État (Affaires étrangères), William H. Woodin à la Trésorerie, Henry Wallace, dont les sympathies d'extrême gauche sont connues, à l'agriculture. Le *Brain Trust* (trust des cerveaux) est constitué d'amis personnels du président comme Harry Hopkins ou le général Hugh Jonhson, chargé de la réorganisation industrielle, et surtout de professeurs d'économie politique, très imprégnés d'idées keynésiennes : Raymond Moley, Rexford Tugwell, conseiller pour l'agriculture et Adolf Berle, conseiller financier. Ces derniers se déclarent favorables à de profondes réformes de structure. Constatant que les mécanismes classiques de l'économie libérale ne fonctionnent plus, ils estiment qu'il n'est pas possible de revenir sur le processus de concentration et qu'il vaut mieux renoncer à la législation anti-trust. Mais en même temps, ils affirment que le Business doit tenir compte de l'intérêt général et se déclarent partisans d'une *planification* qui permette d'organiser la production en fonction des besoins. S'ils dominent le *brain trust* en 1933, les «planificateurs» doivent compter avec les représentants d'autres courants : partisans de l'orthodoxie économique et financière comme Morgenthau, défenseurs de la libre concurrence et de la petite entreprise, tels que Brandeis, etc. Roosevelt, pour sa part, entend rester libre de ses choix et ne se lier à aucun courant, s'ingéniant à placer dans des départements complémentaires des hommes aux vues contradictoires, de façon à multiplier les contrepoids.

b) *Les principes :* Le *New Deal* (nouvelle donne) est un terme de bridge. C'est une nouvelle distribution des cartes entre les joueurs. L'idée de Roosevelt et de son équipe est que la crise est due à une mauvaise répartition des revenus et des richesses. Il faut donc procéder à une redistribution des chances, en augmentant de façon sensible le pouvoir d'achat des masses, en réalisant le plein emploi, en réduisant la différence entre revenus agricoles et industriels. Cet «amorçage de la pompe» *(pump priming)* entraînera certes une inflation qu'il faudra contrôler et limiter. On mesure l'influence des idées de Keynes (cf. chapitre 9). Cette nouvelle politique économique reste très éloignée du socialisme. Elle respecte l'initiative individuelle et la propriété des moyens de production. Mais elle a incontestablement un aspect *dirigiste* et aboutit à un renforcement des pouvoirs fédéraux, chargés du contrôle et de la coordination des activités économiques.

B. Le «premier New Deal» — Ce sont les mesures adoptées au printemps 1933 (les «cent jours»), immédiatement après l'entrée en fonction de Roosevelt.

a) *Les mesures financières.* Il faut d'abord sauver le système bancaire qui se trouve en pleine crise. Depuis l'élection de novembre, on assiste en effet à un retrait généralisé des dépôts, à une véritable panique provoquée par les incertitudes monétaires. De nombreux Américains redoutent en effet que le nouveau président renoue avec la tradition démocrate du XIXe siècle, qui avait été fortement inflationniste, et craignant que cette voie ne conduise à la dépréciation de la monnaie, ils s'empressent de convertir leurs avoirs bancaires en valeurs réelles. Pour empêcher que ce mouvement n'aboutisse à une banqueroute générale des établissements de crédit, Roosevelt décide de fermer toutes les banques et d'interdire toutes les transactions sur l'or. Pendant plusieurs jours, il n'existe plus aux États-Unis de monnaie légale. Après cette courte période de fermeture, qui permet aux fonctionnaires fédéraux de contrôler leur situation, les banques se voient accorder un moratoire puis, quand cela est nécessaire, une aide de l'État sous forme de participation au capital. C'est la *Reconstruction Finance Corporation*, créée par Hoover, qui assure ce renflouement des établissements de crédit (en 1935, avec plus d'un milliard de dollars de créances et d'actions bancaires, représentant 6 500 établissements, elle est devenue la principale banque du pays). Le *Banking Act* du 16 juin 1933 impose une spécialisation entre banques d'investissement et banques de dépôts, crée un système d'assurances pour les dépôts bancaires et organise la surveillance étroite des banques nationales. En mai 1933, les opérations boursières sont également placées sous le contrôle du gouvernement fédéral. L'État acquiert ainsi pour la première fois un droit de regard et de contrôle sur le *Big Business*, en même temps qu'un coup d'arrêt est porté à l'indépendance totale de Wall Street.

Le second volet de la politique financière appliquée par l'administration démocrate concerne la monnaie. Pour «amorcer la pompe», c'est-à-dire pour remettre en marche l'économie, il faut à la fois augmenter le pouvoir d'achat des salariés et financer un vaste plan de grands travaux publics. Ceci implique une augmentation du volume des billets et des effets de commerce en circulation, c'est-à-dire *l'inflation* monétaire, mais une inflation qui n'est pas subie mais *voulue* et contrôlée par les Pouvoirs publics. Autrement dit, prenant le contrepied des mesures qui sont appliquées au même moment dans les autres pays industriels, Roosevelt (qui semble pourtant avoir été lui-même, au début, plutôt favorable à l'orthodoxie financière) joue la carte de l'instabilité monétaire, la dévaluation progressive qui en résulte permettant à tous ceux qui ont des dettes – notamment les fermiers de l'Ouest et les petites entreprises – de s'en acquitter plus aisément. Ce fut en fait le principal résultat de l'inflation, dont on attendait également une hausse des prix et un accroissement des exportations qui ne se produisirent pas. Le dollar, qui avait été détaché de l'étalon-or en avril 1933, devait dans ces conditions être stabilisé. Une loi du 15 janvier 1934 *(Gold Reserve Act)* autorisa la Trésorerie à dévaluer le dollar à condition de lui conserver au moins 50 % de sa valeur primitive. Le 30 janvier, l'étalon-or fut rétabli (au taux de 35 dollars l'once), et la *dévaluation* fixée à 41 %.

b) *La lutte contre le chômage* est entreprise dès le mois de mai 1933. 500 millions de dollars sont mis à la disposition des secours les plus urgents. Mais il importe surtout de créer des emplois. Aussi le gouvernement fédéral met-il sur pied un programme de grands travaux (routes, voies ferrées, barrages, écoles) financé par une subvention de 3,5 millions de dollars et dirigé par la *Public Works Administration* (que gère le secrétaire à l'Intérieur Harold Ickes). Plusieurs centaines de milliers de jeunes chômeurs, encadrés militairement, sont employés par le *Civilian Conservative Corps* à des travaux de reboisement, de lutte contre l'érosion des sols dans les régions de montagne, d'entretien des parcs nationaux, etc. L'Etat assure leur entretien, leur donne une formation professionnelle accélérée au moyen de cours du soir, et verse un salaire à leurs familles. Enfin la création de la TVA *(Tennessee Valley Authority)* permet à l'État fédéral de construire des barrages, d'exploiter le courant électrique et de procéder à des opérations de reboisement dans une des régions les plus retardées économiquement.

c) *Les mesures de réorganisation de l'économie.* Elles concernent en premier lieu les activités agricoles. L'*Agricultural Adjustment Act* (AAA) du 12 mai 1933 poursuit un double but : amélioration de la situation financière des fermiers, à qui sont consentis des prêts à long terme et à faible intérêt (4,5 %) et augmentation des prix agricoles par une réduction volontaire de la production. Des subventions sont accordées aux exploitants qui acceptent de renoncer à certaines cultures et de laisser une partie de leurs terres en friche. Elles sont financées par une taxe pesant sur les industriels, premiers transformateurs de la denrée agricole considérée (minotiers pour le blé, filateurs pour le coton). En 1933, on renonce ainsi à cultiver en coton des millions d'hectares et l'on abat plusieurs millions de porcs, ceci dans un pays où sévit encore la disette. Mais les prix du coton et du porc remontent et le pouvoir d'achat des agriculteurs est en hausse. Encore convient-il de remarquer que ceux qui refusent de coopérer à cet effort malthusien bénéficient de la même façon de la hausse des prix et ont tendance même à accroître leur production pour en bénéficier davantage. Aussi le *Bankhead Act* va-t-il rendre obligatoires en avril 1934 les mesures de restriction de la production dans les régions où la majorité des exploitants s'est prononcée pour à la suite d'un référendum. Enfin, si l'on peut parler globalement d'une amélioration du sort des *farmers,* celle-ci a davantage profité aux grands propriétaires, bien représentés par de puissantes associations agricoles, qu'aux métayers et aux petits exploitants.

L'industrie est réorganisée à son tour par le *National Industrial Recovery Act* (NIRA) du 16 juin 1933. Abandonnant la politique *anti-trust,* non dans le but de renforcer la puissance des grandes entreprises, mais afin de limiter les méfaits de la concurrence, le gouvernement décide de rendre obligatoires des «codes de concurrence loyale» établis par les industriels eux-mêmes, avec l'accord des représentants du personnel, et en liaison avec l'État représenté par une *Agence publique.* Ces chartes fixent pour chaque secteur intéressé les prix et les conditions de travail : salaires, durée du travail, etc. Il s'agit essentiellement de fournir des emplois aux chômeurs en diminuant la durée de la journée de travail et d'interdire la «concurrence déloyale» c'est-à-dire la vente à perte. En attendant la rédaction des codes sectoriels, le gouvernement publiait un code provisoire général, valable pour six mois. Le travail des enfants (d'ailleurs très rare) était interdit, la semaine de travail se trouvait réduite à 35 heures et le salaire horaire moyen à 35 cents. Le Président se réservait le droit d'imposer un code aux industriels récalcitrants. Ceux qui avaient accepté de coopérer recevaient le droit de marquer leurs produits d'un «aigle bleu» avec la devise : *We do our part* (Nous en sommes !). Les consommateurs étaient invités à leur donner la préférence. Dans l'immédiat, les effets du NIRA furent assez heureux. Les prix cessèrent de baisser et la condition des travailleurs s'améliora, en particulier celle des Noirs. Un million à un million et demi de chômeurs retrouvèrent un emploi. Mais à terme les conséquences furent plus discutables. Les industriels reprochaient au NIRA son caractère dirigiste. Ils estimaient qu'en pesant sur les prix de revient il freinait la reprise de la production. Le flot des critiques obligera le père du NIRA, le général Hugh Johnson, à démissionner en septembre 1934, et lorsque la Cour Suprême en proclama en mai 1936 l'inconstitutionnalité, son champ d'application s'était fortement restreint.

C. Le «second New Deal» — a) *Les difficultés d'application* sont multiples :

• Un puissant mouvement syndicaliste se développe, favorisé par la clause *7a* du NIRA qui reconnaissait aux travailleurs le droit de former des unions, «sans intimidation ni influence des employeurs» et de signer avec ceux-ci des conventions collectives. Le NIRA ayant été jugé inconstitutionnel, ces garanties furent confirmées par une loi promulguée en juillet 1935 *(Wagner Act).* D'autre part, une commission fut créée, pour arbitrer les conflits du travail, le *National Labour Relation Board.* Protégés par ces mesures, les syndicats prennent un essor considérable. De 1932 à 1941 leurs effectifs vont passer de 2 millions à plus de 10 millions d'adhérents. Mais cette croissance devait se faire aux dépens de l'unité. Au sein de l'*American Federation of Labour* que de nombreux ouvriers jugent inefficace se constitue une minorité agressive animée par les dirigeants des syndicats de la confection, Sidney Hillman, et David Dublinski, et dirigée par un homme d'une forte personnalité, John L. Lewis. En 1935 la scission se produit. Lewis fonde le *Committee for industrial organisation* (CIO) qui a 4 millions d'adhérents en 1937, subit fortement l'influence des communistes et engage de violents conflits du travail. Des grèves avec occupation d'usines éclatent en Pennsylvanie et dans la région de Detroit, obligeant dans de nombreux cas les employeurs à capituler (par exemple l'U.S. Steel et la General Motors). Il est certain que cette agitation sociale a eu pour effet de durcir les positions des ennemis du New Deal.

• L'opposition des milieux d'affaires et de la grande industrie est particulièrement vive. Elle réunit non seulement la plupart des hommes d'affaires républicains, mais aussi l'aile conservatrice du parti démocrate, où des hommes comme Al Smith et John Davis ne cachent pas leur hostilité au NIRA. Les uns et les autres reprochent au gouvernement son dirigisme économique, l'action néfaste sur les prix de revient de sa politique sociale, ainsi que son mépris des droits des États. Leur opposition est d'autant plus dangereuse pour Roosevelt qu'ils contrôlent par l'intermédiaire des annonciers plus de 80 % des journaux et ont une grande influence sur les ondes radiophoniques.

• A l'opposé, on voit se développer un radicalisme de droite, volontiers démagogique et peu éloigné des fascismes européens. Il recrute comme eux sa clientèle parmi les boutiquiers, les artisans et les petits agriculteurs, tous ceux que menace l'essor du grand capital et qui font grief à Roosevelt de la timidité de ses réformes. Pas de mouvement organisé mais des clientèles qui se constituent autour de visionnaires enflammés comme le Père Coughlin, un prêtre catholique de Detroit qui prononce à la radio des sermons contre le capitalisme, ou autour d'authentiques démagogues comme le Dr Townsend qui rassemble bientôt 5 millions d'adhérents dans ses *clubs Townsend* en proposant de payer les chômeurs de plus de soixante ans. Le plus dangereux est le gouverneur de la Louisiane, Huey Long, élu sur la promesse faite à chaque famille d'une maison et d'un revenu annuel de deux mille cinq cents dollars. Tous ces mouvements finirent pourtant par se regrouper pour les élections de 1936 dans l'*Union for Social Justice* qui heurtera les Américains par la violence de sa campagne et n'obtiendra pas un million de voix.

• L'opposition la plus sérieuse est celle de la Cour Suprême, dont les juges, nommés à vie, sont en majorité des Républicains. Quatre d'entre eux, les «quatre Cavaliers de l'Apocalypse», sont particulièrement réactionnaires et le *Chief Justice,* qui préside la Cour, vote souvent avec eux. Le 27 mai 1935, sur la plainte d'un marchand de volailles inculpé d'infraction au code de la catégorie, la Cour Suprême déclara le NIRA inconstitutionnel. La Constitution n'autorisait pas le Congrès à transférer son pouvoir législatif au Président en lui permettant de prescrire des codes de concurrence loyale ; la Cour estimait d'autre part que le gouvernement fédéral n'avait pas le droit de légiférer en matière de salaires, d'horaires de travail et de prix. Ajoutons que le vote avait été obtenu à l'unanimité des 9 juges. Le 6 janvier 1936, c'est l'A.A.A. qui est jugé inconstitutionnel par 6 voix contre 3 en vertu du droit des États à réglementer la production agricole. Par contre, la T.V.A. et les mesures monétaires furent validées.

Finalement, un bilan dressé aux environs de 1935, révèle le caractère très limité des résultats du «premier New Deal». Il reste encore à cette date 10 millions de chômeurs aux États-Unis. L'indice de la production industrielle, après avoir connu une brève poussée durant l'été 1933, est retombé dès l'automne de la même année, de même que l'indice des prix de gros et le volume des transactions à la Bourse de New York. C'est cet échec relatif qui va pousser Roosevelt à lancer un «second New Deal», fondé sur la pratique systématique du *deficit spending*, qu'il avait jusqu'alors essayé d'éviter.

b) *La seconde offensive.* Pris entre l'opposition conservatrice et la surenchère des démagogues, Roosevelt parut d'abord hésitant. Des désaccords surgirent au sein du *Brain Trust* entre ceux qui estimaient, comme Raymond Moley, que le New Deal avait atteint son but et ceux qui, avec Tugwell, voulaient aller plus loin. Le président finit par choisir cette seconde voie. Il compléta son équipe en faisant appel à des juristes de Harvard et donna carte blanche à Harry Hopkins pour une politique sociale plus radicale. Surtout, il accepte de s'engager franchement dans la voie du *deficit spending*, de l'injection massive de pouvoir d'achat, même au prix d'un déficit important du budget (cf. tableau ci-dessous). Il faut noter d'ailleurs qu'il ne s'agit pas de déficits budgétaires résultant de la diminution des recettes, comme cela avait été le cas à la fin de la période républicaine, mais de soldes négatifs produits par l'augmentation des dépenses engagées pour résoudre la crise. Faut-il voir dans ce choix l'effet d'une influence exercée directement par J.M. Keynes sur le président des États-Unis ? Certainement pas. Si Roosevelt en effet a eu l'occasion de rencontrer l'économiste anglais, il semble l'avoir toujours considéré comme un esprit trop systématique et ne pas avoir

Le budget des États-Unis de 1929 à 1936
(en milliards de dollars)

Années	Recettes	Dépenses	Soldes
1929	3,8	2,6	+ 1,2
1930	3	2,8	+ 0,2
1931	2	4.2	− 2,2
1932	1,7	3,2	− 1,5
1933	2,7	4	− 1,3
1934	3,5	6,4	− 2,9
1935	4	6,5	− 2,5
1936	5	8,5	− 3,5

compris grand'chose à ses théories. D'autre part, le principal ouvrage de Keynes *(Théorie générale de l'emploi, de l'intérêt et de la monnaie)* n'est paru qu'en 1935, trop tard pour peser sur les options économiques du gouvernement américain. Simplement, les hommes qui montent dans la nouvelle équipe sont proches des idées de Keynes.

Les mesures qui sont prises au cours des «seconds cent jours» (mai-août 1935) mettent résolument l'accent sur les réformes sociales à long terme. Peut-être faut-il voir dans ce choix, outre les motivations de politique économique qu'il révèle, la volonté de Roosevelt de riposter aux attaques des démagogues. Dans son message annuel au Congrès, en 1935, il insiste sur la nécessité de diminuer la misère des «sous-privilégiés» et de promouvoir une plus grande justice sociale. Pour atteindre cet objectif, Hopkins commença par mettre sur pied un vaste organisme destiné à lutter efficacement contre le chômage, la *Works Progress Administration,* qui reçut 5 milliards de dollars de l'État fédéral pour financer des travaux de toutes sortes : grands travaux publics (reboisement, rénovation des villes, etc.), mais aussi œuvres littéraires et artistiques. En 1938, la W.P.A. employait plus de 3 millions de chômeurs, tandis qu'un autre organisme, la *National Youth Administration* fournissait du travail à 750 000 jeunes. Cette mesure est suivie, dans le courant de l'été 1935, de toute une série de lois qui traduisent, de la part de l'administration démocrate, une volonté de faire des plus défavorisés (ouvriers, vieillards, chômeurs) les véritables bénéficiaires des dépenses de l'État, alors que les riches, les milieux d'affaires et les banques, se voient étroitement contrôlés et taxés. Avec la *loi Wagner* (citée plus haut), le plus importante fut incontestablement la loi sur la sécurité sociale : *Social Security Act,* votée en août 1935. Ce texte comprenait trois points essentiels :
– aide du gouvernement fédéral aux États pour financer les secours aux vieillards, enfants, infirmes, mères malades, etc. ;
– retraite de vieillesse financée par une cotisation ouvrière et patronale ;
– assurance chômage assurant aux travailleurs sans emploi une indemnité de 15 à 18 dollars par semaine pendant la moitié de l'année. Les fonds nécessaires seraient fournis par une taxe de 3 % versée par les employeurs.

C'était la rupture avec toute une tradition d'individualisme et de libéralisme social. Mais cette politique impliquait une augmentation assez considérable de ressources de l'État fédéral. On essaya tant bien que mal d'y pourvoir à l'aide d'impôts indirects, en instituant par exemple une taxe sur les boissons (la prohibition avait été abolie par le XXIe amendement en février 1933). Mais cela ne suffisait pas. Il fallut également recourir à l'augmentation des impôts directs, en élevant notamment la surtaxe progressive qui atteindra 75 % pour les revenus supérieurs à 5 millions de dollars, en augmentant les droits sur les héritages et les donations, ainsi que les impôts sur les dividendes et les revenus non distribués (*Revenue Act* voté en juin 1935).

D'autres mesures, adoptées également au cours de l'été 1935, établissent un début de contrôle étatique sur les banques (le *Banking Act* substitue au *Federal Reserve Board* un *Board of governors* dont les membres, nommés pour 14 ans par le président, contrôlent les banques régionales et ont toute autorité pour fixer le taux de l'escompte) et sur certains groupes monopolistiques. On reprochait en effet aux *holdings,* non seulement d'avoir été partiellement responsables du déclenchement de la crise, mais encore et surtout de freiner la reprise en maintenant les prix à un revenu artificiellement élevé. Cette critique s'adressait principalement aux trusts du gaz et de l'électricité, que l'on accusait d'avoir pratiqué une politique systématique de hauts tarifs dont les effets – freinage de la consommation de masse, mévente des appareils ménagers, progrès très lents de l'électrification des campagnes – avaient été tout à fait dommageables à l'économie du pays. Aussi est-ce contre eux que l'administration démocrate porta ses coups les plus sévères, le *Holding Company Act* voté en août 1935 prévoyant une simplification des structures financières de ces sociétés et la dissolution au bout de 5 ans de toutes celles qui ne pourraient pas faire la preuve de leur utilité économique et sociale.

D. La victoire de Roosevelt – a) *Les élections de 1936.* Désigné par la Convention démocrate le 26 juin, Roosevelt mène sa campagne sur le thème de la poursuite du New Deal et de la défense des travailleurs contre le capitalisme sauvage. Les républicains, qui réclament le retour au libéralisme et à l'équilibre budgétaire, lui opposent le gouverneur du Kansas, Landon. Celui-ci a le soutien de la majorité des hommes d'affaires, de la grande presse et de la radio. Roosevelt a pour lui le monde du travail, en particulier les hommes du C.I.O., John L. Lewis et Sidney Hillman, et la plupart des «minorités» : les intellectuels, les noirs, etc. Son élection est un triomphe : 24 millions de voix contre 16 millions à Landon. Les extrémistes de droite ont moins de 900 000 voix, les socialistes 187 000, les communistes 80 000.

b) *La mise au pas de la Cour Suprême* se fit en deux temps. Roosevelt commença par faire voter par le Congrès des textes législatifs qui reprenaient dans leurs grandes lignes les actes jugés anticonstitutionnels. C'est dans cette perspective que fut adopté en juillet 1935 le *Wagner Act* par lequel se trouvait confirmé le droit des travailleurs à faire grève et à négocier des conventions collectives. Un nouveau AAA fut ensuite promulgué en février 1938. Il instituait la *Commodity Credit Corporation* destinée à verser aux fermiers la différence entre le prix de leurs produits sur le marché et le prix de soutien fixé par l'État. Dans un second temps, le président proposa une réforme de la Cour Suprême. Les juges pourraient désormais prendre leur retraite à 70 ans Ceux qui refuseraient de le faire pourraient être «assistés» de juges plus jeunes désignés par le président. Ce projet souleva un vif émoi au Congrès même parmi les démocrates libéraux. On reprocha à Roosevelt de vouloir subordonner le pouvoir judiciaire à l'exécutif. Le conflit semblait proche lorsque brusquement la Cour Suprême se mit à ratifier des mesures en tout point semblables à celles qu'elle avait précédemment déclarées inconstitutionnelles. Un juge et le *Chief Justice* Hughes avaient changé de camp, estimant que l'on ne pouvait s'opposer trop longtemps à la volonté de la majorité du peuple américain. Peu après, plusieurs juges hostiles au *New Deal* démissionnèrent et furent remplacés par des libéraux favorables aux réformes. Roosevelt avait gagné la partie.

E. L'impasse de 1937-1938 – A la fin de 1936, la production industrielle a retrouvé et même dépassé son niveau de 1929 (indice 58 en 1932, 75 en 1934, 87 en 1935, 103 en 1936). Certes le volume du commerce extérieur a diminué de 30 % depuis le début de la crise et il y a encore plus de 7 millions de chômeurs, mais l'amélioration est incontestable. Or, dans le courant de l'été 1937, une brusque récession frappe l'économie américaine. L'indice de la production tombe de plus de 30 points, le chômage augmente de près de 50 % et les prix agricoles recommencent à baisser. Que s'est-il passé ? S'agit-il, comme l'affirment les représentants du *Big Business,* de la conséquence des mesures «démagogiques» adoptées par l'administration démocrate ? Ou au contraire, comme le proclame le président, de l'attitude des milieux d'affaires qui ont refusé d'investir ? Plus vraisemblablement, il semble que la récession soit due à une pause, imposée par Roosevelt, dans la politique de *deficit spending.* Redoutant les effets inflationnistes d'un budget trop généreux et trop fortement déficitaire, le président n'a pas hésité en effet à faire des coupes sombres dans les crédits destinés à «amorcer la pompe». Intervenant trop tôt, cette réduction des dépenses fédérales (notamment dans le domaine des travaux publics), venant s'ajouter à la diminution des investissements privés, n'a pas manqué d'essouffler l'appareil de production, alors en pleine convalescence. Roosevelt hésitera d'ailleurs plusieurs mois avant de revenir à la politique du *deficit spending.* Il faut pour le décider qu'intervienne à Wall Street un nouveau krach boursier (mars 1938), d'une ampleur moindre que celui de 1929 mais d'autant plus préoccupant qu'il frappe une économie languissante. Le 14 avril 1938, le président demande au Congrès le vote d'un nouveau programme de travaux publics et l'ouverture d'un crédit de 3,75 milliards de dollars, acceptant l'idée d'un déséquilibre budgétaire qui sera de l'ordre de 2 milliards de dollars. Ce faisant, il se rallie aux thèses de Mariner Ecles (l'un des plus ardents « keynésiens » du Brain trust) pour qui « le gouvernement doit être un agent compensateur dans l'économie, mettre le budget en déficit pendant la déflation et créer des excédents en période de prospérité ». D'autres mesures vont compléter cette action : encouragements aux fermiers pour qu'ils réduisent leurs emblavures (nouvel AAA de 1938), limitation de la durée hebdomadaire du travail à 44 heures et fixation d'un salaire minimum, ouverture de crédits pour la construction d'habitations à loyer modéré, etc. Enfin, persuadé que les trusts avaient eu une forte responsabilité dans la récession, Roosevelt demande au Congrès l'ouverture d'une enquête sur la concentration économique.

A la fin de 1938, la récession est à peu près surmontée. Mais la politique brutale de Roosevelt (dans l'affaire de la Cour Suprême) a privé le président de nombreux soutiens et renforcé la coalition des conservateurs (républicains et démocrates), tandis qu'à gauche les frères La Follette ont ressuscité le parti «progressiste», non sans lui imprimer une orientation «fascisante» qui est dans l'air du temps. Les élections de 1938 sont pour les démocrates – partout en recul même s'ils conservent la majorité au Congrès – un échec relatif. Le rapport des forces est tel que Roosevelt ne peut plus faire voter de nouvelles réformes, sans que toutefois ses adversaires aient la possibilité de revenir sur celles qui ont été adoptées lors de la précédente législature. C'est la fin du New Deal.

F. Bilan du New Deal – En 1939, la situation économique est à peu près rétablie. Le produit national brut est à peine inférieur à ce qu'il était à la veille de la crise (100,5 milliards de dollars pour 103,8 en 1929), de même que le volume de la production qui est passé de l'indice 58 en 1932 (110 en 1929) à 109 en 1939. mais il reste encore à cette date près de 9 millions de chômeurs. Seule la guerre permettra de résorber complètement les effets de la crise. Cependant, en 1933 comme en 1938, c'est l'action de l'État qui a permis de remettre la machine en route. Certes, le fait n'est pas admis par tous. Certains historiens font remarquer qu'en restant fidèle au pur libéralisme, le Canada est sorti plus vite de la crise. La comparaison est difficile. Les États-Unis ont une économie plus complexe, plus différenciée, et la crise y a été plus profonde. L'énormité et la complexité du mécanisme y sont tels que l'on voit mal comment, une fois grippé, il aurait pu repartir sans intervention extérieure. Le New Deal a sans doute sauvé le capitalisme américain. Il l'a aussi profondément modifié, en rompant avec la tradition de laisser faire total, en substituant à l'«individualisme forcené» *(rugged individualism)* du XIXe siècle la notion jusqu'alors inconnue en Amérique d'«État-providence». Il a très sensiblement renforcé le rôle économique et social de l'État fédéral au détriment des États et de l'initiative privée. Cela dit, il n'a été en aucune façon une expérience «révolutionnaire», encore moins le prélude à la mise en place d'un socialisme à l'américaine, comme l'ont cru — ou ont feint de le croire — les milieux d'affaires et les tenants de la stricte orthodoxie libérale. S'il a effectivement porté un rude coup à l'image du *businessman*, incarnation du rêve américain jusqu'aux années de la grande dépression, s'il a assuré à long terme la promotion des couches les moins favorisées, travailleurs manuels, petits agriculteurs, minorités raciales, jeunes, s'il a permis, avec le développement du syndicalisme la mise en place d'un «pouvoir compensateur» (Galbraith) à la toute-puissance du «business», il ne constitue pas une rupture avec l'économie capitaliste. «Une perspective à long terme — écrit W.A. Williams, un historien américain de la «nouvelle gauche» — suggère qu'il a représenté une réaction contre une crise dramatique et qu'il s'est contenté de consolider les éléments, attitudes et politiques de l'époque progressive sous la direction d'un homme d'État particulièrement doué. Le New Deal a sauvé le système sans le changer».

III. L'isolationnisme

A. Le neutralisme — Le refus européen d'acquitter les dettes de guerre et la volonté de Roosevelt de ne pas chercher dans des accords internationaux la solution de la crise, (il fit échouer en 1933 la conférence de Londres) accentuèrent la tendance au repliement. En 1934, une commission sénatoriale présidée par le sénateur du North Dakota, Gerald P. Nye, entreprit une enquête sur les bénéfices des industries de guerre. Elle aboutit à l'idée que les responsables de l'entrée en guerre des États-Unis, en 1917, étaient les banquiers, créanciers de l'Entente, et les fabricants d'armes et de munitions. Vision un peu simplifiée des choses mais qui eut un profond retentissement dans l'opinion américaine. On estima que seule une neutralité absolue permettrait aux États-Unis de ne pas se trouver une nouvelle fois entraînés dans une guerre européenne. Telle est l'origine des *lois de neutralité* qui furent adoptées en 1935, 1936 et 1937. Ces mesures décrétaient l'embargo sur les armes et les munitions à destination de tout pays en guerre. De plus, la loi de 1937 imposait par la clause *cash and carry* que toute autre exportation vers un pays belligérant donnât lieu à un paiement comptant (pour éviter l'accumulation des dettes entraînant comme en 1917 le souci de voler au secours du débiteur) et à un transport par des navires non américains.

B. A partir de 1937, la politique agressive du Japon et de Hitler modifie peu à peu l'attitude de Roosevelt. Les masses restent profondément isolationnistes mais le Président prend conscience du danger et va lentement amener son peuple à accepter l'idée d'une guerre pour la défense de la Démocratie. La première manifestation de ce changement d'orientation est le discours dit de la *quarantaine,* prononcé à Chicago le 5 octobre 1937. Parlant des pays qui menacent «l'ordre et le droit», Roosevelt déclare : «...Quand une épidémie physique commence à s'étendre, la communauté approuve la mise en quarantaine des malades». D'abord indignés, les Américains finiront par accepter les mesures de préparation proposées par leur Président (réélu une nouvelle fois en 1940, fait sans précédent dans l'histoire des États-Unis). Ils lui doivent de ne pas s'être trouvés démunis de tout moyen de défense au moment de l'attaque japonaise contre Pearl Harbor.

Bibliographie

Aux ouvrages généraux et aux livres cités au chapitre 5, on ajoutera : Louis R. FRANCK, *L'expérience Roosevelt et le milieu social américain,* Paris, 1937 ; André MAUROIS, *Histoire parallèle, U.S.A. : 1917-1960,* Paris (Presses de la Cité, 1962), et du même auteur : *Chantiers américains,* Paris 1933 ; J.-B. DUROSELLE, *De Wilson à Roosevelt, politique extérieure des États-Unis, 1913-1945,* Paris (Colin) 1960. Pour le New Deal, on lira l'excellente mise au point de Denise ARTAUD, *Le New Deal,* Paris (A. Colin), Coll. U2, 1969, et sur Roosevelt le beau livre d'André KASPI, *Roosevelt,* Paris, Fayard, 1988. C. FOHLEN, *L'Amérique de Roosevelt,* Paris, Imprimerie Nationale, 1982 ; C. FOHLEN, *De Washington à Roosevelt. L'ascension d'une grande puissance : 1776-1945,* Paris, Nathan, 1992.

Biographie

Roosevelt

Franklin Delano Roosevelt est né en 1882 dans l'État de New York. Sa famille, d'origine hollandaise, possède une fortune confortable. Parent éloigné de l'ancien président Théodore Roosevelt, F.D.R. épousera la nièce de celui-ci, Éléanor, qui aura beaucoup d'influence sur lui. Excellent élève, le jeune Franklin Roosevelt fait ses études supérieures à Harvard puis à l'Université Columbia de New York. Avocat, il s'engage très tôt dans la vie politique et devient à 30 ans sénateur démocrate de l'État de New York. De 1913 à 1921 il est assistant secrétaire à la Marine. Il fait preuve à ce poste de grandes qualités d'administrateur et subit profondément l'influence de Wilson. Candidat à la vice-présidence en 1920 il est battu en même temps que Cox. L'année suivante il est frappé par la poliomyélite et reste paralysé des deux jambes. Cette épreuve le transforme. Il lutte avec une énergie farouche pour retrouver l'usage de ses membres inférieurs. Le politicien mondain et un peu nonchalant acquiert une volonté et une ténacité qui vont lui permettre de reprendre le combat politique. En 1928 il est élu gouverneur de l'État de New York puis c'est le succès aux élections de 1932. Fait unique dans l'histoire américaine, Roosevelt sera réélu en 1936, en 1940 et en 1944. Il meurt en avril 1945. Le personnage historique reste très controversé. Disciple de Wilson, Roosevelt n'est pas comme celui-ci un doctrinaire. Il a davantage le sens des réalités et ne recule pas devant les mesures opportunistes. Il n'hésite pas à tirer la leçon des faits et à adapter sa politique à leur évolution. Il ne cherche pas à briser les oppositions mais à les contourner et quand il se trouve en désaccord avec l'opinion, il s'efforce de l'éduquer et de l'amener lentement à partager ses vues. On lui a beaucoup reproché son trop grand optimisme, particulièrement dans ses rapports avec Staline. Sous son aspect souriant et aimable, l'homme reste aujourd'hui encore assez secret.

Document

Roosevelt vu par André Maurois

«Sa maladie l'identifiait, de manière mystique, à un peuple qui souffrait. Le courage avec lequel il oubliait son infirmité était un exemple. Après tant de faces pincées ou renfrognées, ce généreux visage apaisait, promettait, charmait. Quand il avait dit : *My friends*... il avait prononcé les mots d'un tel son, avec une telle douceur et une telle force, que tous avaient compris que c'était vrai et qu'il allait essayer de faire pour eux ce que les autres n'avaient pas fait.

Qu'y avait-il derrière ce masque souriant, derrière ce voile d'humour, de grâce et de bonne humeur dont il aimait à s'envelopper ? Il n'était pas facile de le savoir, car Roosevelt maintenait délibérément une impression d'aisance et n'avouait presque jamais l'ennui, ni l'exaspération. Robert Sherwood, auteur dramatique, excellent juge d'hommes et qui connaissait bien le président, dont il écrivit parfois les discours, avouait n'avoir pu pénétrer dans ce qu'il appelait «*his heavily forested interior...*» son intérieur tapissé d'épaisses forêts». Le président savait, à volonté, tourner le bouton qui illuminait son visage du fameux sourire. Au-delà, on pouvait imaginer des réticences, de très adroites manœuvres et une force qui pouvait être impitoyable, mais tout cela demeurait bien caché sous une courtoisie conventionnelle. Il avait beaucoup d'amis, peu d'intimes, et ceux-là même n'étaient pas admis à la région la plus secrète. Les hommes dont il aimait à s'entourer étaient ceux qui ne cherchaient pas à violer le sanctuaire.

Ses réactions étaient imprévisibles. Ses collaborateurs les plus discrets ne savaient pas de quel côté il pencherait. Sur toute question, il demandait des plans à deux ou trois d'entre eux, puis lisait, comparait, et prenait ses décisions avec une rapidité qui parfois les épouvantait...

... Il n'aimait pas à déléguer une trop grande part de son autorité ; il se plaisait à opposer les compétences. C'était, en partie, pour garder sur toutes choses la haute main ; en partie à cause du goût secret pour la confusion. Il procédait par intuition plutôt que par raisonnement, pesait les tempéraments, mesurait les réactions de l'opinion, attendait l'heure de l'action si une affaire ne lui paraissait pas mûre. Quand il sentait, par instinct, la nécessité de temporiser, les décisions brusques faisaient place à de longues évasions, si longues que le temps finissait par supprimer le problème...»

André Maurois, *Histoire parallèle, U.S.A., 1927-1960,*
Paris, Presses de la Cité, 1962, p. 160-161.

André Maurois (1885-1968) a beaucoup voyagé aux États-Unis et y a vécu pendant la Seconde Guerre mondiale. Du portrait qu'il nous présente nous retiendrons essentiellement trois traits :

- Le charme *du Président des États-Unis : son visage «généreux», son sourire, la douceur de sa voix, etc., autant d'éléments importants au moment où se développent les moyens d'information et de propagande modernes : image et son. Roosevelt saura parfaitement utiliser ces moyens : les mots* «my friends» *(mes amis) se rapportent au discours d'inauguration prononcé à la radio par le Président des États-Unis. Par la suite, Roosevelt prendra l'habitude de s'adresser à la radio aux auditeurs américains sur un ton familier et amical, inaugurant la pratique de la «causerie au coin du feu»* (Fireside chat) *qui aura un très grand succès;*

- L'intuition *du Président et notamment son instinct des réactions de l'opinion. Roosevelt n'attaque pas l'obstacle de face, il le contourne.*

- Le fond assez secret *du caractère présidentiel. Robert Sherwood, cité par Maurois, écrit dans son livre* Roosevelt and Hopkins *: «Écrivain de métier, j'ai sans cesse essayé de l'étudier, de regarder au-delà de sa charmante, amusante et chaudement amicale apparence vers son intimité la plus cachée. Je n'ai jamais pu comprendre réellement ce qui pouvait bien s'y passer. Son caractère n'était pas seulement multiple : il était contradictoire à un degré inimaginable».*

Plan

Les États-Unis et l'Europe de 1919 à 1941

Introduction. Le rôle joué par Wilson à la Conférence de la paix, son influence sur la façon dont la carte de l'Europe devait se trouver modifiée et sa volonté de voir l'Amérique continuer de coopérer avec les pays européens au sein d'une *Société des Nations,* permettent de penser en 1919-1920 que, rompant avec leur traditionnel isolement, les États-Unis vont s'engager dans une politique d'ouverture vis-à-vis de l'Europe et prolonger dans la paix les liens établis au cours de la guerre. Or, le peuple américain ne suit pas son Président dans cette voie de rapprochement et d'engagement. Wilson battu, les Républicains reviennent aussitôt aux conceptions traditionnelles et le retour des Démocrates au pouvoir en 1933 ne fait que renforcer la tendance à l'isolationnisme. Il faut attendre que se précise la menace hitlérienne et japonaise pour que Roosevelt se décide à rompre avec cette politique. Il lui faut alors entreprendre avec prudence l'éducation de l'opinion américaine et préparer son pays à la guerre.

1. Le repli américain (1919-1932)

A. LE REFUS DES CONCEPTIONS WILSONIENNES

a) *Wilson et l'Europe.* L'influence du Président des États-Unis dans le remodelage de l'Europe par les traités de paix a été considérable.
– Sur le plan des idées : c'est Wilson qui fait triompher le principe d'une Europe des nationalités, celui du droit des peuples à disposer d'eux-mêmes. C'est lui qui met sur pied le projet de Société des Nations et fait intégrer le Pacte dans les traités.
– Sur le plan de l'action : Wilson jette à plusieurs reprises tout son poids dans la discussion pour faire aboutir les solutions conformes à ses idées. Il oblige Clemenceau à céder sur la question des frontières rhénanes. Il finit par contraindre Orlando et Sonnino à capituler sur le problème de Fiume.

b) *Les États-Unis se trouvent doublement engagés* par cette politique :
– Par l'adhésion au *Covenant* qui implique la participation à toute action répressive (sanctions) contre un éventuel agresseur.
– Par le traité des garanties accordé à la France et par lequel les États-Unis peuvent se trouver impliqués dans un conflit franco-allemand.

c) *L'échec de Wilson.* Les Américains sont dans l'ensemble favorables à la SDN mais la majorité du Sénat est contre, et l'intransigeance de Wilson provoque le rejet du traité. Les États-Unis signeront une paix séparée avec l'Allemagne.

B. LA POLITIQUE DES RÉPUBLICAINS

a) *L'Amérique se ferme* aux influences extérieures et particulièrement aux influences européennes ; trois aspects :
– Le protectionnisme douanier : tarifs Fordney-Mc Cumber en 1922 et Hawley-Smoot en 1930.
– La restriction de l'immigration : lois des *quota* en 1921 et 1924.
– La réaction «américaniste» (cf. chapitre 5).

b) *Le non-engagement* américain se caractérise pendant toute cette période par le refus de participer à tout système de sécurité collective. Après bien des hésitations les États-Unis refuseront même de siéger à la Cour de Justice internationale de La Haye.

c) Quelle est dans ces conditions la *nature des rapports avec l'Europe ?* Ce sont essentiellement des rapports de caractère économique.
– Investissements américains, notamment en Allemagne. Ils amèneront les USA à défendre les positions allemandes contre la France. D'où le Moratoire Hoover.
– Intervention dans le problème des réparations : plans Dawes et Young.
– Aménagements accordés dans la question des dettes de guerre (accords Mellon-Bérenger en 1926) tout en maintenant le principe de leur paiement.
– Relations proprement économiques : commerce, politique de soutien des monnaies européennes : le franc en 1924, la livre en 1931. Le but est dans tous les cas de maintenir solvable le client européen.

Un seul engagement d'ordre politique pendant cette période, le *pacte Briand-Kellog* en 1928, mais il s'agit d'un instrument purement théorique.

2. De l'isolationnisme à l'intervention indirecte (1932-1941)

A. L'arrivée au pouvoir des Démocrates se traduit par UN RENFORCEMENT DE L'ISOLATIONNISME. Il se caractérise par :

a) La volonté de *régler la crise* sur un plan strictement national. Roosevelt fait échouer la tentative faite à Londres pour trouver une solution internationale (1933).

b) *Les lois de neutralité* adoptées en 1935, 1936 et 1937 à la suite des travaux de la *Commission Nye* qui se penche sur le problème de l'intervention américaine en 1917.

B. ROOSEVELT ABANDONNE PROGRESSIVEMENT LE NEUTRALISME (1937-juin 1940) devant la montée du péril allemand et japonais. Pour cela il lui faut préparer lentement et patiemment l'opinion américaine. Plusieurs étapes :

a) *Le discours de la quarantaine* (5 oct. 1937). Peu de temps auparavant Sumner Welles a été désigné comme sous-secrétaire d'État, ce qui permet à Roosevelt de passer par-dessus la tête de Cordell Hull et de s'occuper personnellement de la politique extérieure.

b) *La révision des lois de neutralité* en novembre 1939 supprime l'embargo sur les armes et les munitions et étend à ces marchandises la clause *cash and carry*. France et Angleterre paieront les armes comptant ou avec des crédits à court terme.

c) *La fourniture de matériel de guerre* aux franco-britanniques : 1 300 avions ont déjà été livrés en janvier 1940.

C. L'INTERVENTION INDIRECTE (JUIN 1940-DÉCEMBRE 1941)

a) *Les conditions :* Revirement de l'opinion publique américaine, de plus en plus hostile aux dictatures. Mais aussi résistances de groupes d'opinion et de pression : groupe *Social Justice* du Père Coughlin, le *German-American Bund* de tendance nazie mais dont l'influence est très faible, surtout le Comité *America First* (850 000 membres dont beaucoup de Germano-Américains).

b) *Les étapes :*
– Septembre 1940 : livraison de 50 vieux destroyers à la Grande-Bretagne contre des bases cédées pour 99 ans.
– Préparation des États-Unis à la guerre par le *Selective Service Act* de septembre 1940 qui crée une armée active de 1 400 000 hommes. Puis *Victory Plan* en novembre 1941.

– *Loi de prêt-bail* adoptée en mars 1941 : «prêt» d'armes et munitions à tout pays dont la défense paraîtra au Président nécessaire à la sécurité des États-Unis.
– Enfin *rencontre de l'Atlantique* (Roosevelt-Churchill) en août 1941.

Conclusion : Malgré ce changement d'orientation et en dépit de tous les efforts de Roosevelt, le peuple américain ne semble pas «mûr» en 1941 pour s'engager dans la guerre aux côtés de la Grande-Bretagne. C'est l'aggravation de la situation en Extrême-Orient et l'agression de Pearl Harbor qui entraîneront l'intervention des États-Unis.

11 La Grande-Bretagne et son Empire de 1931 à 1939

Touchée par la crise au cours de l'été 1931, la Grande-Bretagne cherche un remède dans le rajeunissement de ses structures économiques. Elle s'efforce en même temps de resserrer les liens qui rattachent son économie à celle des pays du Commonwealth. Mais tandis que s'établit un système de «préférence impériale», les liens politiques avec les Dominions tendent à se relâcher et un nationalisme indigène se développe dans les colonies et les pays de protectorat.

I. La lutte contre la crise

A. De la crise économique à la crise politique — L'opinion et les partis sont divisés sur les moyens à adopter devant la crise financière qui atteint son point culminant en août 1931. *Les conservateurs* voudraient rétablir l'équilibre budgétaire en réduisant les traitements des fonctionnaires (notamment ceux du personnel enseignant) et en diminuant très sensiblement les allocations de chômage, ce qui permettrait une économie de 66 millions de livres. *Les travaillistes* sont en majorité hostiles à ces mesures et préconisent pour leur part une augmentation des impôts, portant surtout sur les grosses fortunes. *Les libéraux* sont eux-mêmes divisés, l'aile droite du parti se ralliant à l'opinion des conservateurs, son aile gauche estimant au contraire avec Keynes qu'une diminution du pouvoir d'achat des fonctionnaires et des chômeurs ne pouvait qu'aggraver la situation. On observe enfin un clivage analogue au sein du cabinet travailliste. Neuf ministres optent pour la solution préconisée par les *Trade Unions,* les autres se ralliant, avec Mac Donald et Snowden, à la politique déflationniste des conservateurs. C'est la scission. Le 24 août, le cabinet démissionne et le jour même, Mac Donald constitue un ministère dit «d'union nationale» comprenant quatre travaillistes «nationaux», quatre conservateurs et deux libéraux. Il semble que la décision de Mac Donald lui ait été imposée par la *Federal Reserve Bank* américaine. Appelée à soutenir la livre, celle-ci aurait exigé en effet que le gouvernement britannique résorbât une partie du déficit budgétaire en diminuant les allocations de chômage.

B. Les premières mesures et les élections de 1931 — La majorité des travaillistes votent contre le nouveau gouvernement mais celui-ci a le soutien des conservateurs et des libéraux.

a) *Les mesures d'urgence : La Federal Reserve Bank* accorde une aide immédiate à la banque d'Angleterre. Deux crédits de 80 millions de dollars permettent de stabiliser la livre et d'arrêter les sorties d'or dès le début de septembre. Le 9 septembre, une loi autorise le gouvernement à réaliser par décrets des économies budgétaires sur les allocations de chômage et sur les traitements civils et militaires. Enfin le 20 septembre, le *Gold Standard Act* est abrogé. Cela signifie que, pour arrêter l'hémorragie de métal précieux, l'Angleterre décide de renoncer à l'étalon-or. Ce n'est pas une dévaluation officielle. La livre cesse simplement d'être convertible en or. Sa valeur ne dépend plus que des variations de l'offre et de la demande sur le marché des changes. En deux mois, elle accuse une baisse de 40 % environ. L'orgueil et la discipline britannique empêchent que cette mesure ne soit suivie d'une panique bancaire. Par contre les décisions déflationnistes entraînent une vive agitation. Des manifestations de chômeurs, tournant parfois à l'émeute et au pillage, se produisent dans plusieurs villes et en particulier à Glasgow. Mais surtout, la diminution des soldes dans la marine de guerre (27 % pour les marins, 12 % pour les officiers) provoque des mutineries. Le 15 septembre, 12 000 marins de la flotte du Nord, rassemblés à Invergorden pour des manœuvres, refusent d'obéir aux ordres. Devant cette atteinte portée au cœur même de la puissance britannique, le gouvernement cède aussitôt. Les diminutions de traitements des fonctionnaires et des militaires sont réduites de moitié mais le gouvernement tient bon sur la réduction de l'assurance-chômage.

b) *Les élections d'octobre 1931.* Les conservateurs estiment qu'il faut maintenant définir une politique à long terme. Ils préconisent notamment le retour au protectionnisme douanier et souhaitent que les électeurs se prononcent sur ce point. Mac Donald accepte. Les Communes sont dissoutes et de nouvelles élections sont fixées au 27 octobre. La campagne se fait sous le signe, très nouveau en Angleterre, de la pluralité des partis. Seuls les conservateurs, qui réclament une politique de strict équilibre budgétaire, l'abandon du libre-échange et le resserrement des liens économiques avec l'Empire, demeurent unis. Les travaillistes se divisent en travaillistes orthodoxes et travaillistes «nationaux» groupés autour de Mac Donald. Les libéraux se scindent en «orthodoxes», «nationaux» (John Simon) et «indépendants» (la clientèle personnelle de Llyod George). On voit également se manifester un petit parti communiste de 20 000 membres environ et la *British Union of Fascists* d'Oswald Mosley, qui groupe à peu près le même nombre d'adhérents et recrute ses troupes dans la classe moyenne. Ayant adopté la chemise noire et les méthodes brutales de leurs modèles italiens, les fascistes anglais seront vite déconsidérés auprès de l'opinion publique britannique. Les élections sont un triomphe pour la «coalition nationale» dominée par les conservateurs qui ont 12 millions de voix (+ 3,5 millions) et 470 sièges. Avec 6 millions et demi de voix (− 1,8 million) les travaillistes n'ont plus que 51 sièges. Il y a 68 libéraux nationaux et 13 travaillistes nationaux. Mac Donald reste au pouvoir mais le cabinet «national» qu'il préside est en réalité un gouvernement conservateur.

C. Les conservateurs au pouvoir (1931-1939) — a) *Les problèmes de politique intérieure* passent au second plan. Ramsay Mac Donald reste au pouvoir jusqu'en juin 1935. Malade, il doit céder la place à Baldwin, leader du parti conservateur qui est remplacé à son tour en mai 1937 par Neville Chamberlain, lequel s'attache surtout à mener une politique de réarmement. Dans l'intervalle, les élections de novembre 1935 ont apporté peu de changement à la physionomie des communes. Léger déclin des conservateurs qui ont encore 387 députés (+ 33 libéraux et 8 travaillistes «nationaux»). Remontée des travaillistes qui ont 154 sièges et retrouvent les voix perdues en 1931.

b) *La crise dynastique.* Le Roi George V meurt en janvier 1936. Son fils aîné, le prince de Galles, lui succède sous le nom d'Edouard VIII. Mais un conflit s'engage aussitôt entre le nouveau souverain et l'Église anglicane, soutenue par Baldwin. Officiellement, on reproche au Roi ses projets de mariage avec une Américaine divorcée, Mrs Simpson, mariage jugé incompatible avec les traditions de la couronne britannique. En fait, il y a autre chose. Le Roi a des sympathies dans les milieux favorables aux régimes totalitaires. Il a toujours témoigné de la sollicitude pour les petites gens et notamment pour les chômeurs. On craint qu'il ne prenne appui sur les éléments populaires pour mener une politique personnelle. D'où une opposition non seulement de l'Église et des conservateurs mais également des travaillistes. Le 11 décembre 1936, Édouard VIII se résigne à abdiquer en faveur de son frère cadet, le duc d'York, qui devient Roi sous le nom de George VI.

c) *La réorganisation économique et financière* est l'élément le plus important.

• *Sur le plan financier,* la création d'un fonds de stabilisation des changes en 1932 permet de tempérer les variations de valeur de la livre et d'aboutir dès 1933 à une stabilité de fait. D'importantes économies budgétaires sont obtenues par la réduction en taux et en durée des allocations de chômage, et par la conversion des emprunts de guerre de 5 à 3,5 %.

• *Sur le plan du commerce extérieur,* le fait capital est *l'abandon du libre-échange* en 1932. La dépréciation de la livre, détachée de l'étalon-or, n'avait pas, comme on l'espérait, fortement stimulé les exportations. Ses effets s'étaient trouvés annulés par un certain nombre de mesures prises par les partenaires commerciaux de la Grande-Bretagne : surtaxation des marchandises anglaises en France, dévaluation monétaire aux États-Unis et au Japon. Il apparaît dès lors de plus en plus nécessaire, pour limiter le déséquilibre de la balance commerciale, de restreindre les importations et de favoriser l'écoulement de la production sur le marché intérieur. D'où l'idée de rétablir des droits de douane qui constitueront d'autre part une recette supplémentaire pour le budget britannique. A partir de 1930, les partisans du retour au protectionnisme mènent une campagne extrêmement active auprès des milieux d'affaires et parviennent à gagner à leurs idées des secteurs jusque-là hostiles. Le ralliement le plus spectaculaire est celui des banquiers de la Cité, qui publient en janvier 1930 un manifeste favorable au rétablissement de tarifs protecteurs et la Chambre de Commerce de Manchester, bastion traditionnel du libre-échange, se prononce dans le même sens en juillet 1930. On voit même des minorités protectionnistes se constituer au sein des partis travailliste et libéral. J.M. Keynes, candidat du parti libéral, fait campagne en 1931 pour un tarif protecteur général. Ce mouvement d'opinion aboutit en février 1932 à l'établissement d'un droit général de 10 % *ad valorem* sur toutes les importations, à l'exception des matières premières essentielles (coton, laine brute, caoutchouc, phosphates) et de certains produits de consommation (blé, thé, viande). En avril, les droits sont portés à 20 % pour les produits manufacturés susceptibles de concurrencer ceux de l'industrie britannique, et à 30 % et plus pour les objets de luxe.

Dans un second temps, le gouvernement anglais s'efforce de relancer les exportations en établissant avec les pays du Commonwealth un système de *préférence impériale.* La Conférence d'Ottawa (21 juillet-20 août 1932) aboutit à une série d'accords commerciaux bilatéraux. Le Royaume-Uni laisse entrer en franchise ou avec des tarifs préférentiels les marchandises importées de l'Inde ou des dominions. En échange, ces pays s'engagent à réduire leurs droits sur les produits anglais, dans des proportions suffisantes pour que ceux-ci puissent concurrencer les produits étrangers. Ces accords sont en fait «inégaux», les pays du Commonwealth voulant assurer la protection de leurs jeunes industries. L'Inde, par exemple, accorde à la Grande-Bretagne un tarif préférentiel de 7 % sur les importations d'automobiles et de 10 % sur les tissus de soie et de coton, alors que la Grande-Bretagne supprime de son côté tous les droits sur les produits indiens. Les résultats traduisent d'ailleurs cette inégalité. De 1931 à 1938, les importations de l'Empire augmentent de plus de 12 %, les exportations vers les pays de l'Empire de 6 % seulement. Et cette augmentation se trouve compensée par une baisse du volume des échanges avec les pays n'appartenant pas au Commonwealth. Autrement dit, les accords d'Ottawa ont permis au commerce extérieur britannique de maintenir tant bien que mal des positions qui eussent été, sans eux, sensiblement entamées.

• *Sur le plan de la production industrielle,* un effort important est accompli grâce à l'action de l'État qui favorise la concentration des entreprises et mène une politique de crédit à bon marché (par la baisse du taux de l'escompte). Dès 1930, le *Coal Mines Act* règle les conditions de travail dans les mines et oriente la production en fonction des besoins des marchés intérieur et extérieur. Une commission de réorganisation fixe pour chaque mine un contingent de production, donnant lieu à amende en cas de dépassement. Les résultats restent modestes. Cependant les puits les moins rentables sont abandonnés, le nombre des mineurs diminue (de 150 000 environ), l'abattage mécanique progresse et l'exploitation cesse d'être déficitaire. Dans la sidérurgie, un Comité de réorganisation procède à la concentration de 2 000 entreprises au sein de la *British Iron and Steel* qui perçoit des cotisations et reçoit des subventions destinées à abaisser les prix de revient. Dans l'industrie textile, le trust cotonnier du Lancashire absorbe 150 filatures, ferme 74 usines et réduit de 30 % le nombre des broches. Même évolution dans l'industrie chimique et dans l'industrie automobile où l'on voit Hillman, Humber, Talbot et cinq autres sociétés fusionner pour constituer la *Rootes Motor Ltd.* Au total ce sont surtout les industries nouvelles (automobile, industries électriques, fibres artificielles, etc.) qui progressent, les industries traditionnelles ne se relevant que très lentement. C'est le début d'une mutation dans la géographie industrielle de la Grande-Bretagne, les «black countries» du Nord et de l'Ouest déclinant au profit de l'Angleterre du Sud-Est.

• *Sur le plan agricole,* l'intervention de l'État est encore plus nette. L'Angleterre avait pu sacrifier son agriculture en un temps où sa supériorité industrielle et les bénéfices qu'elle retirait de son commerce extérieur lui permettaient d'acheter au dehors ses produits alimentaires. Ce temps est révolu et il apparaît utile de limiter au maximum les achats de produits agricoles. On procède donc à une véritable reconstruction de l'agriculture britannique. Des subventions sont accordées pour soutenir le prix du blé (*Wheat Act* de mai 1932) et pour aider éleveurs et planteurs de betteraves à sucre. D'autre part le marché intérieur est réorganisé. Des offices contrôlés par le ministère de l'Agriculture réglementent la production, assurent sa commercialisation et procurent aux agriculteurs les fournitures qui leur sont nécessaires.

Au total, l'amélioration économique est certaine. Si l'on prend pour base l'année 1924 (100) l'indice de la production industrielle qui était à 93 en 1931 est remonté à 124,6 ; et le nombre des chômeurs tombe de 3 millions en 1932 à moins de un million en 1939.

II. L'Empire britannique

A. L'Irlande — Après la véritable guerre menée contre l'«Armée républicaine irlandaise» en 1919-1921, le gouvernement britannique accepte en décembre 1921 le principe de la partition. La plus grande partie de l'Irlande devient une sorte de dominion, l'«État libre d'Irlande», les comtés anglicans du Nord-Est restant partie intégrante du Royaume-Uni *(Ulster)*. En 1936, l'abdication d'Edouard VIII permet aux Irlandais de franchir une étape supplémentaire. La Grande-Bretagne reconnaît en décembre 1937 la constitution de l'Irlande républicaine qui reste en principe membre du Commonwealth mais se trouve dès cette date à peu près totalement indépendante.

B. Les dominions — Le resserrement des liens économiques (accords d'Ottawa) a pour contrepartie le relâchement des liens politiques avec les dominions. Le *statut de Westminster* reconnaît en 1931 leur souveraineté complète et ne maintient entre eux qu'une «commune allégeance à la couronne britannique».

C. L'Inde (cf. Plan en annexe).

D. L'Égypte — Théoriquement le protectorat anglais prend fin en 1922. Mais l'indépendance est loin d'être complète. Si les Britanniques reconnaissent la souveraineté du sultan (qui prend le titre de Roi), ils maintiennent leurs troupes dans le pays et continuent de contrôler sa politique extérieure. Le parti nationaliste de Saad Zaghloul, le *Wafd*, entretient l'agitation et remporte de brillants succès aux élections. En 1936 la menace italienne rapproche Égyptiens et Britanniques. L'indépendance totale de l'Égypte est reconnue, mais un traité d'alliance permet aux troupes anglaises de rester.

E. Le Moyen-Orient — Les difficultés ne manquent pas dans cette région pour les intérêts britanniques. L'émir de Ryad, Ibn Séoud, se rend maître de la quasi-totalité de la péninsule arabe et, en mauvais termes avec Londres, s'entend avec les sociétés américaines pour l'exploitation du pétrole. *En Palestine*, l'opposition des Arabes empêche les Anglais de tenir leur promesse de fonder un foyer national juif. Ils finiront par partager le pays mais sans parvenir à calmer l'agitation. Quant à l'*Irak*, elle devient indépendante en 1930.

En 1939, l'Empire britannique semble avoir perdu beaucoup de sa cohésion. Les dominions et l'Irlande ont acquis à peu près complètement leur indépendance ainsi que l'Égypte et l'Irak. De puissants mouvements nationalistes agitent l'Inde, cœur de l'Empire. Avec la Seconde Guerre mondiale vont être portés les coups décisifs.

Bibliographie

A. SIEGFRIED, *La crise britannique au XXe siècle,* Paris (Colin). Réédité en U2. H. GRIMAL, *De l'Empire au Commonwealth,* Paris (Colin), Coll. U2. ; J. GUIFFAN, *La question d'Irlande,* Bruxelles, Complexe, 1989 ; R. MARX, *L'Angleterre de 1914 à 1945,* Paris, A. Colin ; P. MORRIS, *Histoire du Royaume-Uni,* Paris, Hatier, 1992 ; P. ADDISON, *The Road to 1945,* Londres, New York, Quartet Books, 1977.

Document

Le rôle de l'État dans la pensée de Keynes

«Bien que notre théorie montre qu'il est d'une importance vitale d'attribuer à des organismes centraux certains pouvoirs de direction aujourd'hui confiés pour la plupart à l'initiative privée, elle n'en respecte pas moins un large domaine de l'activité économique. En ce qui concerne la propension à consommer, l'État sera conduit à exercer sur elle une action directe par sa politique fiscale, par la détermination du taux de l'intérêt, et peut-être aussi par d'autres moyens. Quant au flux d'investissement, il est peu probable que l'influence de la politique bancaire sur le taux de l'intérêt suffise à l'amener à sa valeur optimum. Aussi pensons-nous qu'une assez large socialisation de l'investissement s'avèrera le seul moyen d'assurer approximativement le plein emploi, ce qui ne veut pas dire qu'il faille exclure les compromis et les formules de toutes sortes qui permettent à l'État de coopérer avec l'initiative privée. Mais, à part cela, on ne voit aucune raison évidente qui justifie un socialisme d'État embrassant la majeure partie de la vie économique de la communauté. L'État n'a pas d'intérêt à se charger de la propriété des moyens de production. S'il est capable de déterminer le volume global des ressources consacrées à l'augmentation de ces moyens et le taux de base de la rémunération allouée à leurs détenteurs, il aura accompli tout le nécessaire. Les mesures de socialisation peuvent d'ailleurs être appliquées d'une façon graduelle et sans bouleverser les traditions générales de la société».

John M. Keynes, *Théorie générale de l'emploi, de l'intérêt et de la monnaie,* Paris, Payot 1936 (p. 391).

• L'auteur – *John Maynard Keynes est né à Cambridge en 1883. Son père est lui-même un économiste réputé. Études à Cambridge où il devient à son tour professeur. Pendant la guerre, il est conseiller auprès du Trésor mais démissionne en 1919 pour marquer son désaccord avec les clauses économiques du traité de Versailles. Il publie alors* Les Conséquences économiques de la Paix, *dénonçant le caractère néfaste des réparations, trop élevées selon lui pour la capacité de paiement de l'Allemagne. Il est en désaccord également avec la politique de déflation menée par le gouvernement britannique et publie plusieurs ouvrages dans lesquels il préconise un renouvellement du capitalisme par l'intervention souple de l'État. Le plus important de ces livres,* The general theory of Employment, Interest and Money, *a été publié en 1936.*

• Les idées – *Ce texte nous indique en premier lieu l'orientation générale de la pensée de Keynes. Critique du libéralisme sans contrainte, livré au libre jeu des initiatives privées. Mais aussi refus du socialisme, c'est-à-dire de l'appropriation par l'État des moyens de production. L'État doit diriger et coordonner une partie de l'activité économique, non se substituer totalement aux initiatives privées. On trouve d'autre part dans cette page les deux thèmes fondamentaux de la démarche keynésienne :*
– l'État doit favoriser la «propension à consommer». Keynes donne ici deux exemples de cette politique : action fiscale (plus juste répartition des impôts) et détermination du taux de l'intérêt. Mais il y en a d'autres, notamment l'inflation contrôlée, la mise en œuvre de grands travaux publics, etc. L'objectif majeur est d'accroître le pouvoir d'achat *des masses pour remettre en marche la machine économique.*
– Il faut pratiquer la «socialisation de l'investissement». La baisse du taux de l'intérêt ne permet pas une augmentation suffisante des investissements privés. Il est donc nécessaire de multiplier les investissements publics, *soit par des prises de participations dans des entreprises privées, soit en créant à côté de celles-ci des organismes contrôlés par l'État. But essentiel :* assurer le plein emploi.

• L'influence de Keynes *a été beaucoup moins forte en Grande-Bretagne qu'aux États-Unis. Si les conservateurs acceptent en effet le principe d'une action coordonnatrice de l'État ils ne se sont aventurés qu'avec beaucoup de prudence sur le terrain des investissements publics. Surtout, ils ont renforcé après 1931 la politique déflationniste de leurs prédécesseurs, pratiquant une politique d'équilibre budgétaire tout à fait opposée à celle que préconise Keynes et qui est adoptée au même moment par l'équipe du* New Deal.

Plan

L'Inde de 1919 à 1939

Introduction. Le mouvement nationaliste existe avant la guerre mais il s'est encore très peu manifesté. C'est la guerre qui, en accélérant le processus d'industrialisation, favorise l'essor d'une bourgeoisie industrielle et commerçante qui va fournir ses cadres au mouvement national. C'est elle qui d'autre part incite les Britanniques, qui ont largement puisé dans les réserves humaines du pays (un million de volontaires), à promettre aux Indiens la mise en place d'un gouvernement responsable. Mais les difficultés économiques et la timidité des réformes accordées par le gouvernement anglais aboutissent à un durcissement du mouvement.

1. La crise de l'après-guerre

A. Ses origines

a) *C'est d'abord une crise économique :* Les masses ont souffert pendant la guerre de l'augmentation des prix industriels, de l'accroissement des impôts directs et indirects. En 1918 la récolte est mauvaise et il y a une sérieuse menace de famine. Le secteur industriel a profité de la guerre et de la rupture des relations économiques avec la métropole. Mais la réapparition des marchandises britanniques en 1919 et l'effondrement du pouvoir d'achat des masses créent une situation difficile.

b) *C'est ensuite une crise psychologique :* La notion d'invincibilité de l'homme blanc a été fortement entamée par la guerre. L'Angleterre a eu besoin d'importants contingents coloniaux, c'est un fait que l'on n'oublie pas, et l'on réclame d'autre part une contrepartie pour les sacrifices consentis. Par exemple un statut d'autonomie (Home Rule).

c) *Le rôle de Gandhi* a été déterminant. Né en 1869 dans une famille aisée du Nord-Ouest, Gandhi a fait ses études universitaires à Londres et est devenu avocat à Bombay. A 24 ans il part pour l'Afrique du Sud pour défendre les intérêts d'une maison de commerce indienne. Au Natal, il trouve une communauté misérable de 90 000 Hindous dont il va pendant 20 ans assumer la défense. En 1914, il regagne l'Inde et s'occupe d'œuvres sociales. Son rôle devient prépondérant à partir de 1919. Gandhi n'est pas un doctrinaire. C'est un homme d'action, d'expérience, d'invention, toujours en avance d'une idée sur ses adversaires. Ses idées, synthèse entre la tradition orientale et la pensée occidentale (Ruskin, Tolstoï), sont simples. Il veut l'indépendance pour son pays sans rupture brutale avec l'Angleterre. Pour cela il préconise la *non-violence* (manifestations passives, jeûne, etc.), la grève et le *boycott* (swadeshi) des produits britanniques.

B. L'AGITATION POLITIQUE

Elle commence dès la fin de la guerre. Gandhi fait campagne pour l'abrogation de la *loi Rowlatt*. Cette loi d'exception, adoptée pendant la guerre, n'avait pas été rapportée. Gandhi déclenche une série de grèves, de jeûnes, de processions qui tournent à l'émeute. Le 30 mars 1919, il y a des morts à Calcutta. Le 13 avril, les soldats britanniques tirent sur la foule à Amritsar : il y a cinq cents tués.

C. L'INDIA ACT DE 1919

Les Anglais se décident à faire des concessions. Un nouveau statut est accordé à l'Inde en 1919. Il admet une plus grande décentralisation mais sans que le *Home Rule* soit reconnu. Le Gouverneur général, qui reste seul compétent pour les questions «réservées» (défense nationale, dette publique) est assisté de deux chambres dont une élue (suffrage censitaire très restreint). Mais l'on admet un système de *dyarchie :* dans chaque province, un certain nombre de questions sont «transférées» à des ministres désignés par le Gouverneur mais responsables devant une assemblée provinciale élue. Ces questions concernent l'éducation, l'agriculture, l'administration locale, etc. Ce statut était loin de satisfaire les revendications des partis indiens.

2. L'opposition de 1920 à 1935

A. Gandhi lance en 1920-1921 une CAMPAGNE DE NON-COOPÉRATION ET DE DÉSOBÉISSANCE CIVILE. Il s'agit de refuser d'occuper toute fonction administrative ou élective, de ne pas fréquenter les écoles et les tribunaux anglais, et surtout de boycotter les marchandises britanniques (Gandhi donne l'exemple en filant et en tissant avec les moyens les plus traditionnels). Cette résistance aboutit en 1923 à l'arrestation de Gandhi.

B. MAIS L'OPPOSITION SE DIVISE. La bourgeoisie industrielle est derrière Gandhi, alors que les gros négociants sont plutôt hostiles à la non-coopération et au boycottage. Beaucoup de petits commerçants et de petits fonctionnaires sont disposés à jouer le jeu de la participation aux institutions mises en place par l'*India Act* de 1919. Celles-ci commencent à fonctionner à partir de 1925-1926.

Gandhi se trouve débordé sur sa gauche par un nationalisme plus radical, partisan de l'action directe. Un *Parti de l'Indépendance* (swaraj) se constitue autour de Nehru (le père de Jawaharlal Nehru). Il participe aux élections législatives et mène au Parlement une politique d'obstruction, réclamant pour l'Inde le statut de dominion.

Enfin le «bon voisinage» avec les Musulmans prend fin en 1921. Des massacres d'Hindous par une secte musulmane du Deccan rallument la guerre religieuse.

C. LA PERSISTANCE DU MARASME ÉCONOMIQUE maintient un état de tension sociale. Les prix du thé, du coton et du jute s'effondrent, les exportations diminuent, la situation de la paysannerie endettée est catastrophique.

D. En 1930-1931, une nouvelle campagne de désobéissance civile est lancée par Gandhi qui pense que le gouvernement travailliste de Mac Donald sera moins résistant. Une *Conférence de la Table Ronde* se tient à Londres. Gandhi y est invité mais son opposition systématique et les divisions entre hindouistes et musulmans la font échouer.

3. De 1935 à la guerre

A. L'India Act de 1935

Devant l'échec de la Table Ronde, les Britanniques vont promulguer unilatéralement un nouveau statut, plus libéral que celui de 1919, mais encore distinct du statut de dominion réclamé par les Indiens. Chaque province conserve son gouvernement et son parlement propres. A la tête de la fédération, le Gouverneur, nommé pour 5 ans, est assisté d'un Conseil d'État et d'une assemblée tous deux élus. Le corps électoral est élargi (35 millions de votants). Parlement et gouvernement qui siègent à Dehli s'occupent de la plupart des affaires d'intérêt général, le Gouvernement ne conservant en fait que la direction de la politique extérieure et de la défense. Mais le Parlement de Londres continuera de légiférer pour l'Inde. Cette large autonomie ne suffit pas cependant à satisfaire l'opposition nationaliste.

B. De 1935 a 1939

Le système fonctionne tant bien que mal. Une certaine détente se manifeste à partir de 1937 alors que pointe la menace japonaise. Indiens et Musulmans organisent leurs propres communautés sans tenir compte de la présence anglaise. Leur antagonisme se trouve renforcé et l'on commence à parler de partage.

Conclusion. En refusant à l'Inde le statut de dominion, les Britanniques ont abouti à la paralysie des organes de gouvernement qu'ils avaient eux-mêmes mis en place en 1919 et en 1935. En 1939, il ne peut plus être question que de retarder l'accession à l'indépendance et la partition de l'Inde qui semble devoir en résulter. La Seconde Guerre mondiale va accélérer l'évolution et c'est en 1947 que l'indépendance sera finalement accordée.

12 La France de 1932 à 1939

La France est le dernier pays touché par la crise et à un degré moindre, semble-t-il, que les autres pays capitalistes. Pourtant, les déficiences du parlementarisme y sont telles que les difficultés économiques et sociales débouchent en France sur une véritable crise de régime.

I. De la crise économique à la crise du régime (1932-1936)

A. Le marasme envahit lentement l'économie française.

a) *D'abord l'agriculture,* qui souffre de surproduction chronique. Les problèmes les plus graves sont ceux du blé et du vin. Deux excellentes récoltes en 1932 et 1933 provoquent l'effondrement du prix du blé. De 160 francs le quintal en juillet 1932 (alors qu'il est à 60 francs au cours mondial) il tombe à 96 francs en juin 1933 et à 80 francs en décembre 1934. L'État intervient pour soutenir les prix par un système de subventions, de primes aux producteurs qui acceptent de dénaturer leur blé, et par la constitution de stocks. Cette politique d'intervention pèse lourd sur le budget. Il en est de même pour le vin dont la production atteint des records en 1934 et 1935. Les plantations nouvelles sont interdites et des primes sont accordées pour l'arrachage des pieds de vigne. Toutes ces mesures, venant généralement trop tard, ne sont guère efficaces et ne peuvent apaiser le violent mécontentement paysan.

b) *Dans l'industrie,* on note un ralentissement dès la fin de 1930 mais c'est l'abandon de l'étalon-or par l'Angleterre en septembre 1931 qui précipite la crise. Les prix français se trouvent alors portés à un niveau très supérieur à ceux de la «zone sterling». Les exportations diminuent, passant en un an de 50 milliards à 32 milliards de francs, et les produits étrangers viennent plus aisément concurrencer ceux de l'industrie nationale. L'indice de la production industrielle qui était monté à 140 en 1930 (100 en 1913) retombe à 124 en 1931 et à 96 en 1932. On dénombre dès cette date un demi-million de chômeurs, et bien que le coût de la vie soit en baisse, une courte flambée d'agitation sociale éclate au printemps et pendant l'été 1931 (manifestations du 1er mai et du 1er août, arrestation préventive de chefs communistes dont Doriot).

c) *A partir de* 1932, la crise économique se trouve doublée d'*une crise financière.* Les rentrées fiscales diminuent au moment où, par suite de la prodigalité de Tardieu (assurances sociales, indemnités aux victimes des calamités agricoles, pension du combattant) et à cause de l'accroissement du nombre des chômeurs secourus, augmentent les charges du budget. Dès 1933 le déficit atteint 10 milliards de francs, ce qui oblige l'État à émettre davantage de papier-monnaie. Or dans le même temps le déséquilibre de la balance des paiements (diminution des exportations, des revenus du tourisme, fin des réparations) entraîne des sorties d'or. La stabilité du franc Poincaré se trouve ainsi fortement entamée.

B. La crise politique – Il aurait fallu, pour conjurer la crise, s'engager dans des voies résolument nouvelles et promouvoir d'importantes réformes de structures. Or le Parlement, reflet d'intérêts locaux et divergents, s'oppose à toute réforme d'envergure. Ceux qui transgressent cette règle, tentent d'imposer des solutions neuves, même modérées, sont immédiatement renversés. On assiste ainsi à une véritable «cascade de ministères» : 30 entre 1920 et 1934 et le rythme s'accélère avec les années de crise. Certains finiront par être renversés le jour même de leur présentation devant la Chambre. Les lois constitutionnelles de 1875 permettraient en principe au Président de la République de renvoyer les députés devant leurs électeurs. En fait, la non-dissolution de la Chambre était devenue depuis 1876 une règle coutumière. Ne craignant aucune sanction de la part de l'exécutif, les députés peuvent à leur gré faire et défaire les cabinets et prendre leur tour, pour l'exercice de fonctions ministérielles toujours convoitées. Dans ce domaine également, tous ceux qui, comme Doumergue, parleront de «réforme constitutionnelle», seront irrémédiablement balayés. On aboutit dans ces conditions à la *paralysie de l'exécutif* et à une véritable «dictature» des Chambres.

D'autre part, l'instabilité est d'autant plus grande que le système électoral n'amène jamais à la Chambre une majorité solide capable d'exécuter un programme préalablement défini. Ceci est particulièrement vrai pour les élections de 1932. La droite battue n'a que 260 sièges contre 345 à la gauche dont 330 au *Cartel*. Mais qu'y a-t-il de vraiment commun, outre peut-être la laïcité et le souci de la « défense républicaine », entre les 160 radicaux-socialistes, défenseurs d'une petite bourgeoisie économiquement conservatrice et anti-dirigiste et les 132 socialistes dont la campagne a été menée sur le thème des réformes de structures et des nationalisations ? La non-participation socialiste oblige d'ailleurs les radicaux à constituer avec le centre et une partie de la droite des ministères dits de « concentration » dont l'hétérogénéité explique l'extrême fragilité.

L'instabilité ministérielle qui résulte de cette situation est en partie compensée, il est vrai, par l'existence d'un corps de hauts fonctionnaires d'une parfaite compétence et d'un total dévouement à l'État. Ces «technocrates», conseillers, inspecteurs des finances, administrateurs civils des ministères, etc., recrutés dans un milieu restreint, sont tout à fait capables de faire fonctionner la machine administrative et de maintenir une certaine continuité, même dans le cas d'une vacance temporaire du pouvoir. Mais il leur manque l'impulsion continue, le plan d'ensemble, que peut seul fournir un pouvoir stable. Et il y aura parfois des divergences entre la politique des «bureaux» et celle des cabinets ministériels. Cette situation est d'autant plus grave que la complexité croissante des problèmes économiques, les progrès des moyens de communication et d'information et la montée des dangers extérieurs, exigent, de la part de ceux qui détiennent le pouvoir de décision, autant d'expérience que de rapidité. C'est pourquoi le régime parlementaire trouve beaucoup de détracteurs dans la France des années 30. Et pas seulement dans les milieux réactionnaires mais aussi parmi les partisans d'une République «pure» et efficace.

C. La crise morale – La critique du régime ne porte pas en effet seulement sur les institutions. Elle vise également les mœurs des milieux économiques et financiers qui gravitent autour du monde parlementaire. De 1928 à 1934, plusieurs scandales retentissants vont contribuer au développement de l'antiparlementarisme. En 1928, au moment où Marcel Pagnol oppose dans *Topaze* le personnage de l'instituteur honnête et berné à celui du financier véreux, et tandis que les députés s'attribuent une augmentation de 33 %, deux affaires défraient à peu près simultanément la chronique.

Un ancien ministre des Finances, Louis Klotz, ruiné par la spéculation, est arrêté pour émission de chèques sans provision. En même temps éclate l'affaire de la *Gazette du franc*. La directrice de cette feuille financière, Marthe Hanau, une aventurière de haut vol, avait profité de ses relations dans les milieux politiques pour obtenir de personnalités éminentes (de Laval à Herriot) des articles qui étaient une caution pour son journal. A l'abri de ces grands noms, elle avait entraîné ses lecteurs, généralement de petits épargnants, dans des spéculations désastreuses. Il avait fallu une plainte du Président du Conseil Poincaré pour que soit décidée l'arrestation de Mme Hanau. Deux ans plus tard éclate le scandale Oustric. Le krach de la banque Oustric révèle brusquement les relations entre ce financier de réputation équivoque et le ministre de la Justice Raoul Péret, ancien président de la Chambre et ancien ministre des Finances de Briand, devenu à la suite de services rendus à la banque son conseiller légal.

Mais l'affaire la plus célèbre est celle qui met en scène l'escroc international Stavisky. Le scandale éclate en décembre 1933 avec la faillite du crédit municipal de Bayonne, une affaire montée avec l'aide du député-maire de la ville, le radical Garat, et qui avait donné lieu à l'émission de bons gagés sur des bijoux faux ou volés. En fait, si le nom de Stavisky devient alors célèbre, l'homme est connu depuis longtemps dans les milieux politiques et judiciaires. Inculpé d'escroqueries variées, il a été arrêté en 1926 puis relâché. Dix-neuf fois son procès a été remis à la suite de puissantes et mystérieuses interventions. «Monsieur Alexandre» a en effet des relations influentes dans le monde politique. Lorsque le scandale est découvert, on s'aperçoit que des députés, des journalistes, des magistrats comme le procureur de la République Pressard, beau-frère du Président du Conseil Chautemps, sont de près ou de loin mêlés à l'affaire. Le ministre du Travail doit démissionner, tandis qu'à la Chambre les leaders de l'extrême-droite Ybarnégaray et Philippe Henriot mettent en cause le chef du gouvernement. Le 8 janvier 1934 la police découvre dans un chalet de Chamonix Stavisky mourant, une balle dans la tête. L'enquête officielle conclut au suicide mais *L'Humanité, le Populaire, le Quotidien,* tout comme *L'Action Française* et bien d'autres journaux parlent d'assassinat ou d'exécution. Quelque temps plus tard, le conseiller Prince, qui détient les dossiers de l'affaire, disparaît dans des conditions analogues. Devant le Palais Bourbon, où Chautemps qui a refusé la désignation d'une commission d'enquête donne sa démission, les «camelots du Roy» manifestent aux cris de «A bas les voleurs». La crise du régime est ouverte.

D. Les droites devant la crise – Examinons, face à cette situation, les réactions des trois grandes tendances de la droite française (voir l'ouvrage fondamental de R. Rémond, *La droite en France*).

a) *La droite conservatrice*, officiellement ralliée à la République, reste attachée aux traditions *sociales* (elle est paternaliste), *politiques* (elle est hostile à la centralisation) et *religieuses* de l'ancienne France. Soutenue par la *Fédération nationale catholique* du général de Castelnau, elle s'appuie sur les milieux ruraux de l'Ouest, du Midi et de l'Est. Elle est représentée par des hommes comme Xavier Vallat ou comme Louis Marin, député de Nancy. Elle ne songe pas à renverser la République mais souhaite une régénération du régime et rêve d'une France décentralisée dans laquelle l'Eglise, les notables et les «corps intermédiaires» retrouveraient une place de premier plan.

b) *La droite «libérale»*, liée aux milieux d'affaires, est d'autant moins hostile au régime qu'elle en exerce volontiers la direction et profite parfois de ses faiblesses. Certains de ses dirigeants, et non des moindres, pensent cependant que le capitalisme libéral a fait faillite et que seules de nouvelles méthodes de gestion économique et financière permettront au libéralisme politique de survivre. C'est le cas de Tardieu qui tente vainement en 1930 de faire admettre une politique de redistribution des revenus. Incompris, taxé de prodigalité budgétaire, Tardieu s'orientera peu à peu vers un anti-parlementarisme qui l'amènera à ne pas négliger les services des «Ligues» (ceux des «*Croix-de-feu*» en particulier) et où va bientôt le rejoindre un autre grand leader de la droite libérale, Pierre Laval.

c) *La droite nationaliste* manifeste plus brutalement son opposition au régime. Il faut là aussi cependant distinguer dans l'antiparlementarisme des «ligues».

• Il y a tout d'abord ceux qui pour des motifs patriotiques, ou seulement matériels, sont *mécontents* de la République parlementaire. Sans objectifs précis ni idéologie définie, ils se groupent dans des associations telles que *l'Union Nationale des Combattants*, la *Fédération des contribuables* qui groupe 700 000 adhérents et publie un journal, *le Réveil du contribuable* ou encore dans les «chemises vertes» de l'agitateur rural Henri Dorgères.

• Une seconde famille rassemble la clientèle de la «droite césarienne et plébiscitaire» de tradition bonapartiste ou boulangiste. Elle se recrute surtout dans la classe moyenne et plus particulièrement dans les secteurs que menace l'essor du grand capitalisme : artisanat, petit commerce, petite bourgeoisie rentière, etc. Son antiparlementarisme se teinte donc d'anticapitalisme, sans déboucher pour autant sur un programme précis. La mystique «ancien-combattant» suffit généralement à masquer les incertitudes idéologiques. Trois groupes jouent un rôle important. Les *Jeunesses patriotes* de Pierre Taittinger : 100 000 adhérents organisés en formations paramilitaires. *Solidarité française*, financée par le parfumeur millionnaire François Coty (maître du *Figaro* et de *l'Ami du Peuple*), également transformée en organisation militaire par un ancien officier, Jean Renaud. Enfin les *Croix de Feu*, association d'anciens combattants devenue, sous l'égide du lieutenant-colonel de La Rocque, la plus puissante des ligues paramilitaires, avec plusieurs centaines de milliers d'adhérents. Ses troupes de choc, les «dispo», sont organisées militairement en «mains» (petits groupes de 5 hommes) et en «divisions» mobilisables à tout moment. Faut-il parler de fascisme ? L'idéologie des *Croix de feu* reste en fait très floue, dans la tradition des ligues nationalistes et antiparlementaires de l'avant-guerre, avec comme élément nouveau un anticommunisme qui ne diffère pas de celui des autres formations de droite. Mais s'ils s'en prennent aux éléments corrompus de la classe dirigeante, les partisans du colonel de la Rocque ne remettent en cause ni l'ordre bourgeois, ni les fondements économiques du système. Ils recrutent d'ailleurs leurs troupes non seulement dans la classe moyenne – même si cette catégorie sociale fournit le gros des effectifs – mais aussi dans la bourgeoisie aisée des «beaux quartiers». Beaucoup plus qu'au fascisme, l'idéologie des *Croix de feu* et du *Parti social français* (après la dissolution des ligues par Blum en 1936, le mouvement se reconstitue en P.S.F.) fait songer à un christianisme social patriotique. Les références constantes aux gloires nationales (Jeanne d'Arc, Péguy, plus tard Mermoz, lui-même membre du mouvement), la foi chrétienne militante de son chef et de beaucoup de ses membres, l'action sociale très paternaliste du mouvement (colonies de vacances, ventes de charité), ses préoccupations sportives (aéro-clubs Jean Mermoz), venant s'ajouter au culte de l'armée et à une certaine mystique de l'aventure, font de cette ligue, dans une large mesure, un prolongement politique de l'esprit des mouvements de la jeunesse catholique de l'Entre-deux-guerres, et particulièrement du scoutisme.

• *L'action française* de Maurras et Daudet, est la seule parmi les ligues à posséder une doctrine ferme. Doctrine tournée vers le passé, proche à bien des égards de celle de la droite conservatrice, dont *l'A.F.* diffère surtout par son refus avoué du régime républicain et par ses méthodes brutales (action des «*camelots du Roy*» au Quartier latin). Il faut noter toutefois que, si elle ne constitue en aucune façon une formation «fasciste» (la volonté d'adaptation accélérée au monde industriel et le souci de fonder une démocratie plébiscitaire intégrant les masses à la vie nationale, qui caractérisent le fascisme italien, sont tout à fait étrangers à la pensée maurrassienne), *l'Action française* fournit fréquemment aux mouvements d'inspiration fascisante des cadres qui, après avoir longtemps et profondément subi son attraction, se sont détachés d'elle et de son élitisme conservateur.

• Dernier groupe, celui des formations de type proprement «fasciste». A la différence des mouvements précédents, le maigre support idéologique et le style doivent moins aux traditions ultracistes ou plébiscitaires de la droite française qu'à une imitation plus ou moins prononcée du modèle étranger : nazisme ou fascisme italien. En 1934, seul le *Francisme* de Marcel Bucard mérite une mention particulière. Recrutant ses adhérents (quelques milliers tout au plus) dans les rangs de la petite bourgeoisie déclassée et dans le sous-prolétariat, cet ancien boucher devenu héros de la guerre (10 blessures, 3 citations), puis chef de milices privées, organise militairement ses troupes (chemises bleues, béret) et multiplie les manifestations de force : défilés, exercices de tir, camps d'été, etc. Rien d'original dans la «doctrine» qui vitupère simultanément le «système capitaliste et la démocratie des jouisseurs», «le système collectiviste des négateurs de la nation». Outre ces références idéologiques, la sympathie des «francistes» pour l'Allemagne hitlérienne et surtout pour l'Italie fasciste s'explique largement par la provenance des fonds qui affluent dans les caisses du parti : en 1934 et en 1935 Bucard touche pour ses besoins personnels 10 000 lires par mois et son parti 50 000 lires mensuellement versées par le sous-secrétariat italien à la presse et à la propagande ; après la dissolution du mouvement en 1936, le relais est assuré par des subsides d'origine allemande.

E. Le 6 février – Les élections de 1932 ont été suivies d'une nouvelle «expérience Herriot». Celle-ci dure sept mois, au cours desquels la situation internationale ne cesse de se détériorer (c'est la question du remboursement des dettes américaines qui provoque le renversement du ministère en décembre 1932), et inaugure une phase de forte instabilité gouvernementale. De décembre 1932 à janvier 1934 se succèdent en effet 4 ministères à direction radicale ou «républicaine-socialiste» : les cabinets Paul Boncour, Daladier, Albert Sarraut et Chautemps. Fortement ébranlé par les retombées de l'affaire Stavisky, ce dernier démissionne le 30 janvier 1934. Il est remplacé par Edouard Daladier et c'est la décision prise par ce dernier de déplacer le préfet de police Chiappe, jugé très favorable aux ligues, qui va déclencher l'épreuve de force. Le 6 février, jour où la Chambre doit voter la confiance au nouveau ministère, des manifestations ont lieu sur les Champs-Elysées (anciens combattants), à la Concorde (la plupart des ligues) et dans le secteur boulevard Saint-Germain/rue de Bourgogne (Croix de feu). Les communistes sont présents mais sans se mélanger aux autres manifestants. Lorsque la foule tente de franchir le pont de la Concorde pour marcher sur le Palais-Bourbon, les gardes mobiles tirent. Il y a une quinzaine de morts et plusieurs centaines de blessés.

Sur le terrain Daladier, qui a obtenu la confiance de la Chambre et a bénéficié de la défection des hommes du colonel de La Rocque (celui-ci a donné contre-ordre au dernier moment et les Croix de feu, de beaucoup les plus nombreux, n'ont pas attaqué), sort vainqueur de l'épreuve de force. Mais, attaqué par la presse de droite et par les grands journaux d'information, qui dénoncent le «gouvernement d'assassins», désavoué par nombre de magistrats et de hauts fonctionnaires qui contestent les ordres répressifs du gouvernement (le 7 au matin plusieurs des meneurs de la manifestation ont été arrêtés), poussé à la retraite par la plupart de ses ministres, le Président du conseil donne sa démission. Pour la première fois dans l'histoire de la République, un ministère capitule devant une émeute de rue. Il est remplacé par un cabinet d'*Union nationale*, dirigé par l'ancien président de la République Gaston Doumergue (qui est censé à ce titre être «au-dessus des partis») et dans lequel entrent, à côté d'Herriot et de Sarraut, trois hommes qui ont la confiance de la droite : Pierre Laval, André Tardieu et le maréchal Pétain.

Aujourd'hui encore, les historiens s'interrogent sur la signification du 6 février 1934. Dans l'état actuel de nos connaissances, il ne semble pas que l'on puisse retenir l'hypothèse d'un véritable complot contre le régime, même si certaines ligues, comme l'*Action française* et les *Jeunesses patriotes*, ont effectivement cherché à tirer parti de la situation sur le terrain. On ne peut pas non plus réduire l'émeute du 6 février à une manifestation spontanée de colère populaire contre un Parlement discrédité et corrompu. Que beaucoup de manifestants se soient rendus sur les Champs-Elysées ou à la Concorde pour crier, sans motivation politique précise, leur mépris du régime, cela ne fait aucun doute. Mais les mobiles des principaux organisateurs étaient sans doute moins purs. L'hypothèse la plus vraisemblable est qu'ils ont voulu, comme en 1926, chasser les radicaux du pouvoir sous la pression de la rue, pour y réinstaller la droite sous prétexte d'union nationale. Dans cette perspective, leur projet aurait consisté à mettre en place un gouvernement énergique, capable de promouvoir une réforme constitutionnelle et de mettre fin aux scandales politico-financiers. Et c'est bien ce dessein qui l'a emporté, avec la démission de Daladier le 7 février et l'avènement du cabinet Doumergue, du moins dans l'immédiat car les espoirs des ligues ne tarderont pas à être déçus.

Il reste que pour la gauche l'émeute du 6 février est aussitôt interprétée comme une tentative de putsch fasciste, contre lequel il importe d'organiser une riposte énergique. Le 9, les communistes manifestent dans les quartiers ouvriers de la capitale : les heurts avec la police sont très durs et l'on dénombre plusieurs morts parmi les manifestants. Le 12, le mot d'ordre de grève générale lancé par les syndicats donne lieu partout à des débrayages massifs. La grève ne dure que 24 heures mais elle est très fortement suivie (les communistes, d'abord réticents, s'y sont ralliés dans la nuit du 10 au 11). Première manifestation d'un «front commun» contre le «fascisme», imposé par la base.

F. La fin de la législature – Vite abandonné par les radicaux, Doumergue ne parvient pas à faire aboutir ses projets de réforme constitutionnelle. Il est remplacé par Flandin, puis par Laval dont la politique de déflation renforcée (baisse de 10 % sur les salaires et traitements, en principe compensée par une diminution équivalente des dépenses publiques, des loyers, baux, fermages, etc) et imposée par *décrets-lois* (de 400 à 500 pris en conseil des ministres de juillet à octobre 1935), soulève un vif mécontentement. Laval tombe en janvier 1936 et son successeur Sarraut assure la transition jusqu'aux élections.

II. Le front populaire

A. Origines et formation – a) *Des conditions favorables* à l'union des gauches apparaissent en 1934-35. La persistance des difficultés économiques et les mesures déflationnistes du gouvernement Laval ont accru le mécontentement des ouvriers et des classes moyennes (fonctionnaires, employés, petits agriculteurs) qui estiment que seul l'avènement d'un gouvernement de gauche permettra l'amélioration de leur sort. Mais c'est surtout la crainte inspirée par les Ligues qui hâte le regroupement des forces de gauche. Chez les radicaux, les partisans du «front commun» (Jean Zay, Daladier) l'emportent peu à peu sur ceux qui, comme Herriot, voudraient maintenir l'alliance avec les modérés. Les communistes modifient également leur attitude. Ils avaient appliqué jusqu'alors, en matière électorale, la tactique «classe contre classe», refusant de favoriser l'élection d'un socialiste, même contre un candidat de droite. La stratégie nouvelle de la IIIe Internationale qui considère, depuis l'avènement de Hitler, le fascisme comme son principal adversaire, les incite au contraire à chercher des alliances à gauche.

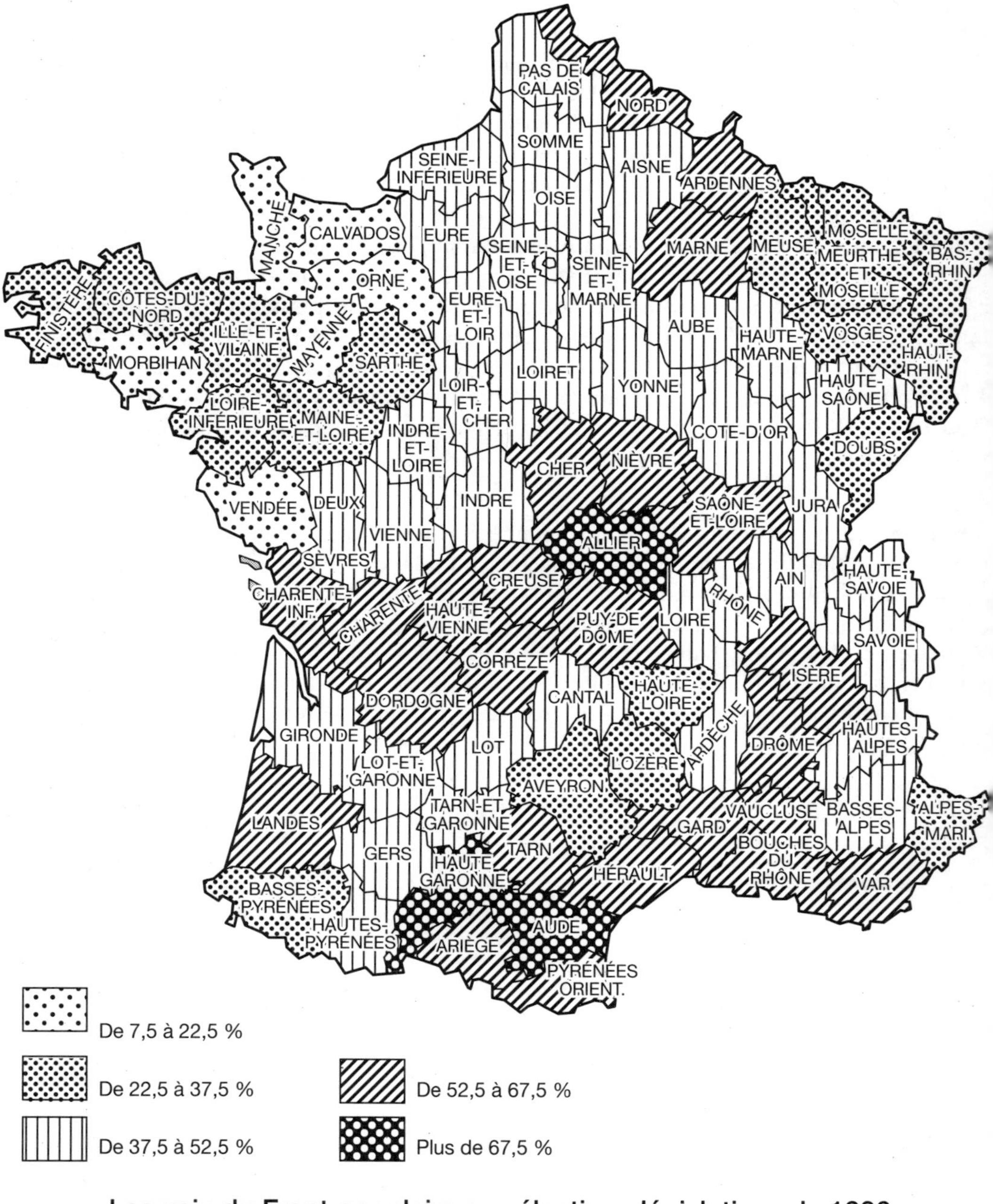

Les voix du Front populaire aux élections législatives de 1936

(les noms des départements sont ceux de 1936)

b) *Principales étapes.* Dès le 12 février 1934 un rapprochement se dessine entre socialistes et communistes. La C.G.T.U. (communiste) s'est associée au mouvement de grève lancé par la C.G.T. (celle-ci est alors plutôt de tendance socialiste) et les militants des deux partis et des deux centrales se mêlent sur le cours de Vincennes en une manifestation commune. Le 5 mars, un *Comité de vigilance des intellectuels antifascistes* se constitue sous l'égide de Paul Rivet, professeur au Museum (S.F.I.O.), de Paul Langevin, professeur au Collège de France (communisant) et du philosophe Alain (théoricien du radicalisme). Troisième étape, la signature, non sans quelque réticence de part et d'autre, d'un *pacte d'unité d'action* socialo-communiste le 12 juillet 1934. L'étape la plus importante est le ralliement des radicaux à la suite d'élections municipales favorables à la gauche, notamment dans le quartier Saint-Victor à Paris. Le 14 juillet 1935 une immense manifestation rassemble, de la Bastille à la Nation, socialistes, communistes et de nombreux radicaux. Elle a été préparée par un Comité national du *Rassemblement Populaire* dans lequel siègent des membres du parti radical. C'est cet organisme qui va préparer sur un programme commun, publié en janvier 1936, les élections du mois de mai. Ce programme de «Front populaire» (il s'agit essentiellement d'une coalition électorale pour les désistements du second tour) porte sur la défense de la liberté et de la paix et sur des revendications d'ordre économique : peu de réformes de structure mais une politique d'augmentation du pouvoir d'achat des masses par l'intervention de l'État, dans le style du New Deal. La dernière étape est la *réunification syndicale* en mars 1936.

B. Le premier gouvernement Blum — a) *Les élections de mai 1936.* La campagne électorale se déroula dans une atmosphère de grande agitation (meetings, cortèges, bagarres fréquentes entre extrémistes de droite et de gauche) et de forte participation à la vie politique. Au premier tour, la gauche ne gagna que 300 000 voix par rapport à 1932. Mais au second tour la «discipline républicaine» permit d'assurer le succès de la coalition. Le Front populaire obtenait 376 élus contre 222 à ses adversaires. Les socialistes avaient maintenu leurs positions avec 2 millions de voix (147 sièges). Les radicaux perdraient 350 000 voix et n'avaient plus que 106 sièges. Il y avait 51 divers gauche et 72 communistes (pour 1 468 000 voix au lieu de 783 000 en 1932). Succès fragile cependant puisque tout dépend en fin de compte de l'attitude des radicaux.

b) *Formation du gouvernement Blum.* Devenu le parti le plus nombreux de la Chambre, le parti socialiste revendique le pouvoir et c'est Léon Blum qui devient Président du Conseil. Le cabinet sera à participation radicale mais non communiste, le P.C. se bornant à apporter son soutien. Daladier est vice-président du Conseil et ministre de la Défense Nationale, Chautemps (rad.) et Paul Faure (soc.) sont ministres d'État. Roger Salengro (soc.) est à l'Intérieur, Y. Delbos (rad.) aux Affaires étrangères, Vincent Auriol (soc.) aux Finances. Au total vingt et un ministres et quatorze sous-secrétaires d'État dont trois femmes.

c) *Les grèves de mai-juin 1936.* Blum constitue son ministère le 4 juin. Mais dès le 11 mai un puissant mouvement de grèves avec occupation des locaux s'est développé dans le pays. Le point de départ en est l'usine Bréguet du Havre, suivie de Latécoère à Toulouse et de Bloch à Courbevoie. De l'industrie aéronautique, le mouvement gagne la métallurgie parisienne, puis de nombreux autres secteurs d'activité, y compris ceux qui traditionnellement sont peu affectés par les luttes revendicatives, tel celui des grands magasins. Il y aura au plus fort de la crise de 2 à 3 millions de grévistes : ouvriers, employés, techniciens, mais pas de fonctionnaires.

Effrayée par l'ampleur et par le caractère insolite du mouvement, la classe dirigeante a vu dans les grèves du printemps 1936 les prodromes d'une révolution conçue à l'étranger par quelque chef d'orchestre clandestin (allemand pour Henri de Kerillis, soviétique pour Jacques Bardoux) et préparée en France même par le parti communiste. En fait la thèse du complot n'est plus soutenue aujourd'hui par aucun historien sérieux. Tous s'accordent au contraire à voir dans les événements de 1936 une explosion spontanée où se mêlent, dans une atmosphère de kermesse et de «fête» – qui rappelle la Commune et annonce 1968 – l'aspiration à de meilleures conditions de travail, la joie d'avoir remporté une victoire électorale qui est à bien des égards défensive (le spectre du fascisme paraît écarté) et la volonté – exprimée dans une démonstration de force préventive – de recueillir les fruits de ce succès. Qu'il y ait eu, de la part des travailleurs en grève, un désir profond de changement, cela ne fait aucun doute. Encore faut-il s'entendre sur la nature et sur la portée de ce changement, qui est davantage de l'ordre du quotidien (meilleurs salaires, un peu plus de loisirs, etc.) et des revendications ponctuelles au sein de l'entreprise (on rejette notamment l'atmosphère carcérale de beaucoup d'entre elles), que du projet politique élaboré. Sans doute est-ce la raison pour laquelle les formations minoritaires de l'ultra-gauche, petits groupes trotskystes ou syndicalistes révolutionnaires, «gauche révolutionnaire» rassemblée au sein de la S.F.I.O. autour de Marceau-Pivert, Zyromski, etc., ont eu localement une influence non négligeable, alors que les grandes organisations de masse de la classe ouvrière, comme la C.G.T., ont plutôt eu tendance à freiner un mouvement qu'ils ne pouvaient contrôler. Il en a été de même des partis de la coalition victorieuse. Dès son arrivée au pouvoir, Blum s'est en effet attaché à mettre fin au conflit. Le 7 juin, les accords Matignon (cf. plan en annexe) étaient signés. Le 11, le secrétaire général du parti communiste Maurice Thorez demande aux travailleurs de cesser leur action : « Il faut savoir terminer une grève dès que satisfaction a été obtenue. Il faut même savoir consentir au compromis si toutes les revendications n'ont pas encore été acceptées... Tout n'est pas possible ». Dès la mi-juin, de nombreuses entreprises rouvrent leurs portes et au début du mois de juillet, les choses sont à peu près rentrées dans l'ordre.

Tirant argument de ce coup de frein apporté au mouvement des masses, des militants de l'ultra-gauche, ainsi que certains historiens, ont accusé Blum et Thorez d'avoir «trahi la révolution». C'était faire bon marché, semble-t-il, des contraintes internes et externes qui ont pesé sur les décisions des leaders du Front populaire : menace de guerre civile en France, poids de la petite bourgeoisie radicale et socialisante dans l'électorat de gauche, nécessité de maintenir un front uni contre le «fascisme», stratégie d'alliance avec les forces démocratiques et antifascistes adoptée par la IIIe Internationale, aspiration des masses à la paix, etc. C'était d'autre part – et c'est aujourd'hui encore – interpréter le mouvement de mai-juin 1936 comme effectivement «révolutionnaire». Ce qui n'est nullement démontré. Le débat reste ouvert.

d) *L'œuvre du gouvernement Blum* (cf. plan en annexe).

e) *Difficultés et chute du gouvernement Blum.* Le Front populaire se heurte à de très vives oppositions.

• D'ordre économique d'abord. Le patronat s'efforce de limiter la portée de l'Accord Matignon et de compenser les avantages accordés aux travailleurs par une forte hausse des prix (jusqu'à 70 % alors que les charges salariales ont augmenté au maximum de 45 %). Résultat : diminution des exportations et inflation qui contraint le gouvernement à dévaluer le franc le 1er octobre 1936. Le monde des affaires boude l'emprunt et, en l'absence d'un contrôle des changes, fait passer à l'étranger ses capitaux disponibles.

• Difficultés politiques d'autre part. La droite attaque avec une extrême violence le gouvernement Blum : droite conservatrice, avec les campagnes menées dans *l'Écho de Paris* par Henri de Kérillis, extrême-droite surtout avec les attaques dirigées dans *Gringoire* contre Roger Salengro, et qui vont provoquer le suicide du ministre de l'Intérieur. Les Ligues, dissoutes dans les premiers jours du Front populaire, font leur réapparition sous forme de partis politiques organisés : *Parti Social Français* du colonel de La Rocque et *Parti Populaire Français* fondé en juin 1936 par l'ex-leader communiste Jacques Doriot, le premier grand parti français d'inspiration proprement fasciste. Une organisation secrète, le C.S.A.R., d'Eugène Deloncle («la Cagoule») complote contre la République et se livre à des attentats provocateurs (en particulier contre le siège de la Confédération générale du patronat français). En face de cette agitation, le Front populaire tend à se dissocier. Les mesures d'inspiration dirigiste, jugées trop timides par les communistes, sont critiquées par les radicaux. Mais c'est un événement d'ordre extérieur, la guerre d'Espagne, qui provoque l'éclatement. Les communistes sont pour l'intervention, la plupart des radicaux pour l'abstention totale. Blum choisit une voie moyenne, la «non-intervention» officielle, non sans opposition au sein de son propre parti (Zyromski et Marceau-Pivert sont favorables à l'intervention). Le Front populaire est donc déjà très affaibli lorsque le 15 juin 1937 Blum demande les pleins pouvoirs financiers. La Chambre les lui accorde mais il est battu au Sénat (intervention de Caillaux) et il démissionne le 21. Son gouvernement a duré un peu plus d'un an.

C. La liquidation du Front populaire — Le radical Chautemps dirige un gouvernement avec puis sans les socialistes (ceux-ci se retirent lorsque le gouvernement tente par décrets de limiter la portée de la loi des 40 heures). Un second gouvernement Blum échoue en avril 1938 (toujours sur les pleins pouvoirs financiers) et c'est Édouard Daladier qui devient Président du Conseil. Rompant avec la majorité de Front populaire, Daladier s'appuie sur la droite et fait entrer des modérés dans son cabinet (P. Reynaud aux Finances). A l'exception des mesures natalistes *(Code de la Famille)* et financières (nouvelle dévaluation en mai 1938), ses préoccupations sont essentiellement d'ordre extérieur (Munich, puis affaire polonaise).

Bibliographie

Outre les ouvrages généraux sur la France de l'Entre-deux-guerres, cités dans le chapitre IV, on verra : R. REMOND, *La Droite en France. De la première Restauration à la Ve République*, Paris, Aubier-Montaigne, 3e éd., Vol. 1, 1815-1940 ; P. MILZA, *Fascisme français. Passé et présent*, Paris, Flammarion, 1988 ; J. PLUMYENNE & R. LASIERRA, *Les Fascismes français*, Paris, Le Seuil, 1963 ; L. BODIN & J. TOUCHARD, *Le Front populaire, 1936*, Paris, Colin (Kiosque), 1961 ; H. DUBIEF, *Le déclin de la IIIe République, 1929-1938*, Paris, Le Seuil (Points Histoire), 1976 ; J. TOUCHARD, *La gauche en France depuis 1900*, Paris, Le Seuil, (Points Histoire), 1977 ; J. CHASTENET, *Histoire de la IIIe République*, Paris, Hachette, Tome VI, *Déclin de la Troisième, 1931, 1938*, et tome VII, *Le drame final*, 1962 & 1963 ; E. WEBER, *L'Action Française*, Paris, Stock, 1964 ; S. BERSTEIN, *Le 6 février 1934*, Paris, Gallimard-Julliard (Archives), 1975 ; Ph. MACHEFER, *Ligues et fascismes en France.* 1919-1939, Paris, PUF, 1974.

Sur le Front populaire et sur la fin de la législature on verra : G. LEFRANC, *Histoire du Front populaire*, Paris, Payot, 1965 ; du même auteur *Le Front populaire*, Paris, PUF, (Que sais-je ?, n° 1209), 1965 ; *Juin 36*, Paris, Julliard (Archives), 1966 ; *L'expérience du Front populaire*, Paris, PUF (Dossiers Clio), 1972 ; *Léon Blum, chef du gouvernement, 1936-1937*, Actes du colloque de la F.N.S.P. Cahiers de la Fondation nationale des sciences politiques, n° 155, Paris, Colin, 1967 ; *Edouard Daladier, chef du gouvernement, avril 1938-septembre 1939*, actes du colloque de la F.N.S.P. 2 vol. Presses de la Fondation nationale des sciences politiques, 1977 & 1978 ; R. REMOND, *Notre siècle*, Paris, Fayard, dernière édition 1995 ; J. BERSTEIN, P. MILZA, *Histoire de la France au XXe siècle*, Bruxelles, Complexe, 1995. S. WOLIKOW, *Le Front populaire*, Bruxelles, Complexe, 1996.

Sur Léon Blum on pourra consulter : J. COLTON, *Léon Blum*, Paris, Fayard, 1967 et surtout ; J. LACOUTURE, *Léon Blum*, Paris, Le Seuil, 1977.

Citons enfin l'ouvrage très stimulant de J.P. AZEMA & M. WINOCK, *Naissance et mort de la IIIe République*, Paris, Calmann-Lévy, 1970.

Document

Blum dénonce à la tribune de la Chambre les méthodes de la presse d'extrême-droite, notamment les calomnies répandues par Gringoire *contre Roger Salengro.*

«Cela court ; cela s'insinue ; cela circule au-delà des frontières ; cela est reproduit avidement par tout ce qui nous redoute, par tout ce qui nous jalouse, par tout ce qui nous hait. Mais blesser son pays, c'est bien peu de chose, quand on peut atteindre, à travers lui, des adversaires détestés ; et l'on est tout de même de grands patriotes !

Peu importe, messieurs, que la boue rejaillisse sur le renom de la France, si l'honneur d'un adversaire peut en être souillé. je vous en prie, méditez cela.

Et puis, je vous le demande aussi, pensez à l'homme, car il y a un homme dans cette affaire, un homme avec un cœur d'homme, un homme qui est votre collègue, que vous connaissez tous. Il y a un homme qui, depuis des semaines, est affreusement torturé.

Oh ! je le sais bien, messieurs, et vous le savez comme moi, on essaie dans ces cas là de contraindre, de refouler en soi sa souffrance. On dit à des amis : «Ce n'est rien, cela ne compte pas». Et puis, quand les amis vous suivent des yeux, ils vous voient un visage altéré, alors ils éprouvent dans leur amitié, dans leur tendresse, à quel point un cœur d'homme peut être rongé par une calomnie comme celle-là. Peut-être, Roger Salengro, n'en avez-vous pas encore suffisamment l'habitude. Vous vous y ferez sans doute, avec le temps».

Léon Blum, Discours à la Chambre, 13 novembre 1936.

Plan

L'œuvre économique et sociale du Front populaire

Introduction. En un an, de juin 1936 à juin 1937, le gouvernement Blum accomplit, dans l'ordre économique et social, un effort considérable. Si d'importants progrès sociaux ont été réalisés, le bilan économique est loin d'être aussi positif. Cet échec partiel est dû autant aux résistances rencontrées qu'aux contradictions internes du Front populaire et à la timidité des moyens d'action mis en œuvre.

1. Dans quelles conditions le Front populaire a-t-il entrepris son œuvre économique et sociale ?

A. L'AMPLEUR DE LA TÂCHE

a) *Les effets de la crise* (voir l'exposé fondamental) ont été plutôt aggravés par la politique déflationniste des gouvernements modérés. Saine du point de vue monétaire, la déflation entraîne une diminution des exportations et un resserrement du marché intérieur.

b) La France a accumulé un retard important *en matière de législation sociale.* Le gouvernement Blum va devoir satisfaire, en pleine période de crise, et en bloc, des revendications formulées depuis longtemps.

c) *La vague de grèves* de juin 1936 a évidemment aggravé la situation économique.

B. LES OBJECTIFS ET LES MÉTHODES

a) *Les objectifs.* Ils sont à la fois idéologiques et économiques. Il s'agit en effet de promouvoir une plus grande justice sociale, mais aussi de faire repartir l'économie en accroissant le pouvoir d'achat des masses. Il faut cependant noter que c'est après son premier gouvernement que Blum lit Keynes et s'imprègne de ses idées. Il faut également remarquer les divergences entre les socialistes, partisans d'une politique dirigiste, assortie de réformes de structure (nationalisations), et les radicaux restés fidèles au libéralisme. La politique économique du gouvernement Blum est un compromis entre ces deux tendances.

b) *Les méthodes* découlent de cette ambiguïté. Pas de socialisation, ni même de nationalisations des secteurs-clés de l'économie telles que les proposait la C.G.T., mais un dirigisme modéré parfaitement compatible avec le maintien du capitalisme.

C. LES OBSTACLES

Ils sont *d'ordre interne* : divisions au sein du Front populaire entre ceux qui veulent seulement améliorer le système (radicaux) et les partisans de profondes réformes de structures. Mais aussi *d'ordre externe* : opposition des milieux d'affaires, du patronat industriel. L'échec de Blum s'explique en grande partie par son souci de promouvoir ces réformes dans un cadre purement libéral et sans oser appliquer des mesures coercitives telle que le contrôle des changes.

2. Les réalisations

A. DANS L'ORDRE SOCIAL

L'accord Matignon du 7 juin 1936, signé par les délégués patronaux et syndicaux sous le patronage du gouvernement, établit le droit syndical dans l'entreprise (délégués d'usine) et définit les conditions dans lesquelles seront élaborées des *conventions collectives du travail,* établissant et garantissant les conditions de travail dans chaque entreprise ou dans chaque secteur d'activité. En même temps, les salaires sont augmentés de 10 à 15 %, la semaine de travail réduite à 40 heures sans diminution de salaire, et les *congés payés* sont rendus obligatoires.

B. DANS LE DOMAINE ÉCONOMIQUE ET FINANCIER

Un *Office du blé* est chargé de fixer un prix minimum pour ce produit. Des usines d'armement et l'industrie aéronautique sont nationalisées ainsi que les chemins de fer (S.N.C.F.). Le *statut de la Banque de France* est modifié dans le sens d'une limitation de l'influence des deux cents plus forts actionnaires. Enfin, le gouvernement n'ayant pu tenir les prix, il faut procéder en septembre 1936 à une *dévaluation* (valeur du franc fixé entre 42 et 49 mg d'or fin), ce qui permet de relancer les exportations.

3. Le bilan

A. SUR LE PLAN SOCIAL

Les différents avantages matériels accordés aux travailleurs correspondent à un accroissement de plus de 40 % du salaire horaire. Mais le gouvernement ne parvenant pas à endiguer la hausse des prix, le bénéfice est en fait très faible. Des mesures ultérieures limiteront par ailleurs la portée de la loi des 40 heures. Les éléments les plus durables sont la fixation des conditions de travail par contrats collectifs, les congés payés et la reconnaissance du droit syndical.

B. SUR LE PLAN ÉCONOMIQUE

Même limité par la hausse des prix, le pouvoir d'achat des masses s'est accru, en particulier dans le secteur agricole. Le nombre des chômeurs a diminué de 70 000 et l'indice de la production industrielle, tombé à 79 en 1935 (100 en 1928) est remonté à 90 à la fin de l'expérience Blum. L'échec est surtout financier et il s'explique par l'incapacité du Front populaire à freiner l'inflation en s'opposant à l'augmentation des prix et à l'exportation des capitaux et de l'or.

Conclusion. Beaucoup plus qu'à un régime socialiste, l'expérience Blum s'apparente à celle du New Deal. Mais elle n'a pas bénéficié de la même confiance et n'a pas su découvrir dans des structures archaïques le véritable goulot d'étranglement de l'économie française. Il reste à son actif des mesures sociales qui ont survécu à ses promoteurs.

Problèmes – Débats – Controverses

La politique économique du premier gouvernement Blum

Avec la problématique des grèves de mai-juin 1936, le bilan économique du Front populaire demeure l'un des points les plus contestés de l'historiographie des années 30. Dans les controverses qu'il suscite entre historiens, économistes, auteurs de «mémoires» et témoins divers d'une époque encore proche, les arrières-pensées idéologiques ne sont pas absentes. On s'accorde cependant aujourd'hui, sauf peut-être à l'extrême droite de l'éventail politique et dans certains secteurs de l'ultra-gauche, pour reconnaître les «bonnes intentions» du cabinet Blum. C'est sur le réalisme de sa politique, sur l'efficacité des mesures mises en œuvre et sur les résultats obtenus que porte l'essentiel des discussions.

Globalement, personne ne songe sérieusement à reprocher à Blum d'avoir engagé la France dans une expérience collectiviste. A l'extrême gauche, on lui ferait plutôt grief de n'être pas allé assez loin dans la voie des réformes de structure et de ne pas s'être donné des moyens suffisants pour rompre avec la logique du système capitaliste (contrôle des changes, nationalisation des industries-clés et du crédit, etc.). J.M. Jeanneney (in *Léon Blum, chef de gouvernement*, Cahiers de la FNSP, op. cit.) souligne que si elle était le fruit d'une «doctrine mûrie de longue date», la politique de Blum «n'était point socialiste en son essence. Elle visait à faire fonctionner mieux une économie qui demeurait formée principalement d'entreprises privées et où l'initiative privée conserverait un rôle essentiel». Politique «généreuse» et «séduisante», écrit-il, parlant de ce *New Deal* à la française (encore faut-il remarquer qu'il y a concomitance ou inspiration à la source commune de la pensée keynésienne plutôt qu'influence directe), mais qui révèle une méconnaissance profonde des réalités économiques, ce qui explique son échec.

Cet «échec» du Front populaire en matière économique et financière, A. Sauvy a essayé d'en mesurer les effets dans son *Histoire économique de la France entre les deux guerres*, (II, *1931-1939*, Paris, Fayard, 1967). Il estime que si le pouvoir d'achat s'est maintenu pour les ouvriers au travail, qui ont d'autre part gagné en loisirs, il a reculé pour les fonctionnaires. On a enregistré d'autre part une baisse légère de la production sur le point de départ, un recul spectaculaire des investissements, une amputation importante des revenus fixes, une hausse considérable des prix et surtout une forte dévaluation de fait de la monnaie.

Pierre Mendès France (cf. débat du 26-4-1965 à l'École normale supérieure, cité in G. Lefranc, *L'expérience du Front populaire*, dossier Clio, *op. cit.*) ne partage pas du tout ces conclusions pessimistes et estime au contraire qu'au printemps 1937 la relance économique était en bonne voie. Il admet certes que la gauche (comme d'ailleurs la droite) savait peu de choses sur la thérapeutique des crises et qu'elle a fait des erreurs – la plus grave étant d'avoir dévalué trop tard et de façon insuffisante – mais surtout il met l'accent sur les contraintes sociales et politiques qui ont pesé sur les décisions gouvernementales ; volonté de la classe ouvrière de ne pas laisser frustrer des fruits de sa victoire, hostilité du mur d'argent et inquiétude des classes moyennes, harcèlement de la droite contre la politique du gouvernement, contexte international, guerre d'Espagne, etc. Il insiste enfin sur le peu de temps (un an, alors que Roosevelt a pu échelonner ses mesures de sauvetage et de relance sur plusieurs années) dont a disposé le cabinet Blum pour appliquer son programme.

Dans le détail, la polémique porte essentiellement sur deux points : la dévaluation du franc, que l'on juge en général trop tardive et insuffisante (on sait aujourd'hui que Blum avait décidé de dévaluer au lendemain même de son accession au pouvoir mais qu'il avait estimé préférable d'attendre pour inclure dans l'opération les charges rendues nécessaires par sa politique sociale), et la loi des 40 heures, considérée par les uns comme une catastrophe (elle aurait cassé la reprise économique), par les autres comme une mesure inévitable, compte tenu du contexte de mai-juin 1936.

13 L'Italie de 1919 à 1940

La marche sur Rome, en octobre 1922, suivie de l'arrivée au pouvoir d'un gouvernement présidé par Benito Mussolini, marque le début d'un processus qui, en un peu plus de trois ans, va faire de l'Italie une dictature d'un type nouveau. Le fascisme en effet ne saurait être réduit à la dimension d'un cas particulier de la contre-révolution européenne. Par la nature de la coalition sociale sur laquelle il fonde son pouvoir, par sa vocation *totalitaire,* par son souci d'intégrer les masses et de les associer – non sans équivoque d'ailleurs – à son projet historique, il s'inscrit dans une spécificité qui a peu d'équivalent dans le monde de l'Entre-deux-guerres. Seule l'Allemagne hitlérienne présentera – avec des variantes – des caractères semblables. Nous verrons dans le chapitre suivant sur quels critères peut s'établir la distinction entre «fascismes» proprement dits et régimes autoritaires de type traditionnel. Auparavant il importe d'examiner comment s'est mis en place et comment fonctionne le «modèle» italien.

I. L'Italie préfasciste (1919-1922)

A. La situation en 1919 – a) *L'économie italienne* présente encore de nombreux traits d'archaïsmes. Le secteur agricole reste le plus important avec 55 % de la population active. La division du sol entre immenses domaines latifundiaires et propriétés trop exiguës est un obstacle à la modernisation de l'agriculture, et la production de céréales, de viande et de produits laitiers est nettement insuffisante. L'industrialisation du pays s'est opérée dans des conditions très difficiles, par manque de capitaux, de sources d'énergie (très peu de charbon) et de matières premières. Depuis le milieu du XIXᵉ siècle, des industries se sont cependant implantées dans la moitié septentrionale du pays : textiles en Lombardie (Côme, Milan, Biella), sidérurgie à Terni et Gênes, métallurgie à Turin (FIAT), Milan (Alfa Romeo) et dans les ports, etc.

Le «décollage» industriel de l'Italie, particulièrement tardif puisqu'il ne s'amorce guère avant 1880, n'est pas encore complètement achevé lorsque éclate le premier conflit mondial. Il s'est donc opéré à un moment où, dans les pays anciennement industrialisés, se réalise la fusion entre le capital bancaire et le capital industriel. Dès le début, le processus d'industrialisation de l'Italie en a subi les effets, ce qui s'est traduit par une forte tendance à la concentration et à la création de puissantes unités économiques. L'injection massive de capitaux étrangers (anglais, français, puis allemands) a accentué cette tendance, les prêteurs étrangers cherchant à obtenir pour leurs capitaux un rendement maximum et favorisant de ce fait la constitution de vastes oligopoles. A la veille de la guerre plusieurs secteurs de l'industrie italienne (sidérurgie, constructions mécaniques, etc.) se trouvent ainsi dominés par quelques grosses sociétés qui contrôlent le marché et constituent déjà de véritables puissances.

L'essor très rapide de ce secteur hyperconcentré est un facteur de déséquilibre pour l'économie italienne car il est à bien des égards artificiel. De la même façon qu'en Russie, le capital étranger s'investit dans des branches tournées vers la rentabilité immédiate, mais dont le développement ne répond pas nécessairement à un besoin vital du pays. D'autre part, certaines industries, comme celle des produits sidérurgiques, ont été constituées à grands frais avec l'aide de l'État et à l'abri d'une protection douanière dont les effets néfastes étaient supportés par d'autres secteurs de l'activité économique, ceci pour satisfaire la mégalomanie de certains milieux d'affaires et des dirigeants politiques qui en sont l'émanation. Il y a ainsi entre la volonté de puissance de la classe dirigeante, le protectionnisme, le poids d'une fiscalité qui pèse surtout sur les masses et les déséquilibres de la société italienne, des liens que dès la fin du XIXe siècle Vilfredo Pareto dénonce dans son opuscule, paru en 1898, *La liberté économique et les événements d'Italie.*

Les contradictions qui règnent à l'intérieur du secteur industriel se doublent d'une inégalité fondamentale entre l'essor de l'industrie et la stagnation des campagnes. Problème qui à bien des égards recouvre celui du «Mezzogiorno», et qui est une conséquence de la façon dont a été réalisée l'unité de la péninsule. Celle-ci s'est opérée en effet sous l'égide de la bourgeoisie d'affaires du Nord et s'est accompagnée d'une véritable colonisation du Midi. Peu à peu, une véritable alliance — bien mise en évidence par Antonio Gramsci — s'est nouée entre les milieux industriels du Nord et les grands propriétaires du Sud, avec comme conséquence l'élargissement du fossé qui sépare les deux Italies. En effet, d'une part le Sud se trouve, en matière d'investissements publics et privés, systématiquement sacrifié, et d'autre part la noblesse latifundiaire du Midi tend à placer dans les entreprises industrielles et financières du Nord les profits qu'elle retire de la médiocre gestion de ses domaines. Par ce moyen, et aussi par l'énorme pression fiscale qui a pesé sur les masses après la réalisation de l'Unité, la bourgeoisie italienne a pu, en l'absence d'une réforme agraire qui aurait détruit les modes de production archaïques liés à la grande propriété, opérer l'accumulation de capital nécessaire au démarrage industriel. Mais cela a entraîné en même temps des effets catastrophiques pour le Sud (sous-emploi permanent, émigration massive : il y aura près de 900 000 départs en 1913) et pour l'équilibre socio-économique de l'ensemble de la péninsule.

b) *De graves tensions sociales* résultent de cette situation. Tout d'abord il existe au sein même de la classe dirigeante une opposition fondamentale entre les agrariens du Sud, exportateurs de produits agricoles et par conséquent libre-échangistes, et la bourgeoisie industrielle du Nord, généralement protectionniste. L'alliance qui s'était établie au temps de Crispi entre ces deux fractions de la classe dominante tend à se défaire au fur et à mesure que s'accélère un processus de concentration du capital qui favorise le secteur industriel. Opposition croissante également — mais qui va surtout se trouver aggravée par la guerre — entre la grande industrie hyperconcentrée et les entreprises de dimensions moyennes.

Le rapide processus d'industrialisation a également établi un clivage à l'intérieur de la petite et de la moyenne bourgeoisie. D'une part, il y a eu constitution ou développement de catégories sociales dont l'essor est lié à la révolution industrielle. Ce sont les gens des «nouveaux métiers», les techniciens et les ouvriers qualifiés de la grande industrie. Ce sont d'autre part des groupes sociaux qui existaient déjà dans l'Italie préunitaire et préindustrielle mais qui ont accru leurs effectifs et leur influence avec l'Unité et avec les progrès économiques récents : fonctionnaires, membres de l'enseignement, membres des professions libérales, etc. Il s'agit dans l'ensemble de catégories qui profitent des effets du décollage industriel. En général ces «couches nouvelles» tendent donc à s'intégrer au régime, en cherchant seulement à lui donner une orientation plus démocratique. Elles constituent la clientèle de prédilection des partis de gauche : radicaux, républicains et aile réformiste de la social-démocratie. Mais la révolution industrielle a aussi pour effet d'appauvrir la classe moyenne traditionnelle : petits rentiers dont les ressources restent fixes alors que les prix ne cessent de monter, petits agriculteurs du Midi qui font les frais des guerres douanières menées par les industriels du Nord, artisans concurrencés par la grande industrie, patriciat des petites villes, etc. Pour ces «vaincus» de la révolution industrielle la cause de leurs difficultés réside dans la toute-puissance du capitalisme libéral et dans le régime parlementaire qui en est l'expression politique. Ce sont eux que très souvent nous retrouvons dans l'Italie préfasciste dans des mouvements qui se veulent à la fois anticapitalistes, antiparlementaires et hostiles à toutes les formes de la démocratie libérale, à savoir d'une part les groupes nationalistes et de l'autre le syndicalisme révolutionnaire, le fascisme recueillant l'héritage mêlé de ces deux courants.

Quant aux classes populaires – mal intégrées à la vie politique de la nation par une oligarchie qui, jusqu'à la réforme électorale de 1912, les prive de toute représentation parlementaire – elles subissent également les effets de la coexistence d'une économie de type archaïque et féodal avec une économie industrielle moderne et concentrée. Ainsi, tandis que les ouvriers de la grande industrie voient leur sort s'améliorer lentement grâce aux efforts conjugués des mesures sociales imposées par Giolitti et des progrès du syndicalisme, les artisans, les ouvriers des «vieux métiers», c'est-à-dire ceux qui constituaient l'ancienne «aristocratie ouvrière», voient leur rôle diminuer et parfois leurs emplois disparaître. D'où leur adhésion bien souvent à des formes de contestation tournées vers le passé et à des idéologies «préindustrielles», telles que l'anarchisme et le syndicalisme révolutionnaire, ceci au moment où le prolétariat d'usine subit fortement l'influence du marxisme. C'est aussi le cas de la paysannerie, particulièrement de celle du Sud, cette grande vaincue d'une révolution industrielle qui, en Italie, ne parvient pas à fournir du travail à une population toujours plus nombreuse.

c) *Cette situation se trouve brusquement aggravée par la guerre.* L'Italie a 670 000 tués et près d'un million de blessés. Ses provinces du Nord-Est sont saccagées par les opérations militaires et son industrie a souffert du manque de main-d'œuvre et de matières premières. Certains secteurs ont cependant profité de la mobilisation industrielle. En premier lieu, les grandes usines métallurgiques du Nord qui ont fourni du matériel de guerre (par exemple la société Ansaldo de Gênes). Leur essor s'est accompagné, à Milan, à Gênes, à Turin, de concentrations ouvrières auprès desquelles les doctrines socialistes trouvent un large écho. Mais ce sont surtout *les effets financiers de la guerre* qui sont graves. L'augmentation des impôts n'a pas suffi à financer l'effort de guerre et il a fallu recourir à l'emprunt et à l'inflation. La dette publique a triplé en 4 ans et l'endettement de l'Italie peut être estimé, compte tenu des emprunts à l'étranger, à plus de 60 milliards de lires en 1920. Quant à l'inflation, elle a produit ses effets ordinaires : décalage entre l'augmentation des prix et la hausse plus lente des salaires, effondrement de la monnaie et *paupérisation d'une large fraction de la classe moyenne.* Ce dernier fait est grave dans un pays où la petite et la moyenne bourgeoisie avaient constitué l'élément le plus dynamique du *Risorgimento.*

d) *La crise morale* présente un double aspect. *Du point de vue de la psychologie collective,* le peuple italien souffre d'être traité en «quantité négligeable» par ses grands partenaires européens. L'unité est un fait récent et l'Italie n'a pas encore eu le temps de s'implanter solidement dans la vie internationale. Depuis un demi-siècle, elle aspire à mener une «grande politique» peu compatible avec ses faibles moyens financiers et militaires ce qui l'oblige à adopter une ligne diplomatique sinueuse et à s'intégrer dans un système d'alliances (la *Triplice*) que beaucoup d'Italiens jugent «contre-nature». Le résultat, une réputation de duplicité diplomatique et un état de sujétion vis-à-vis de la grande puissance protectrice (la France puis l'Allemagne) qui ont profondément blessé l'orgueil italien. Beaucoup ont vu dans la guerre un moyen de sortir de cette situation humiliante. Mais les déboires des armées italiennes (Caporetto) et le refus allié de tenir les promesses du traité de Londres, ont provoqué de vives désillusions et renforcé les tendances nationalistes dans de larges secteurs de l'opinion italienne. *Sur le plan individuel,* la guerre a eu des effets tout aussi importants. Elle a provoqué la rancœur des démobilisés pour un régime qui les a délibérément jetés dans le conflit et qui n'a rien fait pour rendre aux combattants les places prises par les «embusqués». Elle a aussi, comme partout, développé chez certains le goût de la violence, de l'aventure, de la vie en équipe. Le fascisme saura en tirer profit.

e) *Le désordre politique.* L'instabilité ministérielle, déjà très grande avant la guerre, se trouve accentuée par celle-ci. L'élargissement du droit de vote a en effet permis à l'ensemble du pays de s'exprimer et a favorisé le développement de nouveaux courants politiques. Trois grandes tendances se partagent les suffrages des électeurs :

• Les partis de gouvernement (radicaux, libéraux, modérés) ne sont séparés que par de faibles différences idéologiques, les notions de «droite» et de «gauche» étant beaucoup plus floues qu'en France. Ces partis représentent différentes couches de la bourgeoisie libérale. On retrouve à leur tête les vieux leaders de l'avant-guerre, Orlando, Nitti, Bonomi et surtout Giolitti.

• Le parti populaire italien, d'inspiration démocrate-chrétienne, fondé au lendemain de la guerre par un prêtre sicilien, Don Luigi Sturzo, après que Benoît XV eut autorisé les catholiques italiens à entrer dans la vie politique. En principe, parti de centre gauche, mais certains éléments, groupés autour de Miglioli, sont assez proches des marxistes. L'influence du parti populaire italien est surtout importante auprès des ouvriers agricoles à qui il promet la distribution des terres des latifundia.

• Les socialistes représentent en principe une force considérable. Avec 177 députés (156 «unitaires» et 21 indépendants) ils occupent en 1919 le tiers des sièges à la Chambre des députés. Le nombre des militants est passé de 50 000 en 1914 à plus de 200 000 en 1919. Ils contrôlent 2 000 municipalités et 26 conseils provinciaux sur 69. Mais le parti est divisé. Une minorité réformiste, dirigée par Treves et Turati et fortement représentée à la Chambre, est disposée à jouer le jeu parlementaire. La majorité adopte au contraire la politique du « tout ou rien ». Elle prône l'action directe, la conquête du pouvoir par la force et la dictature du prolétariat. En fait, les violences des « maximalistes » resteront purement verbales et n'auront pour effet que d'effrayer la bourgeoisie et de provoquer en retour l'offensive du fascisme. Une troisième tendance, favorable à l'adhésion à la IIIe Internationale, finira par créer la scission au Congrès de Livourne, en janvier 1921, pour se transformer en parti communiste. Ses principaux leaders sont Amadeo Bordiga et Antonio Gramsci.

Le fascisme va profiter à la fois des divisions de l'extrême gauche et de l'instabilité ministérielle. Quatre fragiles coalitions gouvernementales se succèdent en effet en trois ans : Nitti gouverne de juin 1919 à juin 1920, Giolitti de juin 1920 à juin 1921. De juillet 1921 à février 1922 c'est Bonomi, suivi de Facta qui démissionnera en juillet 1922, ouvrant la crise du régime.

B. L'offensive prolétarienne — a) *La dépression économique de l'après-guerre* n'a pas épargné l'Italie. Elle y revêt même un caractère de particulière gravité, comme en témoignent les difficultés qui affectent les plus grosses sociétés, celles qui avaient pendant la guerre réalisé la plus forte concentration et poussé au maximum la fusion du capital industriel et du capital bancaire. Ainsi se trouvent acculés à la faillite les deux groupes les plus puissants : l'*Ilva* et l'*Ansaldo,* frappés l'un et l'autre à l'automne 1921, le second entraînant dans sa chute la *Banca di Sconto,* dont les frères Perrone, dirigeants de l'Ansaldo (grosse firme génoise contrôlant une partie de la production sidérurgique, de la fabrication d'armements lourds, etc.), s'étaient assuré le contrôle pendant la guerre. Fondée avec l'aide du capital français, elle était devenue au cours du conflit la seconde banque d'affaires de la péninsule. Les milieux d'affaires n'oublieront pas l'attitude du président du conseil Bonomi, sourd aux appels qui lui demandaient de prendre à la charge du Trésor le déficit des firmes les plus menacées. Ils tiendront l'État libéral pour responsable de leurs difficultés.

b) *L'aggravation des tensions sociales* débouche sur un processus révolutionnaire qui se développe sur deux fronts :

- *Dans les campagnes* où la paysannerie, qui a subi le plus lourdement le poids de la guerre et a vu ses revenus fléchir très sensiblement, attend de la paix une amélioration de ses conditions de vie et surtout la solution du «problème des terres», imprudemment promise après Caporetto. Promesses vagues d'ailleurs et qui n'ont pas été suivies d'effet. D'où le vaste mouvement d'occupation des terres non cultivées et des grands domaines qui se développe, dès le début de l'été 1919, d'abord dans la région de Rome, puis dans le Midi et dans la vallée du Pô. Menés par leurs dirigeants syndicaux, socialistes et catholiques (certains sont des prêtres), s'organisent d'autre part en coopératives qui imposent aux grands propriétaires des taux de salaires, des contrats et des conditions de travail plus avantageux. Les agrariens laissent passer l'orage mais ne tarderont pas à lever des milices privées, en attendant d'apporter leur appui au fascisme.

• *Dans les villes industrielles,* la poussée revendicative a pour origine la détérioration du niveau de vie des salariés et l'aggravation du chômage (il y a 600 000 chômeurs en 1921). Il faut y ajouter le profond besoin de changement qui anime les masses ouvrières, conscientes du rôle qu'elles ont joué dans la victoire et pressées d'en tirer quelque profit, ainsi que l'effet de contagion de la révolution bolchevique. Le mouvement commence au printemps 1919 par une vague de grèves «sauvages», provoquées par la vie chère et qui aboutissent ponctuellement à de véritables émeutes. Il se prolonge au début de l'année suivante par des actions de caractère plus nettement politique qu'animent notamment les dirigeants de la *Fédération des ouvriers métallurgistes* (à noter que les effectifs de la *Confederazione generale del Lavoro* sont passés en 18 mois de 600 000 à plus de 2 millions d'adhérents). Mais c'est la troisième vague qui est la plus grave. Née à l'*Alfa-Romeo* de Milan en août 1920, elle va durer près de deux mois et prendre la forme d'une occupation généralisée des entreprises industrielles. Maîtres de leurs usines, que dirigent des «conseils» élus et que défendent des milices de «gardes-rouges», les ouvriers semblent contrôler la situation lorsque les états-majors syndicaux et la direction du P.S.I. acceptent l'arbitrage de Giolitti. Celui-ci obtient, contre une promesse vague de contrôle ouvrier sur les entreprises, l'évacuation des usines et la reprise du travail. Au début de 1921, l'échec de l'offensive prolétarienne est total, et c'est au «creux de la vague», au moment où intervient la détente, que va se développer le mouvement fasciste.

C. Naissance et essor du fascisme – a) *Les origines du fascisme* sont complexes.

• C'est d'abord *un phénomène européen.* Le fascisme tire ses origines profondes de la crise qui affecte, depuis la fin du XIXe siècle, la conscience occidentale. On se trouve, au niveau tout au moins des élites intellectuelles, devant une remise en question des systèmes de valeurs hérités du «Siècle des Lumières» et de la révolution libérale : rationalisme, individualisme, intellectualisme humaniste et cosmopolite, scientisme, croyance en un progrès continu de l'intelligence et des sociétés humaines, etc. On s'efforce par réaction de réhabiliter et d'exalter l'instinct libre et créateur (Nietzsche), la force, l'«élan vital» (Bergson), la violence (Sorel) et la guerre. Dans les années qui précèdent le premier conflit mondial, l'Italie a connu des manifestations politiques de ce courant. Le nationalisme du groupe florentin de Giovanni Papini et Enrico Corradini, celui du journal l'*Idea nazionale* que financent certains milieux d'affaires (l'Ansaldo de Gênes). Il prend également une forme littéraire et artistique avec l'esthétisme épique d'un d'Annunzio et le *futurisme* de Marinetti qui exalte la force, la vitesse et la guerre.

• Le fascisme est aussi *une réaction contre la menace révolutionnaire,* un réflexe de défense de la société libérale capitaliste menacée par la poussée syndicaliste et socialiste et par l'action offensive de la IIIe Internationale. On ne peut cependant le réduire à ce schéma, qui pourrait tout aussi bien caractériser n'importe quelle forme d'action contre-révolutionnaire. D'abord parce que le soutien financier de la grande industrie ne lui est concédé que relativement tard (après la grande vague de grèves de l'été 1920). Et aussi parce que le « premier fascisme » se développe principalement dans les classes moyennes, souvent appauvries par la guerre et par la crise, et que menacent à la fois le collectivisme et la concentration capitaliste. C'est d'ailleurs dans ce milieu de la petite bourgeoisie des villes que le mouvement « ancien combattant » – qui va donner ses cadres au « squadrisme » – trouve, parmi les officiers de réserve démobilisés et mal réadaptés à la vie civile, ses adeptes les plus actifs.

• Enfin il faut prendre en compte *les aspects proprement italiens du fascisme.* Le mot *faisceau (fascio)* et la teinte anarchisante des premières escouades mussoliniennes rappellent les «faisceaux des travailleurs», responsables de l'agitation révolutionnaire en Sicile en 1893. Leur organisation et leur clientèle font également penser à ceux des bandes garibaldiennes. Plus tard, toute la symbolique du fascisme sera empruntée à la Rome impériale. Enfin, certains historiens italiens estiment, avec G. Salvemini, que le fascisme n'est en fait que l'aboutissement du caractère anti-parlementaire et parfois brutal de l'Italie de Crispi et de Giolitti, ce qui correspond sans doute à une conception trop restrictive du phénomène.

b) *Benito Mussolini* (cf. fiche biographique en annexe).

c) *Naissance du fascisme.* Le 23 mars 1919, Mussolini fonde à Milan avec d'anciens combattants des troupes d'assaut *(arditi)* les *Fasci italiani di combattimento.* Le mot évoque les faisceaux des licteurs de l'ancienne Rome (symbole de l'autorité) mais aussi une tradition plus récente (faisceaux anarchisants des paysans siciliens en 1893, faisceaux interventionnistes, etc.). Les débuts sont difficiles. Le mouvement n'a que 17 000 membres à la fin de 1919 et se heurte à la concurrence de d'Annunzio que la marche sur Fiume (sept. 1919) sacre héros national. Aux élections de novembre 1919, les fascistes n'ont aucun élu et, à Milan, Mussolini obtient moins de 5 000 voix pour 170 000 au candidat socialiste.

d) *Le fascisme prend son essor* à l'automne 1920 avec le reflux de la vague révolutionnaire. La classe dirigeante a eu peur et est bien décidée à empêcher toute nouvelle initiative de l'extrême-gauche. De grands industriels, groupés dans la puissante *Confindustria,* apportent leurs subsides au fascisme qui bénéficie d'autre part de l'aide active ou tacite de l'appareil étatique : armée, qui fournit des armes et des cadres, police qui le plus souvent protège l'action des *squadre,* justice, qui frappe plus lourdement à gauche qu'à droite (du 5 au 21 avril 1921, on compte 38 socialistes tués pour 2 fascistes, 2 fascistes arrêtés contre 212 socialistes). L'élection d'un maire communiste à Bologne, en novembre 1920, déclenche les raids des *squadre* armées, motorisées et encadrées par d'anciens officiers. Les fascistes s'en prennent d'abord aux militants paysans, aux municipalités et coopératives rurales, notamment dans la vallée inférieure du Pô. Puis ils dirigent leurs opérations punitives contre les syndicats urbains, contre les Maisons du Peuple et les journaux de gauche (*l'Avanti,* organe du parti socialiste est incendié à plusieurs reprises). Des militants de gauche (parfois des membres du parti populaire, voire des libéraux) sont frappés à coup de gourdin (*manganello*), contraints d'absorber de l'huile de ricin ou assassinés. Les progrès sont dès lors rapides : 200 000 membres au début de 1921, 300 000 à l'automne, plus de 700 000 au printemps 1922. En novembre 1921 est créé le *parti national fasciste.* L'extrême-gauche divisée résiste mal, malgré l'apparition en 1922 des *arditi del popolo.* Et lorsqu'en août 1922, les socialistes organisent une grève générale de protestation, les fascistes la brisent par la force.

e) *La prise du pouvoir.* Les élections de mai 1921 n'ont amené à la Chambre que 32 fascistes pour 122 socialistes, 16 communistes, 107 «populaires» et 240 députés constitutionnels. C'est donc sur l'action directe que Mussolini compte pour s'emparer du pouvoir. Et aussi sur l'aide plus ou moins avouée des grands propriétaires (parti agrarien), des grands industriels et d'une partie de l'État-Major (généraux Cadorna et Diaz). Les politiciens libéraux sont à peu près sans réaction et le Roi songe avant tout à préserver sa couronne. Fin octobre 1922, un congrès fasciste tenu à Naples organise la *Marche sur Rome.* Tandis que Mussolini hésitant jusqu'à la dernière minute regagne Milan (proche de la frontière suisse) les *quadrumvirs,* Balbo, de Vecchi, De Bono et Bianchi, lancent le 27 leurs troupes sur la capitale. Pas plus de 30 000 hommes qu'aurait pu aisément arrêter la garnison de Rome. Mais le Roi, soucieux d'«éviter l'effusion de sang», refuse de signer le décret d'état de siège que lui présente le Président du Conseil Facta. Et le 29 octobre il fait appel à Mussolini pour former le nouveau gouvernement.

II. L'Italie de Mussolini

A. L'installation du régime — a) *De la marche sur Rome aux élections de 1924.* Au début, Mussolini s'abrite derrière la légalité. Il n'y a que quatre ministres fascistes dans son gouvernement à côté de libéraux, de conservateurs et de populaires. Il laisse en place la Chambre des députés, non sans humilier ses membres : «Je pouvais faire de cette salle lourde et grise un bivouac de manipules». Il laisse subsister une presse d'opposition mais interdit les grèves. Les 24 et 29 novembre, la Chambre et le Sénat lui accordent les pleins pouvoirs par 275 voix contre 90 et 196 contre 19. De nouvelles élections ont lieu en avril 1924. Grâce à une loi électorale qui la favorise, mais aussi aux subsides de la *Confindustria* et aux violences des *squadristes,* la coalition dirigée par les fascistes obtient 65 % des voix et 375 sièges.

b) *L'affaire Matteotti* va tout remettre en question. Grand propriétaire terrien, devenu député socialiste et secrétaire général du parti, Matteotti attaque à la Chambre, en mai et juin 1924, Mussolini et les hiérarchiques fascistes, qu'il accuse de violence et de malversations, menaçant d'apporter les preuves de ce qu'il avance. Le 10 juin il est enlevé en voiture par des fascistes (Volpi, Dumini), qui le tuent et enterrent son corps dans la campagne romaine. Mussolini, qui est indirectement responsable du meurtre mais n'a sans doute pas donné l'ordre exprès d'abattre le leader socialiste, est vivement pris à partie par l'opposition (une partie des députés décide de boycotter les séances de la Chambre : c'est «l'Aventin») et même par des membres du parti fasciste. La crise du régime semble imminente lorsque Mussolini se décide finalement à faire face. Le 3 janvier 1925, il revendique devant la Chambre «la responsabilité politique, morale, historique, de ce qui est arrivé» et fait l'annonce de la dictature.

c) *Les lois «fascistissimes».* Le péril passé, Mussolini se préoccupe de mettre en place les rouages de la dictature. Tandis que le ministre de l'Intérieur Federzoni fait saisir toutes les feuilles hostiles au gouvernement et arrêter de nombreux journalistes d'opposition, le parti est placé sous la direction de Roberto Farinacci, le plus activiste et le moins scrupuleux des dirigeants du squadrisme. Pendant plusieurs mois, une vague de violence et de terreur (par exemple la «nuit de sang» de Florence en octobre 1925) s'abat sur l'Italie. Elle est destinée à briser toute opposition pendant que le ministre de la Justice, l'ex-nationaliste Alfredo Rocco met au point les lois qui vont modifier radicalement la nature et la structure de l'État. Les pouvoirs du chef du gouvernement sont élargis. Responsable devant le roi seul, il peut désormais légiférer par décrets, tandis que disparaît l'initiative parlementaire. Les administrations sont épurées, les conseils municipaux supprimés, les pouvoirs des préfets étendus et la presse muselée.

Enfin, en novembre 1926, à la suite d'un attentat contre Mussolini (peut-être s'agissait-il en fait d'une provocation policière), Rocco fait voter les lois dites de «défense de l'État», plus connues sous le nom de *lois fascistissimes.* Elles achèvent de supprimer toute liberté, annulent tous les passeports, suppriment tous les journaux antifascistes, dissolvent les partis et organisations susceptibles de mener une action contre le régime. A la fin de 1926, la fascisation de l'État italien est à peu près achevée.

B. L'État fasciste — a) *La doctrine.* Elle n'a pas été forgée avant la prise du pouvoir comme la doctrine nazie, mais s'est constituée peu à peu au gré des événements. Très opportuniste, Mussolini a été républicain et athée avant de se rallier à la monarchie et au catholicisme. Ce qui domine dans la doctrine, c'est la primauté de l'*État* incarné par le chef, le *Duce,* sur l'individu. Celui-ci se trouve d'ailleurs intégré dans des groupes variés qui doivent lui permettre d'échapper à l'isolement, tout en permettant à l'État de contrôler et de diriger son activité : famille, mouvements de jeunesse, corporations, etc. Conception qui renoue avec les traditions de l'Ancien Régime et marque la rupture avec l'individualisme libéral du XIXe siècle. Cependant, si le capitalisme est condamné verbalement, il conserve la plupart de ses privilèges. L'objectif fondamental est la puissance et la grandeur de la Nation italienne, débarrassée des éléments qui peuvent affaiblir son action : rivalités d'intérêts, divergences politiques, lutte des classes.

b) *Les institutions politiques.* Le fascisme laissa subsister les anciens cadres, peu à peu dépouillés de toute autorité. *Le Roi* (le faible Victor Emmanuel III) est cantonné dans un rôle de représentation et d'enregistrement. *Les Sénateurs,* toujours nommés par le souverain, sont comblés d'honneurs mais dépourvus de tout pouvoir. *La Chambre des Députés* est élue à partir de 1928 selon un système qui la place dans la stricte dépendance du parti fasciste. Sur une liste de 1 000 noms présentés par les Corporations et les associations culturelles, le Grand Conseil du Fascisme en retenait 400 qui étaient ensuite soumis au corps électoral par plébiscite. Elle sera cependant supprimée en 1938, et remplacée par la *Chambre des faisceaux et des corporations* dont les membres sont les dirigeants des corporations fascistes et dont le rôle reste d'ailleurs purement consultatif. L'essentiel du pouvoir appartient au *Duce,* lequel n'est, en principe, responsable que devant le Roi. Il nomme et révoque les ministres, simples agents d'exécution et peut légiférer par décrets-lois sans contrôle parlementaire. Il a de larges pouvoirs économiques, comme ministre des corporations, et militaires, comme chef suprême des armées. Il est assisté du *Grand Conseil du Fascisme* qui comprend les anciens compagnons du Duce (De Bono, Balbo, Grandi), les ministres et quelques hauts fonctionnaires. Le *parti fasciste,* parti unique, assure la propagande, la direction des esprits et le maintien de l'ordre (grâce à la *milice* qui finit par grouper plus de 700 000 Italiens). La carte du Parti *(la tessera)* devient vite nécessaire pour l'obtention d'un emploi, d'une charge publique, d'honneurs quelconques. Pour le Pape Pie XI, elle est la *tessera del pane* (la carte de pain). Aussi le secrétaire du parti est-il un personnage de première grandeur. De 1931 à 1939 cette fonction est assurée par Achille Starace.

c) *L'État corporatif.* Les liens du fascisme avec les grands intérêts privés et la volonté de ses dirigeants de maintenir le pays en état de mobilisation permanente concourent à la mise en place d'un système corporatiste fondé sur le principe de la «collaboration des classes». La *loi Rocco* de 1926 accorde le monopole des rapports entre salariés et employeurs aux syndicats fascistes, seuls habilités à discuter, pour chaque secteur, des contrats collectifs fixant les conditions de travail et de salaire, la grève étant déclarée illégale. La *Charte du travail,* adoptée l'année suivante, institue véritablement l'État corporatif, organisateur de la vie économique. C'est lui qui est désormais chargé de faire respecter les clauses des conventions collectives et de veiller à ce que l'intérêt national l'emporte toujours sur les intérêts privés. Troisième étape enfin, l'intégration en 1934 des syndicats fascistes dans un système comprenant 22 *Corporations.* Chacune est dirigée par un conseil et délègue ses représentants au *Conseil national des corporations* où siègent également des représentants de l'État et des membres du parti. Au sein d'une même corporation coexistent les représentants des syndicats des salariés et ceux des organisations patronales, mais ce sont finalement ces dernières qui, au nom des impératifs de production, peuvent le mieux faire pencher en leur faveur l'arbitrage de l'État.

d) *Le totalitarisme fasciste.* L'un des caractères spécifiques du fascisme, comparé aux régimes autoritaires traditionnels, c'est son aspect *totalitaire,* c'est-à-dire la façon dont il s'efforce de diriger et de contrôler, dans tous les domaines, l'activité et la pensée de chaque Italien. Dans cette perspective, la mobilisation des individus s'opère à deux niveaux :

• *Par l'enrégimentement de la population* dans des organisations parallèles au parti et qui prennent en charge les Italiens dès leur plus jeune âge. C'est dans ce but qu'a été créée l'*Opera nazionale Balilla.* Inscrits à l'âge de quatre ans parmi les *Fils de la Louve,* les enfants sont de 8 à 14 ans enrégimentés dans des formations paramilitaires : *Balilla* pour les garçons, *petites italiennes* pour les filles. Viennent ensuite, de 14 à 18 ans, les activités des *avanguardisti* et des *jeunes italiennes.* A 18 ans, tous entrent dans les *Jeunesses fascistes,* les étudiants se trouvant d'autre part intégrés dans le GUF (Groupe universitaire fasciste), fort de 100 000 adhérents en 1939. Ces divers groupements, devenus quasi-obligatoires à la fin du régime, ont été soustraits à l'autorité du ministère de l'Instruction publique pour être placés sous le contrôle direct du secrétaire général du parti, Starace, qui leur donne comme mot d'ordre l'un des «commandements» de Mussolini : «croire, obéir, combattre». Ils cherchent essentiellement à donner aux jeunes le goût de la vie en commun, à leur enseigner l'obéissance et les vertus guerrières, à les préparer à la vie militaire, sans jamais atteindre d'ailleurs le caractère fanatique et inhumain des mouvements nazis. Devenus adultes, les Italiens se trouvent encadrés dans les associations professionnelles et dans les syndicats fascistes et voient leurs loisirs même organisés par l'*Opera nazionale Dopolavoro* qui finance et gère piscines, terrains de sport, maisons de la culture, etc., et met sur pied des séjours de vacances ou des voyages collectifs. Elle a plus de 4,5 millions d'adhérents à la veille de la guerre.

• *Par la mise au pas des esprits et de la culture,* tâche considérée comme fondamentale par le fascisme. Un ministère de la Presse et de la Propagande est confié à Dino Alfieri. Il deviendra en juin 1937 ministère de la Culture populaire (dont l'ironie italienne fera le *Minculpop*). Parmi ses prérogatives essentielles figure le contrôle des journaux, dont les rédacteurs reçoivent des directives précises, voire à partir de 1937 des schémas d'articles dont la présentation, les caractères typographiques, l'importance à donner aux titres et sous-titres sont précisés. Moins puissante qu'en Allemagne nazie, *la propagande* – qui utilise tous les moyens modernes d'information, affiches géantes, radio, cinéma, etc. – devient cependant obsédante avec les années 30. *L'instruction publique* fait l'objet de soins particuliers. Totale dans l'enseignement primaire, forte également dans le supérieur où les cadres issus de la haute bourgeoisie sont souvent favorables au régime, la fascisation a semble-t-il été moins profonde au niveau du secondaire. Les instituteurs font classe en chemise noire et les professeurs d'Université sont à partir de 1931 astreints à prêter serment de fidélité au régime (sur 1250, 13 seulement refuseront). La culture non universitaire est également soumise à la surveillance étroite du fascisme, conformément aux thèses du philosophe du régime, Giovanni Gentile, sur l'unité de la culture et de l'État.

e) *La radicalisation du régime.* A partir de 1936, les nécessités d'une plus grande mobilisation des masses, du fait de l'orientation autarcique de l'économie italienne, et le rapprochement avec l'Allemagne nazie, provoquent un raidissement du totalitarisme. L'épuration du parti, le renforcement du contrôle exercé sur l'école et sur la culture, la militarisation de la société italienne en sont les signes les plus aisément perceptibles. Enfin, à partir de 1938, commence l'imitation pure et simple du Reich hitlérien. Elle aboutit, à côté de mesures mineures, telles que l'adoption du «pas de l'oie» (baptisé «pas romain» !), à l'adoption d'une législation raciale dirigée contre les israélites et qui sera d'ailleurs appliquée de façon très laxiste.

C. Les oppositions – Les anciens partis politiques entrent l'un après l'autre dans la clandestinité. Des attentats sont organisés contre le Duce (Violet Gibson, Schirru, Sbardellotto, etc.), sans résultat. La police fasciste (O.V.R.A. – Organisation de Vigilance et de Répression de l'Antifascisme) traque les opposants qui sont emprisonnés, mis en résidence surveillée dans de petits bourgs isolés d'Italie du Sud *(Confinati)* ou expédiés dans les «bagnes de feu» des îles (Lipari, Ustica, Lampedusa). Un Tribunal spécial prononce de 1927 à 1943 près de 4 700 condamnations, dont 4 030 concernent des communistes (parmi lesquels le leader Antonio Gramsci, condamné en 1928 à 20 ans de prison et qui mourra d'épuisement peu après sa libération). Autre forme d'opposition, celle de l'Église catholique qui, après la courte idylle qui a suivi les accords du Latran, s'insurge à partir de 1931 contre la dissolution des mouvements de jeunesse catholiques. Mais c'est surtout à l'étranger, et plus particulièrement en

France, que s'organise la résistance au fascisme. Les exilés *(fuorusciti)* reconstituent leurs partis, publient des journaux et des ouvrages antifascistes. On trouve parmi ces émigrés des libéraux comme le comte Sforza, des « populaires » regroupés autour de Luigi Sturzo qui collabore au quotidien démocrate-chrétien *L'Aube*, des socialistes comme Treves, Turati, Angelo Tasca, les frères Rosselli (ces derniers seront assassinés en Normandie en 1937 par des membres de la « Cagoule »). Leur action consiste surtout à dénoncer devant l'opinion mondiale la véritable nature et les méthodes du fascisme, lequel a souvent fasciné les hommes d'État occidentaux (Churchill, de très nombreux écrivains, journalistes et hommes politiques français, etc.). Mais ils ne parviendront jamais à déclencher des soulèvements armés en Italie. Il faut attendre l'effondrement du régime en 1943, et l'invasion de la péninsule par les Allemands, pour voir se constituer une véritable résistance intérieure.

D. Réalisations et bilan du fascisme – (Cf. plan en annexe)

Bibliographie

P. GUICHONNET, *Mussolini et le fascisme*, Paris, PUF (Que sais-je ?), 1966 ; M. GALLO, *L'Italie de Mussolini*, Paris (Librairie Académique Perrin), 1964 ; P. MILZA, *Les fascismes*, Paris, Imprimerie Nationale, 1985, rééd. poche au Seuil en 1991, dernière édition 1997 ; P. MILZA et S. BERSTEIN, *Le fascisme italien*, Paris, Seuil, 1980 ; P. MILZA, *L'Italie fasciste devant la presse française*, Bruxelles, Complexe, 1988 ; M. MILZA, *Le fascisme*, Paris, M. A., 1986, S. BERSTEIN & P. MILZA, *L'Italie contemporaine, des nationalistes aux Européens*, Paris, Colin (Coll. U), 1973 ; S. ROMANO, *Histoire de l'Italie du Risorgimento à nos jours*, Paris, Le Seuil, 1977 ; A. TASCA, *Naissance et avènement du fascisme*, Paris (Gallimard), 1968 ; R. PARIS, *Les origines du fascisme*, Paris, Flammarion (Coll. « Questions d'histoire »), 1968 ; D. GUERIN, *Fascisme et grand capital*, Paris, Maspero 1965 (réédition).

Biographie

Benito Mussolini

• *Les années de formation :* né en 1883 à Predappio en Romagne, pays rude et contrasté. Milieu modeste : le père est forgeron et tient un débit de boissons : «Au rendez-vous des têtes chaudes» ; il est socialiste, de tendance anarchisante. La mère (qui meurt en 1905) est institutrice au village. Études au collège de Faenza puis à l'École normale de Forlimpopoli. En même temps l'enfance et l'adolescence sont turbulentes. A 18 ans Mussolini devient instituteur : débuts difficiles.

• *L'engagement politique :* dès 1900, il s'inscrit au parti socialiste. En 1902, il passe en Suisse pour échapper au service militaire. A Berne, à Lausanne, à Genève, il exerce les métiers les plus divers (manœuvre, maçon, etc.), connaissant parfois la misère et la faim. Il passe ses loisirs à étudier le français et l'allemand et à lire des ouvrages qui vont profondément l'influencer : Nietzsche, Schopenhauer, Sorel. Amnistié, il rentre en Italie, accomplit son service militaire, reprend un poste d'instituteur puis devient professeur de français à Oneglia.

• *Le socialiste révolutionnaire :* après un séjour à Trente d'où il est expulsé par la police autrichienne, Mussolini s'installe en 1909 à Forli où son père vit avec la veuve Guidi, dont Benito séduit la fille, Rachele, qu'il épousera en 1925 et qui lui donnera cinq enfants. Il se lance alors à fond dans l'action politique, publie dans les journaux locaux des articles anticléricaux et antimilitaristes et combat violemment l'expédition en Libye (1911) ce qui lui vaut un séjour en prison. A partir de 1912, il devient un leader socialiste important, dirige le quotidien *l'Avanti* et fait exclure du parti les chefs de la tendance réformiste.

• *La guerre :* d'abord résolument neutraliste, Mussolini se convertit à la fin de 1914 à l'interventionnisme. Il abandonne la direction de *l'Avanti* et fonde, avec l'aide de l'ambassade de France et des socialistes français *Il popolo d'Italia* qui va jouer un rôle de premier plan dans la campagne d'opinion qui mène à l'intervention en mai 1915. Revirement en partie dû à des motifs psychologiques, Mussolini n'ayant jamais été un socialiste très orthodoxe et désirant surtout jouer un rôle personnel, mais qui s'inscrit également dans la révision du marxisme opérée en Italie sous l'influence de Sorel. Il fait la guerre comme caporal des bersagliers et est blessé en février 1917 dans un exercice de tir. Réformé, il reprend à Milan la direction du *Popolo d'Italia.* En 1919 il fonde le premier faisceau italien de combat.

• *Le dictateur :* personnalité extrêmement complexe, dominée par l'orgueil et l'ostentation. En apparence, un «homme fort», physiquement et moralement, grand amateur de sports et d'une volonté surhumaine. C'est ainsi que le montre l'imagerie officielle, les photographies soigneusement triées par le Duce lui-même : cavalier, pilote de course, aviateur, maçon, ouvrier agricole, etc. Ou encore, dictateur toisant la foule avec arrogance, le menton en avant et les poings sur les hanches. Il est certain qu'il se contraint à «paraître» et même à forcer sa nature. Mais derrière ce personnage de légende, il y a un Mussolini «petit bourgeois», hésitant, inquiet, souvent timoré. Certes, il exerce un pouvoir de fascination sur les foules, par la chaleur du verbe, l'éclat du regard, la démagogie des propos. Mussolini bénéficie d'autre part d'une remarquable souplesse d'esprit et témoigne d'un opportunisme qui le sert généralement. Mais les qualités d'homme d'État sont plus apparentes que réelles. Pas de grande vision d'ensemble, de véritable esprit de synthèse, mais au contraire un goût presque morbide du détail. Le *Duce* passe des heures à préparer minutieusement une cérémonie fasciste et expédie en quelques minutes des problèmes essentiels. Son mépris des hommes le mène peu à peu à une solitude qui le laisse sans appuis au moment des grandes décisions et il tiendra de moins en moins compte des conseils de son entourage. Ces défauts s'accentueront avec l'âge et les progrès de la maladie (syphilis mal soignée et ulcère de l'estomac).

• *La fin du Duce :* mis en minorité devant le Grand Conseil du fascisme en juillet 1943, puis «démissionné» par le Roi et incarcéré au Gran Sasso, Mussolini est libéré par un commando de parachutistes allemands. Il fonde alors à Salò (Lac de Garde) la *République sociale italienne,* qui poursuit la lutte aux côtés des Allemands. En avril 1945, il tente de gagner la Suisse, mais est abattu en compagnie de sa maîtresse, Claretta Pettacci, par des partisans italiens.

Document

Le discours de Mussolini le 3 janvier 1925 et l'annonce de la dictature

... Et bien que je déclare, ici, devant cette assemblée et devant le peuple italien tout entier, que j'assume, seul,la responsabilité politique, morale, historique de ce qui s'est passé *(applaudissements très vifs et répétés. Nombreuses voix : «Tous avec vous, tous avec vous !»)...*

... Si le fascisme n'a été qu'huile de ricin et manganello, et non pas la passion orgueilleuse de ce que la jeunesse italienne a de meilleur, à moi la faute ! *(applaudissements).* Si le fascisme a été une association criminelle, je suis le chef de cette association criminelle ! *(Applaudissements très vifs et prolongés ; de nombreuses voix «Tous avec vous !»).*

Si toutes les violences ont été le résultat d'un certain climat historique, politique et moral, eh bien, à moi la responsabilité puisque ce climat historique, politique et moral c'est moi qui l'ai créé par une propagande qui va de l'Intervention à aujourd'hui...

... Maintenant, j'ose dire que le problème sera résolu. Le fascisme – gouvernement et parti – ont leur pleine efficacité. Messieurs, vous vous êtes fait des illusions ! Vous avez cru que le fascisme était fini, parce que je le retenais, qu'il était mort, parce que je le corrigeais et vous avez surtout eu la cruauté de le dire. Mais si je mettais à le déchaîner la centième partie de l'énergie que j'ai mise à le retenir, vous verriez alors... *(Vifs applaudissements).*

Cela ne sera pas nécessaire parce que le gouvernement est assez fort pour briser définitivement la sédition de l'Aventin.

L'Italie, oh messieurs, veut la paix, elle veut la tranquillité, elle veut le calme dans le travail. Nous, ce calme, cette tranquillité dans le travail, nous les lui donnerons, si c'est possible par l'amour, et si c'est nécessaire par la force...»

Plan

Réalisations et bilan du fascisme

Introduction – Les jugements sont contradictoires et généralement influencés par les choix idéologiques de leurs auteurs. Pour les uns, ce sont «les trains qui arrivent à l'heure», les autoroutes, l'assainissement et la mise en culture des Marais Pontins, pour d'autres c'est l'huile de ricin, les meurtres politiques, le ridicule d'un discours et d'un rituel anachronique (cf. l'image que donne du fascisme le cinéma italien contemporain), l'Italie plongée dans la guerre et dans la misère. Et de fait il faut bien, pour juger le fascisme, se référer à la catastrophe finale. Il reste que le bilan de vingt années d'ère fasciste n'est pas entièrement négatif.

1. Bilan économique et social

A. La politique démographique

Mussolini cherche à créer une pression démographique qui servira à la fois de prétexte et de moyen à sa politique d'expansion. Il rêve d'une Italie de 60 millions d'habitants et pour le réaliser il utilise deux procédés complémentaires :

– *des mesures natalistes :* primes, concours, lourdes taxes sur le célibat, propagande à laquelle s'associe l'Église catholique, lutte contre la mortalité infantile ;
– *une restriction de l'émigration :* le nombre des départs tombe de 250 000 par an pour la période 1921-1930 à 70 000 par an pour la décennie suivante ;

Résultats : la population italienne passe de 38 à 45 millions d'habitants, malgré une baisse sensible de la natalité (29 à 23 %). D'où un surpeuplement catastrophique dans certaines régions.

B. L'ŒUVRE ÉCONOMIQUE

Elle ne peut être séparée des choix du fascisme et de l'évolution du système. A cet égard on peut nettement distinguer trois phases :

a) *Une phase libérale* de 1922 à 1927. Nette amélioration après la crise de 1920-1921. Hausse des salaires et de l'indice de production : 100 en 1922, 195 en 1926. Politique financière libérale du ministre de Stefani jusqu'en 1925, puis redressement de la lire avec son successeur Volpi. Mais les mesures de stabilisation entraînent une récession en 1927. D'où la décision de recourir à une politique plus dirigiste.

b) *Une phase dirigiste* de 1927 à 1932 : Période de mise en place des structures corporatives. Celle aussi des grandes réalisations. Malgré des distorsions régionales et une corruption généralisée, les progrès sont importants. *Bataille du blé* menée à partir de 1925 : les rendements passent de 10 à 15 qx/ha ; la production de 50 millions de quintaux en 1925 à plus de 80 millions en 1933, ce qui permet d'assurer la consommation nationale. En même temps, politique de *bonifications :* plusieurs millions d'hectares assainis et mis en culture dans la basse vallée du Pô, le littoral tyrrhénien et adriatique et surtout l'*Agro romano* (création de la province de Littoria). Enfin politique de grands travaux : électrification des voies ferrées *(direttissima* Bologne-Florence), construction d'autostrades, bien que l'Italie n'ait en 1939 que le 8e rang mondial pour l'automobile (1 pour 90 habitants), travaux d'urbanisme *(Foro Italico,* plus tard quartier de l'E.U.R. à Rome).

c) *Une phase «autarcique»* consécutive à la crise qui touche l'Italie en 1932. Il y a 1,3 million de chômeurs en 1932 et la production a diminué de plus de 30 %. Le maintien artificiel de la lire aggrave la situation. Quelques mesures utiles comme la création de l'IRI *(Istituto per la ricostruzione industriale)* qui procède à des regroupements et à des fusions. Mais surtout effort axé sur la préparation de la guerre : commandes d'armements et de constructions navales, chômage résorbé par la mobilisation coloniale.

C. LE BILAN SOCIAL

L'ancienne classe dirigeante a perdu certaines de ses prérogatives politiques. Mais le fascisme l'a en même temps comblée d'honneurs et a plutôt renforcé sa puissance économique. Les classes moyennes n'ont profité du régime que dans la mesure où elles ont su – et voulu – tirer profit des nouvelles possibilités d'ascension sociale offertes par le parti et par ses organisations parallèles. Quant aux classes populaires, elles ont vu semble-t-il leur sort s'améliorer très légèrement, du fait de l'essor industriel et de la mise en place d'une législation sociale jusqu'alors inconnue en Italie (assurances-travail, vieillesse, etc., création d'un *Institut de la Prévoyance sociale*). Il reste que le corporatisme, loin d'être un instrument de médiation entre le capital et le travail, a surtout permis à la grande industrie et aux groupes financiers d'utiliser l'arbitrage et le pouvoir de coercition de l'État pour renforcer leurs positions et imposer leur loi aux salariés.

Quant au remodelage de l'individu et de la «race», but suprême du totalitarisme fasciste (il s'agissait de former un peuple sain, discipliné, «viril»), il s'est traduit par un échec à peu près total. En dépit de la multiplication des organismes chargés d'encadrer la population, la fascisation est restée toute formelle et jamais le régime n'a réussi à couler l'Italie dans un moule fasciste comme l'a fait le national socialisme allemand.

2. Bilan intellectuel et religieux

A. La paix avec l'Église

Elle fut réalisée par les *Accords de Latran* (février 1929). Le Pape est souverain du Vatican. Il reçoit une rente de l'État et un capital de 1 milliard de lires placé à 5 %. Un *Concordat* règle la situation de l'Église catholique (religion d'État). Bonnes relations jusqu'en 1931, puis difficultés à propos des associations catholiques de la jeunesse.

B. Bilan culturel

Tentatives pour créer une culture fasciste, sous l'impulsion du ministre de l'Instruction publique Gentile qui opère une importante réforme de l'enseignement (enseignement technique sacrifié aux humanités). l'*Accademia d'Italia* fondée en 1926 ne sera jamais un véritable foyer intellectuel. L'essentiel se fait en dehors du fascisme et le plus souvent contre lui (par exemple les œuvres de Moravia, Pavese, Carlo Levi, Silone, ou la pensée politique de Gramsci).

3. La politique extérieure

A. L'œuvre coloniale

Elle se réfère au passé romain et poursuit des objectifs de prestige. Elle vise aussi à aborder le trop-plein démographique. Mise en valeur de la *Tripolitaine* sous l'égide de Bono et Balbo. Des terres sont distribuées aux paysans du Midi en même temps qu'on poursuit une politique de grands travaux. Résultats assez positifs. Puis conquête de l'*Éthiopie* (1935-36) qui est surtout un moyen de résorber le chômage et de relancer l'économie. Résultats beaucoup plus médiocres, du fait notamment des sanctions économiques.

B. Politique étrangère : deux phases

– *Jusqu'en* 1935, Mussolini obtient des succès et parvient à donner à son pays un certain poids dans la vie internationale. L'alliance de l'Italie n'est pas négligée (voyage de Laval à Rome en janvier 1935).
– *A partir de* 1935-36, l'Italie fasciste se rapproche de l'Allemagne hitlérienne et se trouve peu à peu poussée à l'aventure. C'est contre l'avis de son entourage unanime et contre la volonté de son peuple que Mussolini lance son pays dans la guerre en juin 1940.

Conclusion – Cette issue est finalement dans la logique du régime qui n'a pas su combattre efficacement les effets de la crise. A partir de 1935, Mussolini doit chercher au-dehors des compensations aux difficultés intérieures et s'oriente vers une politique d'armement et de revendications territoriales qui ne peut le conduire qu'à la guerre. Celle-ci se terminera pour l'Italie par un désastre et anéantira l'œuvre économique, sociale et impériale du fascisme.

14 L'Allemagne de Hitler

La crise qui secoue l'Allemagne à partir de 1930 détruit brusquement l'équilibre précaire sur lequel reposait la République de Weimar et réveille les antagonismes anciens. Tirant profit de ce nouveau bouleversement de la société et de la vie politique allemandes, Adolf Hitler s'empare du pouvoir en janvier 1933 et instaure en quelques mois la plus totalitaire des dictatures européennes.

I. L'avènement du national-socialisme (1930-1933)

A. Les conséquences de la crise — La grande dépression fut très fortement ressentie par l'Allemagne. En deux ans, la production de houille tombe de 163 à 104 millions de tonnes, celle d'acier de 16 à 5 millions de tonnes. La moitié des hauts fourneaux cesse de fonctionner et le nombre des chômeurs dépasse 6 millions dès 1931. Comme en 1922-1923, ce sont surtout les petites entreprises qui souffrent. Beaucoup font faillite ou sont absorbées par les grosses sociétés qui parviennent plus facilement à maintenir leurs positions. La situation est également catastrophique dans les campagnes, principalement dans l'Est de l'Allemagne, pays de grandes exploitations qui ne parviennent plus à écouler leurs céréales, leurs betteraves ou les produits de leur élevage. La paysannerie s'endette, cesse de payer ses impôts et se révolte contre les saisies de terres. Du point de vue social, les effets sont à peu près les mêmes qu'en 1923, à cette différence près que, le chômage étant beaucoup plus important qu'à cette date, la classe ouvrière souffre davantage. Pourtant ce sont, une nouvelle fois, les classes moyennes qui subissent le coup le plus rude et font les frais de la hausse des prix, de la dépréciation monétaire et de la politique déflationniste de Brüning.

Il en résulte dans la plupart des catégories sociales (petite paysannerie endettée, petits commerçants menacés par le succès grandissant des magasins à prix unique, employés, ouvriers) une profonde hostilité à l'égard du capitalisme et des puissances d'argent, qui trouvera sa plus violente manifestation dans l'antisémitisme. Les partis extrémistes bénéficient largement de cette situation. Le *parti communiste,* qui accomplit de spectaculaires progrès électoraux, et s'organise en groupes d'auto-défense *(Front rouge).* Et surtout les mouvements d'extrême-droite : *casques d'acier* de Hugenberg (ancien directeur des usines Krupp) financés par la grande industrie et encadrés par des officiers monarchistes, et *parti national socialiste* de Hitler, également appuyé sur de puissantes formations paramilitaires (S.A. et S.S.). Inversement, les coalitions gouvernementales se disloquent. A partir de 1930, les chanceliers ne peuvent s'appuyer que sur une minorité du Reichstag et ne se maintiennent au pouvoir que grâce à la confiance que leur accorde le Président du Reich. Autrement dit, le régime a cessé d'être parlementaire tout en étant à la merci d'un coup de force.

B. Hitler et la conquête du pouvoir – a) *Adolf Hitler.* • Ses origines : Hitler est né en 1889 à Braunau am Inn, en Autriche, petite ville de la frontière bavaroise où son père était douanier. Bon élève à l'école élémentaire, il se sent attiré par la peinture et refuse de devenir fonctionnaire comme son père le désire. La mort de ses parents et une grave affection des poumons l'obligent à interrompre ses études et en 1905, à 16 ans, il part pour Vienne où il échoue à deux reprises au concours de l'Académie de peinture. Il connaît alors des années difficiles. Il travaille comme manœuvre, vend difficilement quelques aquarelles, fréquente les asiles de nuit et les soupes populaires. Ce sont aussi des années de formation intellectuelle et politique. Hitler se donne tant bien que mal une culture d'autodidacte. Il lit Sorel, Nietzsche et Schopenhauer. Il fréquente les cafés où l'on parle politique et y exerce ses talents d'orateur. Pendant ce séjour à Vienne Hitler apparaît comme le type même du petit bourgeois que remplit d'amertume la prolétarisation du groupe social auquel il a conscience d'appartenir. Il écrira dans *Mein Kampf*: «Le milieu de ma jeunesse se composait de petits bourgeois... groupe social qui s'est élevé depuis peu de temps au-dessus du niveau des travailleurs manuels... et qui garde le souvenir odieux de la misère culturelle de cette classe inférieure». Dès cette époque, il prend donc ses distances à l'égard du prolétariat et des doctrines collectivistes qui s'y rattachent. Le spectacle de la capitale «décadente» et cosmopolite des Habsbourg le convertit à l'antisémitisme et à un pangermanisme d'inspiration allemande. En 1912, il gagne Munich où il mène une vie identique. C'est là que la guerre le surprend et Hitler l'accueille avec enthousiasme. Ce refoulé trouve l'occasion de se réaliser. Réformé par un conseil de révision autrichien, il s'engage dans un régiment bavarois, se comporte avec bravoure, est blessé, gazé et décoré de la Croix de Fer de 1re classe. Après l'armistice, il reste quelque temps dans l'armée où ses propos nationalistes et antisémites le fond désigner comme «officier de propagande», puis se lance dans l'action politique.

• L'homme a une personnalité complexe et déroutante. Physiquement il est de taille moyenne, plutôt chétif. Rien du grand aryen blond exalté par le racisme nazi. Mais le regard est perçant, inquiétant. Le personnage est instable, déséquilibré. Il passe de la plus vive agitation à l'apathie apparente. Ce déséquilibre peut être d'origine psychologique (voir les travaux de Saül Friedländer sur la psychanalyse de Hitler) ou physiologique. Il peut difficilement s'astreindre à un travail suivi. Ce n'est pas un homme de dossiers, capable de passer 15 ou 18 heures à sa table de travail comme Staline ou Mussolini, et il ne s'intéresse pas au détail des affaires. Mais il sait choisir ses collaborateurs, les diriger et se décharger sur eux des tâches techniques, ce qui lui laisse le temps d'élaborer des plans très synthétiques. Son intelligence manque de nuances, de subtilité, sa culture est très lacunaire et ses idées politiques sont souvent simplistes, mais il a de remarquables qualités de meneur et d'orateur qui lui permettent d'exercer un véritable pouvoir de fascination sur son auditoire. Il faut enfin souligner l'absence totale de scrupule, de toute préoccupation humanitaire, et un orgueil qui ne fera que croître avec les succès du IIIe Reich.

b) *Naissance et essor du parti nazi.* En 1919, Hitler milite au «parti ouvrier allemand», un obscur groupement qui ne compte guère plus de 60 membres et que dirigent des hommes comme Gottfried Feder, Ernst Roehm et, pour la section de Munich, le menuisier Drexler. Mais les progrès sont rapides. En 1920 le parti a 3 000 adhérents. Il prend le nom de *Parti National Socialiste Allemand des Travailleurs* (NSDAP) et commence à publier un journal le *Völkischer Beobachter,* hebdomadaire, puis quotidien à partir de 1923. En 1921, Hitler remplace Drexler à la tête du parti et fonde les S.A. (*Sturmabteilungen* = sections d'assaut), véritable milice armée, chargée d'assurer l'ordre dans les réunions nazies, et de lutter contre les communistes et les sociaux-démocrates. C'est le moment où le parti recrute la plupart de ses futurs dirigeants : l'ex-officier d'aviation Hermann Goering qui dirige les S.A., Rudolf Hess, le fils d'un négociant en gros installé en Égypte qui va devenir le secrétaire d'Adolf Hitler, Alfred Rosenberg, fils d'un cordonnier, d'origine balte, l'un des futurs théoriciens du nazisme, Himmler, plus tard maître tout puissant de la SS, l'ex-instituteur Julius Streicher, débauché et sadique, enfin Gregor et Otto Strasser qui vont, dans le parti, représenter la tendance socialisante. En 1923 le parti se sent assez puissant pour tenter de s'emparer du pouvoir en Bavière. C'est le putsch de la brasserie (nov. 1923) qui échoue et conduit Hitler en prison pour une dizaine de mois. Celui-ci en profite pour dicter à Hess les premiers chapitres de *Mein Kampf* dont le premier volume paraît en 1925 (450 000 exemplaires vendus de 1925 à 1932, 1 million pour la seule année 1933). Libéré, Hitler réorganise son parti, place à la tête de chaque Land ses hommes de confiance (Goebbels à Berlin) et se donne une véritable garde prétorienne, les SS (*Schutz-Staffeln* = brigades de protection) pour faire équilibre aux S.A., devenus trop puissants et trop indépendants. Il lutte à l'intérieur du NSDAP contre la tendance gauchiste des frères Strasser et s'efforce au contraire de rassurer les grands intérêts en proclamant à maintes reprises son respect de la propriété privée.

c) *La conquête du pouvoir.* En 1929, Hitler et son parti comptent peu dans la vie politique allemande. C'est la crise qui fait du NSDAP une force politique de premier plan. Le parti a 200 000 adhérents à la fin de l'année 1930 et aux élections de septembre il obtient 6 millions et demi de voix au lieu de 800 000 et 107 sièges au lieu de 14. Fort de ce succès inespéré, Hitler poursuit son rapprochement avec les forces conservatrices. Il traite avec la grande industrie, se fait reconnaître par la Reichswehr la libre disposition de ses formations armées et entre en conflit ouvert avec Otto Strasser qui tente à plusieurs reprises de soulever contre lui les S.A. Ceux-ci sont repris en main et confiés à Roehm. Trop confiant, Hitler commet alors l'erreur de refuser la proposition de Brüning qui offre de lui céder le poste de Chancelier en échange de la prorogation pour deux ans du mandat présidentiel de Hindenburg. Hitler est sûr d'être élu Président du Reich. Or il n'obtient au second tour que 13 millions et demi de voix contre plus de 19 millions au vieux maréchal.

Brüning tente de profiter de cet échec, interdit les S.A. et les S.S., mais Hindenburg le congédie et fait appel à l'homme des grands propriétaires et des grands industriels, von Papen, qui adopte une politique de conciliation. Les nazis acceptent de se montrer moins agressifs vis-à-vis du gouvernement mais exigent, en échange, le rétablissement des S.A., la dissolution du Reichstag et de nouvelles élections, qui ont lieu en juillet, et leur donnent 230 sièges sur 607. Ils réclament désormais le pouvoir pour eux seuls et refusent d'entrer dans le cabinet von Papen. Les troubles ayant redoublé, Hindenburg doit prendre les pleins pouvoirs et procéder en novembre à de nouvelles élections.

Elles se traduisent par un léger recul nazi (ils perdent 34 sièges) et par des gains pour les communistes (6 millions de voix). Devant l'échec de la tentative «bourgeoise» et conciliatrice de Papen, il ne reste à Hindenburg qu'à faire appel au général von Schleicher, chef de la Reichswehr et partisan de solutions plus brutales. Désirant à la fois faire obstacle aux nazis et aux communistes, Schleicher n'hésite pas à s'appuyer à la fois sur l'armée, sur certains milieux modérés et sur les syndicats. Il tente aussi de briser l'unité du parti national-socialiste en offrant à Gregor Strasser d'entrer dans son ministère (Strasser ne refuse que devant les menaces de Goebbels). Schleicher voudrait, semble-t-il, instaurer en Allemagne une dictature militaire et corporatiste, dont le programme anti-capitaliste inquiète fortement les milieux d'affaires. Ceux-ci se décident donc à contre-attaquer et à lier leur destin à celui du national-socialisme. Von Papen, que Schleicher a écarté du pouvoir, se propose comme intermédiaire. Le 4 janvier 1933, il rencontre Hitler à Cologne chez le banquier Schroder et lui propose de former avec lui un nouveau gouvernement. Hitler accepte. Il estime en effet que le parti nazi a atteint son apogée et risque de faire les frais de nouvelles élections. Il pense qu'il est temps d'exploiter l'appui de la grande industrie. Le 27 janvier 1932, il a rencontré à Düsseldorf les magnats de l'industrie, Kirdorf, Krupp et Thyssen et il leur a exposé un programme rassurant, obtenant en échange des fonds importants pour sa campagne électorale.

Doublement menacé par les projets de dictature socialisante de Schleicher et par la poussée communiste, le capitalisme allemand joue sa dernière carte en poussant Hitler au pouvoir. Sous l'influence de Papen, Hindenburg renvoie Schleicher le 28 janvier. Deux jours plus tard, Hitler devient chancelier du Reich. Au prix d'une modification profonde des objectifs initiaux du nazisme.

II. L'Allemagne hitlérienne

A. L'établissement de la dictature (1933-1934) — a) *La liquidation de l'opposition communiste* : Dès le 1er février, le Reichstag est dissous et l'on prépare de nouvelles élections. Il importe d'abord d'écarter les principaux adversaires du nazisme. Le 27 février, l'incendie du Reichstag permet à Hitler de mettre les communistes hors-la-loi. La provocation a été longuement préparée. Les nazis ont su tirer parti de la folie pyromane d'un certain Van der Lubbe, un chômeur d'origine hollandaise, membre du parti communiste qui avait à plusieurs reprises mis le feu à des bâtiments publics. Les hommes de Goering le laissèrent allumer un petit incendie dans le Palais du Reichstag, tandis qu'eux-mêmes inondaient les sous-sols d'essence. Aussitôt Hitler fait interdire le parti communiste et arrêter 4 000 militants (parmi lesquels beaucoup de socialistes). Les libertés publiques sont suspendues, sans que l'opposition ait pu réagir.

b) *Les élections de mars* 1933 ont lieu dans un véritable climat de terreur. Les S.A. et les S.S. multiplient les arrestations arbitraires et les attentats. Les nazis bénéficient d'autre part de l'appui financier des milieux industriels qui apportent aux caisses électorales du parti 3 millions de marks. Pourtant le parti national-socialiste n'obtient pas la majorité. Il n'a que 44 % des voix et 288 sièges. Mais la déchéance des 81 députés communistes (4 800 000 suffrages) donne aux nazis la maîtrise au Reichstag. Le 23 mars, Hitler obtient, avec l'appui du Centre catholique (promesse d'un Concordat) les pleins pouvoirs pour 4 ans.

c) *La mise en place du nouveau régime* s'effectue en quelques mois. Les partis sont dissous l'un après l'autre et, le 14 juillet 1933, le national-socialisme est proclamé parti unique. L'administration est soigneusement épurée. la centralisation renforcée avec la création de *Staathalter,* représentants directs du Führer à la tête de chaque Land. Une «police secrète d'État» (*Geheime Staatspolizei* ou Gestapo) est créée, tandis que les S.A. reçoivent également des attributions policières et que les premiers camps de concentration commencent à fonctionner. Les syndicats sont supprimés et remplacés par le *Front du travail.* Enfin, tandis qu'un Concordat est signé avec l'Église catholique, l'État national-socialiste s'engage dans une politique de mise au pas des protestants et de persécutions contre les juifs (boycott des commerçants israélites entrepris dès avril 1933).

d) *La crise de l'été 1934.* L'Allemagne connaît au printemps 1934 de sérieuses difficultés économiques. Les exportations diminuent et la balance commerciale accuse un net déficit. le stock de devises de la Reichsbank s'amenuise. Le chômage demeure important (4 millions) et le salaire nominal des travailleurs continue de baisser. D'où un mécontentement qui touche à la fois les classes populaires et les milieux d'affaires. En même temps, Hitler se heurte à une double opposition :

- D'une part, la bourgeoisie qu'inquiètent le caractère aveugle de la répression et les débordements des milices hitlériennes. Le 17 juin Von Papen, parlant devant les étudiants de Marburg, demande l'établissement d'«un ordre social solide fondé sur une justice impartiale». Goebbels en interdit la publication mais Papen en fait circuler le texte dans les milieux de l'armée et de la grande industrie.

- D'autre part, opposition au sein du parti nazi. Les S.A., d'origine souvent prolétarienne, et leur chef Roehm, estiment que la «révolution» n'est pas achevée et que les dirigeants du nazisme sont en train de la trahir. Ils voudraient de plus faire des sections d'assaut la future grande armée allemande et absorber la Reichswehr jugée trop réactionnaire («le rocher gris doit être submergé par le flot brun»). Hitler doit choisir entre l'aile avancée de son parti et les grandes forces conservatrices : armée et grande industrie. Il choisit finalement la conservation. Dans la nuit du 29 au 30 juin 1934 («la nuit des longs couteaux») il gagne Munich et lance les S.S. de Himmler contre les rebelles. De nombreux chefs S.A. sont arrêtés, emprisonnés ou exécutés sur place. Roehm lui-même est emmené à la prison de Munich et abattu le lendemain, tandis qu'à Berlin c'est Goering qui dirige le massacre. En même temps que les dirigeants des S.A., sont liquidés des opposants d'horizons divers : Gregor Strasser, ancien chef de l'aile socialisante du parti, de proches collaborateurs de Von Papen, le Dr Klausener, chef de l'Action catholique. En même temps, Hitler a réglé de vieux comptes : l'ex-chancelier Von Schleicher et sa femme sont abattus par les hommes de la Gestapo devant leur fille, une enfant de 14 ans. Von Kahr qui avait, en 1923, fait échouer le putsch de la brasserie, connaît un sort analogue. Au total plusieurs centaines de personnes exécutées. Hitler a désormais les mains libres.

e) *La mort d'Hindenburg* le 2 août 1934 constitue la dernière étape. La fonction de Président du Reich est supprimée et Hitler ajoute à ses fonctions celle de chef de l'État, ce que le peuple allemand approuve le 19 août par 90 % de «oui».

B. L'État national-socialiste — a) *Les fondements idéologiques du nouveau régime.* A la différence du fascisme italien dont la doctrine — qui restera toujours assez floue — ne s'est constituée que tardivement (après la prise du pouvoir), l'idéologie nazie est déjà presque toute entière contenue dans *Mein Kampf,* dont le premier volume a été rédigé en prison, lors des quelques mois passés à la forteresse de Landsberg, après l'échec du putsch de la brasserie. Il n'y a pas cependant d'unité ni de véritable cohérence dans cet ouvrage, à la fois autobiographique et programmatique, mais plutôt un mélange hétérogène de réflexions, souvent contradictoires, et qui se caractérisent surtout par leur intransigeance et par leur violence verbale. Plusieurs thèmes dominent cependant dans ce bric-à-brac idéologique dont aucun élément n'est véritablement original.

• Le nationalisme : d'abord sentiment de la patrie meurtrie, humiliée et mutilée par le *Diktat* de 1919. Bientôt on passe de ce nationalisme de défense à un nationalisme de conquête qui rejoint celui des pangermanistes de l'Allemagne wilhelmienne. Il faut intégrer dans le Reich, tous les peuples de «culture» allemande. A quoi s'ajoute l'idée d'un espace vital *(Lebensraum)* nécessaire à l'épanouissement du peuple allemand et qui sera formé de vastes territoires conquis sur les peuples de l'Est.

• Le racisme, qui tire ses origines de très anciennes traditions germaniques, remises à la mode à la veille de la guerre par des théoriciens comme Wilhelm Marr et Henri Class, mais s'imprègne également d'éléments allogènes : pensée du Français Gobineau et du Britannique (naturalisé allemand) Houston Stewart Chamberlain. Pour Hitler, qui s'inspire également des thèses darwiniennes, la vie est un éternel combat dans lequel seul le plus fort peut imposer sa loi. Les races humaines, inégales par nature, se trouvent constamment en lutte pour s'assurer la domination du monde. Cette hégémonie revient de droit à la race la plus élevée, la race blanche, et à l'intérieur de celle-ci au noyau *aryen,* représenté par des hommes grands, blonds et dolichocéphales, particulièrement nombreux en Allemagne occidentale. Autrement dit, Hitler admet le principe d'une hiérarchie des peuples, dominée par les Allemands (la «race des seigneurs»), auxquels seront associés les groupes ethniques d'origine voisine (Flamands, Anglo-Saxons). Au-dessous viendront des peuples plus mêlés, comme les Latins, puis les peuples «inférieurs» : Slaves, Noirs et surtout Israélites. *L'antisémitisme* se trouvent en effet au cœur de la doctrine. Aux origines lointaines (médiévales) du phénomène, viennent s'ajouter des motivations nouvelles qui sont la haine du capitalisme (du moins du capitalisme financier que l'on assimile arbitrairement aux «juifs» et que l'on oppose au capitalisme industriel, plus «honnête» parce que fondé sur le travail), du marxisme (réputé élaboré par des «juifs»), voire du christianisme.

• L'État idéal sera donc un État totalitaire raciste. Comme de nombreux Allemands, Hitler puise chez Hegel la conception d'un État considéré comme une entité supérieure aux individus. Mais pour lui l'État doit être fondé sur le principe de l'inégalité des races, respecter le «principe aristocratique de la nature». Son rôle premier doit être d'assurer la domination de la «race supérieure» en préservant sa pureté et en lui subordonnant les «races inférieures» : le mariage, la maternité, ne peuvent avoir d'autre but que de maintenir la pureté de la race. La supériorité aryenne se traduira également dans la forme du gouvernement. La démocratie, idée purement quantitative, devra être remplacée par la notion qualitative de sélection naturelle du meilleur. Celui-ci accédera ainsi à la dignité de chef charismatique, de Führer. Il sera le chef absolu d'une «communauté» qui ne sera déchirée par aucune division de classe mais unie autour du même idéal national, résumé dans la formule : *Ein Volk, ein Reich, ein Führer* (un seul peuple, un seul État, un seul chef).

• La politique extérieure d'Hitler découle tout naturellement de cette *Weltanschauung* (= conception du monde). L'homme allemand, supérieur aux autres, doit devenir un jour le maître de la terre et établir durablement son pouvoir (thème du «Reich pour 1 000 ans»). Pour cela, il faut d'abord qu'il s'affranchisse des liens qui pèsent sur lui. Ce qui implique qu'il fasse la guerre, seule modalité permettant au peuple supérieur de s'imposer dans le lutte pour la vie. A qui ? A la France d'abord, «inexorable et mortelle ennemie du peuple allemand», puis à la Russie, livrée «aux juifs et aux bolcheviks», et à «ses Etats vassaux limitrophes», qui fourniront à l'Allemagne les terres de colonisation dont elle a besoin.

• Quant aux thèmes « socialistes » et anticapitalistes, si pour attirer les masses Hitler les avait développés – de façon très vague d'ailleurs – dans le programme de 1920 du NSDAP, ils disparaissent peu à peu et à mesure que s'affirme l'alliance du nazisme et des grands intérêts privés.

b) *Le totalitarisme* est beaucoup plus poussé qu'en Italie et ceci à tous les niveaux de l'appareil d'État.

• Tout d'abord la centralisation et la concentration du pouvoir sont renforcés. La *loi sur la reconstitution du Reich* du 30 janvier 1934 a consacré l'évolution entamée depuis janvier 1933, en supprimant les diètes d'État et en transférant les pouvoirs souverains des Länder au Reich, représenté par un *Staathalter* ayant statut de «Führer», c'est-à-dire ayant toute autorité sur ses subordonnés. Au-dessus de ces gouverneurs tout-puissants, le Führer détient la totalité du pouvoir. Cumulant depuis la mort d'Hindenburg les fonctions de Premier ministre et de chef de l'État, il est également chef des forces armées. Le Reichstag continue bien de survivre mais, depuis le vote des pleins pouvoirs (23 mars 1933) et l'instauration du parti unique (14 juillet 1933), il est pratiquement réduit à l'impuissance. Sa fonction consiste uniquement à acclamer les décisions du Führer, à écouter ses discours et à entériner la prolongation de l'«Acte d'habilitation» qui lui a conféré les pleins pouvoirs (en 1937 et en 1941). A partir de 1943, il ne s'embarrassera même plus de cette procédure.

• Une telle concentration de pouvoir dans une seule personne suppose l'élimination de toute autonomie aux échelons inférieurs. Hitler est bien entouré d'une sorte de cabinet formé par ses plus proches collaborateurs, mais aucune discussion, aucune opposition ne sont possibles. les hauts dignitaires nazis sont tout simplement des exécutants de la volonté du Führer, considérée comme seule expression de la volonté générale et principale créatrice de droit («Le Führer ne parle et n'agit pas seulement pour le peuple ou à sa place mais en tant que peuple» écrit un juriste nazi). La pratique des *plébiscites* concrétise sur un plan institutionnel le lien mystique existant entre le Führer et son peuple. Le rôle du NSDAP, parti unique et parti de minorité – dont il n'est pas nécessaire d'être membre pour occuper des fonctions officielles – consiste essentiellement à assister le Führer dans sa tâche, notamment en doublant et en contrôlant l'administration. Depuis 1934, il est placé sous la direction de Rudolf Hess, successeur désigné d'Adolf Hitler.

• La superposition à tous les échelons des organes de l'État et de ceux du parti crée une inflation invraisemblable des centres de commandes. A cet égard, la «fascisation» de l'appareil d'État est, au moins jusqu'à la veille de la guerre, nettement moins avancée qu'en Italie. Dans leur majorité les hauts fonctionnaires restent à l'écart du NSDAP. Sans doute Hitler tient-il les grands corps de l'État par d'autres moyens : l'armée par le serment de fidélité prêté le 2 août 1934, l'administration et les tribunaux par la loi sur les fonctionnaires et par un réseau étendu de surveillance. Mais il existe, à tous les niveaux, une concurrence (non exempte de frictions) entre les organes traditionnels du Reich et ceux du parti. Par exemple si l'ancien *Auswärtiges Amt* de Neurath demeure en principe l'unique responsable de la politique étrangère allemande, on trouve au sein du parti le «Bureau Ribbentrop», également compétent en la matière, certaines initiatives diplomatiques relevant par ailleurs du ministère de la Propagande (Goebbels) et du «Bureau Rosenberg» (minorités nationales). Autre exemple significatif, celui de la Justice. Parallèlement aux organes judiciaires de l'État (police, tribunaux), se développent ceux du parti, la Gestapo, la SS et les tribunaux spéciaux du NSDAP qui prononcent les condamnations aux camps de concentration. Vers 1937-1938, une certaine unité commence à se faire jour. Ribbentrop devient officiellement ministre des Affaires étrangères. Un peu plus tôt Himmler a réalisé l'union de la police et de la SS. Mais contrairement à ce qui se passe en Italie, cette évolution aboutit moins à la nazification de l'appareil d'État qu'à l'étatisation des organes du parti.

• L'appareil policier est puissant et redoutable. En Allemagne en effet la répression a pris dès les premières semaines de la dictature un aspect démentiel. Le premier pas vers le terrorisme est accompli avec la loi du 29 mars 1933 qui abolit les libertés fondamentales. Par la suite, c'est la notion même de justice qui est modifiée. A partir de 1935, tout acte qui se trouve en contradiction avec les «sentiments sains du peuple» est jugé criminel. Le Führer étant considéré comme l'émanation du peuple, on peut dire que tous les actes et même toutes les attitudes qui déplaisent à Hitler sont ipso facto considérés comme criminels. La Gestapo, la S.A. (dont le rôle se trouve extrêmement réduit depuis la «nuit des longs couteaux») et la S.S. sont les principaux instruments de la terreur. les décisions prises par la juridiction politique – mise en arrestation «préventive» sans indication de motif, transfert dans les camps – échappent au contrôle des organes judiciaires réguliers. La répression est dirigée contre tous ceux qui manifestent leurs convictions antinazies, mais elle vise tout particulièrement les ennemis

« éternels » du nazisme, c'est-à-dire en premier lieu les marxistes. Les premiers *camps de concentration* sont créés au printemps 1933, au lendemain de la grande vague d'arrestations de militants communistes et socialistes qui a suivi l'incendie du Reichstag. A la fin de 1933, il y en a déjà une cinquantaine, peuplés presque exclusivement d'hommes de gauche. Entre 1933 et la guerre, un million d'Allemands seront arrêtés sans autre motif que d'être soupçonnés d'attitude hostile au régime. En 1935, la gestion des camps passe de la S.A. à la S.S. C'est le début de la terreur systématique. La répression s'étend peu à peu à d'autres catégories de la population, aux criminels de droit commun, aux « oisifs », aux homosexuels, etc. Tous sont victimes des mêmes sévices, qui vont du matraquage à la torture et à l'assassinat pur et simple.

• La direction des esprits s'opère comme en Italie, mais à un degré beaucoup plus fort, à un double niveau. *L'enseignement* subit fortement l'emprise du régime qui procède à une stricte épuration du personnel, fait réviser les manuels scolaires et exerce sur les professeurs et les étudiants un contrôle rigoureux. Dans le secondaire, certaines matières sont négligées au profit des disciplines considérées comme représentatives de l'ordre nouveau (histoire et géographie corrigées, langue maternelle, «biologie», éducation physique). En même temps sont créées des écoles d'un type nouveau, les *Adolf Hitler Schulen* et les «établissements d'éducation nationale-politique», qui ne dépendent que du parti et sont destinées à en former les futurs cadres ; leur enseignement est fondamentalement différent de celui qui est dispensé dans les écoles ordinaires. Depuis février 1933, la fonction de ministre de la Science, de l'Enseignement et des Arts est assumée par Bernhard Rust, un ancien instituteur qui avait été destitué en 1930 pour instabilité mentale et qui s'est donné pour tâche de «liquider l'école en tant qu'institution d'acrobatie intellectuelle». Quant à l'Université — où ne peuvent enseigner que des membres des organisations nazies — elle est également étroitement soumise à l'idéologie officielle. Des disciplines entières dépérissent ou disparaissent tandis que l'on enseigne les «mathématiques allemandes», la «physique aryenne» et que se développent les sections de «guerre» (chimie de guerre, économie de guerre, géographie de guerre, etc.). Mais la formation des générations nouvelles est surtout l'œuvre des groupements de jeunesse nazie : *Jungvolk* à partir de 8 ans, puis *Hitlerjugend* (d'abord facultatives, puis rendues obligatoires à partir de 1936), qui s'efforcent de faire des sujets obéissants, fanatisés, entraînés physiquement et militairement.

La propagande constitue l'autre volet de la mobilisation idéologique du peuple allemand. Dirigée par Goebbels, elle utilise tous les moyens pour imposer la vérité officielle et fanatiser les esprits, depuis les grands vecteurs traditionnels (presse, livre) jusqu'aux gigantesques parades de Nuremberg et de Berlin, en passant par les *médias* modernes d'information : l'affiche, la radio, le cinéma, qui — comme les journaux et l'édition — sont étroitement surveillés. La «Chambre de la culture nationale» et la police veillent à l'interdiction de ce qui n'est pas dans la stricte ligne du régime. Les bibliothèques sont expurgées, des milliers d'ouvrages sont brûlés dans d'immenses autodafés. Aussi, si des hommes comme le philosophe Heidegger ou le musicien Richard Strauss se rallient dans un premier temps au régime, les plus illustres représentants de la culture allemande prennent le chemin de l'exil ou se réfugient dans un silence réprobateur (le mathématicien Einstein, les écrivains Thomas Mann et Stefan Zweig quittent l'Allemagne). Résultat, la culture allemande, foisonnante d'inventions et d'œuvres originales à l'époque de la République de Weimar, connaît un déclin rapide. A l'exception peut-être du cinéma qui produit, à côté d'œuvres de circonstance d'une très grande platitude, des films d'une haute valeur technique et parfois d'une incontestable beauté formelle (cf. par exemple le film de Léni Riefenstahl, la cinéaste préférée d'Hitler sur les Jeux Olympiques de Berlin en 1936).

c) *La politique raciale* présente un double aspect. D'une part «protection de la race» à la fois par des mesures natalistes dont bénéficient les «vrais aryens» – dégrèvements fiscaux, primes diverses, avantages honorifiques – et «eugénistes» – stérilisation d'individus considérés comme tarés –. D'autre part, législation raciale dirigée en particulier contre les israélites. D'abord boycott des magasins tenus par des juifs, puis mesures de plus en plus sévères aboutissant en 1935 aux *lois de Nuremberg*. Les israélites sont éliminés du commerce, de la banque, de l'édition, des professions juridiques et médicales, de la fonction publique. Ils perdent la citoyenneté allemande, le droit de vote et sont exclus de l'armée. En outre des mesures vexatoires leur sont infligées : port de l'étoile jaune, accès des lieux publics (piscines, théâtres, cinémas, etc.) interdit, etc. Toutefois jusqu'en 1938, il n'y a pas officiellement de répression physique à l'égard de la communauté juive, et s'il existe bien des violences exercées contre les israélites, elles sont le fait des organisations locales du parti nazi.

Au contraire, à partir de 1938, il y a incontestablement un raidissement de la politique antisémite. Il se manifeste par exemple dans l'obligation qui est faite à tous les juifs de prendre des prénoms de Sarah et d'Israël. Le point culminant de cette politique est la «nuit de cristal», un immense pogrom à l'échelle nationale qui frappe, dans la nuit du 9 au 10 novembre 1938, l'ensemble de la communauté juive. Les mobiles en sont essentiellement matériels. Le régime veut, par ce biais, mener à terme l'«aryanisation» des entreprises juives et procéder à la confiscation de tous les biens juifs dont il a besoin en vue de la guerre. Tandis que 30 000 à 40 000 juifs sont expédiés par la S.S. dans les camps de concentration et que le parti nazi exige de la communauté juive qu'elle verse un milliard de Reichsmarks à l'État «en réparation des dégâts causés par la juste fureur nationale», le régime offre en principe aux juifs de quitter l'Allemagne en y laissant tous leurs biens. Mais il est difficile de croire à la sincérité de cette offre car, dans le cercle de ses amis, Hitler ne cache plus qu'il envisage non pas l'expulsion mais l'extermination de la «race juive». Prélude de ce qui deviendra pendant la guerre la «solution finale», vaste génocide de 6 millions de personnes perpétré dans les conditions les plus atroces.

C. Les oppositions. – La terreur hitlérienne ne permet guère aux oppositions politiques de se manifester. A côté d'une timide résistance de certains milieux conservateurs et libéraux, les communistes et les socialistes parviennent difficilement à maintenir quelques cellules clandestines. Les principaux dirigeants du parti communiste sont en prison (Thaelmann, Toergler) ou ont trouvé refuge en Union soviétique. Deux forces vont dès lors jouer un role important dans l'opposition au régime.

• *Les églises* qui, après une courte phase de collaboration, entrent en conflit avec l'État national-socialiste. Les catholiques lui reprochent de ne pas tenir les promesses du Concordat et de monopoliser la formation de la jeunesse. Les protestants désavouent, dans leur majorité, le petit groupe pro-nazi des «chrétiens-allemands» et s'engagent dans une résistance de plus en plus ouverte, qui conduira beaucoup d'entre eux — tel le pasteur Niemöller — en prison et en camp de concentration.

• *L'armée,* qui s'est également, dans un premier temps, ralliée à Hitler qu'elle méprise, mais dont elle partage les objectifs à court terme (réarmement et retour aux frontières de 1914). Plusieurs complots se nouent parmi les officiers de haut rang pour qui le Führer n'est qu'un dangereux aventurier. Ils sont suivis d'épurations et de purges. En 1938, le ministre de la Reichswehr von Blomberg et le commandant en chef de l'armée de terre, von Fritsch, en désaccord avec Hitler à propos de sa politique extérieure qu'ils jugent imprudente et aventuriste, sont éliminés à la suite d'une véritable machination.

D. Vers « l'État S.S. » – Avant 1939, le Reich hitlérien avait déjà atteint un degré de totalitarisme de loin supérieur à celui de l'Italie. La guerre va accentuer la tendance et faire accéder le nazisme au stade du fascisme « intégral » (le *Full Fascism* des politologues américains). Celui-ci peut être défini par la primauté totale du « politique » sur l'« économique ». A partir d'un certain moment (cf. chapitre suivant), l'État fasciste, qui a jusqu'alors fait le jeu des grands intérêts, tout en veillant à dédommager, au moins moralement, les classes moyennes, prend ses distances vis-à-vis des forces socio-économiques qui ont facilité son accession au pouvoir et finit par les soumettre à ses impératifs idéologiques. Le degré d'autonomie peut être plus ou moins élevé. Il est longtemps relativement faible dans l'Italie mussolinienne. Il est au contraire considérable dans le Reich en guerre. Au point que dans certains cas les choix idéologiques peuvent l'emporter sur des intérêts économiques qui ne sont pas ceux de tel ou tel groupe mais ceux de la nation tout entière. Il en est ainsi par exemple de l'extermination des juifs ou des sévices infligés aux prisonniers de guerre russes au moment où les besoins de main-d'œuvre se font les plus pressants.

L'instrument de ce totalitarisme poussé à l'extrême, Hitler le trouve dans la SS. Fondée en 1925, elle est destinée au début à servir de garde personnelle au chef du NSDAP, qu'inquiète l'esprit frondeur de la SA, mais après l'avènement du national-socialisme et surtout après l'élimination des dirigeants S.A. en juin1934, elle prend une place de tout premier plan dans l'État nazi. La base de sa puissance réside dans son union intime avec la police politique, la *Gestapo,* qui va elle aussi bénéficier d'une autonomie de plus en plus grande par rapport aux rouages officiels de l'État. En juin 1936, le Reichsführer SS Himmler devient en effet chef de la police allemande, ce qui lui confère, ainsi qu'à l'organisation qu'il dirige, une puissance considérable. La SS, au sein de laquelle on distingue dès cette époque une branche administrative, des sections spécialisées dans les tâches de police et dans les basses besognes du régime (garde des camps par exemple), et la Waffen-SS qui constitue un corps militaire d'élite, distinct et concurrent de la Wermacht, devient alors la «puissance exécutive du Führer» et commence de ce fait à jouer un rôle politique de première grandeur.

Cette montée de la SS se concrétise en septembre 1939 dans la création de la RSHA (sigle allemand pour «Administration centrale de la sûreté du Reich»), énorme machine de surveillance et de terreur qui vise à regrouper en un même organisme les *services de sûreté* de Heydrich, qui dépend directement du parti, et la Gestapo, qui est devenue un service d'État. Bientôt dominée par le seul Heydrich, la RSHA est appelée peu à peu à toucher à tous les domaines «politiques» (idéologie, élimination des «ennemis du peuple», problèmes posés par les populations soumises, etc.). Dès lors le duo Himmler/Heydrich occupe dans l'État national-socialiste une place considérable. Étroitement soumis au Reichsführer SS, qui d'ailleurs le méprise et se méfie de lui, Heydrich n'est en fait qu'un exécutant mais sa position à la tête de la RSHA en fait un personnage extrêmement dangereux, et ceci d'autant plus qu'il ne porte pas au Führer une foi inconditionnelle. Quant à Himmler, il est incontestablement le numéro deux du régime. Chef de la Gestapo, puis ministre de l'Intérieur à partir de 1943, doté de tous les pouvoirs en matière de police, de réorganisation territoriale, de lutte contre les «éléments nocifs», il intervient dans tous les domaines (culture, économie, etc.). Il apparaît alors comme l'adjoint du Führer, pratiquement son égal en puissance et, à travers lui, c'est la S.S. tout entière qui prend place aux centres de commande de l'État national-socialiste. Avec la guerre, le contrôle de «l'Ordre noir» s'exercera peu à peu sur l'économie, la démographie (colonisation, recherche dans les territoires conquis à l'Est des éléments «aryens purs», école, sports, etc.) et la culture. Mais surtout, la S.S. tend à devenir le fer de lance de l'ordre nouveau, l'«élite» fanatisée dont sortira la future société de pure extraction aryenne et sur laquelle s'établiront les bases du «Reich pour mille ans» dont rêve le Führer. Incontestablement, il y a là une volonté «révolutionnaire» de renouvellement et de création qui fait de la S.S. une force autonome, une «élite de remplacement» parfaitement distincte de la classe dirigeante ralliée au nazisme.

Bibliographie

Outre les ouvrages indiqués au chapitre 6, on verra : C. DAVID, *L'Allemagne de Hitler,* Paris, PUF (Que sais-je ?), 1963 ; G. BADIA, *L'Allemagne contemporaine,* Paris, 1964, T. II : 1933-1962 ; W. SHIRER, *Le IIIe Reich,* Paris, Stock ; Ch. BLOCH, *La nuit des longs couteaux,* Paris, 1967 ; Ch. BETTELHEIM, *L'économie allemande sous le nazisme,* Paris, 1946 ; E. NOLTE, *Le Fascisme dans son époque,* T. III *Le National-socialisme,* Paris, Julliard, 1970 ; W. HOFER, *Le National-socialisme par les textes,* Paris, Plon, 1962 ; W. MASER, *Naissance du parti national-socialiste allemand,* Paris, Fayard, 1967 ; R. DUBAIL, Une expérience d'économie dirigée : l'Allemagne national-socialiste, Paris, 1972 ; H. BURGELIN, *La société allemande (1871-1968),* Paris, Arthaud, 1968 ; H. HÖHNE, *L'Ordre noir,* Paris, Castermann. K. D. BRACHER, *La dictature allemande,* Paris, Privat, 1986 ; K. HILDEBRAND, *Le Troisième Reich,* Munich, 1985 ; P. AYÇOBERRY, *La Question nazie. Les interprétations du national-socialisme,* 1922-1975. Paris, Seuil, 1979 ; S. BERSTEIN, P. MILZA, *Dictionnaire des fascismes et du nazisme,* Bruxelles, Complexe, 1992 ; I. KERSHAW, *Qu'est-ce que le nazisme ?* trad. de l'allemand, Paris, Seuil, 1994.

Sur Adolf Hitler, on consultera : A. BULLOCK, *Hitler ou les mécanismes de la tyrannie,* trad. frse, Verviers, 1963 et Marianne BENTELI, *Adolf Hitler,* Paris, Masson (Coll. « Leur vie »), 1978.

Sur la politique raciale : Ph. BURRIN, *Hitler et les juifs,* Paris, Seuil, 1989. D. J. GOLDHAGEN, *Les bourreaux volontaires de Hitler,* Paris, Seuil, 1997 (traduit de l'américain et très controversé).

Biographies

Himmler

Heinrich Himmler est né à Munich en 1900. Études d'agronomie. Secrétaire de Gregor Strasser, il participe au putsch de 1923. En 1929, Hitler en fait le chef de sa garde prétorienne (S.S.) et, à partir de 1936, il dirige toutes les forces de police du Reich. A ce titre c'est lui qui organise en Allemagne, puis dans les pays occupés, la lutte contre la résistance anti-nazie. Il attache notamment son nom aux camps d'extermination. Arrêté par les Britanniques, il se suicide le 23 mai 1945.

Roehm

Ernst Roehm est né à Munich en 1887 dans une famille très modeste, ce qui ne l'empêche pas d'être admis dans une école d'officiers. Blessé pendant la guerre, il est capitaine en 1918. Il devient l'ami de Hitler dès 1919. Il est emprisonné pendant quelques jours après l'échec du putsch de Munich puis part pour la Bolivie d'où il revient en 1930 pour prendre la tête des S.A. A partir de 1932, il s'oppose à Hitler, s'efforçant de faire des S.A. une armée dans laquelle viendrait s'intégrer la Reichswehr et prônant la «seconde révolution». C'est principalement contre lui qu'est dirigée la purge du 30 juin 1934. Incarcéré à la prison de Munich, il refuse de se suicider et est abattu par deux officiers S.S.

Documents

La crise de juin 1934

Von Papen à Marburg

Au début de l'été 1934, Hitler se heurte à une double opposition. Celle de Roehm et des S.A., qui estiment que la révolution ne fait que commencer, et celle de l'ancienne classe dirigeante qui souhaite au contraire une stabilisation du régime et une remise en ordre de l'économie. Von Papen, grand propriétaire terrien, lié par son mariage aux milieux d'affaires, se fait le porte-parole de cette seconde tendance. Le 17 juin, deux jours après le retour du Führer qui a rencontré Mussolini à Venise, il prononce, devant les étudiants de Marburg, un discours qui fait sensation et dans lequel il dénonce précisément le risque d'une seconde vague révolutionnaire. Défense de la propriété, retour à une société conservatrice et chrétienne, refus d'une économie socialisée et planifiée, tels sont les principaux thèmes du discours de Marburg.

«Nous avons vécu cette unité spirituelle dans l'ivresse de milliers de manifestations, de drapeaux, de cérémonies d'une nation qui s'est retrouvée. Or maintenant que l'enthousiasme se dilue, que le travail tenace réclame son droit sur ce processus, il se révèle qu'un processus de décantation ayant de telles dimensions historiques produit aussi une gangue de ce genre dans tous les domaines de notre vie, dans les domaines matériels et spirituels. L'étranger, qui nous observe avec malveillance, montre cette gangue du doigt et l'interprète comme un processus sérieux de décomposition.

... Si la révolution libérale de 1789 était une révolution du rationalisme, contre le lien, la contre-révolution qui se produit maintenant au XXᵉ siècle ne peut être que conservatrice dans ce sens qu'elle ne rationalise pas et ne dissout pas, mais replace toute l'existence de nouveau sous les lois naturelles de la création... ...De ce qui précède ressortent ces déductions nettes dans le domaine politique :

le temps de l'émancipation de la classe inférieure contre les classes supérieures est passé. Il ne s'agit pas de maintenir une classe en bas – ce serait être réactionnaire – mais d'empêcher qu'une classe ne se soulève, ne s'empare du pouvoir et réclame en sa faveur le droit de représenter la totalité...

...J'ai dessiné aussi nettement les problèmes de la révolution allemande et mon attitude à cet égard parce que les commérages relatifs à une deuxième vague, qui devrait achever la révolution, ne veulent pas cesser. Quiconque joue en irresponsable avec de telles idées ne doit pas fermer les yeux sur la possibilité d'une troisième vague succédant à la seconde, il doit se dire que celui qui menace autrui de la guillotine peut se trouver plus vite que d'autres sous le couperet. On ne voit d'ailleurs pas où cette seconde vague doit nous conduire. On parle beaucoup d'une future socialisation. Avons-nous vécu une révolution anti-marxiste pour ensuite réaliser le programme du marxisme ?... Bien entendu, un problème social existe, dû à des processus économiques et démographiques. Mais on n'en viendra à bout qu'en rendant à la propriété sa responsabilité et non pas en élevant l'irresponsabilité collective au rang de principe dominant...»

Von Papen, discours prononcé à Marburg le 17 juin 1934,
cité par Ch. Bloch in *La nuit des longs couteaux,*
Paris, éd. Julliard (coll. «Archives»), pp. 125-130

Roehm parle aux S.A.

Cette «seconde vague» dont parle von Papen, le chef des S.A. Ernst Roehm, est précisément en train de la préparer. Le 22 février, il déclarait en Thuringe devant des chefs S.A. :

«L'année de la victoire fut suivie de l'année d'épreuve. La révolution national-socialiste nous impose, au-delà de ce qui a déjà été obtenu, de nouvelles tâches, grandes et importantes, dont l'exécution devra être le couronnement du soulèvement allemand. la nation est préservée du danger de la stagnation et de l'esprit de boutiquier par l'élan révolutionnaire des S.A. qui sont les garants de la révolution.

Nous ne sommes pas un club bourgeois, mais une association de combattants résolus. Cette ligne révolutionnaire sera maintenue au sein des S.A. dans l'esprit du passé. Je ne veux pas conduire des hommes qui plaisent aux boutiquiers, mais des révolutionnaires qui entraînent leur pays avec eux... »

(Cité dans le même ouvrage, pp. 87-88.)

Entre ces deux tendances inconciliables, Hitler devait choisir, le 30 juin 1934, le camp des forces conservatrices.

Plan

L'économie du IIIe Reich

Introduction. Au début de 1933, l'économie allemande est presque entièrement paralysée et le pays compte 6 millions de chômeurs. Cinq ans plus tard, l'économie de l'Allemagne se trouve à nouveau en pleine expansion et le chômage est pratiquement résorbé. Faut-il imputer ce résultat à la politique économique des dirigeants du IIIe Reich, en particulier de Schacht, ou seulement au gigantesque effort de préparation à la guerre ?

1. Les conditions de la reprise

A. ADOPTION D'UN DIRIGISME STRICT qui n'a rien de doctrinal mais a été dicté par les circonstances. Ceux qui l'imposent (Schacht) comme ceux qui l'acceptent (les grands industriels) sont en effet des partisans de l'économie libérale. Par contre, *refus de toute socialisation,* ce qui marque la rupture avec le programme de 1920.

B. NÉCESSITÉ DE L'AUTARCIE. On a voulu faire de l'autarcie, à l'exclusion de toute autre interprétation, la volonté du gouvernement allemand d'assurer au Reich une totale autonomie économique en temps de guerre. C'est un aspect de la question mais ce n'est pas le seul. En fait l'Allemagne se trouvait en 1933, à la différence des États-Unis, à la tête d'une dette extérieure considérable et pratiquement dépourvue de réserves monétaires. C'est donc une nécessité pour elle de faire redémarrer son économie en circuit fermé. Elle ne peut en effet, pour renverser le mouvement des capitaux, procéder à une dévaluation qui augmenterait encore le poids de ses dettes.

C. Il faut enfin tenir compte d'un ÉLÉMENT PSYCHOLOGIQUE primordial. L'inflation a laissé des traces profondes dans la mémoire collective. La moindre tendance inflationniste risque de provoquer la panique. Le gouvernement doit absolument éviter d'y recourir ouvertement.

2. La remise en route : deux éléments fondamentaux

A. LA POLITIQUE FINANCIÈRE DE SCHACHT qui redevient Président de la Reichsbank en août 1934 et remplace d'autre part Schmitt à la tête du ministère de l'Économie, présente un double aspect :

– *Le contrôle des changes,* mis en place par Brüning, permet d'empêcher les capitaux allemands et étrangers de quitter le pays. Les créanciers étrangers pourront cependant utiliser leurs capitaux sur place en achetant des marchandises allemandes, ce qui constitue un système d'exportation forcée.

– *Pour remettre en marche l'économie,* Schacht n'a pas ouvertement recours à l'accroissement du volume monétaire (inflation). Il imagine un système de traites (dites MEFO) garanties par l'État, remises par les industriels à leurs fournisseurs, et qui seront honorées après la reprise des affaires. En attendant, elles circulent comme une véritable monnaie, ce qui constitue en fait *une véritable inflation déguisée.*

B. UNE POLITIQUE DE GRANDS TRAVAUX permet de résorber le chômage : assèchements, travaux de défrichement et de reboisement, armements et construction d'un vaste réseau d'autostrades stratégiques.

3. L'organisation de l'économie allemande

A. LE DIRIGISME. *Dans le domaine économique, il se caractérise par l'adoption de plans de 4 ans.* Le premier est dirigé par Schacht, éliminé de la direction de l'économie allemande en 1936. Le second est placé sous la direction de Goering et est plus directement orienté vers la préparation de la guerre. En fait, planification souple (subvention, action sur les prix, etc.). En même temps création d'entreprises étatisées. Mais la structure capitaliste de l'économie subsiste et se trouve même renforcée (concentration). D'autre part, dirigisme *dans le domaine social* avec l'établissement d'un régime corporatiste. Les syndicats sont supprimés. Ouvriers et employeurs sont groupés dans le «Front du travail», solution favorable au patronat. Le service du travail est depuis 1935 obligatoire pour tous les jeunes des deux sexes.

B. L'AUTARCIE. L'Allemagne doit pouvoir se suffire à elle-même. Il faut d'abord développer *l'agriculture.* On accroît les surfaces emblavées par les grands travaux de défrichement et de bonifications. L'État s'efforce de maintenir sur place les populations rurales (loi de 1934 interdisant l'emploi dans les industries urbaines des ouvriers agricoles). Il lutte d'autre part contre le morcellement des terres en instituant des domaines incessibles et indivisibles *(Erbhöfe)*. Il faut ensuite développer *la production industrielle* et limiter les achats à l'étranger. Les progrès de l'industrie chimique permettent de fabriquer des produits de remplacement ou *ersatz :* essence synthétique, caoutchouc et textiles artificiels, produits alimentaires de synthèse. Enfin, *dans le domaine commercial,* on a recours au *clearing :* à toute importation de l'étranger doit correspondre une exportation de même valeur dans le pays intéressé.

4. Le bilan

– *La production* a augmenté dans des proportions considérables. *Dans le domaine agricole,* elle est devenue suffisante pour le blé, la pomme de terre, le sucre. *La production industrielle* est la 2ᵉ du monde et dépasse de 33 % celle de 1928.
– *Le niveau de vie.* Il est beaucoup moins bas qu'on ne le pense généralement. L'Allemand consomme en 1937 au moins autant de blé, de beurre, de sucre, de viande qu'en 1929. Cependant les salaires ont augmenté moins vite que les prix.
– *Conséquence.* La production augmente beaucoup plus vite que les possibilités d'absorption du marché intérieur. A partir du moment où l'Allemagne a achevé son effort d'équipement elle doit absolument s'ouvrir des marchés extérieurs. Elle peut aussi, pendant un certain temps, reconvertir une partie de son industrie à des fins militaires. Elle se trouve donc doublement portée vers une politique agressive.

Conclusion : Il faut nuancer l'idée d'une Allemagne sauvée économiquement par le réarmement à outrance. Certes la politique d'armement a concouru largement à la reprise. Elle a cependant joué un rôle moins important que les mesures strictement économiques adoptées par Schacht. C'est plus tard, lorsque la production a retrouvé et dépassé son niveau de 1929 et que réapparaissent les risques d'engorgement, que l'on voit l'Allemagne s'engager dans une politique de conquête par la force des marchés extérieurs et de mobilisation industrielle.

15 Fascisme et réaction dans l'Europe de l'Entre-deux-guerres

L'Italie (chapitre 13) et l'Allemagne (chapitre 14) ont connu – la première de 1922 à 1943, la seconde de 1933 à 1945 – des régimes *totalitaires* de droite caractérisés par l'enrégimentement des masses, la mise en place d'un système de terreur physique et psychologique, l'action d'un chef national tout-puissant et l'emprise d'un parti unique. Bien qu'il y ait entre eux des différences notables (le racisme par exemple qui est inhérent au national-socialisme alors qu'il n'est en Italie qu'un phénomène secondaire et qui se développe tardivement), l'un et l'autre peuvent être considérés comme des *fascismes*, au sens générique du terme, ce qui n'est pas le cas des autres régimes d'exception, mis en place par la classe dirigeante, dans les pays de l'Europe centrale, orientale et méditerranéenne, pour faire échec à la contagion révolutionnaire. En effet, ni les bases socio-économiques, qui restent celles des Etats semi-féodaux du XIXe siècle, ni la nature profonde du régime, qui vise moins à l'intégration des masses qu'à la restauration de l'ordre social traditionnel, ne correspondent aux critères fondamentaux des Etats fascistes. Ce qui ne les a pas empêchés d'être fréquemment assimilés à ces derniers, surtout à partir du moment où il est devenu manifeste que les aspects « révolutionnaires » du fascisme italien n'ont servi qu'à masquer le caractère fondamentalement contre-révolutionnaire de la dictature mussolinienne.

L'interprétation donnée au début des années 20 par la IIIe Internationale et qui visait à considérer le fascisme comme «l'une des formes classiques de la contre-révolution», ne pouvait que renforcer cette tendance. Il faut dire que le caractère exemplaire du fascisme italien, l'efficacité de ses méthodes, l'aisance avec laquelle il avait su imposer dans la péninsule une dictature de droite avec des mots d'ordre de gauche et renforcer le capitalisme en multipliant les promesses démagogiques, allaient inciter les dirigeants des Etats réactionnaires de l'Europe rurale à adopter certains traits du fascisme, ne fût-ce que formellement, ce qui devait faciliter la confusion entre les deux types de régime.

Il reste qu'aujourd'hui, historiens et politologues se doivent de rectifier certaines assimilations abusives concernant des régimes et des mouvements improprement qualifiés de «fascistes». Non pour les «réhabiliter» aux yeux de l'Histoire (le franquisme espagnol a sans doute été beaucoup plus sanglant que le totalitarisme mussolinien), mais par simple souci de rigueur intellectuelle. Ceci implique tout d'abord que l'on cherche à donner une définition, aussi précise que possible, du phénomène fasciste.

I. Qu'est-ce que le fascisme ?

A. Un phénomène complexe – Même si l'on s'en tient à une définition étroite, en excluant d'une part la thèse «totalitaire» des sociologues américains (p. ex. H. Arendt, *The Origins of Totalitarianism*, 1951, pour qui fascisme et communisme sont les deux visages d'une même crise de civilisation) et de l'autre l'interprétation large du fascisme considéré comme un cas particulier de la réaction antiprolétarienne, on doit admettre qu'il existe des *variantes* et des *étapes* dans le fascisme, ce qui implique deux critères de distinction.

En premier lieu un critère spatial. Il n'y a pas – surtout si l'on se place au niveau des mouvements (car rares sont ceux qui accèdent au pouvoir) – *un* fascisme mais *des* fascismes. Sur un fond commun, correspondant à une situation historique donnée (l'Europe au lendemain de la Première Guerre mondiale, le monde au moment de la grande crise économique des années 30), il y a éclosion de mouvements politiques nouveaux, proches parents les uns des autres si l'on se réfère à leur base sociologique, à leur programme, à leurs méthodes d'action, mais dotés en même temps d'une spécificité qui tient au passé, aux traditions, aux structures du pays dans lequel ils se développent.

Le critère temporel, souvent négligé par l'historiographie et par les sciences sociales, est pourtant capital car il permet d'éclairer certaines contradictions apparentes du fascisme. On peut admettre, dans cette perspective, qu'il existe *des étapes* dans l'évolution du phénomène fasciste. Nous en distinguerons quatre :

- Le stade du «premier fascisme» voit se développer, dans un contexte de crise, des mouvements extrémistes issus principalement de la classe moyenne et menant à la fois le combat contre le capitalisme et contre les forces révolutionnaires de l'extrême gauche.

- Le « second fascisme » se caractérise au contraire par l'alliance, plus ou moins explicitement formulée, de grands intérêts industriels et financiers et de diverses fractions de la petite et de la moyenne bourgeoisie, en vue de la conquête ou de la reconquête du pouvoir.

- Le troisième stade est celui du fascisme au pouvoir. Ils se caractérise à la fois par un renforcement des structures du capitalisme et par la mise en place d'un système dont les politologues américains C.F. Friedrich et Z.K. Brzezinski (*Totalitarian Dictatorship and Autocracy,* 1956) ont dégagé les critères essentiels : idéologie, «globale», parti unique, système de terreur physique et psychologique, monopole des moyens modernes d'information, des instruments militaires, contrôle bureaucratique de l'économie.

- Enfin, il existe au moins théoriquement, une quatrième phase qui correspond à l'établissement du totalitarisme intégral. Certains auteurs américains parlent à cet égard de *Full Fascism,* mais en faisant aussitôt remarquer qu'il n'a guère été en vigueur qu'en Allemagne au moment de la guerre.

B. Un phénomène inscrit dans son époque – Le fascisme n'apparaît pas à n'importe quel moment de l'Histoire mais correspond à un stade bien particulier de l'évolution des sociétés industrielles. A bien des égards en effet, il constitue une réponse aux problèmes posés par la «seconde révolution industrielle» et par le passage du capitalisme «concurrentiel» – qui avait caractérisé l'époque libérale – à une phase «oligopolistique» (plus que *monopolistique*), au cours de laquelle se réalise la fusion entre le capital industriel et le capital bancaire.

Ce stade de concentration et de fusion – dans lequel Lénine a cru voir la phase ultime du capitalisme et le fondement de *l'impérialisme* – voit se renforcer les oligarchies dirigeantes, tandis que diminue le rôle du secteur concurrentiel. En même temps, l'ampleur et la rapidité des transformations économiques et technologiques qui caractérisent les deux dernières décennies du XIXe siècle ne manquent pas d'ébranler le corps social et de poser aux classes dirigeantes de nouveaux problèmes. Le plus préoccupant est sans doute celui de l'intégration politique des masses, particulièrement de celles qui, récemment détachées des campagnes, ont rompu sans transition avec les cadres de la société traditionnelle. En même temps, s'opèrent la montée de nouvelles catégories sociales et la poussée de nouvelles élites qui tendent à contester l'hégémonie des oligarchies en place. Problèmes partiellement résolus dans les démocraties parlementaires de l'Europe de l'Ouest où, à la fin du XIXe siècle, l'alliance de la bourgeoisie et des « nouvelles couches » est un fait à peu près acquis. Il reste très aigu au contraire dans des pays comme l'Allemagne et l'Italie.

Le deuxième âge industriel s'accompagne d'une accélération des progrès scientifiques et techniques. L'homme élargit sa vision du monde. Il va plus loin, et aussi il voit plus loin, dans l'infiniment grand et dans l'infiniment petit. Ce qui n'est pas sans le plonger parfois dans un désarroi profond, devant un univers dont les limites lui échappent. En même temps de nouveaux moyens de communication tendent à rétrécir les distances et accélérer le rythme de la vie. Il en résulte une rupture avec les rythmes plus lents et plus stables du passé et déjà, chez certains, le culte de la vitesse qui trouvera son expression dans le préfascisme futuriste. En même temps, tandis que les travaux des mathématiciens et des physiciens bouleversent les conceptions traditionnelles concernant le temps, l'espace et la matière et marquent pour l'homme occidental la fin du monde stable et sécurisant de Descartes et de Newton, on assiste à une contestation du rationalisme et du scientisme sur lesquels avaient reposé les conceptions philosophiques de l'élite intellectuelle européenne depuis le XVIIe siècle. La foi dans la science, bienfaitrice de l'humanité et base du progrès de toute société, résiste mal en effet à des théories qui nient l'absolu, la stabilité et la continuité des choses. Philosophie quasi officielle de la classe dirigeante occidentale depuis le milieu du XIXe siècle, le positivisme se trouve battu en brèche par des conceptions qui réhabilitent l'instinct, le moi profond, la foi et l'action spontanée. La pensée bergsonienne, l'œuvre de Nietzsche, le renouveau religieux, les premiers pas de la psychanalyse, en sont des manifestations caractéristiques, tout comme l'engouement pour le sport, le réveil de la culture populaire, du folklore et des traditions régionalistes.

Ainsi, il existe dès la fin du XIXe siècle *un terrain* qui est fait à la fois de désarroi devant un monde qui change – et qui change vite – de révolte contre les modes de vivre et de penser imposés par la classe dirigeante et d'aspiration à une stabilité retrouvée, sur lequel vont se développer les mouvements et les idéologies préfascistes.

Et il va se constituer un outillage idéologique dans lequel la génération de la guerre n'aura qu'à puiser pour tenter de résoudre les problèmes posés par le conflit et par la poussée révolutionnaire qui accompagne celui-ci.

C. Un phénomène dont la naissance et le développement impliquent un certain nombre de conditions – Les expériences fascistes s'inscrivent – nous venons de le voir – dans le cadre des économies avancées et correspondent à un certain stade de développement des économies capitalistes qui est celui de la concentration et de la fusion. Condition nécessaire, mais non suffisante pour que se développe – au sens propre du terme – le phénomène *fasciste*. D'autres facteurs jouent en effet un rôle essentiel :

• L'existence, dans des pays qui comme l'Italie et l'Allemagne ont connu une industrialisation rapide, de *masses,* composées d'individus «atomisés», c'est-à-dire coupés des structures d'encadrement de la société traditionnelle (famille, paroisse, corporation, etc.) et isolés, proie facile pour les candidats à la dictature qui proposent à ces masses désemparées le refuge d'une intégration que n'ont pas su réaliser les élites traditionnelles.

• La présence de classes moyennes en situation de crise. Crise due à la grande vague de concentration qui accompagne la seconde révolution industrielle, mais qui se trouve accentuée par les effets du conflit mondial et par les difficultés économiques de l'après-guerre, plus tard par les conséquences de la «grande dépression». Menacée de prolétarisation, la petite bourgeoisie se radicalise dans un sens qu'elle croit conforme à ses intérêts. En fait, imprégnée de l'idéologie dominante, fortement influencée par le nationalisme et jalouse de ses prérogatives sociales, elle ne choisit pas le camp de la révolution, mais celui des adversaires du socialisme. Comme le remarque Jules Monnerot (*Sociologie de la Révolution*), «la formation des bourgeois ne les a pas préparés à estimer que le désordre puisse être un remède à leur ruine». Tout en aspirant à un changement, tout en contestant la direction de l'État libéral en péril aux oligarchies en place, les membres des classes moyennes en voie de prolétarisation conservent une mentalité fondamentalement «réactionnaire» en ce sens qu'ils voudraient revenir en arrière, retrouver un monde (d'ailleurs largement idéalisé) où chacun a sa place bien déterminée.

• La défaillance des élites traditionnelles devant les difficultés croissantes du système libéral. Incapables de faire face à la crise et de conjurer la menace révolutionnaire qui accompagne celle-ci, les classes dirigeantes laissent le champ libre à une «élite de remplacement» (Pareto), qui a été forgée par la guerre et qui se recrute essentiellement parmi les éléments les moins intégrés de la société de l'après-guerre ou parmi les déclassés et les laissés pour compte de la révolution industrielle. Ainsi se constituent les bandes armées du «premier fascisme», rassemblement d'anciens combattants déçus, de «lansquenets» sevrés de «l'odeur des mâles aventures» (E. von Salomon), de marginaux et de chômeurs. Leur idéologie, ces groupes de combat (*squadre* en Italie, «corps-francs» et S.A. en Allemagne) la puisent dans les idéaux contestataires que leur a légués le XIXe siècle dans sa phase antipositiviste. On y trouve mêlés les thèmes de l'anarcho-syndicalisme, du blanquisme et du nationalisme.

Livré à ses seules forces, le fascisme n'aurait que des chances extrêmement réduites d'accéder au pouvoir. Pour survivre, et pour se lancer à l'assaut de l'État libéral – ce qui implique qu'il se transforme en mouvement de masse et entretienne des bandes armées – il a besoin de subsides qui lui sont fournis par de grands propriétaires fonciers et par certains représentants de la grande industrie. Il doit également pouvoir compter, au cours de la lutte qu'il engage contre les organisations politiques et syndicales de la classe ouvrière, sur la complicité des tenants de l'appareil d'État : militaires, hauts fonctionnaires, magistrats, etc. En fait, l'alliance du « premier fascisme » et de la grande bourgeoisie n'est jamais immédiate. En Italie, elle ne sera réalisée qu'au lendemain des grandes grèves de l'été 1920. En Allemagne, elle s'opère une première fois en 1922, subit une longue éclipse après l'échec du putsch munichois pour reprendre aux environs de 1928 et devenir vraiment officielle au début de 1932. Au début en effet, les milieux d'affaires se montrent hésitants à l'égard de mouvements qui, pour s'attirer la sympathie des masses, proclament hautement leur haine du capitalisme. S'ils les soutiennent financièrement, c'est parce qu'ils voient dans leur action un moyen de diviser la classe ouvrière. Pour que leur appui, réticent et irrégulier au début, se transforme en soutien massif, il faut qu'interviennent certaines conditions :

• Une crise profonde du système libéral, jugé incapable par ceux qui en étaient jusqu'alors les bénéficiaires, de sauvegarder leurs intérêts essentiels. Après avoir épuisé toutes les autres possibilités, le «grand capital» se rallie à la solution fasciste et accepte de sacrifier son pouvoir politique pour conserver sa puissance économique.

• Une situation économique catastrophique impliquant de la part des grands intérêts l'appel à un État providence capable de sauver les entreprises en difficulté et d'assurer par tous les moyens, y compris le réarmement et l'usage de la force, des commandes et des marchés.

• Une menace révolutionnaire. A noter cependant que ce n'est pas au moment où le péril est le plus grand que s'opère l'alliance du fascisme et des grands intérêts, mais une fois le danger passé. Il s'agit alors d'éviter une nouvelle offensive prolétarienne par une «contre-révolution préventive».

Une fois consommée, l'alliance du grand capital et du premier fascisme entraîne une évolution rapide de ce dernier. D'une part, on assiste à une modification, dans un sens réactionnaire, du programme initial (celui de mars 1919 pour les *fasci*, le programme de 1920 pour le NSDAP), et d'autre part on voit coexister au sein des mouvements fascistes deux courants fondamentalement distincts : un courant radical et «socialisant», que l'on trouve en Italie dans le squadrisme et en Allemagne dans la «gauche nazie», un courant politique et réactionnaire qui est précisément celui du second fascisme et qui peut entrer en conflit avec le premier («Nuit des longs couteaux» après la prise du pouvoir par les nazis).

L'alliance des grands intérêts et de la petite bourgeoisie représente la base socio-économique du fascisme au pouvoir. C'est ce critère qui le distingue des régimes purement réactionnaires par lesquels la classe dirigeante traditionnelle exerce directement sa dictature. Reposant sur un *compromis* entre des groupes aux intérêts divergents, le fascisme présente, au cours de cette troisième phase, les caractères suivants :

• Les classes économiquement dominantes (agrariens, bourgeoisie industrielle, milieux d'affaires), continuent d'exercer à l'intérieur du « bloc au pouvoir » une forte influence. Pour maintenir leur pouvoir socio-économique, elles sacrifient en partie leur domination politique au profit d'un « sauveur » (*Duce, Führer*) qui est généralement issu de la petite bourgeoisie. En échange de quoi elles bénéficient d'une situation qui favorise leurs tendances monopolistiques et les débarrasse, par le biais du corporatisme, de la pression exercée par les organisations ouvrières.

• Mais en même temps le fascisme au pouvoir ne peut renier complètement ses origines petites-bourgeoises et il lui faut bien, d'une façon et d'une autre, satisfaire les intérêts des classes moyennes. Il y a là une contradiction fondamentale du régime puisque par ailleurs celui-ci favorise les tendances à la concentration capitaliste. Il est indéniable que la petite bourgeoisie a été, économiquement parlant, l'une des grandes victimes des régimes fascistes, la politique menée par ceux-ci en faveur des grands intérêts lésant gravement le petit commerce et la petite production. D'où la nécessité ressentie par les dirigeants fascistes de leur fournir des compensations. D'une part la politique de grandeur et de prestige menée par les États fascistes, et d'autre part – phénomène capital – la possibilité de promotion sociale offerte par le parti et par les organismes qui en dépendent. Ce sont en effet les membres des classes moyennes qui constituent, tant en Italie qu'en Allemagne, les cadres du parti unique. Ils en retirent des avantages de prestige qui leur permettent de nourrir leur appétit de puissance et de compenser la médiocrité de leur situation matérielle. Autrement dit, il s'opère un véritable partage du pouvoir entre la haute bourgeoisie, classe dominante, qui renforce sa puissance économique et dans une large mesure inspire les options fondamentales du régime, et la classe moyenne, classe «tenant de l'Etat» (N. Poulantzas, *Fascisme et dictature*) qui en assume la gestion, le «guide» (Duce, Führer) constituant la clé de voûte du système.

• Enfin le totalitarisme fasciste se distingue des autres régimes d'exception mis en place par les classes dirigeantes par son souci d'intégrer les masses au nouveau système. Ceci implique des concessions et des avantages accordés aux classes populaires, dans le but de les rallier au régime sans porter atteinte aux intérêts majeurs du capitalisme. Mais aussi l'enrégimentement des masses dans des organisations corporatistes et paramilitaires, ainsi que leur encadrement par le parti unique.

En fin de compte, on aboutit à la mise en place d'un système totalitaire pur, dans lequel le parti et le chef national charismatique (Mussolini et Hitler) finissent par imposer leur action autonome aux forces socio-économiques qui ont facilité leur venue au pouvoir. Ce quatrième stade du fascisme (*Full Fascism*), qui n'a vraiment été réalisé que par l'Allemagne pendant la guerre, pousse jusqu'au paroxysme les méthodes de terreur physique et psychologique (police politique, propagande, camps de concentration) qui ont été adoptées au lendemain de la prise du pouvoir.

II. L'Europe entre la dictature militaire classique et la tentation du fascisme

A. L'Europe centrale, orientale et balkanique – a) *Le modèle hongrois.* Le prototype des régimes de dictature militaire classique est celui qu'instaure en Hongrie, au lendemain de la défaite du communiste Béla Kun, le régent Horthy, ancien commandant en chef de la marine austro-hongroise. Typiquement conservateur, le régime de Horthy ne s'apparente que de fort loin à celui qui triomphera trois ans plus tard en Italie. Sans doute le pluralisme officiel et le parlementarisme, rétablis en 1921, sont-ils de pure façade. Il existe en fait un parti dominant, issu de l'union du Parti national chrétien et du Parti des petits agriculteurs, et qui constitue l'expression politique des deux fractions de la classe dirigeante, grands propriétaires et petite noblesse (*gentry*). Mais on ne peut parler, comme plus tard en Italie et en Allemagne, de «parti unique». Les élections sont théoriquement libres, même si dans les campagnes le scrutin est public, et en 1922 les sociaux-démocrates obtiendront 15 % des voix. D'autre part, si le gouvernement adopte une attitude étroitement nationaliste et poursuit une politique extérieure résolument agressive, il ne cherche en aucune façon, comme le feront l'Italie et l'Allemagne, à associer les masses à ses objectifs, ni à les intégrer dans un système totalitaire. Il se préoccupe assez peu du sort des ouvriers et de la paysannerie et ne cherchera pas à régler les grands problèmes qui se posent à ces catégories sociales, qu'il s'agisse de la question des terres ou de celle du chômage.

Cependant, de 1932 à 1936, on assiste à une véritable « fascisation » de l'État hongrois sous l'impulsion du premier ministre Gömbös. S'appuyant sur les couches moyennes de la population – petite noblesse, paysannerie, petite bourgeoisie – et prônant un programme antimarxiste, anticapitaliste et hostile à la grande propriété terrienne, celui-ci voudrait instaurer un État corporatiste, fondé sur le principe du parti unique et de la non-distinction entre les classes. Le style du régime est également celui du fascisme. Gömbös affectionne les grands rassemblements de masse, les défilés des milices nationalistes, les acclamations scandées de la foule. Il meurt trop tôt cependant pour réaliser cette transformation radicale de l'État hongrois qu'il avait, semble-t-il, envisagée. La fascisation se limite en fin de compte à des mesures de détail et ne survit pas à sa disparition en octobre 1936. Ce qui n'empêchera pas que se développent à partir de cette date de nombreux mouvements d'inspiration fasciste ou national-socialiste. Le plus important est le *parti des Croix fléchées*, que dirige un capitaine d'état-major de l'entourage de Gömbös, Ferenc Szálási, mouvement de masse (150 000 adhérents en 1938), qui obtiendra 31 sièges aux élections de 1939 et ne tardera pas à se heurter aux dirigeants conservateurs. Szálási est lui-même arrêté en 1938 et condamné à 3 ans de prison pour « attentat contre l'ordre social ».

b) *Le cas de la Pologne* est assez différent. Dans ce pays qui a des frontières communes avec le nouvel Etat communiste, il n'y a pas eu de révolution bolchevique comme en Hongrie, mais une menace de reconquête par l'Armée rouge. L'homme fort, celui qui, avec l'aide des Occidentaux, a su repousser les offensives soviétiques et fait figure de héros national, le maréchal Pilsudski, ne tire pas immédiatement parti de son prestige. Il laisse fonctionner le régime parlementaire qui a été mis en place en 1921 mais qui manque également de bases sociologiques fortes. En mai 1926, à la suite d'une période de grande instabilité politique, c'est pour empêcher un coup d'Etat de la droite qu'il marche sur Varsovie avec une partie de l'armée. Au début, le nouveau régime (la constitution est révisée dans le sens d'un renforcement de l'exécutif) bénéficie du soutien des masses et des partis de gauche. Peu à peu cependant Pilsudski renonce à ses alliances «populistes» pour se rapprocher de l'ancienne classe dirigeante. Dès lors, le régime qui conserve en apparence les formes de la démocratie parlementaire (partis et presse d'opposition autorisés) s'oriente vers la dictature militaire traditionnelle. En 1930, le gouvernement décide de briser la montée des oppositions en faisant arrêter les leaders de la gauche. Pilsudski s'assure de cette façon une majorité parlementaire qui lui permet de faire adopter en 1935 une constitution autoritaire qu'il n'aura pas le temps de mettre lui-même à l'épreuve puisqu'il meurt au mois de mai de la même année.

Le «régime des colonels» qui lui succède est en fait dominé par le général Rydz-Smigly, l'homme fort du régime. C'est sous son impulsion que le colonel Adam Koc organise en 1937 un nouveau parti gouvernemental, le *Camp de l'Unité nationale* (OZN), dont le programme fondamentalement conservateur contient cependant certaines tendances fascisantes (culte du chef, subordination des intérêts particuliers à l'intérêt suprême de l'État, etc). De même l'influence du fascisme s'exerce sur des mouvements conservateurs tels que le *Camp national radical* (ONR) dont l'aile extrémiste, la *Falanga*, prend dès 1935 un caractère nettement fasciste. Organisée militairement, la *Falanga* recrute essentiellement ses adhérents parmi les étudiants et dans la petite bourgeoisie de Varsovie que séduit son programme de limitation de la propriété privée et de contrôle rigoureux de l'État sur l'activité économique du pays. Pendant quelque temps cette organisation, qui se rend vite célèbre par ses brutalités envers les juifs, attire à elle des membres de l'OZN et entretient de bons rapports avec le colonel Koc, jusqu'au moment où, suspectée de vouloir déclencher un putsch fasciste, elle est lâchée par ses alliés gouvernementaux et interdite.

c) *Le problème du «fascisme» roumain* se pose en des termes à peu près semblables. C'est en 1927 que Corneliu Codreanu fonde la *Légion de l'archange Saint-Michel*, qui est sans doute, de tous les mouvements fascisants de l'Entre-deux-guerres, le plus original et le plus mystique. Farouchement antisémites et anticommunistes ses membres, qui portent la chemise verte barrée d'une croix blanche et qui gardent sur leur poitrine un sachet de cuir contenant la terre sacrée de la patrie roumaine, participent à des marches et à des chevauchées dans la campagne, animés d'une ferveur de croisés. En même temps, ils organisent des camps de travail dans lesquels les jeunes légionnaires apprennent à partager avec les paysans les rudes besognes de la terre, ce qui est une façon de manifester leur mépris pour l'univers corrompu de la ville. Ils se livrent aussi à des sévices contre les juifs et ne reculent pas devant l'attentat politique.

A partir de 1930, un changement important s'opère. Codreanu décide en effet de fonder à côté de la Légion, qui demeure l'élite de son mouvement, une organisation politique plus ouverte, destinée à devenir un grand parti de masse. Ce sera la *Garde de fer*, plusieurs fois interdite à cause de ses méthodes violentes et de son agressivité à l'égard de la monarchie. L'esprit reste celui de la Légion – respect des traditions, mystique religieuse, haine de la civilisation urbaine, volonté de réarmer moralement la nation, etc – mais avec une tonalité nettement plus fasciste. L'antisémitisme et l'antimodernisme de la Garde aboutissent en effet à une critique violente du capitalisme. La haine du parlementarisme débouche sur une remise en question de la monarchie dans la mesure où celle-ci le tolère, comme elle tolère les juifs. Pourtant la société dont rêvent les disciples de Codreanu, diffère beaucoup de celle dont Mussolini et Hitler assument les destins. Son idéal reste celui d'un christianisme social reposant sur une paysannerie respectueuse des valeurs traditionnelles et capable de débarrasser le pays de ses éléments allogènes et corrupteurs : communisme, démocratie, juifs, etc.

Avec la crise, qui frappe durement la Roumanie, la *Garde de fer* va se grossir d'éléments venus de la petite bourgeoisie, de la fonction publique, des professions libérales et recevoir l'appui d'une partie de la classe ouvrière. En effet, en l'absence d'un véritable mouvement ouvrier, beaucoup de travailleurs votent pour le seul parti qui prône des solutions radicales aux problèmes des masses, ce qui explique le succès de la Garde aux élections de 1937 et son audience croissante dans le pays. En 1938, sa puissance et son prestige (renforcé par l'envoi de volontaires en Espagne où deux des principaux lieutenants de Codreanu, Motza et Marin, sont tués devant Madrid) sont tels que, redoutant un coup d'Etat «fasciste», le roi Carol prend les devants, prononce la dissolution de tous les partis et met en place un régime autoritaire qui est parfois qualifié de «monarcho-fasciste», mais qui est en fait parfaitement réactionnaire et traditionaliste. Prenant appui sur la bourgeoisie nationale et sur les agrariens, le nouveau régime réprime avec une extrême rigueur le mouvement de Codreanu, qui est lui-même arrêté, jeté en prison et bientôt abattu avec 13 de ses compagnons, au cours d'une «tentative d'évasion». Toutefois cette répression ne suffit pas à briser l'élan des «hommes de l'archange». Ceux-ci continuent à répandre dans le pays un climat de terreur auquel les maîtres du pouvoir répondent par une radicalisation fascisante du régime qu'ils ont instauré. Dès le début de 1940, la Garde de fer a retrouvé tout son impact sur la population roumaine et constitue une force avec laquelle la monarchie doit compter. Lorsqu'en septembre 1940 les Allemands donnent la Transylvanie du Nord à leurs alliés hongrois, le roi doit abdiquer pour laisser le pouvoir au général Antonescu, lequel établit un Etat nationaliste légionnaire dominé par les hommes de la Garde, désormais dirigée par Horia Sima.

d) *Dans la plupart des autres pays de l'Europe de l'Est et du Centre,* c'est également pour empêcher que n'accèdent au pouvoir de véritables mouvements fascistes, fréquemment soutenus et subventionnés par l'Italie (c'est le cas des *Heimwehren* autrichiens) ou par l'Allemagne (comme la *Falanga* polonaise), que sont mis en place ou que se renforcent les pouvoirs militaires.

En Yougoslavie, c'est en 1929 que le roi Alexandre décide de suspendre le régime des partis et d'établir sa dictature personnelle. Là encore, il s'agit d'un régime autoritaire traditionaliste qui n'a rien à voir au début avec le fascisme, mais qui toutefois en adopte certains aspects formels lorsque, après l'assassinat du souverain à Marseille, en octobre 1934, les responsabilités du pouvoir se trouvent assumées par le premier ministre Stojadinovič. Celui-ci favorise la formation de mouvements de jeunesse qui portent l'uniforme – chemise verte – et s'organisent militairement. Il se plaît d'autre part à prendre la parole devant de vastes foules qui l'accueillent au cri de « Vodja ! Vodja ! », l'équivalent de « Duce ! Duce ! » des manifestations romaines. Mais là s'arrête la ressemblance avec les régimes totalitaires italien et allemand. Les véritables tendances fascistes se concentrent dès lors dans deux mouvements, l'un d'obédience italienne, l'*Oustacha* d'Ante Pavelič, qui prend appui sur le nationalisme croate, l'autre d'inspiration nettement national-socialiste et pro-hitlérienne, le *Zbor*, qui est dominé au contraire par l'élément serbe. L'un et l'autre sont réprimés de façon très vigoureuse par le gouvernement de Stojadinovič, avant de prendre leur revanche lors de l'invasion de la Yougoslavie.

En Bulgarie, le *Mouvement national-social*, que dirige depuis 1931 l'ancien premier ministre Zankoff, s'il n'est pas spécifiquement fasciste, emprunte cependant certains de leurs traits aux modèles italien et allemand. Et c'est pour prévenir un coup de force organisé par cette formation populiste et petite-bourgeoise que les milieux dirigeants instaurent en 1934, avec l'approbation du rois Boris III, un régime autoritaire contrôlé par l'armée. Le général Georgieff dissout à cet effet partis traditionnels et mouvements d'extrême droite, établissant une dictature monarcho-militaire qui, à la différence de ce qui se passe en Roumanie et en Yougoslavie, ne sera pas suivie d'une revanche des fascistes, ce qui permettra à la Bulgarie de conserver une relative autonomie au sein de l'Europe hitlérienne.

En Autriche, le chancelier Dollfuss prend appui sur la formation fascisante des *Heimwehren* que dirige depuis 1930 le prince von Starhemberg (un grand propriétaire, ancien membre des corps-francs) et qui est financièrement soutenue par les milieux d'affaires et par Mussolini, pour instaurer en 1934 un régime autoritaire d'inspiration corporatiste et paternaliste. Après avoir éliminé l'opposition de gauche, très forte dans la capitale, et résisté aux putschistes nazis qui ont réussi à assassiner Dollfuss en juillet 1934 mais sans parvenir à prendre le pouvoir, cet « austro-fascisme » va tant bien que mal se maintenir jusqu'à l'Anschluss. Dès 1936, le nouveau chancelier, Schuschnigg, va même parvenir à éliminer du gouvernement les leaders *Heimwehren* et à reprendre en main les formations paramilitaires, avant de dissoudre sans résistance le mouvement de von Starhemberg. Les « fascistes » (*Heimwehr* et parti nazi) se trouvent alors rejetés dans l'opposition, voire dans la clandestinité, et il ne reste plus du système inauguré par Dollfuss qu'une vague teinture de fascisme recouvrant un état fondamentalement réactionnaire et traditionaliste.

Même évolution et même opposition entre fascisme et dictature traditionnelle dans les pays baltes. En Lituanie où Woldemaras, un ancien professeur d'histoire, a établi en 1926 un régime d'état de siège. En Lettonie, où le chef de l'*Union paysanne*, Karlis Ulmanis, a mis en place en 1934 un état militaire d'où sont bannis les sociaux-démocrates et les «fascistes» de la *Perkonkrust* (= Croix du tonnerre), que dirige l'ancien corps franc Gustav Zelmin et qui subit très fortement l'attraction du nazisme. En Estonie enfin, où les dirigeants conservateurs parviennent également à prendre de vitesse l'*Union des combattants de la liberté* du général Larka, d'inspiration corporatiste et antisémite, et à proclamer un état d'exception qui va durer jusqu'à la guerre.

Partout, ou presque, le scénario est le même. Le bloc dirigeant (bourgeoisie et agrariens) réussit à maintenir et à renforcer sa domination, d'abord en brisant les forces prolétariennes avec l'aide des mouvements fascistes, puis en absorbant ou en éliminant ceux-ci et en adoptant, pour accroître l'efficacité de son action, une partie des méthodes de gouvernement et de la liturgie du fascisme au pouvoir (formations paramilitaires, grandes manifestations de masses, corporatisme, etc).

B. Les pays de l'Europe méditerranéenne – a) *En Grèce*, où la monarchie a été rétablie en octobre 1935, à la suite d'un putsch militaire, suivi d'un plébiscite truqué, on assiste en mai 1936 à un second coup d'Etat, motivé par le développement d'un puissant mouvement de grèves. Son auteur, le général Métaxas, chef du gouvernement, qui a agi avec l'accord tacite du souverain, instaure aussitôt une dictature militaire dont il assume personnellement jusqu'à sa mort (janvier 1941) la direction vigilante. Bien que le régime de Métaxas ait revêtu au début un caractère vaguement populiste, on ne peut le qualifier de fasciste. Le général-dictateur aurait voulu établir un état corporatiste, mais les forces sociales sur lesquelles il s'appuyait ne l'encouragèrent pas dans cette voie et il ne tarda pas à abandonner ses projets initiaux. Il se contenta de mettre en œuvre des réformes partielles, destinées à obtenir l'adhésion des classes populaires (assurances sociales, indemnités de maternité, etc). Les seuls éléments qu'il emprunte aux régimes fascistes concernent l'encadrement de la jeunesse au sein d'organisations étatiques et paramilitaires, mais ceci à un niveau très modeste. Le régime s'apparente donc tout à fait à ceux qui sont alors en place dans des pays comme la Bulgarie, la Yougoslavie et la Roumanie.

b) *Le cas du Portugal* rappelle à maints égards celui de l'Autriche autoritaire de Dollfuss et Schuschnigg. Même tradition de pays catholique et traditionaliste, même inexpérience de la démocratie et même souci de récupérer et d'intégrer au système les tendances fascistes qui se sont développées en dehors de lui. La différence réside dans l'inexistence d'un danger nazi, ce qui rend moins nécessaire l'alliance de l'État réactionnaire et des formations fascisantes, d'ailleurs infiniment moins puissantes que la *Heimwehr* autrichienne.

Depuis le pronunciamiento de 1926, le Portugal vit sous un régime de dictature militaire dont l'homme fort est le docteur Oliveira Salazar, lequel s'appuie essentiellement sur les grands propriétaires fonciers. Régime fondamentalement réactionnaire et qui cherche plus à freiner le développement économique qu'à le stimuler. Il y a là une différence majeure avec le fascisme, qui en théorie au moins se veut révolutionnaire et qui vise à un accroissement rapide des forces productives. En outre *l'Estado novo* de Salazar se proclame ouvertement antitotalitaire et se réclame au contraire des principes chrétiens et d'une idéologie qui doit beaucoup plus à la doctrine maurrassienne qu'à celle de Mussolini ou de Hitler. Résolument tourné vers le passé, il se propose de fixer la société portugaise dans des cadres qui la mettent à l'abri d'une évolution jugée néfaste. Tel est le sens du corporatisme qui est à la base du nouvel Etat portugais, un Etat autoritaire certes, mais respectueux de l'individu, de la famille et des communautés religieuses, un Etat qui laisse aux parents la responsabilité de l'instruction et de l'éducation des enfants.

C'est donc en dehors des cadres de *l'Estado novo*, et dans une certaine mesure contre lui que se développent, avec le *Syndicalisme national* du docteur Preto, les tendances spécifiquement fascistes. Les membres de cette organisation portent la chemise bleue, avec un brassard sur lequel figure la croix de Saint-André et organisent quelques manifestations tapageuses autour de slogans «populistes». Voyant en eux des adversaires potentiels du régime, Salazar décide non de les éliminer, car ils constituent une troupe de choc dont il pourrait éventuellement avoir besoin, mais de les intégrer dans

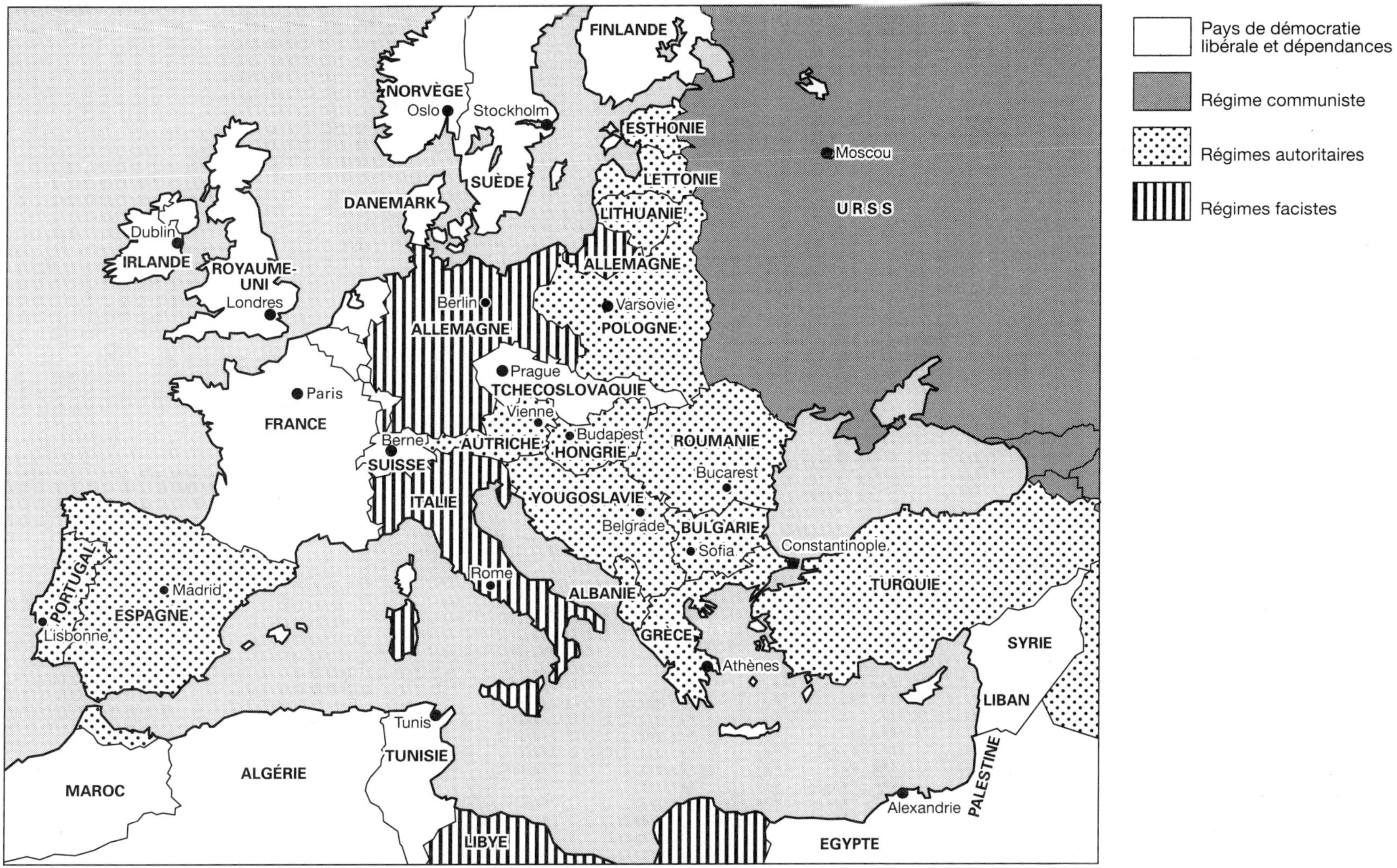

Les régimes politiques en Europe en 1938 (à la veille de l'Anschluss)

les formations gouvernementales. La fondation de la *Vanguarda* permet de les assimiler rapidement après la dissolution du S.N. en 1934 et l'exil de Preto.

c) *En Espagne,* où il n'existait pas encore de véritable menace révolutionnaire au lendemain de la guerre, c'est pour mettre fin aux difficultés militaires au Maroc et briser l'agitation séparatiste en Catalogne que le général Primo de Rivera avait décidé, en septembre 1923, de mettre fin au régime parlementaire et d'instaurer, avec l'appui du roi, un régime d'exception dirigé par les militaires. Rien de comparable, là encore, avec le mouvement de masse qui sous-tend le fascisme italien. On reste dans le domaine de la dictature militaire exercée au nom de la classe dirigeante traditionnelle. Lorsqu'en 1930, celle-ci retirera son soutien au dictateur, le régime s'effondrera aussitôt.

Le franquisme, et ses rapports avec le véritable fascisme espagnol, celui de la *Phalange*, posent davantage de problèmes. Comme le fascisme italien, la Phalange espagnole est née de la rencontre d'éléments extrémistes venus d'horizons très divers, et comme lui elle présente un caractère «révolutionnaire» qu'elle conservera d'ailleurs plus longtemps que les faisceaux mussoliniens. C'est en 1934 qu'a lieu la fusion entre la «Phalange» proprement dite, qui a été fondée l'année suivante et que dirige José-Antonio Primo de Rivera, le fils de l'ancien dictateur, et les *Juntas de Ofensiva Nacional Sindicalista* (JONS), qui regroupent autour d'un programme antimarxiste et antibourgeois des syndicalistes révolutionnaires et des nationalistes mystiques. Ce dernier mouvement ne cache pas ses sympathies pour Mussolini et pour Hitler et s'apparente tout à fait au «premier fascisme», avec peut-être une tonalité encore plus violemment contestataire. Au contraire José-Antonio, qui deviendra après sa mort (il est fusillé par les républicains en novembre 1936) le symbole même du héros fasciste, n'est encore à cette époque qu'un jeune intellectuel de 30 ans dont les idées sont fortement teintées d'influences conservatrices, voire réactionnaires. Toutefois, après la fusion de 1934, qui fait de lui le *Jefe* de la nouvelle *Phalange*, il va orienter son mouvement dans un sens plus radical. Encore que le fascisme que les phalangistes admirent et dont ils se plaisent à imiter le comportement (la chemise est bleue mais on défile le bras levé en scandant des slogans nationalistes) est plus celui qui règne alors en Italie que le fascisme pur et dur des squadristes. Il n'est pas non plus de pure conservation. La *Phalange* réclame une réforme agraire sérieuse, l'intervention de l'État dans la vie économique et la nationalisation du crédit.

Un tournant s'opère en 1936. Dans le climat d'agitation et d'enthousiasme révolutionnaire qui précède l'éclatement de la guerre civile, les phalangistes n'ont plus le choix qu'entre deux solutions : le ralliement pur et simple à la voie réactionnaire incarnée par Franco et l'adoption d'une attitude gauchisante leur permettant de récupérer la fraction de la classe ouvrière et de la petite bourgeoisie qu'inquiètent les progrès de l'anarchisme et du communisme. Ils choisissent la seconde, tout en menant le combat dès le début de la guerre aux côtés de l'armée nationaliste. Quant à Franco, qui par son milieu (moyenne bourgeoisie catholique et traditionaliste), sa formation (il est militaire et fils de militaire) et son environnement social (il a été à 34 ans le plus jeune général de l'armée espagnole), n'a rien de commun avec les «marginaux» que sont en général les dirigeants fascistes et avec le fascisme lui-même, il ne tarde pas à comprendre tout le bénéfice qu'il peut retirer du pouvoir de la Phalange. Représentant de l'Espagne traditionnelle, des propriétaires terriens, de la caste militaire, soutenu par l'Église et finalement accepté par la bourgeoisie d'affaires, il va habilement confisquer à son profit l'idéologie phalangiste, adoptant officiellement en 1936 le programme en 26 points de cette organisation, avec sa condamnation théorique de l'ordre établi et ses prétentions révolutionnaires.

Maître du pouvoir après la victoire de 1939, Franco va s'efforcer de tempérer le radicalisme de la Phalange, en lui intégrant des éléments traditionalistes, et de la transformer en un parti unique docile et respectueux de l'ordre restauré. Un ordre qui n'est pas à proprement parler «fasciste». Il ne fait pas de doute en effet que le régime franquiste est avant tout un régime traditionaliste et réactionnaire, comparable à ceux qui triomphent au même moment dans l'Est et le Centre de l'Europe. Le but que lui assigne le *caudillo* est clair : il s'agit moins de promouvoir un ordre nouveau que de faire revivre l'Espagne traditionnelle, puis de fixer la société espagnole dans sa forme restaurée. Ceci implique un malthusianisme politico-économique qui favorise les grands propriétaires, la paysannerie moyenne et les petits bourgeois aux dépens du monde des affaires et du prolétariat urbain. Il y a cependant, entre le franquisme et les régimes spécifiquement fascistes des ressemblances beaucoup plus fortes que celles qui existent entre ces derniers et les dictatures militaires classiques qui ont triomphé un peu partout en Europe. Même confisquée par Franco et vidée de son idéologie contestataire, la Phalange ne se réduit pas à un simple parti de gouvernement à vocation électorale. Elle constitue une formation structurée et hiérarchisée et, conformément à ses statuts, «un mouvement militant inspirateur et base de l'État espagnol». Autre principe qui rapproche le franquisme du fascisme, celui du chef, du *caudillo,* véritable guide charismatique, responsable seulement «devant Dieu et devant l'Histoire» des destins du peuple espagnol. Enfin, si l'Espagne ne connaît ni de véritable parti de masse, ni d'organisations de jeunesse comparables à la Hitler Jugend ou aux Ballila, ni surtout de volonté de remodeler l'homme en lui imposant un style de vie fasciste, elle n'échappe pas complètement au totalitarisme. L'originalité du franquisme réside dans le fait que ce sont des institutions traditionnelles – l'enseignement et surtout l'Église – qui jouent le rôle d'instruments totalitaires en exerçant sur la formation intellectuelle et «civique» de la jeunesse, sur la vie familiale et professionnelle, sur les mœurs et sur les activités quotidiennes du peuple espagnol, un contrôle de tous les instants. Il y a là sans doute un totalitarisme partiel et limité, mais qui dénote une réelle différence de degré entre la fascisation de l'État franquiste et celle, plus formelle, plus superficielle, des autres régimes d'exception mis en place par les classes dirigeantes européennes pendant la période de l'Entre-deux-guerres.

Bibliographie

Renzo De Felice, *Comprendre le fascisme,* Seghers (coll. « Clefs pour ») 1975 (traduit de l'Italien) ; E. Nolte, *Les mouvements fascistes, l'Europe de 1919 à 1945,* Calman-Lévy, 1969 (traduit de l'allemand) ; du même auteur : *Le Fascisme dans son époque,* Paris, Julliard, 1970, 3 volumes ; P. Milza, *Les fascismes,* Paris, Imprimerie Nationale, 1985, rééd. en poche au Seuil en 1991, dernière édition 1997 ; P. Milza, *Le fascisme,* Paris, M.A., 1986 ; P. Milza, *Fascismes et idéologies réactionnaires en Europe, 1919-1945,* A. Colin (dossiers « Sciences humaines »), 1969, J. Monnerot, *Sociologie de la Révolution,* Fayard, 1969 ; D. Guerin, *Fascisme et grand capital,* Maspero, 1965 ; N. Poulantzas, *Fascisme et dictature. La IIIe Internationale face au Fascisme,* Maspero, 1970.

Problèmes – Débats – Controverses

Les interprétations marxistes du phénomène fasciste

• Adversaires principaux du fascisme et premières victimes de la terreur qu'il engendre, communistes et socialistes révolutionnaires ont été amenés de bonne heure à réfléchir sur la signification historique du fascisme et à élaborer une théorie destinée à servir de base à la lutte contre cette nouvelle forme d'action contre-révolutionnaire. Toutefois, si dans l'ensemble la thèse centrale ne change pas, il y a eu dans la façon dont les théoriciens du marxisme et les dirigeants de la IIIe Internationale ont apprécié les rapports entre le fascisme et le capitalisme des variations nombreuses et importantes. Le fond commun aux différentes moutures de l'interprétation marxiste est le suivant : le fascisme ne peut s'expliquer que dans le cadre des structures socio-économiques des sociétés capitalistes, au stade de la concentration «monopolistique» et de l'impérialisme. Il est à la fois le produit de leurs contradictions et la forme, particulière au XXe siècle, revêtue par la réaction antiprolétarienne. A partir de là, le schéma varie d'une période à l'autre.

• C'est au cours de la phase d'installation de la dictature mussolinienne, entre 1922 et 1927, que les débats sur la nature du fascisme ont été les plus passionnés au sein de l'I.C. et que les divergences d'interprétation ont été les plus fortes. Ce qui s'explique par la grande souplesse que conservait encore à cette époque, antérieure à l'avènement du stalinisme, l'organisation communiste internationale. Lors du IVe Congrès, qui s'ouvre à Moscou le 5 novembre 1922 (une semaine après la Marche sur Rome), le Komintern entreprend de s'occuper officiellement du fascisme et de définir sa nature pour mieux lutter contre lui. De vives discussions opposent ceux qui, après avoir cru comme Trotski à l'imminence de la révolution en Italie, prennent au sérieux le régime mussolinien et ceux qui voient dans les événements d'octobre 1922 une «crise ministérielle passagère» (U. Terracini) ou un simple changement de personnel de la bourgeoisie (Bordiga). D'autre part elles mettent aux prises des congressistes qui interprètent le fascisme comme l'expression pure et simple de la réaction des agrariens (Zinoviev) et ceux qui, groupés autour de Bordiga et de Radek, voient au contraire en lui un phénomène lié au capitalisme moderne. C'est d'ailleurs le discours prononcé par Karl Radek qui constitue à cette date la position officielle de l'Internationale. Elle présente le fascisme comme une «offensive du capital» consécutive à l'échec des socialistes et du prolétariat et comme une forme nouvelle de la contre-révolution.

• Il faut cependant attendre le VIe Congrès de l'I.C. (1928) pour qu'elle reçoive une formulation plus complète, assez proche de ce qu'est aujourd'hui encore l'interprétation marxiste «orthodoxe» du fascisme, lequel se trouve défini comme l'une des formes *classiques* de la réaction à l'époque du déclin du capitalisme et de la décomposition. Il est l'instrument le plus efficace mis au point par la classe dirigeante pour combattre la classe ouvrière, lorsque les moyens légaux de l'État libéral n'y suffisent plus et l'arme utilisée pour détruire l'avant-garde révolutionnaire. Le VIe Congrès analyse en même temps la structure sociale du mouvement fasciste, reconnaissant ses origines petites-bourgeoises et admettant qu'il a ses racines dans les classes moyennes, condamnées au déclin par la crise du capitalisme, ce qui ne l'empêche pas de pouvoir compter sur l'appui d'éléments prolétariens aigris par la défaite de leurs espoirs révolutionnaires. Quant au fascisme au pouvoir, il est interprété comme une dictature *directe* de la bourgeoisie, couverte par l'idée nationale et par une phraséologie socialisante, destinée à mobiliser les masses.

• Cette interprétation du fascisme, alors uniquement conçu comme «contre-révolution» au sens strict du terme, devait avoir des conséquences désastreuses sur la stratégie de l'I.C. face à la montée du fascisme européen. En cherchant à faire entrer à tout prix le phénomène fasciste dans le schéma marxiste traditionnel, elle entretient l'illusion dangereuse d'un messianisme révolutionnaire dont la dictature de type mussolinien serait le stade ultime. En fait, dès le Ve Congrès (1924), les dirigeants du Komintern se sont mis d'accord sur l'idée que le fascisme n'est que le révélateur de la crise économique *catastrophique* dans laquelle le capitalisme se trouve engagé depuis la guerre, crise qui ne peut à moyen terme déboucher sur autre chose que sur la victoire du prolétariat. Dans cette perspective, l'avènement du fascisme doit être compris comme l'ultime convulsion d'un système affaibli et irrémédiablement condamné. Cette thèse devait dicter l'attitude de l'I.C. jusqu'à l'avènement de Hitler et même un peu au-delà. Elle aboutit en effet à l'idée que le fascisme est dans une certaine mesure un phénomène «positif», en ce sens qu'il rapproche le prolétariat de la révolution, qu'il accélère le processus de «pourrissement» économique du capitalisme et qu'il peut de ce fait être interprété comme la *dernière* forme politique de la «dictature bourgeoise», nécessairement et immédiatement suivie de la dictature du prolétariat.

• Autre conséquence de cette théorie de l'inéluctable raidissement de la société bourgeoise menacée, le refus de reconnaître la *spécificité* du fascisme et l'incapacité de l'I.C. à le distinguer de la forme démocratique parlementaire de l'État bourgeois. C'est ce qui apparaît dès 1922 dans les *thèses de Rome* du P.C. italien, rédigées par l'«ultra gauche» de Bordiga et qui affirment que le «fascisme est un *stade naturel* du développement du capitalisme». C'est à partir de cette conception que s'est développée la thèse du «front unique de la bourgeoisie» dont fascisme et social-démocratie ne sont que deux manifestations différentes (Boukharine). Elle est aussi à l'origine de la tactique «classe contre classe» qui, jusqu'en 1935 domine l'action des P.C. et aboutit en Allemagne, lors de la montée du nazisme, au refus de collaboration avec les socialistes. Il faut attendre les premières manifestations conquérantes de Hitler pour que le Komintern se décide à opérer un renversement stratégique et à jouer la carte des «fronts communs» contre la droite, mais sans que soit modifiée pour autant l'interprétation d'ensemble du fascisme.

• Pourtant dès cette époque des voix marxistes se sont élevées pour tenter de corriger les conceptions dogmatiques de l'Internationale et pour nuancer, parfois de façon très sensible, le schéma d'ensemble. Celles d'abord de communistes qui resteront par la suite fidèles à l'«orthodoxie» mais qui, raisonnant sur le cas italien, soulignent la faiblesse des thèses catastrophistes. C'est le cas d'Antonio Gramsci («thèses de Lyon» rédigées à l'intention du IIIe Congrès du P.C.I. en exil, en 1926) et aussi celui de Palmiro Togliatti. Pour ces deux théoriciens italiens du marxisme, l'idée de fascisme comme phase ultime du capitalisme doit être rejetée, le premier l'interprétant au contraire comme la forme d'organisation d'un capitalisme jeune et le second affirmant qu'il n'y aurait probablement pas de fascisme dans les pays depuis longtemps industrialisés. L'un et l'autre admettent d'autre part que le fascisme possède vis-à-vis du «grand capital» une marge d'*autonomie* qui se traduit par exemple par l'expropriation partielle d'une fraction de la classe dirigeante. Ceci parce que, comme l'estime Gramsci, le fascisme n'est pas l'expression pure et simple du pouvoir de classe du grand capital, mais le résultat, comme toute autre forme de l'État bourgeois, d'un *équilibre* entre les différentes classes et fractions de classes qui constituent le «bloc au pouvoir». Une conception assez proche a été exprimée par un marxiste dissident, l'Allemand August Thalheimer, dans un article paru en 1930 dans la revue de l'opposition communiste *Gegen den Strom.* Thalheimer y soutient l'idée que le fascisme n'est qu'un cas particulier du «bonapartisme» étudié par Marx et Engels, et dans lequel l'abandon par la bourgeoisie de son pouvoir politique dans le but de sauvegarder son pouvoir économique aboutit à l'autonomie de l'exécutif. Théorie qui, en faisant du fascisme l'une des formes de l'état d'exception instauré par le capital, admet qu'il peut y en avoir d'autres et par conséquent s'inscrit en faux contre la thèse catastrophiste.

D'autres travaux publiés par des marxistes non orthodoxes pendant la période de l'Entre-deux-guerres méritent également d'être mentionnés : *Fascisme et grand capital* de Daniel Guérin (1936), qui a eu le premier le mérite d'établir une comparaison, même si elle est très dogmatique, entre le fascisme italien et le national-socialisme ; les travaux d'Ernst Bloch (1935) qui explique le fascisme par la coexistence dans la même société de structures mentales collectives correspondant à l'état présent de l'économie capitaliste et de structures anciennes se rattachant à un passé depuis longtemps révolu ; ceux enfin de Frantz Borkenau (*Zur Soziologie des Faschismus*, 1932), pour qui le fascisme représente, dans les pays où un puissant mouvement ouvrier freine les progrès du capitalisme, le moyen utilisé par ce dernier pour briser cette résistance.

• Une mention particulière doit être faite de la thèse soutenue à la fin des années 20 par l'un des principaux dirigeants du Parti communiste italien, Angelo Tasca. Pour ce dernier, le fascisme n'est en aucune façon le signe de la proche disparition du capitalisme, mais au contraire l'annonce de son renforcement. Il n'y a donc pas à attendre, comme le croient alors les dirigeants de l'Internationale, une décomposition interne du système capitaliste et il est indispensable, pour abattre le régime mussolinien, de s'allier, en Italie comme à l'étranger, avec les autres forces antifascistes. Cette thèse a fait l'objet de vifs débats à l'intérieur du P.C.I. et du Komintern et, en décembre 1928, Staline a dû intervenir personnellement pour la faire rejeter. En mars 1929, Tasca fut convoqué devant le Comité central et sommé de renoncer à ses «erreurs». Son refus entraîna quelques mois plus tard son exclusion du Parti, ce qui ne devait pas empêcher ses idées de triompher en 1935, au moment où fut élaborée la tactique des «fronts communs».

• Depuis la guerre, un certain nombre d'historiens de formation marxiste ont entrepris de réexaminer le phénomène fasciste en prenant un certain recul à l'égard des thèses élaborées au temps de la IIIe Internationale. Si le postulat fondamental du fascisme considéré comme agent du grand capital et expression du pouvoir de classe de la bourgeoisie en période de crise n'a pas été remis en cause, des travaux comme ceux de G.H.D. Cole (*Storia del pensiero socialista*) et de P.A. Baran et P.M. Sweezy (*Monopoly Capital*) ont totalement rompu avec l'idée de l'inéluctabilité du phénomène et ont fortement nuancé l'explication monovalente et schématique du Komintern.

16 L'URSS de 1921 à 1941

En 1921, les Bolcheviks sortent vainqueurs de la guerre civile et de la guerre d'intervention. Mais de graves difficultés d'ordre économique et politique obligent les dirigeants soviétiques à marquer une pause. C'est la NEP, qui dure jusqu'en 1927. A cette date, le problème de la succession de Lénine – mort en 1924 – se trouve résolu et c'est Staline qui dirige la seconde vague de socialisation du pays. Opérée de manière brutale, par un appareil tout-puissant qui cherche plus à imposer ses solutions aux masses qu'à traduire leurs aspirations profondes, celle-ci aboutit en moins d'une décennie à la mise en place d'un État bureaucratique et totalitaire dont les réalisations grandioses seront payées d'un prix très lourd par les populations de l'ancien Empire des tsars.

I. LA NEP

A. La situation en 1921 – Le «communisme de guerre» avait permis de sauver la révolution, mais au prix d'une très dure mobilisation des énergies. Le péril écarté, un profond besoin de libéralisation se manifeste, en même temps qu'apparaît la nécessité de reconstruire économiquement le pays dévasté et ruiné.

a) *Les difficultés économiques.* L'agriculture ne fournit plus que les deux tiers de la production d'avant-guerre, déjà insuffisante. Les bolcheviks ont dû, pour s'attacher les populations rurales, leur distribuer les terres des grands propriétaires, mais les nouveaux possesseurs du sol n'ont ni les moyens financiers, ni les connaissances techniques qui leur permettraient de mettre en valeur leurs exploitations. La paysannerie est d'ailleurs très mécontente des prélèvements en nature et des réquisitions, supportés aussi longtemps que l'on a craint le retour des grands propriétaires, mais désormais jugés intolérables. Des soulèvements ruraux éclatent en Ukraine et en Sibérie occidentale, aggravant encore la situation des campagnes. Celle des villes également car les paysans arrêtent les convois de blé qui montent des steppes vers Moscou et vers les autres grandes agglomérations du Nord. Les troupes envoyées pour réduire cette agitation se heurtent à une résistance très vive et basculent parfois du côté des rebelles.

Les problèmes de l'industrie sont tout aussi graves. La production n'atteint pas 13 % de ce qu'elle était avant la guerre (3 % seulement pour la production de fonte). Les mines sont détruites ou inondées. Le matériel ferroviaire aux limites de l'usure, les usines désertées ou pillées. La situation est particulièrement dramatique dans les villes où l'on manque de tout : de vivres, de savon, de vêtements. Beaucoup de gens fuient d'ailleurs les grandes agglomérations pour se réfugier dans les campagnes. La population de Moscou passe de 2 millions à 1,2 million d'habitants, celle de Saint-Petersbourg de 2 200 000 à 750 000 personnes. A la fin de 1921, une très grave famine suivie d'épidémies (notamment de typhus) cause la mort de plusieurs millions d'individus. Le brigandage et la criminalité croissent de façon inquiétante, tandis que des bandes d'enfants livrés à eux-mêmes errent à travers le pays.

b) *Le mécontentement débouche sur une véritable crise politique.* Tandis que la gauche non bolchevique – mencheviks, S.R., anarchistes – s'enhardit à tenir des réunions qui trouvent une certaine audience auprès de la classe ouvrière, le parti se trouve secoué par une forte agitation fractionnelle. Plusieurs tendances se développent en son sein, notamment celle de «l'opposition ouvrière» qui, groupée autour de Chliapknikov et d'Alexandra Kollontai, réclame davantage de démocratie dans le parti (retour au principe de l'élection à tous les échelons), l'épuration de ses éléments non ouvriers et surtout la gestion de la production par les syndicats. A ces thèses, qualifiées par Lénine d'hérésie anarcho-syndicaliste, Trotski oppose ses vues centralisatrices (les syndicats doivent rester soumis à la volonté de l'État) et ses projets de militarisation du travail. Entre ces courants contradictoires, Lénine s'efforce de garder une ligne médiane (les syndicats sont définis comme des «courroies de transmission»), mais redoute que ces tensions n'encouragent les ennemis du régime et lance un cri d'alarme à ses compagnons : «Le parti est malade. Le parti a la fièvre» (article du 19-1-1921).

Lénine comptait sur le Xe Congrès du parti (dont l'ouverture était fixée au 8 mars) pour reprendre en main la situation et imposer les réformes qu'il jugeait nécessaires à la survie du régime. Or dans les tout premiers jours de mars, les marins et les ouvriers de la base de Kronstadt, naguère «fer de lance» de la révolution, se révoltent contre le pouvoir bolchevik au cri de «Vivent les Soviets ! A bas les communistes !» et s'emparent de la forteresse. La «commune révolutionnaire» qui est proclamée par les rebelles – et dont le programme est d'ailleurs très modéré – ne constitue une menace contre le régime que par le symbole qu'elle incarne : l'union des marins de la Baltique, tout auréolés encore du souvenir glorieux de 1917 (en fait le renouvellement des effectifs a été très grand), et de la classe ouvrière, sur des mots d'ordre libertaires. Mais les Bolcheviks redoutent la contagion du mouvement et son exploitation par tous les adversaires du régime, des anarchistes aux «gardes-blancs» (l'historiographie orthodoxe ne se privera pas d'ailleurs de pratiquer l'amalgame et d'accréditer la thèse de la provocation contre-révolutionnaire pour justifier la répression). La révolte de Kronstadt intervient il est vrai au moment où ils doivent faire face à la phase la plus grave de la guérilla dans les campagnes, autour de Tambov (où les paysans révoltés sont encouragés par les S.R.), de Saratov et en Ukraine, où les bandes anarchistes de Makhno refusent de se soumettre au pouvoir communiste et rendent la vie dure à l'Armée rouge. Aussi la décision d'écraser la rébellion est-elle prise à l'unanimité et sans hésitation par les dirigeants du parti, toutes tendances mêlées. Dès le 7 mars, les troupes commandées par Toukhatchevski commencent à appliquer le plan préparé par Trotski pour la reconquête de la forteresse insurgée. Il leur faudra dix jours pour réduire celle-ci, au prix de lourdes pertes. Le 18 mars – jour anniversaire de la Commune de Paris – le pouvoir du jeune Etat soviétique est rétabli à Kronstadt, prélude à une répression sanglante (plusieurs centaines de mutins sont fusillés sans jugement). Mais devant le Xe Congrès du parti Lénine tire la leçon de l'événement et annonce l'adoption d'une *nouvelle politique économique* (NEP, en fait préparée depuis plusieurs mois), en même temps qu'il fait approuver diverses mesures visant à empêcher toute activité «fractionniste» ou «déviationniste».

B. La nouvelle politique économique – a) *L'idée.* L'abandon du «communisme de guerre» et son remplacement par une politique économique plus souple, destinée en tout premier lieu à rallier au régime les masses paysannes mécontentes, était dans l'air bien avant la révolte de Kronstadt. Pour Lénine, et pour les dirigeants bolcheviks qui soutiennent son action, il est clair que la révolution soviétique ne survivra que si elle parvient à obtenir l'appui de la paysannerie et à convaincre celle-ci de la nécessité de ravitailler librement le marché, en attendant de modifier durablement son comportement et sa mentalité («Nous devons traiter avec le paysan sans relâche, car transformer le petit fermier, modifier toute sa psychologie et ses habitudes est une tâche qui requiert des dizaines d'années» – discours devant le Xe Congrès). Telle est la principale raison qui motive une pause dans la marche vers le socialisme, «jusqu'à la victoire de la révolution socialiste dans les pays les plus avancés». C'est pourquoi l'on parle parfois de «Brest-Litvosk paysan» pour qualifier la NEP car, de la même façon qu'en 1918, il s'agit d'obtenir un *répit* permettant de sauver les conquêtes essentielles de la révolution russe en attendant le triomphe de la révolution mondiale.

S'agissait-il, dans l'esprit de Lénine, d'une pause brève, imposée par la persistance du danger contre-révolutionnaire, intérieur et extérieur ? Ou d'un repli plus durable, lié au retard socio-économique de la Russie ? L'examen attentif des écrits de Lénine incline à opter pour la seconde solution. En Russie, le capitalisme était relativement faible en 1914. Ce qu'il en subsistait après la guerre avait été, pour des raisons d'opportunité, et parce qu'il s'agissait avant tout de sauver la révolution, détruit par le communisme de guerre. En 1920-1921, il n'en reste que les ruines et ce n'est pas sur des ruines que l'on édifiera la société socialiste. Il faut donc rétablir, au moins dans certains secteurs, et pendant un temps limité, une économie de marché. Repli stratégique, justifié par l'impossibilité de passer sans transition de la petite production individuelle, de type artisanal, au socialisme. Le 28 avril 1921 Lénine écrit dans la *Krasnoia Nov :* « Nous sommes stupides et faibles ; nous avons pris l'habitude de dire que le socialisme est un bien et que le capitalisme est un mal. Mais le capitalisme n'est un mal que par rapport au socialisme ; par rapport au Moyen Age où s'attarde encore la Russie, le capitalisme est un bien ».

Dans cette perspective, on va s'attacher à rétablir un secteur privé, ouvert à la concurrence et à l'initiative individuelle. A côté de ce secteur constitué par de petites et moyennes entreprises, fonctionnera un secteur socialiste, systématiquement favorisé par l'État, et qui entrera en concurrence avec le premier. C'est de cette concurrence que Lénine attend un progrès économique qui doit permettre par la suite d'éliminer progressivement le secteur privé. Autrement dit, il ne s'agit pas d'un retour pur et simple à l'économie de profit, comme on le pensait alors en Occident, mais d'«un capitalisme limité, pour un temps limité».

b) *L'application.* L'agriculture, le commerce de détail, l'artisanat et la petite industrie constituent *le secteur libre* auquel sont appliquées des mesures de déblocage économique. La suppression du travail obligatoire permet de réhabiliter la notion de salaire. Les réquisitions agricoles sont supprimées et remplacées par un impôt en nature. On suspend les redistributions de terres et l'on permet à des millions de petits agriculteurs d'abandonner leur lopin trop exigu pour louer leur travail dans de moyennes exploitations. Le gouvernement soviétique, s'appuyant sur la paysannerie moyenne, renonce donc temporairement à une collectivisation agraire qui ne saurait avoir de sens qu'à partir d'un certain degré de développement technique. Des mesures identiques sont appliquées au commerce et à la petite industrie. La liberté du commerce intérieur est rétablie et les artisans sont autorisés à vendre leur production. En juillet 1921, les entreprises industrielles employant moins de 20 ouvriers sont dénationalisées. On voit réapparaître le contrat de travail, les salaires hiérarchisés, la participation aux bénéfices. Enfin des concessions sont accordées aux capitalistes étrangers. Une société américaine exploite l'amiante de l'Oural et Ford installe une usine d'automobiles à Gorki.

En même temps se développe sous l'impulsion de l'État *le secteur socialisé.* Il comprend les transports, les banques, le commerce extérieur et la grande industrie. Des sommes importantes sont investies dans ce secteur, notamment en matière d'énergie (électrification) et de modernisation du matériel. Les usines sont groupées en *trusts* d'État, disposant d'une grande autonomie financière, achetant leurs matières premières, commercialisant leur production, et partageant leurs bénéfices entre l'État et les besoins de l'auto-financement. On adopte, pour améliorer les rendements, les méthodes de rationalisation du travail, et l'on n'hésite pas à faire appel aux spécialistes étrangers, les *spets* (l'ingénieur américain qui avait aménagé les chutes du Niagara entreprend les travaux du Dnieprostoï). Les coopératives de consommation se multiplient de même que les syndicats. Enfin, une libéralisation du régime s'opère sur le plan juridique : l'héritage est rétabli pour les maisons d'habitation, les revenus et les biens de consommation ; et sur le plan judiciaire, les *tchékas* locales font place à un organisme centralisé, la *Guépéou,* dont les pouvoirs sont beaucoup plus limités.

c) *Les résultats.* Certains ont, du point de vue du régime, *un aspect négatif.* La liberté économique a favorisé la création et l'enrichissement d'une classe de commerçants, de trafiquants, d'intermédiaires. Ce sont les *nepmen* qui, conscients de la précarité de leur situation, dépensent sans compter et fréquentent les night-clubs clandestins. Mais cette néo-bourgeoisie n'aura pas le temps de faire souche. Les *koulaks,* membres de la paysannerie moyenne disposant d'assez de numéraire pour prêter aux plus défavorisés à des taux généralement usuraires, ont également profité du rétablissement d'un marché de travail dans les campagnes et de la possibilité de commercialiser les excédents agricoles. Un autre problème sérieux est celui de la disparité croissante entre les prix agricoles et les prix des produits industriels. Les premiers baissent au moment où augmentent ceux de l'industrie nationalisée (aux prix de revient très élevés). C'est la «crise des ciseaux» (prix agricoles et prix industriels s'écartent comme les deux lames d'une paire de ciseaux) qui sévit principalement en 1923 (à cette date il faut à un cultivateur trois fois plus de farine que 10 ans plus tôt pour acheter une faucille).

Toutefois *les aspects positifs l'emportent.* La production de blé n'est encore que de 130 millions de quintaux en 1924, mais elle atteint l'année suivante 200 millions de quintaux et 260 millions en 1926, c'est-à-dire qu'à cette date elle dépasse nettement le niveau de 1913. Il en est de même dans le domaine industriel : la production de charbon triple entre 1921 et 1928, celle de pétrole double, et la production d'acier est multipliée par 7. Si le chômage n'est que partiellement résorbé (il reste 700 000 travailleurs sans emploi en 1924, il y en aura près d'un million et demi en 1927), le niveau de vie s'améliore lentement et les villes désertées retrouvent leur population d'avant-guerre (c'est le cas de Moscou) ou la dépassent (Kharkov, Nijni-Novgorod). Des progrès sont également enregistrés dans le domaine financier avec l'adoption en 1922 d'une monnaie stable, le *tchervonetz,* monnaie convertible réservée aux transactions avec l'étranger ou à l'intérieur du secteur nationalisé. En 1924 le rouble-papier, complètement déprécié, est remplacé par un rouble nouveau, défini par rapport à l'or et stabilisé, ce qui marque le retour à une situation monétaire normale.

Mais c'est peut-être sur le plan des mœurs et de la vie culturelle que le bilan est le plus favorable. Période de détente et de libéralisation après les années de contrainte et d'insécurité du communisme de guerre, la NEP se caractérise dans ce domaine par une forte créativité. Il faut dire que, jusqu'à l'avènement de Staline, les interventions de l'État restent discrètes. Le parti se contente de distribuer louanges et critiques en fonction de la plus ou moins grande «utilité sociale» des œuvres produites, mais celles-ci ne doivent pas encore être conformes à un «modèle» élaboré par les instances dirigeantes. «Les communistes – écrit Trotski dans *Littérature et Révolution* – doivent accorder une totale autodétermination à l'artiste pour autant qu'il n'est pas contre la révolution». Et si les dirigeants soviétiques se sentent plus proches du groupe *Prolet Kult,* qui prône l'adoption d'un modèle culturel authentiquement «prolétarien», que du *Front gauche de l'Art* dont les principaux représentants – Kandinsky, qui s'exilera plus tard en Occident, et surtout le poète Maïakovski qui, pour échapper aux tracasseries et aux désillusions de l'univers bureaucratique stalinien, se suicidera en 1930 – se font l'écho des tendances surréalistes et avant-gardistes qui triomphent au même moment en Occident, ils ne prennent pas officiellement position. Il en résulte un bouillonnement d'idées et de recherches esthétiques qui touche à tous les domaines de la vie intellectuelle et artistique : littérature, avec la permanence d'un fort courant individualiste, romantiquement attaché à l'épopée révolutionnaire mais tout aussi vigilant à préserver les droits de la critique, de la fantaisie et du raffinement formel, arts plastiques, malgré la condamnation en 1922, par l'*Association des artistes de la Russie révolutionnaire,* du «formalisme» sous tous ses aspects, musique, etc. Le cinéma, pourtant placé depuis 1919 sous le contrôle du commissariat du peuple à l'Éducation et encadré par une École d'État, constitue peut-être le témoignage le plus éclatant de la vitalité et de la créativité de la culture soviétique à l'époque de la NEP. Eisenstein *(La Grève, Octobre, Le cuirassé Potemkine, La ligne générale),* dont l'œuvre cinématographique réussit à concilier le souffle révolutionnaire, la volonté didactique et une recherche esthétique et technique qui fera date dans l'histoire du 7ᵉ art, Poudovkine *(La mère, La fin de Saint-Petersbourg),* Trauberg, Ermler *(L'homme qui a perdu la mémoire),* sont les représentants les plus illustres d'un vecteur culturel dont Lénine disait : «De tous les arts, l'art cinématographique est pour nous le plus important».

Les années de la NEP voient également se développer un fort courant de contestation et d'émancipation vis-à-vis des formes traditionnelles de la vie sociale. «Le communisme – écrit Maïakovski – ne réside pas seulement dans la terre, dans la sueur des usines. Mais aussi chez soi, à table, dans les rapports, la famille, les mœurs». La famille patriarcale, l'institution du mariage, la morale «bourgeoise», les tabous sexuels, sont l'objet de critiques très vives de la part de certains dirigeants bolcheviks, et notamment d'Alexandra Kollontaï, commissaire du peuple aux Affaires sociales jusqu'en 1918 et auteur en 1923 d'un ouvrage intitulé *Place à Eros ailé* qui sera vivement attaqué pour ses tendances «gauchistes» et «anarchistes». Malgré les réticences, d'ailleurs mesurées, de Lénine devant la «prétendue nouvelle sexualité», et l'opposition plus catégorique de ceux qui (c'est alors le cas de Trotski) professent un véritable puritanisme révolutionnaire, ces tendances donnèrent lieu à une grande libéralisation des mœurs et du droit de la famille : droit au divorce sur simple demande de l'un des conjoints, égalité devant la loi pour les enfants nés hors mariage, légalisation de l'avortement thérapeutique gratuit, mariage *de facto* placé sur le même plan que le mariage enregistré, etc. Nombre de ces mesures – considérées comme dangereuses pour l'avenir démographique de l'U.R.S.S. et contraires à l'image que ses dirigeants souhaitent donner d'elle – seront remises en cause, voire purement et simplement abandonnées dès le début de l'ère stalinienne. Seules resteront en place les dispositions qui émancipent juridiquement et socialement la femme soviétique.

C. La Constitution de 1924 traduit sur le plan institutionnel la stabilisation du régime. En 1922 a été créée l'*Union des Républiques Socialistes soviétiques,* fédération de républiques «prolétariennes», au sein de laquelle sont reconnues l'égalité des nationalités et l'autonomie linguistique. En janvier 1924, l'Union se donne une constitution. Le *Congrès des Soviets de l'Union,* élu, désigne un Comité central exécutif formé de deux chambres : Conseil de l'Union et Conseil des nationalités. Le pouvoir exécutif est assumé collégialement par le *Praesidium* du Comité central exécutif et par le Conseil des commissaires du peuple. Mais la direction effective de l'État soviétique continue d'être assumée par le Parti communiste que dirigent le *Comité central* et le Bureau politique *(Politburo),* qui comporte 9 membres en 1928. En 1926, le parti ne compte pas plus de 750 000 membres mais il n'a pas de concurrents, les électeurs ne pouvant se prononcer au moment du scrutin qu'entre la liste communiste et celle des «sans parti».

D. La succession de Lénine – Déjà frappé en 1922 d'une crise d'hémiplégie, Lénine meurt le 21 janvier 1924. Sa disparition pose un grave problème de succession. Deux hommes peuvent également y prétendre. Trotski, qui a pour lui ses qualités d'orateur, d'organisateur et son immense prestige d'ancien chef de l'Armée rouge ; Staline, beaucoup moins brillant, mais qui doit à ses qualités d'administrateur d'occuper le poste-clé de secrétaire général du parti. Entre les deux hommes, l'opposition est totale :

• Opposition de personnalités : Trotski est exubérant et manifeste souvent une vive indépendance à l'égard des cadres du parti. Staline est froid, taciturne, attaché à la plus stricte discipline.

• Opposition dans la conception du rôle et de la nature du parti. Trotski, qui s'appuie à la fois sur les jeunes, sur les éléments «gauchistes» du P.C. et sur les anciens compagnons de Lénine, souhaite la reconstruction de tendances au sein du parti, seul moyen estime-t-il d'éviter la sclérose et la bureaucratisation de l'appareil. Staline reste fidèle – en accentuant ses caractères au point de la déformer – à la conception «bolchevique» d'un parti monolithique et discipliné.

• Opposition des conceptions économiques : Staline est favorable à la NEP ; Trotski la considère comme une capitulation de la Révolution devant le capitalisme et veut hâter le passage à une véritable économie collectiviste.

• Opposition enfin en matière de stratégie globale et de politique étrangère. A l'automne 1924, Trotski développe dans ses *Leçons d'Octobre* l'idée qu'il est impossible de construire le socialisme dans un seul pays et qu'il faut jouer la carte de la révolution mondiale. Staline estime au contraire que, au moins dans un premier temps, l'édification du socialisme dans un seul pays est possible, conception qui annonce la doctrine de la «coexistence pacifique».

Dans les notes qu'il avait dictées avant sa seconde attaque d'hémiplégie, en vue du rapport qu'il devait présenter devant le prochain congrès du parti, Lénine semblait avoir renvoyé dos à dos les deux candidats à sa succession, jugeant Staline «trop brutal avec les camarades» et estimant qu'il avait accumulé trop de pouvoirs, mais regrettant d'autre part que Trotski soit «trop porté à ne voir que l'aspect bureaucratique des problèmes» (c'est ce texte que l'on appellera par la suite «testament de Lénine»). Néanmoins sa méfiance était beaucoup plus forte à l'égard du secrétaire général du P.C., qu'il souhaitait voir écarté de ce poste, alors qu'il s'était nettement rapproché de Trotski au cours des derniers mois de sa vie active.

Le conflit va durer trois ans. Au début Staline – qui organise avec minutie le culte de Lénine (funérailles grandioses en l'absence de Trotski, mausolée sur la Place rouge, villes rebaptisées du nom du héros défunt) – peut compter sur l'appui de Kamenev, président du Soviet de Moscou et de Zinoviev qui dirige la IIIe Internationale. Tous trois forment la *Troïka* mais bientôt Zinoviev et Kamenev rejoignent Trotski et constituent avec lui, et avec la plupart des anciens compagnons de Lénine – Probrajenski, Mouralov, Radek, Joffe, Piatakov, etc. – l'«Opposition unifiée», bientôt organisée clandestinement et qui dénonce la bureaucratisation du parti, la confiscation du pouvoir ouvrier par les hommes de l'appareil, l'autoritarisme du secrétaire général, s'efforçant de dresser la base contre la direction du P.C. en intervenant dans les réunions de cellules des entreprises industrielles. La Direction riposte en envoyant des équipes de «contradicteurs» contre les «provocateurs trotskistes» (certains seront très sévèrement blessés) et en dénonçant l'action fractionniste de l'Opposition. Sur 750 000 adhérents au parti, celle-ci compte tout au plus 7 000 ou 8 000 militants, recrutés il est vrai parmi les membres les plus conscients politiquement. D'autre part la classe ouvrière, qui aspire essentiellement après dix ans et plus de troubles au retour au calme et à une amélioration de ses conditions matérielles, se passionne médiocrement pour un combat dont l'enjeu lui échappe et perçoit mal le sens de la contestation gauchiste.

La crise cependant devient aiguë lorsque, en novembre 1927, les partisans de Trotski manifestent dans les rues de Moscou contre la politique du Comité central. Staline contre-attaque avec l'aide d'amis sûrs qu'il a progressivement introduits au Comité central. Molotov, Kalinine, Vorochilov, Zinoviev et Trotski sont exclus du parti.

Trotski est envoyé en Asie centrale, à Alma Ata, où il séjourne un an avant d'être expulsé d'Union soviétique. Staline se retourne ensuite contre l'opposition de droite. En 1929, Rykov et Boukharine sont disgrâciés. Le secrétaire général du parti a désormais les mains libres pour engager l'U.R.S.S. dans la voie de la socialisation et de la planification.

II. L'URSS de Staline

A. Staline — Cf. Plan en annexe.

B. L'économie planifiée — a) *L'idée :* Le XVe Congrès du Parti communiste estime en décembre 1927 que la NEP a désormais rempli sa mission qui était de remettre en marche l'économie soviétique. Avant de passer à la phase suivante, qui est l'édification du socialisme, il faut songer à assurer le développement rapide des forces productives. Combler également le retard sur les puissances occidentales, qui ont eu plus d'un siècle pour accomplir leur révolution industrielle. Le maintien d'un secteur où domine la libre entreprise apparaît alors comme un obstacle à la mobilisation des forces économiques du pays. Il faut au contraire concentrer les énergies, assigner à chacune d'elles une tâche précise et les intégrer toutes dans un vaste plan de développement. En même temps, on s'efforcera d'édifier *une société sans classes,* non seulement en s'opposant à l'essor d'une nouvelle bourgeoisie (nepmen, koulaks), mais en rapprochant le plus possible la situation et la mentalité paysannes de celles des ouvriers : «Pour abolir les classes, écrivait Lénine en 1918, nous devons... abolir les différences entre l'ouvrier et le paysan, nous devons les transformer tous en *ouvriers*». Pour atteindre ces objectifs, deux grands principes, la *socialisation,* c'est-à-dire l'extension à toute l'économie soviétique des formules en vigueur dans le secteur nationalisé et la *planification.* Celle-ci à d'ailleurs été préparée de longue date. Depuis 1921 fonctionne une Commission d'État pour la planification générale ou *Gosplan* qui a multiplié les enquêtes sur les ressources et les besoins du pays avant d'élaborer le premier plan quinquennal, appliqué à partir d'octobre 1928.

b) *Le premier plan quinquennal* (1928-1932). Son objectif est double, liquidation du secteur privé et développement des productions économiques de base.

• *Dans l'agriculture,* les progrès de la mécanisation permettent de substituer à la petite exploitation individuelle de grandes unités de production. La *collectivisation* agraire, menée à un rythme rapide à partir de 1929, aboutit à la création de sovkhozes et de kolkhozes.

Les sovkhozes sont de grandes fermes d'État, d'une superficie pouvant atteindre plusieurs milliers et même plusieurs dizaines de milliers d'hectares. La terre, le matériel et les revenus sont la propriété de l'État qui verse un salaire au travailleur sovkhozien. On pensait au début que le sovkhoze deviendrait le type d'exploitation le plus répandu. En fait il eut moins de succès que le kolkhoze et se transforma rapidement en station expérimentale installée principalement en zone pionnière.

Les kolkhozes sont de grandes exploitations collectives cultivant en commun les terres d'un ou de plusieurs villages. L'État fait l'avance des semences et prête le matériel agricole, groupé dans les stations de machines de tracteurs (M.T.S.). Il prélève en échange une partie de la récolte, le reste étant distribué entre les kolkhoziens.

Pour que le système pût fonctionner, il fallait que les exploitations collectives n'aient pas à subir la concurrence des koulaks. En décembre 1929, Staline donne le signal de la «dékoulakisation». Dans toutes les régions collectivisées, les locations de terres et l'embauche de main-d'œuvre sont interdites. Les autorités locales peuvent procéder à la confiscation des domaines, des moyens de production et, le cas échéant, des biens personnels. Ceci ne va pas sans résistances ni troubles. A la suite de révoltes en Ukraine, le gouvernement soviétique décide de briser par la force l'opposition des koulaks. Plusieurs centaines de milliers d'entre eux seront liquidés ou déportés en Sibérie.

Mais d'autres résistances se manifestent, dues aux maladresses de l'administration qui collectivise sans nuances et hâtivement tous les biens de la petite paysannerie appelée à entrer dans les kolkhozes. La maison individuelle, le bétail, la volaille, deviennent ainsi biens de la communauté, ce qui entraîne un vif mécontentement. Beaucoup de paysans cachent leurs semences ou abattent leurs bêtes avant d'entrer dans l'exploitation collective. Aussi faut-il faire machine arrière. Staline décide que la collectivisation sera volontaire et progressive et ne portera ni sur la maison et le jardin du paysan, ni sur la totalité de son bétail et de sa volaille. Après une pause en 1930, le mouvement de collectivisation reprend sur ces bases nouvelles l'année suivante. Il y a 75 millions d'hectares cultivés par les kolkhozes en 1933 pour 1,4 million en 1928. Dans l'intervalle, plusieurs millions de petits paysans récalcitrants auront subi un sort identique à celui des koulaks.

• *Dans l'industrie,* le premier plan amène la disparition à peu près complète du secteur privé qui ne représente plus en 1933 que 1 % de l'industrie soviétique. Même évolution dans le secteur privé du commerce qui s'efface peu à peu devant les coopératives et les magasins d'État. De 1926 à 1930, les investissements industriels sont multipliés par cinq. Ils sont assurés en partie par les impôts et en partie par les bénéfices des entreprises d'État. De nombreux spécialistes étrangers restent en place mais un effort considérable est fourni pour former des techniciens et des ingénieurs de valeur. Il faut aussi stimuler l'ardeur du prolétariat. Le nombre des ouvriers double en effet pendant le premier quinquennat. Parmi les nouveaux venus, beaucoup ont conservé le rythme de la vie rurale et l'habitude de rentrer au pays au moment des travaux agricoles. La majorité reste d'autre part attachée à la notion de profit individuel.

D'où un système qui associe les mesures de *coercition* (ouvriers assignés à résidence fixe en 1930, établissement d'un livret de travail et d'un passeport intérieur obligatoires, punitions, déportations) ; *l'exaltation de l'héroïsme du travail* par la création de « brigades de choc », la citation des meilleurs ouvriers (*oudarniks*), l'émulation socialiste (défits d'usine à usine) et enfin *l'octroi de récompenses* aux meilleurs ouvriers ; salaires variant avec la qualification du travail, diminution des horaires de travail, avancement, etc. Le premier plan met l'accent sur les industries de base : production des matières premières et industrie lourde. En quatre ans la production de charbon et de fer double, celle d'acier augmente de 50 %, la production d'électricité est multipliée par trois. Les constructions mécaniques, les industries chimiques, l'industrie du caoutchouc ont accompli les progrès les plus spectaculaires.

c) *Le second plan* (1933-1937). L'effort porte essentiellement sur trois points :

• Développement de l'*enseignement technique*, après le renvoi des *spets*, et de la formation professionnelle des ouvriers. Au mouvement des *oudarniks*, fondé surtout sur le courage et la force physique, succède celui des *stakhanovistes* (du nom de l'ouvrier piqueur Stakhanov, dont les « exploits », en matière de dépassement des normes en 1935, furent d'ailleurs le résultat de trucages) axé davantage sur une meilleure utilisation de la technique.

• Développement de *l'industrie légère* et des industries de biens de consommation dont la production double de 1933 à 1937. Mais les résultats sont en ce domaine moins bons que prévus, du fait des nécessités du réarmement (l'U.R.S.S. effectue à partir de 1934 un effort comparable à celui de l'Allemagne dont elle craint la politique agressive).

• Amélioration du niveau de vie par une augmentation des salaires, la diminution des prix des denrées, la suppression en 1935 des cartes de rationnement. Le régime des kolkhozes est assoupli en 1937.

d) *Un troisième plan* est défini par Molotov en 1939, visant à assurer le «passage graduel du socialisme au communisme». Il va être bouleversé par la guerre.

e) *Le bilan.* En 1939, l'U.R.S.S. est la troisième puissance industrielle du monde et elle talonne d'assez près l'Allemagne qui est au second rang. Résultat dû à un effort gigantesque, à une mobilisation de tous les instants du potentiel économique et humain, au caractère rigoureux du régime. Il faut certes pour juger celui-ci avec sérénité se souvenir des conditions inhumaines faites au prolétariat occidental au cours de la révolution industrielle du XIXe siècle ; il n'en reste pas moins que la population soviétique, et en particulier la paysannerie, ont payé très cher le décollage industriel de leur pays.

C. L'évolution politique et sociale — a) *La Constitution de 1936* se donne pour objectif d'adapter les institutions politiques de l'URSS aux changements qui se sont opérés depuis 1924 dans les structures sociales et économiques du pays. Élaborée par une commission spéciale et discutée dans d'innombrables réunions à la base, elle maintient, en les simplifiant, les principaux rouages institutionnels. L'égalité des langues et la collectivisation agraire sont reconnues par la Constitution, ainsi que les droits (notamment en matière sociale) des citoyens et les libertés individuelles, dans la mesure où elles sont «en conformité avec les intérêts des travailleurs» et visent à la «consolidation du socialisme», ce qui permet au régime d'en faire une interprétation restrictive. Le scrutin devient secret et l'on supprime les limitations du droit de vote. Le principe du parti unique, «avant-garde des travailleurs», «noyau dirigeant de toutes les organisations, tant sociales que de l'État», demeure acquis. A la veille de la guerre, le PC compte 3,3 millions de membres.

b) Derrière ce manteau institutionnel très démocratique, *la réalité politique du stalinisme* est d'une toute autre nature. Contrairement aux prévisions de Marx et de Lénine *(l'État et la Révolution),* il n'y a pas eu «dépérissement» mais au contraire renforcement des structures étatiques et confiscation de la «dictature du prolétariat» au profit de l'appareil du parti — quelques dizaines de milliers de permanents et de cadres — que contrôle étroitement le secrétaire général et le petit groupe dirigeant. Non seulement le «centralisme démocratique» ne fonctionne plus que du sommet vers la base, mais toute velléité d'opposition est réprimée avec la plus grande énergie. Ainsi, après une réelle détente, qui prend fin en décembre 1934, l'assassinat de Kirov, membre du *Politburo,* ami et «dauphin» éventuel de Staline, dans des conditions demeurées mystérieuses, déclenche une vague de répression et de terreur qui permet à Staline de se débarrasser de tous ses adversaires. Non seulement les opposants au régime, mais aussi d'authentiques bolcheviks coupables seulement d'avoir protesté contre ses méthodes. Des arrestations massives donnent lieu à des procès monstres, suivis de liquidations et de déportations dans des camps gérés par le «Goulag», branche du NKVD (commissariat du peuple à l'Intérieur), et situés dans des régions isolées. On évalue à un total de 5 à 8 millions de détenus, les effectifs de ces camps à la veille de la guerre, avec un taux de mortalité de 10 % environ par an.

D'anciens compagnons de Lénine, comme Zinoviev et Kamenev, de hauts fonctionnaires comme Iagoda, ancien chef de la Guépéou, des opposants de droite comme Boukharine, sont les principales victimes de ces «purges» staliniennes (70 % des membres du Comité central élu en 1934 seront ainsi physiquement liquidés), qui frappent également nombre de militants modestes (80 % des recrues de 1920-1921 ont disparu), d'individus «reconnus socialement dangereux», de personnes appartenant aux familles des «terroristes» et des «contre-révolutionnaires», d'adhérents des sectes religieuses, etc. L'une des plus sévères frappe en 1937 les chefs de l'Armée rouge et en particulier le maréchal Toukhatchevski, accusé de complicité avec les nazis. Elles auront pour effet d'affaiblir les cadres administratifs, politiques et militaires du régime à la veille de la guerre, tout en développant dans le pays un climat d'angoisse et de suspicion généralisée (le décret du 9 juin 1935 étend la peine de mort non seulement aux espions et «parasites» mais à tous ceux qui «auraient connaissance de telles activités ou de projets s'y rapportant»). Elles permettent à ce prix à Staline – dont la personnalité devient l'objet d'un véritable «culte» qui fait du secrétaire général du parti un véritable chef charismatique – d'éliminer tous les responsables autour desquels pourraient se constituer des centres de pouvoir susceptibles de concurrencer sa propre autorité, et de médiatiser ainsi ses rapports avec le peuple soviétique.

c) *La société soviétique* conserve une forte homogénéité malgré l'éventail assez large des salaires. Si la base 100 représente le salaire du manœuvre le moins payé, un ouvrier qualifié a un salaire compris entre 100 et 370 (400 pour un contremaître). Celui de l'ingénieur est compris entre 300 et 1 000 et celui d'un directeur d'usine entre 800 et 2 000. Mais l'éventail des niveaux de vie est beaucoup plus resserré. Il y a en effet une grande disparité entre les prix des produits de première nécessité, relativement bon marché, et les prix très élevés des produits de «luxe». D'autre part les loyers, les prix des repas dans les restaurants d'entreprise, les impôts varient très sensiblement en fonction du salaire. Les différences de revenus se trouvent donc partiellement corrigées. En outre les limitations du droit d'héritage empêchent les catégories sociales de faire souche. Enfin le spectaculaire développement de l'enseignement favorise l'égalisation des chances au départ. Peut-on parler d'une «société sans classes» ? Sans doute pas. Il existe incontestablement une différenciation sociale en trois groupes principaux :

ouvriers et employés des villes, dont la situation s'est lentement améliorée au cours des années 30, paysannerie qui a supporté le poids le plus lourd du processus d'industrialisation et se tient très largement en retrait de la société politique, et «*intelligentsia*» (intellectuels au sens strict du terme, mais aussi directeurs d'usines, ingénieurs, cadres bureaucratiques, professeurs, etc.) dont le rôle tend à croître à tous les niveaux et notamment dans le parti (celui-ci recrute en 1937-1939 44 % d'intellectuels pour 41 % d'ouvriers et 15 % de paysans). A la fin de la période, on commence à voir se dégager *une couche dirigeante* dont les membres, en général des cadres du parti, sont présents aux échelons de responsabilités de l'appareil d'État. Cette nouvelle «élite», qui constitue de plus en plus le fondement de la société soviétique, semble avoir renoncé à l'esprit de sacrifice et d'égalitarisme, qui dominait le parti au temps de Lénine, pour une morale de la réussite, non seulement politique et intellectuelle, mais aussi sociale, qui se traduit par la recherche d'avantages matériels et de privilèges de fonctions. Cette société neuve ne tarde pas d'ailleurs à renouer avec certaines traditions. Celle de la *famille* (le divorce et l'avortement, très largement autorisés pendant les années 20, sont plus strictement réglementés) et celle de la *patrie.* On voit se développer un patriotisme soviétique et renaître parfois un patriotisme «russe», admirateur des grandes gloires nationales, dont la littérature et le cinéma *(Alexandre Nevski* et *Ivan le Terrible* d'Eisenstein) se font largement l'écho.

Bibliographie

Outre les ouvrages indiqués au chapitre 7, on verra : I. DEUTSCHER, *Staline (Livre de poche)* et, du même auteur, *Trotski ;* P. SORLIN, *La société soviétique,* Paris, A. Colin (Coll. U) ; R. MEDVEDEV, *Le Stalinisme,* Paris, Le Seuil, 1972 ; N. WERTH, *Histoire de l'Union soviétique,* Paris, PUF, 1992 ; O. KHLEVNIOUK, *Le Cercle du Kremlin. Staline et le bureau politique dans les années 30. Les jeux du pouvoir,* Paris, Seuil, 1996.

Biographies

Kamenev

Lev Borrissovitch Rosenfeld, dit Kamenev, est né à Moscou en 1883. Membre du parti social-démocrate depuis 1901, il est emprisonné à deux reprises avant de rejoindre Lénine à Genève. En 1913 il rentre en Russie où il dirige *la Pravda* et le parti bolchevik, ce qui lui vaut d'être déporté en Sibérie en 1914. En 1917, il ne parvient pas à imposer son idée d'une coalition des bolcheviks et des mencheviks. De 1918 à 1926 il est président du Conseil économique du soviet de Moscou. En 1922 il entre au *Politburo.* Devenu Vice-Président du Conseil des commissaires du peuple, il constitue avec Staline et Zinoviev, la *Troïka.* Mais à partir de 1926 il passe dans le camp de son beau-frère Trotski. Il est exclu temporairement du parti en 1927, puis définitivement en 1932. Il est arrêté lors des purges de 1936, accusé de trahison et exécuté.

Zinoviev

Grigori Ievseïevitch Apfelbaum, dit Zinoviev, est également né en 1883. Il est étudiant en Suisse quand il fait, en 1903, la connaissance de Lénine. Devenu bolchevik, il joue un rôle important dans l'organisation du parti après la révolution de 1905. En 1908, il doit quitter la Russie et n'y revient qu'en avril 1917, en compagnie de Lénine. Comme Kamenev, il aurait souhaité un gouvernement de coalition des partis socialistes et la poursuite de la guerre. Il prend dès sa création en 1919 la tête de la IIIe Internationale. Il favorise l'accession de Staline au poste de secrétaire général du parti et se range à ses côtés lors de l'affaire du testament de Lénine. Mais, en 1926, il se rapproche en même temps que Kamenev de Trotski, les trois hommes constituant la «troïka des purs» qui réclame l'abandon de la NEP et soutient la thèse de la révolution mondiale. Il doit peu à peu abandonner ses fonctions officielles : président du soviet de Pétrograd, puis celle de chef du Komintern. Exclu du parti en 1927, réintégré après auto-critique en 1929, il est accusé en 1936 de complicité dans le meurtre de Kirov et d'intelligence avec l'Allemagne nazie. Il est condamné à mort et exécuté en août 1936.

Plan

Staline

Introduction : En 1929, cinq ans après la mort de Lénine, Staline devient le seul maître du pouvoir en Union Soviétique. Pendant vingt-quatre ans, le destin de l'URSS et, dans une certaine mesure, celui du communisme mondial se trouvent soumis à la volonté d'un homme. D'où l'importance du «phénomène Staline». Trois grandes étapes.

1. Le révolutionnaire (1879-1924)

A. LES ANNÉES DE FORMATION (1879-1899)

a) *Le milieu familial.* Joseph Vissarionovitch Djougachvili est né en 1879 à Gori (Géorgie). Son père, artisan cordonnier, doit vendre son échoppe pour aller travailler en usine à Tiflis. Ivrogne et brutal, il se montre cruel avec sa famille. Sa mère Ekaterina, pieuse et soumise, voue toute sa tendresse à son seul fils survivant. Devenue veuve en 1890, c'est elle qui oriente son fils vers la prêtrise. Deux faits importants donc dans la formation du jeune Djougachvili : une enfance malheureuse qui marquera sa personnalité et l'appartenance au milieu prolétarien (alors que Lénine et Trotski sont fils de petits bourgeois).

b) *L'éducation.* En 1888, Ekaterina envoie son fils à l'école religieuse de Gori alors que la plupart des enfants de pauvres commencent à cet âge leur apprentissage de cordonnier ou de charpentier. A quatorze ans Joseph Djougachvili entre avec une bourse au séminaire de Tiflis. Élève modèle mais influencé comme la plupart de ses condisciples par les idées révolutionnaires. Années capitales dans la formation de l'homme, surtout par les lectures clandestines. Deux conséquences : adhésion au marxisme, et développement d'un puissant patriotisme géorgien. Ayant adhéré au groupe socialiste géorgien (1898) et fondé un cercle marxiste au séminaire, le jeune homme en est bientôt chassé (1899).

B. LE RÉVOLTÉ (1899-1917)

a) *L'agitateur géorgien.* Jusqu'en 1905, l'action de celui qui prend en 1901 le surnom de *Koba* (en turc, l'indomptable) est essentiellement locale. Employé à l'observatoire de Tiflis, Koba fait de la propagande dans les milieux ouvriers. En 1902, il est une première fois exilé en Sibérie. Évadé, il rejoint Tiflis en 1904.

b) *Le dirigeant bolchevik.* A partir de 1905, l'action de Koba, qui va bientôt devenir Staline (l'homme d'acier) dépasse le cadre géorgien. En 1904, il se rallie à la fraction bolchevique du parti. Partisan de l'insurrection et opposé à tout compromis avec la bourgeoisie, il participe activement à la révolution de 1905, l'année où pour la première fois il rencontre Lénine, au congrès de Tampere. De 1903 à 1917, Staline est arrêté et déporté six fois. Il passe huit ans en prison ou en Sibérie et s'évade cinq fois. Nommé par Lénine membre du Comité central bolchevik il préside à partir de 1912 le *Politburo* qui doit diriger l'action révolutionnaire en Russie.

C. LE COMPAGNON DE LÉNINE (1917-1924)

— Rôle relativement effacé dans *la révolution d'octobre,* bien qu'il ait précédé Lénine à Pétrograd. Dès le retour de celui-ci, il «rentre dans le rang».
— S'intéressant, du fait de ses origines géorgiennes, au problème des minorités nationales, Staline devient *Commissaire du peuple aux nationalités.* Il s'y révèle l'inventeur du fédéralisme soviétique (décret sur les nationalités).
— *Commissaire politique aux armées,* il joue un rôle très important dans la lutte contre les Blancs. En conflit avec Trotski, qui veut mener l'offensive à travers les steppes, alors que Staline préfère attaquer les régions industrielles pour bénéficier du soutien des partisans. Son plan réussit. En 1921 il est en Géorgie.
— *Secrétaire général du parti* depuis avril 1922 (avec l'aide de Zinoviev). Fonction qui n'est encore que purement technique mais va bientôt lui permettre de contrôler tout l'appareil du parti.

2. Le maître de l'U.R.S.S. (1924-1941)

A. L'AVÈNEMENT DE STALINE (1924-1929)

— *La succession de Lénine.*
— *L'élimination des oppositions.*
(Voir sur ces deux questions l'exposé fondamental).

B. L'HOMME ET SES IDÉES

Quels sont en 1929 le caractère et les idées de celui qui reste le seul maître du pouvoir ?

a) *L'homme.* «*L'homme d'acier*», il l'est par son énergie, par sa ténacité, par son immense puissance de travail (18 heures à son bureau). — *Des qualités d'esprit :* moins brillant que Lénine et Trotski, Staline a cependant une intelligence vive et une culture solide. — *Des qualités humaines :* discrétion et simplicité. Il vit sans apparat au Kremlin, dans un petit appartement de quatre pièces. Prudence et réflexion. Sa parole a du poids. Il sait choisir ses amis et reste fidèle à ceux qu'il estime. En contact permanent avec le peuple. Il connaît très mal l'étranger, ignore les langues étrangères. Malgré les excès du «stalinisme» il sera l'objet d'un véritable culte (cf. le 1er chapitre du roman soviétique, *L'Ingénieur Bakhirev*). Mais *son autoritarisme dictatorial* et son absence de sensibilité vont le conduire aux pires excès et donner au régime une orientation terroriste qu'il n'avait pas sous Lénine.

b) *Les idées.* En matière économique, hostilité à la petite exploitation paysanne. Staline est favorable à l'industrialisation poussée du pays. Une fois la machine économique remise en route par la NEP, on peut passer à la socialisation et à la planification. 1929 est l'année du «*grand tournant*». En matière politique, opportunisme plutôt que doctrine, sauf en ce qui concerne le fédéralisme. Plus d'originalité en politique extérieure. Staline croit à la possibilité d'une coexistence, au moins temporaire, entre régime socialiste et capitalisme.

C. L'ŒUVRE DE STALINE

a) *A l'intérieur* (cf. exposé fondamental).

b) *En politique extérieure.* Jusqu'en 1933, l'U.R.S.S. demeure très isolée et entretient de bonnes relations avec une autre isolée, l'Allemagne. Changements profonds avec l'avènement du nazisme. Double conséquence sur la politique de Staline : rapprochement avec les démocraties (en mai 1935, il signe un traité d'alliance avec Laval) et encouragements aux *fronts communs* des partis de gauche (En France, Front Populaire). Puis, nouveau changement d'orientation devant les hésitations des occidentaux, en particulier après Munich : d'où le pacte germano-soviétique d'août 1939.

3. Le «généralissime» (1941-1953)

A. STALINE CHEF DE GUERRE

Depuis le 6 mai 1941, Staline est *Président du Conseil des commissaires du peuple* et concentre entre ses mains tous les pouvoirs. A partir de juin 1941, il préside le Comité de la Défense nationale. Il est donc le véritable chef de la Russie en guerre.
– *Son rôle militaire* est aujourd'hui très contesté par les historiens soviétiques. Il semble que les purges auxquelles il a, à partir de 1937, soumis l'armée rouge, aient affaibli celle-ci au début de la guerre. C'est Staline d'autre part qui, dirigeant les armées soviétiques et tout en laissant d'ailleurs une assez grande liberté à ses généraux, met en œuvre la tactique de la «terre brûlée» et incite ses troupes à reculer jusqu'à essoufflement de l'adversaire. Rôle aujourd'hui contesté dans la victoire de Stalingrad.
– *Son rôle a surtout été moral :* Staline a incarné l'énergie du peuple soviétique dont il a stimulé la volonté de résistance par l'appel à la résistance de masse, l'exaltation des gloires militaires de l'ancienne Russie, le refus de quitter Moscou alors que les services officiels se replient à Kouïbychev. Il devient «généralissime» le 1er janvier 1945.

B. STALINE ET LES ALLIÉS

– *La collaboration* jusqu'au début de 1944.
– *La rivalité :* Yalta et Potsdam.

C. LE CHEF DU MONDE COMMUNISTE

– De 1945 à 1950, Staline renonce pour un temps à ses vues sur la coexistence.
– De 1950 à 1953, il revient à une politique plus prudente.
– En même temps il assume le rôle incontesté de chef du communisme mondial (seul Tito échappera à son influence).

Conclusion : Rôle de Staline dans l'histoire de l'U.R.S.S. Controverses depuis le XXe Congrès. Réhabilitation partielle sous Brejnev suivie d'une remise en cause beaucoup plus fondamentale avec la « Perestroika » de M. Gorbatchev.

17 L'Extrême-Orient de 1919 à 1939

De 1920 au début des années 30, la Chine s'efforce, au milieu des pires difficultés, de rajeunir ses structures et de rattraper une partie de son retard sur un Japon déjà fortement industrialisé à la veille du premier conflit mondial. Mais ce dernier n'attend pas que la Chine du Guomindang soit en mesure de lui interdire toute expansion en Asie continentale. Poussé par l'aggravation de ses difficultés économiques, il s'engage à partir de 1931 dans la politique d'agression et de conquêtes.

I. Les conséquences de la guerre

A. Les ambitions japonaises – La première guerre « mondiale » a en fait surtout été européenne et n'a touché qu'indirectement l'Asie orientale. Néanmoins, tant dans le domaine économique que politique, ses répercussions ont été importantes pour les deux grands pays asiatiques – Japon et Chine –, devenus « belligérants volontaires » respectivement en 1914 et 1917. C'est en tant qu'allié de la Grande-Bretagne que le Japon a déclaré la guerre à l'Allemagne dès le 23 août 1914. La question balkanique, celle d'Alsace-Lorraine, ou encore la violation de la neutralité belge étaient loin de ses préoccupations, mais son intervention dans la guerre aux côtés de l'Entente lui permettait de s'emparer, au moindre coût, des possessions allemandes dans la zone Asie-Pacifique.

Profitant de l'effacement temporaire des puissances européennes, l'Empire nippon cherche notamment à étendre son influence en Chine. Dès le début de 1915, sous le prétexte d'opérations militaires contre les possessions allemandes dans le Shandong, il présente au gouvernement chinois *« 21 demandes »* dont l'application réduit pratiquement l'Empire du Milieu au rang d'un simple protectorat. Affaiblie par ses divisions internes, la Chine est contrainte d'accepter la plupart de ces exigences nippones. En août 1917, pressée par les Alliés, elle déclare à son tour la guerre aux puissances centrales, mais il s'agit d'un geste sans portée militaire et qui, s'il justifie l'occupation par les Chinois des concessions allemandes, ne met pas fin aux ambitions japonaises. En 1919, le traité de Versailles attribue au Japon les droits de l'Allemagne dans le Shandong au lieu de les transférer à la Chine, toujours considérée par les grandes puissances comme un Etat semi-colonial.

B. Le « coup d'arrêt à l'expansion nippone – Pendant la guerre, le Japon a non seulement bénéficié des commandes des pays alliés. Il s'est en même temps substitué aux pays européens, puis aux Américains, sur de nombreux marchés asiatiques, ainsi que dans le Pacifique (Australie, Nouvelle-Zélande) et en Amérique latine. Sa production industrielle est ainsi passée de l'indice 100 en 1914 à l'indice 485 en 1919, le Japon se hissant ainsi au second rang mondial pour la production de cotonnades et au troisième pour la flotte de commerce. Toutefois, la rapidité même de cette croissance a fortement accentué le déséquilibre entre une économie rurale, peu évoluée et des secteurs industriels en pleine expansion.

Ayant élargi son influence en Chine à la faveur du conflit, le Japon n'a pu s'emparer de la Sibérie orientale lors de la guerre d'intervention contre la Russie bolchevique en 1918. A la conférence de la Paix, il obtient un mandat sur les colonies insulaires allemandes de Micronésie, le territoire à bail de Kiao Tchéou et la reconnaissance de son influence économique dans le Shandong. Toutefois, l'expansionnisme nippon ne tarde pas à inquiéter les États-Unis et la Grande-Bretagne qui vont bientôt y mettre un frein. A la conférence de Washington (novembre 1921-février 1922), ils affirment leur volonté de respecter « l'indépendance et l'intégrité de l'Etat chinois », obligent le Japon à limiter le tonnage de sa flotte de guerre et exigent de lui qu'il rétrocède Kiao Tchéou à la Chine et renonce à la plupart de ses droits dans le Shandong. Ce coup d'arrêt porté à l'expansion japonaise est très vivement ressenti dans un pays alors en pleine crise économique.

II. Le réveil de la Chine

A. La situation en 1919 – La participation tardive de la Chine au premier conflit mondial n'a pas mis fin au régime semi-colonial auquel est soumis ce pays depuis que lui ont été imposés au XIXe siècle les « traités inégaux » qui ont établi le contrôle étranger sur ses douanes, concédé des « *territoires à bail* » et des zones d'influence économique à l'intérieur desquelles chacune des grandes puissances a pu construire des voies ferrées, exploiter les ressources du sous-sol, installer des usines, et accordé aux ressortissants de ces puissances le *privilège d'exterritorialité*. La Chine est alors en pleine anarchie. Renversé en 1911 par un mouvement révolutionnaire, le régime impérial avait fait place à une république, dirigée par Sun Yat-Sen, puis à la dictature militaire de Yuan Shi-kai [1], de 1913 à 1916, suivie d'une véritable décomposition politique et territoriale.

En 1919, le pays se trouve coupé en deux. Le Nord, théoriquement contrôlé par les successeurs de Yuan Shi-kai, et dont le gouvernement, qui a son siège à Pékin, est le seul qui soit reconnu par les grandes puissances, s'oppose à la Chine du Sud, celle de Sun Yat-sen et du Guomindang, qui ont installé à Canton un gouvernement républicain. En réalité, la situation est beaucoup plus complexe et jusqu'en 1927 la Chine est en proie à l'anarchie. Les gouverneurs militaires, les « *dujun* » (« Seigneurs de la guerre »), ont mis à profit l'affaiblissement du pouvoir central, l'immensité et le cloisonnement du pays, ainsi que les particularismes locaux, pour se comporter dans chaque province en souverains indépendants. Développant leurs armées et leurs ressources propres, ils obtiennent en échange de concessions multiples l'aide de telle ou telle puissance étrangère

1. Nous avons en général utilisé la transcription dite « piyin » en faisant toutefois quelques concessions à l'usage courant pour certains noms propres et pour les principales villes.

et cherchent, par des guerres continuelles, à étendre leur autorité sur les provinces voisines. Il en résulte une insécurité permanente qui tend à renforcer l'autarcie des provinces et à accroître les misères du peuple chinois. L'entretien des digues sur le Yang-Tsé et sur le Hoang-Ho, œuvre collective qui implique un fort pouvoir centralisateur, cesse d'être assuré, ce qui entraîne l'immersion de nombreuses terres cultivables. La mortalité (notamment infantile) augmente, les famines se font de plus en plus meurtrières et l'on assiste à des exodes massifs de paysans affamés qui s'efforcent de gagner les terres moins inhospitalières de la Chine du Nord (400 000 par an jusqu'en 1926).

B. Les forces nouvelles – La pénétration du subcontinent chinois par l'Occident a fini par développer des forces neuves et par opérer un rajeunissement profond de certaines forces traditionnelles. Ce sont ces éléments qui prennent au lendemain de la guerre la tête du mouvement émancipateur.

a) *Bourgeois et prolétaires.* L'amorce d'industrialisation, opérée sous l'impulsion des étrangers, a eu pour effet de faire apparaître deux nouvelles catégories sociales. Un *prolétariat industriel* encore peu nombreux (au maximum 2 millions de personnes) mais homogène et concentré dans les villes où se sont implantées les nouvelles industries : Changaï, Hankéou ou Tien-Tsin. Les conditions de vie très dures faites aux ouvriers (bas salaires, journées de 12 à 15 heures, travail des femmes et des enfants) les rendent très réceptifs à la propagande marxiste. D'autre part, une *bourgeoisie industrielle et commerçante* se développe dans les ports et dans quelques centres manufacturiers. En effet, si au lendemain de la guerre les capitaux étrangers dominent encore très largement le secteur des banques et celui de l'industrie lourde, les Chinois détiennent maintenant la majeure partie des usines textiles et des industries légères. Or cette bourgeoisie de négociants et de petits industriels subit la concurrence des étrangers et supporte mal les privilèges qui sont accordés à ces derniers en vertu des « traités inégaux ». Ils souhaitent l'unification et la pacification du pays, ainsi que la modernisation de ses structures juridiques et administratives. Ce sont eux qui vont constituer le fer de lance du mouvement d'émancipation nationale. Mais leurs faibles effectifs, et des assises financières encore modestes, les obligent à rechercher l'alliance du prolétariat industriel et de la paysannerie, quitte lorsque la pression de ces forces sociales devient trop menaçante à rompre avec elles. C'est dans ce contexte que s'inscrivent les relations du Guomindang et du parti communiste.

b) *L'intelligentsia chinoise,* qui a été, jusqu'au tout début du XXe siècle, le plus solide rempart de la tradition – la caste des mandarins, jalouse de ses immenses privilèges, s'opposait à toute innovation dans l'ordre intellectuel – subit à son tour l'influence de l'Occident. De jeunes chinois se rendent dans les universités européennes ou américaines et s'imprègnent de pensée occidentale. C'est souvent par leur intermédiaire, par celui également de travailleurs chinois temporairement émigrés dans des pays comme la France, que les idées marxistes pénètrent en Chine. D'autre part, la culture traditionnelle ne correspond plus du tout aux besoins de la nouvelle classe dirigeante. La bourgeoisie a besoin d'ingénieurs, de techniciens, de juristes et aussi de cadres subalternes, dotés d'une culture pratique et aisément assimilable. C'est pourquoi une réforme de la langue et de l'écriture est adoptée en 1920. Le langage quotidien est mis en forme écrite. En même temps la méthode dite des « mille caractères », utilisant les signes les plus fréquemment employés, permet de simplifier l'écriture chinoise et d'apprendre à lire rapidement. Ces transformations radicales rendent possible la traduction en chinois et la diffusion de nombreuses œuvres occidentales. Elles aboutissent donc à un renouvellement intellectuel et débouchent sur une critique des formes traditionnelles de la société.

C. Le « Mouvement du 4 mai » – Les ferments de mutation et de contestation dont sont porteurs ces éléments dynamiques de la société chinoise donnent lieu, au printemps 1919, à un puissant mouvement d'émancipation nationale. L'action est déclenchée par les intellectuels et en particulier par les étudiants qui, pour protester contre les traités de paix et contre la politique de « collaboration » avec le Japon menée par le gouvernement chinois, manifestent à Pékin le 4 mai 1919. Dans un second temps intervient la bourgeoisie d'affaires. Dès les premières arrestations d'étudiants, les associations de marchands de Shangaï, de Tien-Tsin et des grandes villes du Yang-Tsé décident la grève générale et le boycott des marchandises japonaises. Enfin les ouvriers du secteur moderne entrent à leur tour en action à la suite de grèves organisées par les coolies des grands ports. En juin, le mouvement prend une telle ampleur que le gouvernement de Pékin doit renoncer à ratifier le traité. Sursaut national mettant en branle des foules importantes et aboutissement de tous les assauts qui, depuis le milieu du XIXe siècle, ont ébranlé les structures de la société traditionnelle, le « Mouvement du 4 mai » est beaucoup plus qu'une succession de manifestation et de grèves. Il traduit en effet une volonté de rupture avec la culture traditionnelle, considérée comme responsable de la passivité chinoise en regard des impérialismes étrangers. On peut le considérer comme une première « révolution culturelle », dirigée prioritairement contre la morale confucéenne et contre ses principes de respect de la tradition, des Anciens, de la hiérarchie, etc. « A bas la boutique de Confucius ! » crient les étudiants de Pékin en mai 1919. L'émancipation de la Chine implique une transformation radicale de la société inspirée des modèles progressistes offerts par l'Occident. « Loin d'être antithétiques, écrit Lucien Bianco, le nationalisme hostile à l'Occident et l'occidentalisation culturelle sont deux pousses jumelles ».

D. Nationalistes et communistes – Les éléments dynamiques de la Chine nouvelle se partagent au lendemain des événements de 1919 entre deux grandes formations politiques.

a) *Le Guomindang* ou « parti national » est dirigé par Sun Yat-sen, père de la révolution de 1911 et chef du gouvernement républicain de Canton. Les cadres du parti sont essentiellement constitués par des membres de l'intelligentsia, professeurs et étudiants. Le Guomindang dispose en outre de l'appui financier de la bourgeoisie commerçante et industrielle dont les intérêts ne s'opposent pas aux orientations idéologiques du parti. La philosophie politique de Sun reste en effet fondée sur les trois principes de 1911 : Nation, Démocratie, Réforme sociale. Il s'agit à la fois de libérer la nation chinoise des impérialismes étrangers, par l'abrogation des « traités inégaux », d'établir un régime solide reposant sur un parti discipliné et hiérarchisé (sur le modèle léniniste) et de promouvoir une démocratie économique non collectiviste, alliant le progrès social et le respect de la libre entreprise.

b) *Le Parti communiste chinois* s'appuie pour sa part, pendant cette période pionnière, sur le prolétariat des villes. Fondé à Shangaï en juillet 1921, par un petit groupe d'intellectuels révolutionnaires issus du « Mouvement du 4 mai », il ne compte alors qu'une cinquantaine de membres, parmi lesquels émerge la personnalité de son fondateur – et premier secrétaire général – Chen Du-xiu, professeur à l'université de Pékin. Deux ans plus tard, il n'a encore qu'un millier d'adhérents, mais son influence est déjà grande auprès des ouvriers et il bénéficie des bonnes relations nouées avec l'URSS par le gouvernement de Canton. En 1927, il a 60 000 membres et contrôle plusieurs armées nationalistes.

Episodiquement chef du gouvernement de Canton, selon le bon vouloir des généraux du Sud, Sun Yat-sen se rend compte qu'il ne peut rétablir seul l'unité et l'indépendance de la Chine. Il décide donc de s'allier avec les communistes. Tout d'abord en se rapprochant de l'Union soviétique qui prend l'initiative de renoncer aux traités inégaux et envoie en Chine des missions techniques et militaires, dirigées notamment par Joffé et Borodine. Des étudiants et des officiers chinois sont accueillis dans les universités et dans les instituts militaires soviétiques (c'est le cas en particulier du colonel Chiang Kai-shek). D'autre part, Guomindang et parti communiste se trouvent étroitement associés, Sun Yat-sen faisant appel à des ministres communistes et autorisant les membres du PCC à adhérer à titre individuel au Guomindang, lequel se transforme en une organisation de masse qui rassemblera 500 000 adhérents en 1925. Pour appuyer son action et pour imposer son autorité aux « seigneurs de la guerre », Sun s'efforce enfin de réorganiser l'armée et de lui donner une base populaire et une cohésion idéologique que ne possèdent pas les armées de mercenaires levées par les *dujun*. Lorsqu'il meurt en 1925, son successeur Chiang Kai-shek paraît d'abord s'orienter dans la même voie.

E. La Chine de Chiang Kai-shek – a) *L'unité rétablie.* Conformément aux vœux de Sun Yat-sen, l'alliance entre nationalistes et communistes continue après sa mort. Les éléments modérés du Guomindang s'inquiètent des grands mouvements populaires qui se développent en 1925-1926 : révoltes ouvrières contre les concessions internationales de Canton, Shangaï et Hong-Kong, formation d'unions paysannes contre les propriétaires fonciers, etc. Mais le nouveau maître du pouvoir en Chine du Sud ne peut heurter de front les forces révolutionnaires tant qu'il a besoin d'elles pour venir à bout des troupes nordistes et des « seigneurs de la guerre ». En juillet 1926, les armées de Chiang se lancent à l'assaut du Nord, appuyées par la « guerre révolutionnaire » que mènent les paysans et les ouvriers. Ce sont ces derniers qui, en mars 1927, chassent les troupes nordistes de Shangaï, quelques jours avant l'arrivée de Chiang Kai-shek. L'unité de la Chine se trouve rétablie. Il faudra toutefois une dizaine d'années encore pour pacifier entièrement le pays et venir à bout des révoltes locales, celle notamment du général chrétien Fong Yusiang, mais dans l'ensemble l'ordre politique est restauré.

b) *La rupture avec le PC.* Victorieux des armées du Nord et des *dujun*, Chiang Kai-shek peut désormais se passer de l'aide des communistes. Par son mariage avec la sœur du riche financier T.V. Soong, il se trouve en effet lié aux grands milieux d'affaires. Ceux-ci s'inquiètent vivement des progrès du parti communiste dans les villes et parmi les paysans, ainsi que des projets de réforme agraire. Dès le printemps 1926, il a établi sa dictature à Canton puis, sans briser avec Moscou, il a renvoyé la plupart des conseillers soviétiques. Prenant appui sur l'armée victorieuse et amorçant un rapprochement avec les étrangers de Shangaï, le nouveau chef du Guomindang engage brutalement la lutte en avril 1927. Il fait occuper à Shangaï le siège des syndicats, désarme les ouvriers et dissout le PC. dont beaucoup de dirigeants sont arrêtés et exécutés. En décembre, les communistes ripostent en s'emparant de Canton qu'ils tiennent pendant trois jours. Mais les troupes nationalistes reprennent la ville et y exercent une très dure répression.

Ayant fixé sa nouvelle capitale à *Nankin*, Chiang rompt les relations diplomatiques avec l'URSS et expulse les dernières missions soviétiques. Les communistes entrent alors dans la clandestinité ou se réfugient dans les provinces méridionales : Hunan et Jiangsi. C'est là qu'à la fin de 1927, l'un des principaux dirigeants du parti, Mao Tsé-toung, organise une « base soviétique », appuyant son action révolutionnaire sur la paysannerie pauvre alors que la direction majoritaire du PCC continue à donner la priorité à la révolution ouvrière. De 1927 à 1931, Mao développe et anime des soviets ruraux dans la Chine centrale et méridionale, y applique une réforme agraire radicale et organise une « armée rouge » qui résiste aux « campagnes d'encerclement » des troupes nationalistes. Mais Chiang lance contre elle en 1933 (avec l'aide de conseillers allemands) une armée de 400 000 hommes qui oblige l'année suivante les communistes à fuir vers le nord. C'est la *« Longue marche »* qui en un an amène les fugitifs (une dizaine de milliers de rescapés sur 100 000 au départ, à l'issue d'un périple de 10 000 km) dans la province du Shanxi où Mao Tsé-toung fonde une république soviétique chinoise et entreprend ses premières expériences de collectivisation agraire. Application originale de la doctrine marxiste, fondée sur une base essentiellement paysanne et tenant un large compte de la structure traditionnelle de la société chinoise. Après avoir résisté aux attaques nationalistes, les communistes chinois se rapprochent de Chiang Kai-shek pour organiser la résistance commune contre l'envahisseur japonais.

c) *Le régime nationaliste.* Chiang établit à partir de 1928 *un régime autoritaire* qui repose à la fois sur l'armée (2 600 000 hommes en 1930) et sur le parti unique. Le Guomindang (1,5 million de membres au milieu des années 30 sur 400 millions de Chinois) détient tous les postes importants et c'est son bureau politique qui désigne les membres du gouvernement. Un effort important est accompli *sur le plan économique* : construction ou remise en état de digues et de canaux d'irrigation, développement des voies ferrées dans le sud du pays, implantations industrielles dans la vallée du Yang-Tsé financées par l'Etat (plan de quatre ans) et par les banques privées qui se groupent en consortium sous la présidence du beau-frère de Chiang Kai-shek, T.V. Soong, et investissent des sommes très importantes dans l'industrie lourde. Mais l'insécurité politique éloigne les capitaux étrangers. La production industrielle reste faible et la situation des classes populaires des villes et des campagnes est extrêmement misérable. C'est *dans le domaine idéologique et moral* que l'action de Chiang, admirateur de Confucius converti au christianisme, est la plus originale. Le régime s'efforce de restaurer le sens civique et les traditions ancestrales, tout en soumettant la Chine à un climat d'austérité et de puritanisme. La discipline, le respect de la hiérarchie, le goût du travail et de la vie en société sont systématiquement développés. Soutenu par les propriétaires fonciers, par la bourgeoisie et par les intellectuels occidentalisés, le régime nationaliste ne tarde pas cependant à susciter des oppositions de la part de ceux qui lui reprochent son conservatisme social et sa mollesse face à l'agression des Japonais en Mandchourie et à leur infiltration en Chine du nord. De grandes manifestations d'étudiants à Pékin en décembre 1935 trouvent un large écho dans l'opinion et dans l'armée. Un an plus tard, Chiang est contraint, sous la menace de certains de ses généraux, d'accepter le Front uni avec les communistes.

III. Le Japon

A. Les difficultés économiques – a) *Elles ont pris après la guerre un caractère permanent.* Après l'extraordinaire développement de la fin du XIXe siècle et le « boom » économique dû à la guerre, le Japon connaît à partir de 1920 une période de difficultés. L'insuffisance de la production agricole, la faiblesse du marché intérieur et la médiocrité des conditions naturelles de l'industrie (pas de fer ni de pétrole, peu de charbon) lui imposent de façon absolue d'exporter pour solder ses achats de produits alimentaires et de matières premières. Or, sur les marchés conquis pendant la guerre en Asie du Sud-Est, les marchandises anglaises, françaises, néerlandaises, viennent à nouveau concurrencer les produits japonais. Frappant un système industriel dominé par les grands *zaibatsu* (Mitsui, Mitsubishi, Yasuda, etc.), holdings familiaux devenus de véritables empires industriels et financiers orientés vers la production de masse, la diminution des ventes à l'étranger entraîne un marasme profond : non seulement pendant les périodes de basse conjoncture, mais, de la même façon qu'en Grande-Bretagne, également pendant la phase de « prospérité ».

Il y a 2 millions de chômeurs au Japon en 1925 et c'est en 1927 que la grande société sidérurgique Suzuki fait faillite, passant sous le contrôle de Mitsui. Cette situation est d'autant plus préoccupante que la population de l'archipel nippon augmente à un rythme rapide du fait de la baisse du taux de mortalité (15/‰ en 1941) et du maintien d'une forte natalité (plus de 30/‰). En vingt ans le Japon passe de 54 à 70 millions d'habitants, ceci pour une surface cultivable quatre fois inférieure à celle de la France. Il en résulte une aggravation du déséquilibre de la balance commerciale, avec l'augmentation des achats de produits alimentaires à l'extérieur, et un problème agraire sérieux, la plupart des exploitations étant trop exiguës pour nourrir les paysans qui les cultivent.

b) *La crise mondiale* aggrave brusquement cette situation au début des années 30. La paysannerie se trouve ruinée par la chute des prix de la soie brute (de 50 % en 1930) et du riz. Les exportations sont frappées par le boycott en Chine des produits japonais, le développement d'une industrie cotonnière chinoise, l'élévation des tarifs indiens en 1931 et surtout par les droits discriminatoires adoptés par une quarantaine de pays à l'encontre des marchandises *made in Japan.* Celles-ci, généralement de qualité médiocre à cette époque, exerçaient cependant une concurrence redoutable sur les marchés extérieurs, du fait de leur prix particulièrement bas, dû lui-même à la très forte concentration de l'industrie japonaise et au peu d'exigence de la main-d'œuvre. De là la politique restrictive adoptée, à l'égard des produits nippons, d'abord par les pays du Commonwealth puis par de nombreux autres États. Résultat, les exportations diminuent de moitié en 1930, les prix fléchissent ainsi que l'indice de la production industrielle (100 en 1926, 80 en 1931).

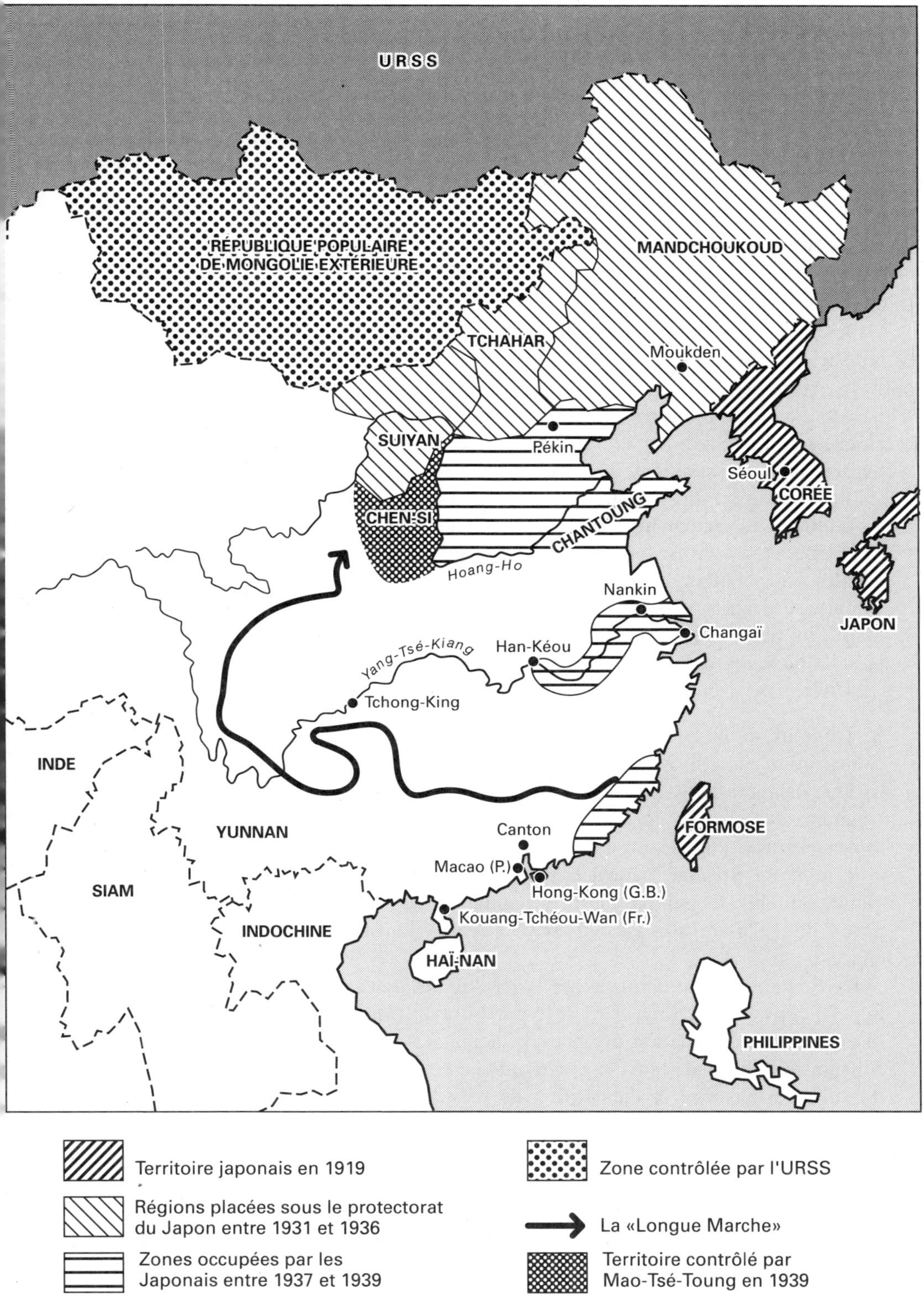

La Chine de 1919 à 1939

Cette asphyxie de l'économie japonaise va servir d'argument aux partisans d'une politique d'expansion. Ceux-ci, militaires et dirigeants de l'industrie lourde, poursuivent un double objectif : placer sous le contrôle du Japon des territoires qui pourront à la fois fournir des matières premières et des produits alimentaires, et constituer un marché pour les produits de l'industrie nippone, résorber en même temps la crise en développant les commandes d'armement. Ce qui, à bien des égards, rapproche les motivations impérialistes et bellicistes de l'Empire nippon de celles de l'Allemagne hitlérienne. De fait, les militaires qui arrivent au pouvoir en 1931 abandonnent la politique de déflation de leurs prédécesseurs, dévaluent le yen et adoptent une politique d'accroissement systématique des crédits militaires. En six ans, la dette double mais la production industrielle fait un nouveau bond en avant, passant de l'indice 80 en 1931 à 173 en 1937. Autrement dit, dès 1933, le Japon a pratiquement surmonté les effets de la crise. Les commandes militaires donnent un coup de fouet aux industries métallurgiques et chimiques. La chute de la monnaie et la pratique du *« dumping »* favorisent les exportations et permettent, dès 1935, le rétablissement de la balance commerciale. Enfin le chômage disparaît pratiquement en 1936. Toutefois, ceci ne se fait pas sans distorsion à l'intérieur du secteur industriel. La production et les prix continuent de stagner dans les textiles et ce sont les industries lourdes, les industries mécaniques et les constructions navales qui profitent de la mobilisation industrielle du Japon et de la Mandchourie, colonisée et transformée économiquement. De la même façon que l'Allemagne et l'Italie, mais à un degré plus élevé, le Japon trouve donc dans une politique d'expansion armée la solution à ses difficultés économiques.

B. L'évolution intérieure du Japon – a) *Institutions et forces politiques.* Selon sa Constitution, adopte à la fin des années 1880, le Japon est théoriquement doté d'un régime démocratique, avec un Parlement (Diète) composé de deux assemblées : la Chambre des pairs et la Chambre des Représentants, cette dernière élue au suffrage universel (masculin) depuis 1925. Mais l'Empereur (*Tenno*), « dieu vivant » disposant d'un immense prestige, détient le pouvoir exécutif et les ministres ne sont responsables que devant lui. Depuis la guerre cependant l'Empereur (Yoshihito, puis Hiro-Hito à partir de 1926) et son conseil privé (*Genro*) jouent un rôle politique relativement effacé.

La vie politique est dominée par la rivalité des deux grands partis de gouvernement : le parti conservateur (*Seiyakai*) et le parti libéral (*Minseito*). L'un et l'autre se trouvent placés sous la domination des deux principaux *zaibatsu*. Mitsui contrôle le premier et Mitsubishi le second. Mais le bipartisme cesse d'être la règle en 1925, avec l'adoption du suffrage universel et l'apparition de petites formations du centre et de gauche. Il en résulte une instabilité ministérielle qui discrédite aux yeux de l'opinion le régime parlementaire. Dans l'opposition, le petit parti communiste (fondé en 1921) et les diverses formations socialistes ne constituent pas une véritable force politique. Malgré la persistance du chômage et les très dures conditions auxquelles il est soumis, le prolétariat japonais, encore mal organisé et très imprégné de nationalisme, ne constitue pas en effet un terrain favorable pour la propagande marxiste.

C'est l'armée qui constitue dans ces conditions la principale force politique non parlementaire. Il y a à cela des raisons multiples. Tradition militaire de la culture japonaise, toute imprégnée encore d'épopée féodale et imbue d'« arts martiaux ». Succès de l'armée nouvelle, victorieuse de la Chine et de la Russie. Appui de la paysannerie, dans laquelle est recrutée la majorité des sous-officiers et qui voit dans la conquête coloniale un remède à ses misères. L'armée constitue un véritable Etat dans l'État, pratiquement indépendant du pouvoir politique. Les ministres de la guerre et de la marine ne dépendent que de l'Empereur et lorsqu'en 1921 le Premier Ministre Hara se risque à confier à un civil le portefeuille de la guerre, il est aussitôt assassiné. L'armée est en effet en contact étroit avec de nombreuses sociétés secrètes ultranationalistes, *Fraternité du Sang, Bannière de l'Empire, Voie de l'Empereur*, etc., qui cherchent à instaurer un régime de dictature militaire.

b) *La période libérale.* Jusqu'en 1931 le rôle essentiel est joué par les partis de gouvernement, soutenus par les milieux d'affaires. La plupart des gouvernements qui exercent le pouvoir pendant cette période sont des cabinets de coalition dirigés par des modérés et s'appuyant sur une majorité de la Diète. C'est dire que le régime parlementaire fonctionne à peu près normalement, ce qui n'empêche pas l'opposition d'extrême droite de multiplier les attentats politiques. Plusieurs ministres sont assassinés par les sectes nationalistes, hostiles surtout à la politique extérieure conciliatrice.

c) *La radicalisation du régime.* A partir de 1931, les militaires prennent une influence déterminante dans la conduite des affaires, malgré l'échec des nombreux coups d'État fomentés par des groupes d'officiers liés aux mouvements ultranationalistes. Divisée en factions rivales, l'armée ne va jamais à proprement parler « prendre le pouvoir » : elle se contente d'exercer une pression constante et multiforme sur les équipes gouvernementales en place. Ceci, avec l'appui plus ou moins déclaré des dirigeants de la grande industrie, convaincus de la nécessité d'une politique d'armement et de conquête. Toutefois, les généraux et les amiraux qui contrôlent ainsi indirectement le pouvoir jusqu'en 1936 sont en majorité des modérés qui conservent une grande prudence en politique extérieure. D'autre part les élections de 1936 sont un succès pour les candidats du parti libéral et pour les socialistes. Aussi l'extrême droite, soutenue par de jeunes officiers extrémistes, tente-t-elle de s'emparer du pouvoir le 26 février 1936. Des hommes politiques, mais aussi l'amiral Saïto et Watanabé, inspecteur général de l'armée, sont abattus par des groupes d'insurgés et de soldats qui, pendant quelques heures, se rendent maîtres de Tokyo. L'Empereur désavoue ces rebelles dont les chefs se suicident ou sont exécutés. Mais il fait en même temps appel au chef du clan militaire, le général Hayashi, qui avait décidé de son propre chef en 1931 l'occupation de la Mandchourie. Celui-ci forme un cabinet de droite et dissout la Diète. Les élections de 1937 sont encore un succès pour les libéraux. Pour éviter un affrontement entre l'armée et les partis, l'Empereur confie le pouvoir au prince Konoye qui s'efforce de jouer le rôle d'arbitre. Néanmoins les militaires détiennent désormais le rôle essentiel. Sous leur pression, le régime prend rapidement un caractère autoritaire, voire totalitaire : restriction des libertés individuelles, mise au pas des syndicats, utilisation massive de la propagande pour développer une idéologie belliciste, raciale et violemment anti-communiste, etc. Ce que l'on a parfois appelé « fascisme nippon » ne connaît cependant ni culte du chef, ni parti unique (du moins jusqu'en 1940), et garde un caractère spécifique fondé sur le poids de la tradition militaire, de fortes assises rurales, l'idéologie du *tenno* et la religion Shinto. C'est assez pour mobiliser la masse du peuple japonais sur un projet impérialiste et conquérant.

IV. L'affrontement sino-japonais (1931-1939)

A. L'Affaire de Mandchourie – La Mandchourie est depuis longtemps une zone convoitée par le Japon qui y possède déjà la presqu'île de Liaotoung, de nombreux intérêts économiques et l'administration du chemin de fer sud-mandchourien, protégé par une garnison de 30 000 hommes. Or, à partir de 1928, la pénétration nippone est de plus en plus gênée par le ralliement des militaires mandchous qui détiennent la réalité du pouvoir dans la région au Guomindang et par une forte immigration chinoise. La crise aidant, l'état-major japonais estime au début des années 30 que le moment est venu de procéder à la conquête pure et simple de la Manchourie. En septembre 1931, un incident monté de toutes pièces par des éléments activistes de l'armée (un attentat contre la voie ferrée du sud-mandchourien) fournit aux militaires nippon un prétexte d'intervention. L'armée japonaise occupe Moukden, tandis que la marine tente un coup de main sur Shangaï en janvier 1932.

Le gouvernement de Pékin ne réagit pas et s'en remet à la SDN qui se contente de protestations verbales et de l'envoi d'une commission d'enquête, tandis que les Japonais transforment leur conquête en un véritable protectorat : le *Mandchoukouo.* A la tête de cet État satellite, ils placent le dernier empereur de Chine, Pou-yi, détrôné par la Révolution de 1911 (lequel moura à Pékin en 1967). Condamné par la Société des Nations en mars 1933, le Japon quitte cette organisation sans qu'aucune sanction n'ait été prise contre lui.

B. Du « grignotage » au conflit ouvert – De 1932 à 1936, encouragé par l'absence de réaction internationale, le Japon entreprend le « grignotage » des provinces septentrionales de la Chine. Dès 1933, il occupe le *Jehol* qui est annexé au Mandchoukouo, puis le *Tchahar* et le *Hebei,* à leur tour transformés en États « indépendants ». En 1935 a lieu l'invasion de la zone démilitarisée du *Ho-pei.* Ces agressions sont favorisées par l'attitude de Chiang Kai-shek qui continue à donner la priorité à la lutte contre les communistes. Or, en décembre 1936, alors qu'il se trouve à Xian pour une nouvelle « campagne d'extermination » des communistes alors que les Japonais envahissent le *Suiyuan,* il est arrêté par ses propres généraux et doit accepter de constituer un « Front Uni » avec Mao.

La guerre éclate finalement en 1937, à la suite d'un incident sans gravité mais qui fournit aux Japonais le prétexte attendu. Ils occupent la région de Pékin, la basse vallée du Yang-Tsé, s'emparent de Nankin, de Hankéou, puis de Canton. Le gouvernement de Chiang Kaï-shek se réfugie alors à Tchoung-King et accentue son rapprochement avec les communistes. Le Guomindang s'engage à effectuer des réformes démocratiques et sociales. Le PCC accepte pour sa part de dissoudre son « gouvernement soviétique » et d'intégrer l'Armée Rouge à celle des nationalistes. Devant l'invasion étrangère, la Chine a refait momentanément son unité. Au moment où éclate la guerre européenne, prélude au second conflit mondial, les Japonais ont établi leur autorité sur les régions vitales de la Chine. Mais la résistance des Chinois et l'immensité du pays les obligent à mener une guerre longue et difficile qui va bientôt entraîner des complications internationales.

Bibliographie

P. RENOUVIN, *La Question d'Extrême-Orient, 1840-1940*, Paris, Hachette, 1946 ; L. BIANCO, *Les Origines de la Révolution chinoise*, Paris, Gallimard (Coll. « Idées »), 1967 ; A. MALRAUX, *Les Conquérants*, et du même auteur, *La Condition humaine* ; N. PIROVANO-WANG, *L'Asie orientale de 1840 à nos jours*, Paris, Nathan, 1970 ; J. GUILLERMAZ, *La Chine populaire*, Paris, PUF (« Que sais-je ? »), 1967 ; J. CHESNEAUX, *L'Asie orientale aux XIXe et XXe siècles*, Paris, 1966 ; J. LEQUILLER, *Le Japon*, Paris, 1966 ; E. O. REISCHAUER, *Histoire du Japon et des japonais*, Paris, Ed. du Seuil, 2 vol. ; M. VIE, *Le Japon contemporain*, Paris, PUF (« Que sais-je ? »), 1971 ; N. PIROVANO-WANG, *L'Asie orientale de 1840 à nos jours*, Paris, Nathan, 1870 ; F. ABBAD, *Histoire du Japon, 1868-1945*, Paris, A. Colin, 1992 ; N. WANG, *L'Asie orientale du XIXe siècle à nos jours*, Paris, A. Colin, 1993.

Biographies

Chiang Kai-shek

Chiang Kai-shek est né en 1887. Etudes militaires en Chine puis à Tokyo. En 1911 il entre dans l'armée républicaine. Il commence à jouer un rôle politique important en 1920. Après un stage dans une académie militaire soviétique, il rentre en Chine et prend à la mort de Sun Yat-sen (1925) la tête du Guomindang. Chiang a épousé la belle-sœur de Sun Yat-sen, Soon Meiling. Il se trouve ainsi lié aux milieux financiers et subit notamment l'influence de son beau-frère T. V. Soong, richissime hommes d'affaires qu'inquiètent les progrès du parti communiste. Vainqueur des nordistes et maître de la Chine centrale, Chiang Kai-shek peut en 1927 rompre avec les communistes. Après l'invasion japonaise, en 1937, il doit cependant accepter de collaborer avec eux. Pendant la guerre, il se réfugie avec son gouvernement à Tchong-King, en Chine du sud, d'où il dirige la lutte contre les Japonais. Il parvient en même temps à traiter sur un pied d'égalité avec les alliés (Conférence du Caire). Mais les résultats sont moins brillants sur le plan intérieur. La paix revenue, Chiang ne peut empêcher les communistes de conquérir peu à peu toute la Chine. Il doit en 1949 se retirer à Formose où, jusqu'à sa mort en 1977, la protection de la flotte américaine lui permettra de maintenir une Chine nationaliste.

Mao Tsé-toung (jusqu'en 1949)

Mao Tsé-toung (Mao Zedong dans la transcription *pinyin* adoptée par la République populaire de Chine), est né en 1893 dans une famille de paysans riches de la province du Hunan. Diplômé d'une école normale d'instituteurs en 1918, il devient ensuite aide-bibliothécaire à Pékin. Mao est d'abord un intellectuel nationaliste assez obscur, nourri de lectures occidentales et qui, comme beaucoup de jeunes gens de sa génération, a évolué vers les idées marxistes. S'il fait partie du petit groupe fondateur du Parti communiste chinois, en juillet 1921, sa personnalité est alors éclipsée par celles, plus brillantes, des dirigeants qui pratiquent la politique de collaboration avec le Guomindang. C'est à partir de 1926-1927 que son rôle devient plus important dans l'organisation communiste, lorsque la stratégie urbaine et putschiste préconisée par le Komintern ayant échoué, les rescapés des massacres de Shangaï et de Canton trouvent refuge dans le Jiangxi où Mao a installé un « pouvoir rouge » et formulé une nouvelle stratégie de conquête du pouvoir fondée sur les potentialités révolutionnaires des masses rurales. En janvier 1935, au début de la « Longue Marche », il accède à la tête du PCC, et c'est lui qui, à l'issue de cette interminable retraite vers le Nord, devient le chef de la première « République soviétique chinoise », installée dans le Shenxi. Mao entreprend dès lors dans les régions qu'il contrôle, tout en repoussant les assauts des armées nationalistes, une importante réforme agraire, et il élabore une conception originale de la Révolution, adaptant la doctrine marxiste-léniniste aux données sociales de la Chine et à ses traditions. Il estime notamment qu'à la différence de ce qui s'est passé en URSS, la Révolution chinoise doit s'appuyer principalement sur la paysannerie. Il admet d'autre part que le bourgeoisie a encore en Chine un caractère « révolutionnaire » et il envisage dans un premier temps de gouverner avec son appui (*La Nouvelle démocratie de la Chine*, 1940). En décembre 1936, Chiang Kai-shek étant tombé dans un guet-apens tendu par l'un de ses généraux, Mao intervient pour le sauver, estimant que seul le chef du Guomindang a vocation à réaliser l'unité du peuple chinois contre d'agresseur nippon. Une trève s'établit donc entre communistes et nationalistes qui luttent ensemble, sans cesser d'ailleurs de se surveiller, contre les armées japonaises. En 1946, Mao, conscient de la faiblesse du gouvernement de Tchong-King, décide malgré les réticences de Staline de reprendre les armes contre le Guomindang. En trois ans, il se rend maître de l'immense espace chinois et, le 1er octobre 1949, il proclame la République populaire de Chine.

Chen Du-xiu

Issu de la classe des mandarins, Chen Du-xiu est né en 1879. Ayant abandonné les études traditionnelles pour recevoir à l'étranger un enseignement de type occidental, il participe à la Révolution de 1911, puis fonde en septembre 1915 à Shangaï la revue *La Nouvelle jeunesse*. Arrêté au lendemain des manifestations du 4 mai 1919, il constitue dès 1920 un groupe communiste à Shangaï et devient en 1921 le premier secrétaire général du parti communiste chinois. Destitué en 1927, il est exclu du parti deux ans plus tard. Meurt en 1942.

Documents

Aux origines du communisme chinois

1. L'« Appel à la Jeunesse » de Chen Du-xiu (1915)

« Les Chinois complimentent les autres en disant : « Il agit comme un vieil homme bien qu'il soit encore jeune ». Les Anglais et les Américains s'encouragent en disant : « Restez jeunes en vieillissant ». Tel est l'un des points où se manifestent les différentes façons de penser de l'Est et de l'Ouest. La jeunesse est comme le printemps précoce, comme le soleil levant, comme l'herbe et les arbres bourgeonnants, comme une lame fraîchement aiguisée. C'est la période la plus précieuse de la vie. La fonction de la jeunesse dans la société est la même que celle d'une cellule neuve et vitale dans le corps humain. Au cours du métabolisme, ce qui est vieux et pourri est sans cesse éliminé par ce qui est nouveau et vivant...

Soyez indépendants et non serviles...
Soyez progressistes et non conservateurs...
Soyez dynamiques et non réservés...
Soyez cosmopolites et non isolationnistes...
Soyez utilitaires et non formalistes...
Soyez scientifiques et non imaginatifs...
Jeunesse ! Lève-toi et remplis ta mission ! »

(Editorial du premier numéro de *La Nouvelle Jeunesse,* in J. CHESNEAUX, *Histoire de la Chine*, Tome 2, Paris, Hatier, 1972).

2. *Le « mouvement du 4 mai- » vu par Mao Tsé-toung en 1940*

« Le Mouvement du 4 mai est né à l'appel de la révolution mondiale, à l'appel de la révolution russe, à l'appel de Lénine. Il fait partie de la révolution prolétarienne mondiale de l'époque...

Le Mouvement du 4 mai était, à l'origine, un mouvement révolutionnaire d'un front uni formé de trois éléments : intellectuels aux idées communistes, intellectuels révolutionnaires de la petite bourgeoisie et intellectuels de la bourgeoisie (ces derniers en formaient l'aile droite). Son point faible, c'est qu'il se limitait aux intellectuels, les ouvriers et les paysans n'y participaient pas. Mais lorsqu'il engendra le Mouvement du 3 juin auquel prirent part non plus seulement les intellectuels mais les larges masses du prolétariat, de la petite bourgeoisie et de la bourgeoisie, il devint un mouvement révolutionnaire d'envergure nationale...

... A partir du Mouvement du 4 mai, bien que la bourgeoisie nationale fût restée dans les rangs de la révolution, la direction politique de la révolution démocratique bourgeoise en Chine n'appartenait plus à la bourgeoisie, mais au prolétariat. Ce dernier, en raison de sa propre maturité et de l'influence

de la révolution russe, était déjà devenu, et très rapidement, une force politique consciente et indépendante ».
(MAO TSE-TOUNG, *La Démocratie nouvelle en Chine*, Cité in J. GUILLERMAZ, *Histoire du parti communiste chinois*, Tome 1, Paris, Payot, 1975).

3. *Lettre d'un ouvrier de l'arsenal de Shangaï (1920)*

« Nous, la minorité ouvrière, unissons-nous à la grande majorité des ouvriers parlant et vivant comme nous, pour former un grand groupement. Que notre grand groupement s'unisse alors à d'autres groupements, pour former un grand groupement de toute la Chine ! Que ce grand groupement de toute la Chine s'unisse aux grands groupements des autres pays pour former un grand groupement du monde entier ! Qu'il s'agisse d'un groupement mondial, d'un groupement chinois, d'un groupement ouvrier, l'initiative en revient d'abord à notre minorité ouvrière...

... Chers frères ouvriers ! La Russie est déjà une Russie ouvrière. L'Italie va bientôt être une Italie ouvrière et l'Angleterre une Angleterre ouvrière aussi. Cette vague va bientôt atteindre la Chine. Nous sommes les maîtres de cette vague, et en tant que maîtres de cette vague nous devons créer une Chine ouvrière...

... Nous, ouvriers, ce que nous avons de mieux à faire est de travailler d'une part, et de nous unir de l'autre. Travailler est le destin de chaque homme, nous unir est l'instrument du succès. C'est pour toute notre vie un principe immuable, grâce auquel nous pouvons agir de façon positive ».
(LI ZHONG, Cité in J. CHESNEAUX, *op. cit*).

4. *Ouvriers et paysans : qui fera la Révolution ?*

(Une année seulement sépare ces deux textes de Mao : le premier est de février 1926, le second de février 1927. Au moment où le « rapport sur le mouvement paysan au Hunan » est rédigé, Chiang Kai-shek n'a pas encore procédé à la liquidation du mouvement ouvrier à Shangaï et à Canton, mais il est clair qu'il a déjà décidé d'engager contre lui une épreuve de force qui ne peut que tourner à l'avantage du Guomindang. D'où l'importance que revêt aux yeux du dirigeant communiste la forme révolutionnaire du prolétariat rural)

Le prolétariat industriel – « L'économie chinoise est arriérée ; c'est pourquoi les ouvriers d'usine (le prolétariat industriel) ne sont pas très nombreux. Parmi les deux millions d'ouvriers d'usine, les branches les plus importantes sont les chemins de fer, les mines, les transports maritimes, l'industrie du textile et les chantiers navals ; en outre, la majorité d'entre eux travaillent dans des entreprises dépendant du capital étranger. C'est pourquoi le prolétariat industriel, bien que peu nombreux, n'en constitue pas moins la force principale du mouvement de révolution nationale. Si nous considérons la force qui s'est manifestée depuis quatre ans dans les mouvements de grève, telle que la grève des marins, celle des cheminots, celles des mineurs des houillères Kailouan et de Tsiaotso, ainsi que les grandes grèves de Shangaï et de Hongkong, après les événements du 30 mai, on peut voir l'importance occupée par le prolétariat industriel dans la révolution nationale. Si les ouvriers d'industrie sont capables d'agir ainsi, c'est en premier lieu à cause de leur concentration organisée. La deuxième raison, c'est leur situation économique très médiocre. Ils sont privés de moyens de production, et n'ont que leurs bras ; ils n'ont aucun espoir de s'enrichir ; ils sont soumis au traitement le plus féroce de la part des impérialistes, des militaristes et des *compradores* ; par conséquent ils sont particulièrement aptes au combat ».
(Extrait de l'article « Analyse de toutes les classes de la société chinoise », publié en février 1926. Cité in S. SCHRAM, *Mao Tsé-toung*, Paris, A. Colin, 1972, p. 291-292).

La paysannerie : avant-garde révolutionnaire – « Dans peu de temps, on verra se soulever dans toutes les provinces de la Chine du Centre, du Nord et du Sud, des centaines de millions de paysans ; ils se dresseront impétueux, invincibles, tel l'ouragan, et aucune force ne pourra les retenir. Ils briseront toutes leurs chaînes et se précipiteront sur le chemin de la libération. Ils creuseront le tombeau de tous les impérialistes, militaristes et fonctionnaires corrompus... Ils mettront à l'épreuve tous les partis révolutionnaires, tous les camarades révolutionnaires, soit pour les accepter, soit pour les repousser. Faut-il se mettre à leur tête et les diriger ? Ou rester derrière eux en les critiquant avec force gestes autoritaires ? Ou bien se placer en face d'eux pour les combattre ? Tout Chinois est libre de choisir une de ces trois voies, mais les exigences de la situation vous obligeront à choisir sans délai...

... Tous les camarades révolutionnaires doivent savoir que la révolution nationale exige un grand bouleversement à la campagne. La révolution de 1911 n'a point été accompagnée d'un tel bouleversement, et elle a donc échoué. Un tel bouleversement existe maintenant, et c'est un facteur important dans l'accomplissement de la révolution. Tous les camarades révolutionnaires doivent appuyer ce bouleversement : sinon, ils s'opposent à la révolution...

... Les paysans ont accompli une tâche révolutionnaire qu'on n'avait pu accomplir pendant de nombreuses années, ils ont fait le travail principal dans la révolution nationale. Mais est-ce que cette grande tâche, ce travail principal dans la révolution, est le fait de l'ensemble de la paysannerie ? Non. Les paysans se divisent en trois catégories : paysans riches, moyens et pauvres... Les seuls qui aient lutté pendant tout ce dur et obstiné combat qui se poursuit à la campagne sont les paysans pauvres...

... La masse énorme des paysans pauvres forme l'épine dorsale des associations paysannes, l'avant-garde dans la lutte pour le renversement des forces féodales, les combattants courageux pour l'accomplissement de cette grande tâche révolutionnaire qui, si longtemps, est restée inachevée... Sans les paysans pauvres, il ne saurait y avoir de révolution. Se refuser à le reconnaître, c'est se refuser à reconnaître la révolution. Leur porter des coups, c'est porter des coups à la révolution ».

(MAO TSE-TOUNG, Extraits du *Rapport sur une enquête à propos du mouvement paysan dans le Hunan,* février 1927, cité in S. SCHRAM, *op. cit.*, p. 294-307).

5. *Effectifs du Parti communiste chinois de 1921 à 1927*

Date	Membres du PCC	Membre des jeunesses communistes
1921 (1er Congrès)	57	
1922 (2e Congrès)	123	
1923 (3e Congrès)	342	
1925 (4e Congrès)	995	2 635
1925 (novembre)	10 000	9 000
1926 (juillet)	30 000	
1927 (avril)	57 963	35 000

18 Les relations internationales de 1933 à 1939

L'Europe a connu, entre 1924 et le début des années 30, une période de détente et de coopération internationale qui a en gros coïncidé avec la « prospérité ». Or le renversement de conjoncture dont le « Jeudi noir » de Wall Street constitue l'épisode le plus spectaculaire a pour effet de modifier le climat international, en même temps qu'il produit dans un certain nombre de pays des bouleversements internes dont les conséquences sont tout aussi graves pour le maintien de l'équilibre européen et la sauvegarde de la paix.

I. Conséquences de la crise sur la vie internationale

A. Les nationalismes économiques se trouvent renforcés par la crise. Chaque État essaie de se tirer d'affaire par lui-même, en usant de moyens empiriques destinés à protéger l'intérêt immédiat de ses producteurs et de ses commerçants. Pour limiter le déséquilibre de leur balance commerciale, de nombreux pays procèdent à de soudaines dévaluations qui stimulent pendant quelque temps les exportations, jusqu'à ce que des mesures identiques aient été adoptées par leurs partenaires économiques. On cherche surtout à protéger les marchés nationaux par des tarifs douaniers élevés. La Grande-Bretagne elle-même, patrie du libre-échange, adopte dès 1931 des mesures protectionnistes qui ont l'aval des banquiers de la Cité, et établit en 1932 un droit général de 10 % *ad valorem* sur toutes les importations (à l'exception des matières premières essentielles : le coton, la laine brute, le caoutchouc, les phosphates, etc.), tandis qu'elle instaure avec les pays du Commonwealth un système de *préférence impériale.* Ces dispositions entretiennent une atmosphère de tension peu favorable à la coopération internationale.

La conférence économique internationale, qui s'ouvre à Londres en juin 1933, va bien essayer timidement de chercher des remèdes internationaux à la crise : sans grand espoir d'arriver à une solution, tant sont grandes les divergences entre les positions des 66 États représentés. Les Français et les Britanniques, moins touchés par la crise que leurs partenaires d'outre-Atlantique, et qui disposent encore à cette date d'une monnaie forte, voudraient obtenir des États-Unis qu'ils acceptent d'établir une relation stable entre la livre sterling, le franc et le dollar, ceci dans le but d'empêcher la concurrence « déloyale » de cette dernière monnaie en matière d'échanges internationaux. Or, bien que les banquiers de Wall Street qui participent aux débats soient d'un avis contraire du sien,

Roosevelt – pour qui le succès du New Deal dépend de la dévaluation du dollar – refuse de s'engager dans cette voie et fait échouer la conférence en adressant à sa délégation un message public dans lequel il fait l'apologie du nationalisme économique et monétaire. Dès lors, le « chacun pour soi » paraît devoir l'emporter sur toute autre considération.

B. Les grands États industriels autoritaires ou totalitaires (Allemagne, Italie, Japon) cherchent un remède à la crise en développant leurs industries d'armement et en pratiquant une politique de fermeture au monde extérieur. Il ne faut pas toutefois concevoir de manière trop simpliste cette option autarcique. Pour des États qui disposent de maigres réserves en devises, et qui pour des raisons de prestige veulent conserver sa valeur à leur monnaie, elle est en effet très largement imposée par les circonstances. Cela ne suffit pas cependant pour transformer une évolution tendancielle en une philosophie imposée, au prix de durs sacrifices, à toute une population. Dans les pays *fascistes*, l'autarcie n'a pas été présentée à la nation comme une somme de mesures techniques destinées à équilibrer la balance des paiements, mais comme le résultat d'une tension entre pays « nantis » et nations « prolétaires », dans une perspective qui ne saurait déboucher sur autre chose que sur la guerre. Et de fait, elle est également une préparation à la guerre, en ce sens que l'on cherche à assurer l'autosuffisance du pays en produits stratégiques (matières premières et produits alimentaires) en prévision d'un conflit de courte durée.

Ce faisant, l'autarcie accentue les tendances agressives des États fascistes, en ce sens que les populations soumises aux rigueurs qu'elle produit ne peuvent supporter celles-ci que si des « solutions » rapides sont trouvées aux « problèmes » internationaux soulevés par les dictateurs. Et aussi parce que le souci d'assurer à n'importe quel prix l'autonomie stratégique aboutit tout naturellement à l'idée d'un « espace vital » à conquérir, déjà présent il est vrai dans la doctrine.

C. Dans les pays de démocratie libérale, les équipes dirigeantes usent tantôt de moyens qui, toutes proportions gardées, sont de la même nature que ceux pratiqués par les dictatures – dirigisme, étatisation, grands travaux, réarmement, renforcement des barrières douanières –, tantôt adoptent des politiques déflationnistes qui s'accommodent mal d'une politique coûteuse d'« alliances de revers » et de renforcement de l'outil militaire. Il en résulte, chez nombre de dirigeants, l'adoption d'un profil bas en matière de politique étrangère dont s'accommodent des opinions publiques polarisées par les problèmes intérieurs et traversées par de forts courants pacifistes, voire par un philofascisme qui ne se réduit pas à l'extrême droite. Ainsi, tandis qu'en Grande-Bretagne la majorité conservatrice poursuit une politique *d'appeasement* qui va déboucher tout droit sur Munich, de plus en plus nombreuses sont les voix qui, en France, voient dans un rapprochement avec l'Allemagne le moyen de préserver la paix au moindre coût, quitte pour cela à lâcher les petits alliés de l'Europe orientale et à donner satisfaction à Hitler pour la révision des frontières de l'Est.

C'est dans cette voie que s'oriente la diplomatie française, timidement d'abord en 1934-1935, avec Laval et Flandin, puis de manière moins feutrée après l'intermède du Front populaire. Et c'est une voie qui la conduit tout droit à Munich et à l'abandon de la Tchécoslovaquie. Ainsi, au moment où les conséquences de la crise mondiale nourrissent en Allemagne et en Italie un révisionnisme de plus en plus agressif, la France, qui a joué depuis quinze ans le rôle de « gendarme de l'Europe », opère un repli qui va laisser le champ libre aux dictatures.

II. Les premières initiatives hitlériennes et la tentative d'encerclement du Reich (1933-1935)

A. Les projets des dictatures – Dès 1924, Hitler a annoncé ses intentions dans *Mein Kampf* et il ne s'écartera guère du programme fixé. Il s'agit tout d'abord d'éliminer les entraves au relèvement militaire de l'Allemagne : la limitation des armements et des effectifs de la *Reichswehr*, ainsi que la démilitarisation de la Rhénanie, imposées par le traité de Versailles. Dans un second temps, toutes les populations de culture allemande seront rattachées au Reich, en commençant par les Autrichiens et par les Sudètes. Enfin, l'Allemagne se donnera un vaste « espace vital » (*Lebensraum*), nécessaire à son épanouissement, en entreprenant la conquête de l'Europe de l'Est. Pendant qu'il « forgera le glaive » nécessaire à la réalisation de ce programme, le gouvernement du Reich fera en sorte, par l'action diplomatique, de rassurer les puissances et d'entretenir des illusions pacifiques. Il pourra rechercher des alliances, avec l'Italie, en reconnaissant à ce pays idéologiquement proche de l'Allemagne hitlérienne une sphère d'influence privilégiée en Méditerranée et en Afrique, et avec la Grande-Bretagne, dès lors que le Reich n'a pas d'ambitions coloniales. Quant à la France, « ennemi mortelle du peuple allemand », c'est une « explication définitive » qu'il faudra avoir avec elle.

Mussolini a des idées moins précises en matière de politique internationale. Jusqu'en 1935, il hésite entre deux politiques : expansion ou du moins influence dominante en Europe danubienne, où il risque de se heurter aux visées conquérantes de l'Allemagne, et ambitions méditerranéennes, nécessairement dressées contre les intérêts français et britanniques. Barthou et Laval tenteront de l'orienter dans la première direction et d'empêcher une alliance des dictatures. Mais la politique coloniale du *Duce* et les réactions qu'elle suscite dans le camp des démocraties, le portent finalement à choisir en 1936 la voie du rapprochement avec l'Allemagne nazie.

B. Les initiatives allemandes – a) *Le réarmement.* En décembre 1932, l'Allemagne avait obtenu à Genève la reconnaissance du principe de l'égalité des droits avec les autres puissances en matière d'armements militaires. Hitler voudrait en obtenir l'application immédiate. Devant les résistances françaises, il annonce le 14 octobre 1933 que l'Allemagne quitte la conférence du désarmement et cinq jours plus tard qu'elle se retire de la SDN, affirmant ainsi sa volonté de ne soumettre à aucun arbitrage la question du réarmement du Reich. Des négociations se poursuivent cependant jusqu'au 17 avril 1934. A cette date, le gouvernement français, suivant le président du Conseil Doumergue et le maréchal Pétain ministre de la guerre (le ministre des Affaires étrangères Barthou étant plutôt favorable à un accord), publie une note déclarant qu'il « se refuse solennellement à légaliser le réarmement allemand, que celui-ci a rendu les négociations inutiles et que la France assurera désormais sa sécurité par ses propres moyens ». C'est la rupture. Hitler se contente encore pendant près d'un an d'accélérer le réarmement clandestin du Reich. Puis, le 16 mars 1935, prenant prétexte du projet français de rétablissement du service de deux ans, il annonce sa décision de rétablir en Allemagne le service militaire obligatoire et de porter à 36 divisions les effectifs de l'armée allemande.

b) *Le pacte germano-polonais.* La Pologne du maréchal Pilsudski (qui disparaît en mai 1935) constituait depuis 1921 l'une des pièces maîtresses du dispositif français d'alliances de revers. Or, elle signe en janvier 1934 un pacte de non-agression avec l'Allemagne. Ce geste, jugé « inamical » par le gouvernement français, s'explique surtout par l'hostilité des Polonais à l'égard de leurs voisins soviétiques, soupçonnés de vouloir profiter d'un éventuel conflit germano-russe pour rétablir leur autorité sur les anciennes provinces polonaises de l'Empire russe. Ce pacte constitue pour la France une réelle défaite diplomatique.

c) *La première tentative d'Anschluss.* La crise économique mondiale a été durement ressentie en Autriche où elle favorise l'essor des partis extrêmes. D'une part le parti socialiste, qui entretient une agitation ouvrière énergiquement réprimée par le chancelier Dollfuss, et d'autre part les organisations d'extrême droite : *Heimwehr* du prince de Starhemberg, qui bénéficie depuis longtemps des subsides du gouvernement italien, et parti national-socialiste, étroitement relié à son homologue allemand et dont les dirigeants militent en faveur du rattachement au Reich. Le 25 juillet 1934, un groupe de nazis autrichiens s'empare à Vienne de la radio et du palais de la chancellerie, blesse mortellement Dollfuss et tente d'installer au pouvoir le ministre d'Autriche à Rome, Rintelen, très lié à certains milieux d'affaires allemands. Bien que Goering et von Neurath eussent déclaré lors du procès de Nuremberg qu'ils avaient été mis devant le fait accompli, il y a des preuves irréfutables qu'à Munich et à Berlin on était au courant des préparatifs de putsch, et Hitler lui-même en eut certainement connaissance. Toujours est-il que le coup de force a tôt fait d'avorter. La désignation immédiate par le président de la République d'un nouveau chancelier, Schuschnigg, et l'action énergique menée sur le terrain par les hommes de la *Heimwehr*, ont fait échouer l'entreprise nazie. L'intervention de Mussolini a également été déterminante. Le Duce se trouvait alors à Riccione, sur le littoral adriatique, où dans l'attente du chancelier qui se proposait de resserrer les liens entre son pays et l'Italie, il recevait l'épouse de Dollfuss. A l'annonce de la tentative de putsch, il envoya aussitôt trois divisions sur le Brenner, marquant sa volonté de s'opposer par la force à une intervention armée de l'Allemagne. Hitler n'insista pas et eut l'habileté, au moment où paraissait s'amorcer un rapprochement entre les démocraties libérales et l'Italie, de ne pas heurter de front ce pays, à peu près unanime à cette date à condamner une action dont il estimait qu'elle avait été télécommandée par Berlin.

C. La tentative d'encerclement de l'Allemagne – Louis Barthou, ministre français des Affaires étrangères depuis février 1934, voudrait réaliser l'isolement diplomatique de l'Allemagne. Pour cela, il poursuit les négociations qui ont été engagées avec l'Italie par le gouvernement Paul-Boncour. En même temps, il accentue le rapprochement avec l'Union soviétique, amorcé dès 1931 et qui avait déjà abouti en novembre 1932 à un pacte de non-agression et en janvier 1934 à un accord commercial. Son but est de mettre sur pied un *Pacte oriental* dans lequel entreraient l'URSS et l'Allemagne qui accepterait ainsi indirectement de reconnaître ses frontières de l'Est (la Pologne, la Tchécoslovaquie, les Pays Baltes et la Finlande en faisant également partie). En fait, Barthou ne croit guère à l'adhésion de l'Allemagne. Il voit surtout dans ce « Pacte de l'Est » un moyen d'aboutir à une véritable alliance franco-soviétique. Le Royaume-Uni, sans grand enthousiasme, est prêt à accepter cette combinaison, mais Hitler ne tarde pas à opposer un refus catégorique au projet de Barthou, imité aussitôt par les dirigeants polonais. Le seul résultat de la négociation sera l'entrée de l'URSS à la SDN. Elle y est admise le 18 septembre 1934, par 39 voix sur 42, et se voit aussitôt attribuer un siège de membre permanent au Conseil, spécialement créé à son intention. On s'oriente donc dans la voie d'un encerclement diplomatique de l'Allemagne et, pour que celui-ci soit effectif, Barthou entreprend de resserrer les liens avec les pays de la petite Entente. C'est en accueillant à Marseille le roi Alexandre de Yougoslavie, qu'il est assassiné avec celui-ci le 9 octobre 1934 par un terroriste croate membre de *l'Oustacha*. Sans que l'on ait jamais eu de preuves formelles d'une participation des services secrets allemands et de la Gestapo à la préparation de cet attentat, de fortes présomptions pèsent sur ces organisations.

Le successeur de Barthou au Quai d'Orsay, Pierre Laval, s'engage apparemment dans la même voie. En janvier 1935, il se rend à Rome et signe avec Mussolini un accord par lequel l'Italie accepte de collaborer avec la France pour maintenir le *statu quo* en Europe danubienne, en échange de quelques concessions territoriales dans le sud tunisien et aux confins de l'Érythrée. Tournant important semble-t-il pour l'Italie qui met en sommeil ses visées révisionnistes et se rapproche des démocraties. En avril de la même année, les représentants du Royaume-Uni, de la France et de l'Italie se rencontrent à *Stresa* pour arrêter une attitude commune en face du réarmement allemand et du problème de l'indépendance autrichienne. L'entrevue n'aboutit qu'à des accords très vagues (réaffirmation de la fidélité au « pacte » de Locarno, confirmation de déclarations antérieures sur la nécessité de s'opposer à l'*Anschluss*), mais elle marque la volonté des trois puissances de résister à toute nouvelle répudiation des traités. Un véritable « front » semble ainsi se constituer face aux ambitions hitlériennes. En même temps, Laval poursuit les négociations avec l'Union soviétique. Elles aboutissent, le 2 mai 1935, à la conclusion d'un pacte d'assistance mutuelle en cas d'agression reconnue par la Société des Nations. Du 13 au 15 mai, Laval se rend à Moscou où il obtient de Staline une déclaration favorable aux efforts de réarmement du gouvernement français, ce qui a pour effet de faire cesser la campagne menée en France par le parti communiste contre la loi des deux ans. Le 16 mai, le système se trouve complété par un traité d'alliance entre l'URSS et la Tchécoslovaquie. Laval semble donc avoir atteint les objectifs fixés par Barthou.

En réalité, les deux hommes ont une politique très différente. Barthou songeait surtout à établir une alliance avec l'URSS. Laval ne peut faire autrement que de conclure une négociation déjà très avancée. Mais l'accord signé, il tarde à le faire ratifier par les Chambres et ne donne pas suite aux avances faites par l'ambassadeur Potemkine pour assortir le pacte d'une convention militaire. C'est au contraire le rapprochement avec l'Italie mussolinienne qui est important pour Laval. Il est vrai que celui-ci a maintenant l'appui de la droite nationaliste, très favorable à une alliance avec le fascisme, et que les considérations de politique intérieure commencent à jouer un rôle déterminant dans le choix des objectifs de politique étrangère. Enfin, Laval ne partage pas, à propos des relations avec l'Allemagne, les vues de son prédécesseur. Il craint les effets périlleux d'une politique d'isolement systématique et souhaite une détente avec le Reich. C'est dans cette perspective que s'inscrivent l'abstention française dans la préparation du plébiscite sarrois – qui donne, en janvier 1935, 90 % des voix aux partisans du rattachement à l'Allemagne – et le peu d'empressement du gouvernement Laval à faire ratifier par les Chambres le pacte avec l'Union soviétique. Quoi qu'il en soit, l'« encerclement » de l'Allemagne semble réalisé au printemps 1935.

III. Le tournant de 1935-1936

A. La dissociation du Front de Stresa va se trouver précipitée par l'affaire éthiopienne et par la guerre d'Espagne. Cependant, dès juin 1935, la Grande-Bretagne prend l'initiative d'un accord bilatéral avec l'Allemagne sur les armements navals. Le Reich accepte de limiter sa force à 35 % de la flotte britannique sauf pour les sous-marins, dont il pourra posséder un nombre égal à celui des submersibles britanniques. Première atteinte sérieuse à la solidarité de Stresa dont il faut rechercher la cause dans le fait que Londres n'a jamais complètement avalisé la politique de sécurité que la France a cherché à faire prévaloir en imposant à l'Allemagne une paix léonine, dans la crainte que suscite le rapprochement franco-soviétique et dans l'état d'une opinion publique de plus en plus encline à souhaiter un repli sur la communauté impériale et que traversent de forts courants pacifistes. Les réponses apportées par une dizaine de millions de personnes, lors du *Peace Ballot* de juillet 1935, indiquent qu'à cette date 90 % des Britanniques jugent qu'il faudrait interdire « la fabrication et la vente des armes pour des profits privés », 82,6 % se prononcent pour « une abolition généralisée des forces militaires », mais 58,6 % seulement estiment qu'au cas où « une nation menacerait d'en attaquer une autre », les autres membres de la communauté internationale devraient répondre à cette menace « par des mesures éventuellement militaires ».

B. La remilitarisation de la Rhénanie (7 mars 1936) – Au début de 1936, la situation internationale paraît plus favorable à Hitler qu'elle ne l'était un an plus tôt. Certes, la France a noué des relations plus intimes avec l'URSS, mais ce rapprochement même a eu pour effet de distendre ses relations avec le Royaume-Uni et de pousser à la dislocation du « Front de Stresa ». La guerre d'Éthiopie a fait le reste, en provoquant de la part des Français et des Britanniques des réactions contradictoires et en poussant l'Italie à se rapprocher de l'Allemagne. Non que le Führer soit très enclin à établir des liens plus étroits avec son homologue fasciste. Comme il le confiera à Speer, il aurait de beaucoup préféré s'unir aux Anglais dont le désintéressement lui paraissait nécessaire à la réalisation de ses desseins continentaux. Après la conclusion de l'accord naval avec la Grande-Bretagne, il pense encore pouvoir négocier avec elle un arrangement global lui permettant de faire avaliser par Londres sa politique révisionniste en Europe orientale. C'est seulement lorsque cette alliance se sera avérée impossible qu'il décidera de tendre la main au *Duce*.

Parmi les objectifs prioritaires de Hitler, la remilitarisation de la Rhénanie est à l'ordre du jour au moment où Laval quitte le pouvoir, en janvier 1936. Le gouvernement Sarraut-Flandin auquel il cède la place ne saurait, estime le Führer, se montrer très énergique dès lors qu'il n'est là que pour assurer une sorte d'intérim, dans l'attente d'élections législatives qui doivent avoir lieu au printemps. Gauche et droite s'affrontent déjà dans une campagne dont les enjeux ont été fortement radicalisés par les deux camps (pour ou contre la paix, pour ou contre le « fascisme », pour ou contre la « révolution sociale ») et qui polarise toutes les énergies. D'autre part, l'opinion se trouve emportée par une « tornade pacifiste » (J.-B. Duroselle) qui n'épargne aucun milieu, aucune famille politique, et avec laquelle tous les gouvernants doivent compter. Le moment d'agir est jugé d'autant plus favorable que le pacte franco-soviétique offre à la diplomatie nazie le prétexte dont elle a besoin pour justifier à l'avance le coup de force. Dès le 25 mai 1935, le gouvernement du Reich a adressé en ce sens une note aux puissances, faisant valoir qu'il considérait ce pacte comme incompatible avec le traité de Locarno. Sa ratification par la Chambre française, le 27 février 1936, va permettre à Hitler de dénoncer ce dernier, et d'engager la *Whermacht* avec l'accord de ses chefs – leur prétendue opposition est une légende – dans le coup de poker rhénan.

Si coup de poker il y a, c'est uniquement sur un plan militaire qu'il faut l'envisager. Diplomatiquement en effet, Hitler a pris ses précautions et a acquis la certitude qu'aucune des puissances signataires du traité de Locarno n'interviendrait aux côtés de la France pour faire respecter ce document diplomatique, devenu caduc aux yeux du Führer. Le 7 mars 1936 – un samedi en début de matinée, alors que députés et ministres français se trouvent presque tous éloignés de la capitale –, 30 000 soldats allemands pénètrent dans la zone démilitarisée. Du côté français, en attendant les décisions du conseil des ministres, on se contente de rappeler les permissionnaires et de disposer une cinquantaine de milliers d'hommes le long de la frontière. On sait aujourd'hui que si ces troupes avaient reçu l'ordre d'intervenir Hitler aurait aussitôt fait reculer ses propres unités. Mais c'était là précisément que résidait son coup d'audace calculé. Il était persuadé que, sans l'assurance de l'appui anglais, Paris se résignerait au fait accompli, et il avait vu juste.

Le 8 mars au soir, le président du conseil Albert Sarraut prononce certes un discours énergique. « Nous ne sommes pas disposés, déclare-t-il, à laisser Strasbourg exposé au feu des canons allemands. » Simple baroud d'honneur verbal car ni le conseil des ministres du 8, ni celui du lendemain, ne prennent les décisions militaires qui, selon toute vraisemblance, auraient fait reculer l'armée allemande. Interrogé sur les chances de réussite d'une riposte française, le général Maurin, ministre de la Guerre, déclare que pour être efficace celle-ci devrait se faire de concert avec l'Angleterre et être accompagnée d'une mobilisation générale. Or, l'opinion publique est à peu près unanime à répudier l'usage de la force, dès lors qu'il peut entraîner la guerre, et l'on est à six semaines des élections générales. Sarraut se résoud donc à ne rien faire. Il a d'ailleurs été très faiblement soutenu par le Royaume-Uni. Le 9 mars, Eden a déclaré devant les Communes que si « l'occupation de la Rhénanie par la Reichswehr est un coup sévère pour le principe de la sainteté des traités..., il n'y a malheureusement aucune raison de supposer que la présente action de l'Allemagne comporte une menace d'hostilité ». Le coup de force a donc réussi. Tandis que le débat s'enlise à Genève et que le Führer, se refusant à tout compromis sur la Rhénanie, propose un « plan de paix » prévoyant un pacte de non-agression pour 25 ans et le retour de son pays à la SDN, des renforts importants sont envoyés dans la zone réoccupée où l'on commence bientôt à construire des aérodromes, en attendant qu'une puissante ligne de défense, la *Ligne Siegfried*, soit édifiée le long de la frontière, entre la Mer du Nord et la Suisse, de manière à empêcher les Français de secourir, le cas échéant, leurs alliés d'Europe centrale et orientale.

C. L'affaire éthiopienne (Cf. plan en annexe)

D. La guerre d'Espagne – a) *Les origines.* La Guerre d'Espagne est d'abord une affaire locale, une guerre civile d'une extrême violence opposant révolution et contre-révolution et qui a longuement couvé dans le contexte tourmenté des premières années de la République. En 1930, le roi d'Espagne Alphonse XIII se débarrasse du dictateur Miguel Primo de Rivera, au pouvoir depuis le coup d'état militaire de 1923. La crise et le mécontentement général l'inclinent à renouer avec la légalité constitutionnelle revendiquée par les partisans de la République. Mais il espère que les forces traditionnelles – propriétaires terriens, église, armée, notables – auront assez d'influence sur le peuple espagnol, en particulier dans les campagnes, pour assurer la victoire électorale des candidats monarchistes. Or, les élections d'avril 1931 donnent une large majorité dans les villes (notamment à Barcelone et Madrid) aux républicains, et dès lors que le vote des campagnes est considéré comme entaché de fraude, on n'attend pas son résultat pour déclarer que la République est sortie victorieuse des urnes. Alphonse XIII est ainsi contraint à l'exil, sans avoir pour autant renoncé à la couronne et la République est proclamée. Au cours des années suivantes, l'oligarchie dirigeante exerce de fortes pressions sur le nouveau régime. En face d'elle, le mouvement ouvrier apparaît profondément divisé : aux anarchistes de la CNT (Confédération Nationale du Travail), anciennement et fortement implantés en Espagne, s'opposent les tenants du marxisme, eux-mêmes divisés entre le vieux Parti socialiste ouvrier espagnol, fondé en 1888, le petit Parti communiste, dont l'influence reste circonscrite aux ouvriers de la grande industrie et divers groupuscules trotskystes. En 1935, plusieurs organisations d'extrême-gauche se regroupent dans le Parti ouvrier d'unification marxiste (POUM), tandis que l'on assiste à une radicalisation du mouvement autonomiste catalan.

Les timides réformes engagées par la gauche républicaine ne satisfont pas les classes populaires, dans ce pays où les archaïsmes sociaux et les inégalités demeurent très forts. Elles n'en inquiètent pas moins les libéraux. Si bien qu'aux élections de novembre 1933 la droite l'emporte et engage aussitôt une politique de réaction. La réforme agraire est mise en sommeil et la grève insurrectionnelle des Asturies, en octobre 1934, est noyée dans un bain de sang. On assiste dès lors à un rapprochement des forces de gauche, auquel le virage pris en 1935 par Staline et par le Komintern permet de donner une forme électorale. Ce sera le *Frente popular* qui regroupe, à l'exclusion des anarchistes, toutes les formations qui se réclament d'une République progressiste : coalition hétérogène, mais que rassemble une volonté commune de progrès social et de lutte contre les adversaires de la République. Aux élections de février 1936, le *Frente popular* obtient la majorité des voix et des sièges à l'issue d'une dure bataille. Aussitôt se déclenche une vague de grèves insurrectionnelles, d'occupations de terres par les paysans pauvres, de violences dirigées contre le clergé auxquelles répondent dans l'autre camp les attentats, les assassinats politiques et les mises à sac de locaux syndicaux.

b) *La guerre.* L'assassinat du dirigeant monarchiste Calvo Sotelo, le 13 juillet 1936, donne le signal du *pronunciamiento* préparé au Maroc espagnol, avec l'appui de l'Italie fasciste, par les généraux Sanjurjo et Franco. Du 17 au 19 juillet, les garnisons se soulèvent au Maroc et en Espagne contre le gouvernement républicain qui a tout juste le temps d'armer des milices populaires. En deux mois Franco, qui est devenu le chef suprême de la rébellion après la mort accidentelle de Sanjurjo et qui a installé son gouvernement à Burgos, s'empare de la moitié du pays. La guerre va cependant durer trois ans. Aux nationalistes, appuyés sur l'armée régulière, sur la légion étrangère et les troupes marocaines, sur le clergé catholique et sur la *Phalange* – une organisation proprement fasciste que dirige José-Antonio Primo de Rivera, le fils de l'ancien dictateur –, s'opposent les républicains libéraux, les catholiques autonomistes, les anarchistes et les partis du *Frente popular* que soutiennent les ouvriers, une partie de la paysannerie et de larges secteurs de la petite bourgeoisie. A Barcelone, à Madrid, à Valence et dans quelques autres grandes villes, les milices populaires ont désarmé les mutins et ont pris l'offensive. Dès la fin de 1936, l'Espagne se trouve ainsi coupée en deux. Les nationalistes, depuis que les troupes franquistes ont fait leur jonction avec les insurgés du nord, commandés par le général Mola, tiennent la partie occidentale du pays, à l'exception des provinces basques. Les républicains conservent, outre le Pays Basque et les Asturies, un vaste quadrilatère regroupant la plupart des provinces orientales de l'Espagne et la Nouvelle-Castille, avec Madrid où a été repoussée en novembre une première offensive nationaliste.

A cette date, la Guerre d'Espagne a pris un caractère d'atrocité extrême, dont rend compte toute une production culturelle, du *Guernica* de Picasso aux *Présages de la guerre civile* de Dali, en passant par les ouvrages littéraires consacrés à l'événement qui restera pour toute une génération d'intellectuels le premier drame majeur de ce que Brasillach appellera « notre avant-guerre » : *Pour qui sonne le glas* d'Ernest Hemingway, *Les grands cimetières sous la lune* de Bernanos, *L'Espoir* de Malraux, *España en el corazón* de Pablo Neruda, etc. En avril 1938, les troupes franquistes parviennent à couper Madrid de Barcelone. Les républicains tiennent encore près d'un an. Mais le 28 mars 1939, l'armée nationaliste occupe Madrid et le 18 octobre Franco, devenu *Caudillo*, y installe son gouvernement.

c) *Les réactions internationales.* La situation politique de l'Europe en 1936 explique l'internationalisation du conflit. La montée des fascismes, la multiplication de leurs agressions (Rhénanie, Éthiopie), le renforcement des égoïsmes nationaux à la suite de la crise, tout cela attise les tensions entre démocraties et régimes autoritaires. Confrontée à la sécession franquiste, la France peut difficilement accepter de voir s'installer à ses frontières un régime hostile. Le caractère traditionnellement dépendant de l'économie ibérique incline d'autre part républicains et nationalistes à rechercher à l'étranger une aide technique et financière : en France pour les premiers, essentiellement en Italie pour les seconds. Mais la rapidité de l'intervention italo-allemande s'explique surtout par son caractère prémédité. Dès mars 1934, Mussolini et Balbo ont rencontré les chefs carlistes et leur ont promis de leur fournir, le moment venu, des armes et des subsides financiers pour les aider à renverser le nouveau régime. Dans les jours qui suivent le putsch, des avions italiens et allemands participent au transport des troupes nationalistes du Maroc vers l'Espagne.

Aux intérêts idéologiques se juxtaposent des préoccupations économiques et politiques. L'Italie songe à acquérir des bases militaires aux Baléares et projette de contrôler la Méditerranée occidentale. En détournant ses regards de l'Europe danubienne, le Duce ne peut contenter Hitler au moment où celui-ci prépare l'*Anschluss*. Le Führer n'est d'ailleurs pas mécontent de voir l'Italie immobiliser ses meilleures troupes en Éthiopie et en Espagne, ce qui ne l'empêche pas de profiter de la circonstance pour pousser

Mussolini à se rapprocher du Reich. Enfin, le fer et le cuivre espagnols ne sont pas sans intérêt pour l'Allemagne. En Espagne, le gouvernement de Rome envoie 80 000 « volontaires » issus pour la plupart de la Milice fasciste, des canons et des mitrailleuses. Hitler fournit pour sa part les 10 000 hommes de la légion *Kondor*, des avions et du matériel lourd. A cette unité d'élite revient la gloire sinistre du bombardement massif de la ville basque de Guernica, le 26 avril 1937 (1 650 morts et 900 blessés sur une population de 7 000 habitants). L'Espagne constitue ainsi un véritable banc d'essai pour les troupes, le matériel (bombardiers en piqué *Stukas*) et les innovations tactiques des dictatures. On y expérimente notamment l'usage concomitant des blindés et de l'aviation d'assaut, véritable répétition générale de la Seconde Guerre mondiale.

Malgré la sympathie des hommes du Front populaire pour les républicains espagnols, Léon Blum, soucieux de maintenir la paix et de conserver sa majorité parlementaire (les radicaux sont opposés à l'intervention), propose en août 1936 un accord de « non-intervention », accepté par 25 pays, dont l'Allemagne et l'Italie. Si l'Angleterre applique cette politique à la lettre, la France laisse passer des volontaires et quelques armes. Envoyés par l'URSS avec du matériel et des techniciens, 2 000 Soviétiques combattent aux côtés des républicains, qui bénéficient par ailleurs de l'aide des antifascistes italiens de la *Légion Garibaldi*. L'aide soviétique reste toutefois limitée, et c'est sous la pression des PC italien et français que sont recrutés par le Komintern les 50 000 ou 60 000 combattants des « brigades internationales ». Toute l'énergie de Staline se concentre en effet sur l'élimination des éléments « incontrôlés » (trotskystes et anarchistes) dont plusieurs, tel Andrès Nin, dirigeant du POUM, et l'anarchiste italien Berneri, sont exécutés par des agents du NKVD.

E. L'Axe Rome-Berlin – L'affaire éthiopienne avait dissocié le « front de Stresa ». La Guerre d'Espagne a rapproché l'Allemagne de l'Italie. En juin 1936, le comte Ciano, gendre de Mussolini, devient ministre des Affaires étrangères. Alors très favorable à l'Allemagne, il se rend à Berlin en octobre 1936 et signe avec Hitler un protocole affirmant l'amitié et la solidarité entre les deux pays. Le 1er novembre, Mussolini déclare devant la foule massée sur la place du *Duomo* à Milan : « Cette entente... cette verticale Berlin-Rome n'est pas un diaphragme, c'est plutôt un *axe*, autour duquel peuvent s'unir tous les États européens ». Quelques jours plus tard, l'Allemagne et le Japon signent le *Pacte anti-komintern*, dirigé contre l'Internationale communiste. Il aura fallu moins de deux ans au Reich pour rompre son isolement diplomatique.

IV. Les crises de 1938-1939

Un relatif apaisement, marqué en particulier par l'accord anglo-italien sur le maintien du statu quo en Méditerranée (janvier), se manifeste en 1937. Pourtant Hitler prépare l'exécution de ses grands desseins conquérants. Le 5 novembre, il annonce à ses plus proches collaborateurs que le moment est venu de réunir au Reich les communautés allemandes d'Europe centrale et orientale et de créer la « Grande Allemagne ». Puis il remplace, à la tête de la Wilhelmstrasse, von Neurath par le docile Ribbentrop et, après avoir éliminé le ministre de la guerre von Blomberg et le chef d'État-Major von

Fritsch, jugés trop timorés et trop imbus des principes monarchistes et réactionnaires qui sont ceux de leur caste, il prend lui même le commandement de la Wehrmacht avec, sous ses ordres, le général Keitel, simple exécutant. Dès le début de 1938, les instruments de la politique d'agression sont en place.

A. L'Anschluss (mars 1938) – En choisissant le rapprochement avec l'Allemagne, Mussolini a orienté les ambitions italiennes vers l'Afrique et la Méditerranée, laissant à Hitler le champ libre en Europe danubienne. Décidé à annexer l'Autriche, le Führer convoque dans sa résidence bavaroise de Berchtesgaden le chancelier Schuschnigg à la mi-février. Il exige de celui-ci, sous la menace d'une intervention armée, la désignation du nazi autrichien Seyss-Inquart comme ministre de l'Intérieur. Schuschnigg tente de résister et, pour prendre Hitler de vitesse, annonce un plébiscite sur la question de l'indépendance autrichienne. Mais le 11 mars, sous la double pression des formations paramilitaires nazies et des troupes allemandes qui se massent à la frontière, le chancelier doit renoncer au plébiscite. Puis il se soumet à un ultimatum de Goering qui exige sa démission et son remplacement par Seyss-Inquart. C'est en vain que Schuschnigg s'adresse à Paris, Londres et Rome pour demander de l'aide. Pour légitimer leur action, les autorités allemandes fabriquent un télégramme signé Seyss-Inquart et demandant « l'aide du Führer » et, le 12 mars, les troupes hitlériennes envahissent l'Autriche. L'*Anschluss* est proclamé et ratifié un mois plus tard à 99,7 % par la population. Mussolini a laissé faire et les démocraties se sont contentées de protester.

B. Le démembrement de la Tchécoslovaquie (septembre 1938-mars 1939) – a) *Les origines de la crise.* Une fois réglé le sort de l'Autriche, Hitler se tourne vers la Tchécoslovaquie. Parmi les raisons qui l'incitent à l'éliminer, il y a le fait que ce pays possède une économie moderne (usines Skoda, largement contrôlées par le groupe français Schneider) et une réelle force militaire, ce qui fait de la Tchécoslovaquie la plus efficace des alliances de revers de la France. Jouent également sa position de bastion avancé s'enfonçant depuis l'*Anschluss* à l'intérieur du territoire du Reich et l'abondance de ses ressources agricoles et minières, utiles à la politique d'autarcie adoptée par l'Allemagne.

C'est la question des *Sudètes* qui va permettre aux Allemands d'intervenir. Il s'agit d'une population de culture « allemande » (un peu plus de 3 millions de personnes), répartie sur les franges montagneuses de la Bohême, dans des régions vitales pour la Tchécoslovaquie parce qu'elles barrent l'accès au plateau de Bohême – véritable cœur de l'État plurinational fondé en 1919 par juxtaposition de territoires « tchèques » à l'ouest et « slovaques » à l'est – et possèdent des mines et des industries en plein essor. Depuis 1920, le démembrement des grands domaines « allemands » favorise la slavisation du pays, mais les Sudètes restent très attachés à leur originalité ethnique et linguistique. En 1919, ils avaient réclamé un statut d'autonomie administrative qui leur avait été refusé par Bénès et Masaryck, l'un et l'autre partisans d'une Tchécoslovaquie centralisée, seul moyen estimaient-ils de créer un ciment véritable entre des populations d'origines diverses. Jusqu'à l'avènement de Hitler les revendications des Sudètes étaient demeurées très modérées, mais à partir de 1933 un parti pro-nazi, dirigé par Konrad Henlein, commence à se manifester et trouve un assez large écho parmi des populations qui ont été très fortement affectées par la crise. En liaison avec les nazis allemands, il s'organise en formations paramilitaires et, en avril 1938, au Congrès de *Karlsbad* (Carlovy-Vary), le « Parti allemand des Sudètes » réclame une autonomie complète des régions germaniques.

b) *La première crise tchécoslovaque* se déroule entre mai et septembre 1938. Une première alerte a lieu au printemps, peu de temps après le congrès de Karlsbad. A cette date, la France et l'URSS sont prêtes semble-t-il à honorer leurs engagements mais l'Angleterre fait savoir qu'elle ne fera pas la guerre pour la Tchécoslovaquie et se contente d'envoyer une mission dirigée par Lord Runciman. Au début septembre, la tension augmente brutalement, et ceci bien que Bénès ait accepté la plupart des revendications du parti de Henlein. Le 12, après le violent discours prononcé par Hitler à Nuremberg, ce dernier demande le rattachement des Sudètes à l'Allemagne.

La position de la France est très incertaine. Officiellement, le ministre des Affaires étrangères Georges Bonnet fait savoir à Bénès que si le gouvernement tchécoslovaque fait aux populations sudètes des concessions « suffisantes », Paris honorera ses engagements. Mais en réalité il sait que les Britanniques vont le contraindre à transiger et de fait la rencontre de Londres, entre responsables français et anglais, prépare les voies d'un compromis avec Hitler. Chamberlain rencontre une première fois ce dernier à Berchtesgaden, le 15 septembre. Estimant justifiées les revendications du Führer, il conseille à Daladier d'accepter l'annexion des régions où les Allemands sont majoritaires. Les deux gouvernements font pression sur Bénès pour qu'il donne son accord. Mais, lorsque le 22 septembre le Premier Ministre britannique a un nouvel entretien avec Hitler, à Godesberg, celui-ci durcit ses positions. Il réclame maintenant la totalité des Sudètes avant le 1er octobre. Dès lors, la guerre semble imminente. La Tchécoslovaquie procède à une mobilisation générale, tandis que la France, l'Italie, l'URSS et l'Allemagne rappellent leurs réservistes.

Au dernier moment Chamberlain suggère de réunir une conférence internationale. Mussolini fait accepter cette proposition par Hitler et, le 29 septembre, Hitler, Mussolini, Daladier et Chamberlain se rencontrent à *Munich*, en l'absence des représentants de l'URSS et de la Tchécoslovaquie. L'Allemagne obtient tous les territoires revendiqués, n'acceptant que d'échelonner sur dix jours leur occupation. Daladier et Chamberlain sont accueillis avec enthousiasme à Paris et à Londres. Or les conséquences de Munich sont graves. Très vite s'amorce le démembrement de la Tchécoslovaquie. Les Polonais occupent la région de Teschen, les Hongrois le sud de la Slovaquie (un million d'habitants). L'URSS est mécontente d'avoir été écartée du règlement du conflit. Elle redoute que Daladier et Chamberlain aient incité Hitler à orienter ses ambitions vers l'Est. Mais surtout, la France est discréditée aux yeux de ses alliés d'Europe centrale et orientale. Hitler se trouve encouragé dans sa politique d'agression, de même que les dirigeants fascistes qui formulent des revendications tapageuses sur la Tunisie, la Corse, Nice et la Savoie. Un clivage s'opère dans l'opinion, notamment en France, entre « munichois » et « anti-munichois ».

d) *La liquidation de la Tchécoslovaquie (mars 1939).* Poursuivant son avantage, Hitler soutient le mouvement d'autonomie slovaque, que dirige Mgr Tiso et qui a abouti à la formation d'un gouvernement autonome. En mars 1939, le successeur de Bénès, le président Hacha, tente de mettre fin à cette demi-sécession, mais Mgr Tiso se rend à Berlin où il obtient l'appui total du gouvernement nazi. Le 14 mars 1939, la Slovaquie proclame son indépendance.

Hacha est alors convoqué à Berlin. Le 15 mars, il rencontre Hitler qui menace Prague de destruction si le président tchécoslovaque refuse de faire appel aux troupes allemandes. Hacha doit céder et l'armée allemande pénètre aussitôt en Bohême. Désormais, c'est la Tchécoslovaquie tout entière qui disparaît. A côté de la Slovaquie théoriquement indépendante, en fait satellisée par l'Allemagne, et tandis que la Hongrie annexe la Ruthénie subcarpathique, Hitler crée un « Protectorat de Bohême-Moravie », complètement inféodé au Reich. Fort de son succès, et prêt désormais à engager l'épreuve de force décisive avec les démocraties, il se fait céder Memel, le 22 mars, par la Lithuanie, tandis que Mussolini, qui ne veut pas être en reste vis-à-vis de l'Allemagne, occupe l'Albanie en avril.

C. La crise polonaise et la guerre. – a) *La question de Dantzig.* L'absence de réaction des Occidentaux devant le dépècement de la Tchécoslovaquie, encourage Hitler à préparer un nouveau coup de force. L'Allemagne réclame, dès la fin mars, la ville de Dantzig, déjà contrôlée par les éléments nazis que dirige le *gauleiter* Forster. Elle demande également la possession d'une route et d'une voie ferrée reliant Dantzig au territoire du Reich et à la Prusse orientale. En fait, derrière ces revendications, il y a le désir du Führer de déclencher la guerre contre la Pologne et d'occuper une partie de son territoire.

b) *Le réveil britannique.* L'agression contre la Tchécoslovaquie a fini par convaincre l'opinion britannique et le Premier Ministre Chamberlain que la politique d'« apaisement » ne pouvait être prolongée, Hitler poursuivant un tout autre but que l'application pure et simple du principe des nationalités. La diplomatie britannique adopte donc au printemps 1939 une attitude nouvelle, suivie par le gouvernement de Daladier qui voit dans un accord intime avec Londres le moyen ultime d'assurer la sécurité de la France. Les deux pays offrent alors aux États les plus menacés par les ambitions allemandes et italiennes leur « garantie », c'est-à-dire la promesse d'aller à leur secours en cas d'agression. La Pologne ayant accepté, une alliance anglo-polonaise est conclue en août 1939. La Roumanie, la Grèce, la Turquie donnent également leur accord, mais la Belgique et les Pays-Bas, qui craignent des représailles allemandes, refusent la garantie britannique.

c) *Le pacte d'acier.* Dans le même temps, Hitler resserre ses liens avec l'Italie. Le 28 mai, Ciano et Ribbentrop signent le « pacte d'acier », alliance de caractère offensif qui, pour Mussolini, ne doit entrer en vigueur qu'après l'Exposition Universelle de Rome, prévue pour 1942, et l'achèvement des préparatifs italiens. Mais lorsque Ciano se rend en Allemagne en août 1939 il apprend que tout est prêt pour l'attaque contre la Pologne. Il conseille alors à Mussolini de présenter aux Allemands une longue liste de fournitures militaires et industrielles nécessaires à l'entrée en guerre de l'Italie. Ne pouvant satisfaire ces demandes, Hitler accepte que son alliée reste neutre.

d) *Le pacte germano-soviétique.* Depuis avril 1939, des négociations sont engagées entre l'Union soviétique et les Franco-Britanniques. Elles aboutissent en juillet à un projet d'alliance. Mais plusieurs obstacles retardent la conclusion de l'accord. En Grande-Bretagne et en France une partie de l'opinion est résolument hostile à une alliance avec l'URSS. La Pologne d'autre part s'oppose au passage des troupes soviétiques sur son territoire, condition mise par les Russes à la signature d'une convention militaire. De nombreux hommes politiques occidentaux n'ont qu'une confiance limitée dans l'Armée Rouge. Staline de son côté soupçonne les Franco-Britanniques d'encourager Hitler, depuis Munich, à tourner ses ambitions vers l'Est. Aussi traite-t-il parallèlement avec le gouvernement de Berlin. Le remplacement de Litvinov par Molotov marque un changement d'orientation dans la diplomatie du Kremlin. Alors que la signature de la convention militaire avec les Occidentaux semble imminente, on apprend le 23 août la conclusion du *pacte de non-agression* germano-soviétique. A ce pacte est adjoint un « protocole secret » (il ne sera révélé qu'en 1946) qui constitue un véritable plan de partage de l'Est européen, permettant à Staline de rétablir son « influence » sur les territoires de l'Empire des tsars perdus au lendemain de la révolution. Au nord, une première clause place la Lithuanie et Vilna dans l'orbite allemande, la Finlande, la Lettonie et l'Esthonie dans celle de l'URSS. Une seconde clause fixe le partage des zones d'influence en Pologne, « la question de savoir s'il est désirable, dans l'intérêt des deux parties, de maintenir un État polonais indépendant, et comment les frontières de cet État devraient être fixées » étant reportée à une date indéterminée. Enfin la troisième clause atteste le désintéressement de l'Allemagne vis-à-vis de la Bessarabie. La menace d'une guerre sur deux fronts se trouve ainsi écartée pour l'Allemagne.

c) *La crise finale.* Au dernier moment, les Britanniques essaient d'organiser une négociation directe entre la Pologne et l'Allemagne. Mais Varsovie attend le 31 août pour donner une réponse et Hitler, qui de toute façon est résolu à entrer en guerre, estime alors qu'il est trop tard. A l'aube du 1er septembre les troupes allemandes pénètrent en Pologne. Une ultime tentative de Mussolini, qui songe à un nouveau Munich, ne donne rien. Cette fois Londres et Paris tiennent bon et exigent le retrait des armées allemandes. Le 3 septembre, le Royaume-Uni et la France déclarent la guerre au Reich hitlérien.

Bibliographie

Aux ouvrages indiqués dans le chapitre 8, on ajoutera : G. Valette & J. Bouillon, *Munich, 1938*, Paris, A. Colin, coll. « Kiosque » ; M. Baumont, *Les origines de la IIe Guerre Mondiale*, Paris, Payot, 1969 ; L. Noel, *Les illusions de Stresa*, Paris, France-Empire, 1975 ; P. Broue& E. Temine, *La Révolution et la Guerre d'Espagne*, Paris, Éd. de Minuit, 1965 ; H. Thomas, *Histoire de la Guerre d'Espagne*, Paris, Laffont, 1961 ; P. Vilar, *La guerre d'Espagne (1936-1939)*, Paris, PUF (« Que sais-je ? »), 1986 ; G. Hermet, *La guerre d'Espagne*, Paris, Seuil, 1989 ; M. Steinert, *Les origines de la Seconde Guerre mondiale*, Paris, PUF, 1974 ; J.-B. Duroselle, *La décadence, 1932-1939*, Paris, Imprimerie nationale, 1979 ; H. Michel, *La deuxième guerre mondiale commence*, Bruxelles, Éd. complexe, 1980 ; C. Bloch, *Le IIIe Reich et le monde*, Paris, Imprimerie nationale, 1986 ; *Les relations franco-britanniques de 1935 à 1939*, ouvrage collectif, Paris, Éditions du CNRS, 1977 ; E. Temine, *La Guerre d'Espagne*, Bruxelles, Complexe, 1996 ; J.-B. Duroselle, *La Décadence*, Paris, Imprimerie Nationale, 1979.

Plan

La crise éthiopienne et ses conséquences internationales

Introduction. L'attitude adoptée par les démocraties devant l'agression italienne, bien que très nuancée, suffit à briser le front de Stresa.

1. Les origines de la guerre d'Éthiopie

A. LES PRÉCÉDENTS

Depuis la fin du XIXe siècle, l'Italie hésite entre deux voies possibles d'expansion. La première est tournée vers les Balkans. Elle implique de bonnes relations avec la France et un risque de conflit avec les puissances centrales. La seconde regarde vers la Méditerranée et l'Afrique où dominent les intérêts français et britanniques, ce qui impose à la diplomatie italienne une alliance avec les pays germaniques. Cette seconde voie, adoptée par Crispi dans les toutes dernières années du XIXe siècle, aboutit à la première expédition d'Éthiopie et au désastre d'*Adoua* en mars 1896. Il y a donc une défaite militaire à venger. Ce sera l'une des raisons du choix de l'Éthiopie comme objectif de l'expansion fasciste. Mais avant d'en arriver là, Mussolini a lui aussi hésité entre une politique d'expansion en Europe danubienne et des visées méditerranéennes et africaines.

B. LES PROJETS DE MUSSOLINI : LE CHOIX DE L'ÉTHIOPIE

a) *L'Éthiopie* constitue *le dernier territoire indigène indépendant d'Afrique* (si l'on excepte le Libéria). Certes, elle est membre de la S.D.N. Mais le caractère encore «féodal» de la société et de l'État éthiopiens donne à Mussolini le prétexte d'une intervention.

b) Depuis 1933 Mussolini qui a, par sa politique nataliste et par des mesures restrictives à l'égard de l'émigration, aggravé la situation démographique de l'Italie, songe à l'établissement d'*une grande colonie de peuplement.*

C. LA PRÉPARATION DIPLOMATIQUE

a) *Une convention anglo-italienne* a délimité en 1925 des zones d'influence économique : zone du lac Tsana, important pour l'irrigation de l'Égypte, aux Britanniques, zones proches de l'Érythrée aux Italiens. Mais les Anglais ne veulent pas aller plus loin. La présence italienne pourrait menacer l'alimentation régulière du Nil. Elle constituerait d'autre part une menace permanente sur le Soudan anglo-égyptien et sur la route des Indes. A Stresa, les Anglais refusent donc de discuter de la question éthiopienne.

b) *La France* a des intérêts beaucoup moins importants en Éthiopie (chemin de fer Djibouti-Addis-Abeba). Aussi Laval, qui cherche à obtenir l'alliance de Mussolini et l'entrée de l'Italie dans le camp des pays «satisfaits», laisse à Mussolini les «mains libres» en Éthiopie. Parole ambiguë, interprétée par Laval comme un simple encouragement à l'établissement par l'Italie de son influence économique sur le pays mais par laquelle le Duce se croit autorisé à se rendre maître de l'Empire Éthiopien.

D. LE PRÉTEXTE

Le 5 décembre 1934 un incident de frontière à *Ual-Ual.*

2. La guerre

A. Les forces en présence

Du côté éthiopien, une armée nombreuse et vaillante, bien aguerrie aux difficultés du relief et du climat mais dépourvue d'armes modernes et sans discipline. *Du côté italien,* 400 000 hommes bien armés, bien équipés, pourvus d'artillerie, de chars et d'aviation.

B. Les opérations : trois phases

a) *Une série de victoires rapides* à l'automne 1935 : prise d'Adoua et de Makellé.

b) *Une phase de difficultés* pendant l'hiver 1935-1936, due à la résistance acharnée des Éthiopiens.

c) *Nouvelle série de victoires* au printemps 1936. Addis-Abeba est occupée le 5 mai. Le Roi d'Italie est proclamé Empereur d'Éthiopie.

3. Les conséquences internationales de l'affaire éthiopienne

A. Les premières réactions

a) Mussolini rejette successivement toutes les *propositions d'arbitrage* émanant de la SDN (janvier, juillet et septembre 1935) ou des Franco-Britanniques (conférence tripartite du 15 au 18 août).

b) *Les anglais* adoptent alors une attitude plus dure. Ils concentrent en Méditerranée une flotte de 800 000 tonnes mais sans parvenir à intimider Mussolini.

B. Les sanctions

Les 7 et 11 octobre le Conseil puis l'Assemblée de la S.D.N. déclarent que l'Italie est l'agresseur et décident de lui infliger des sanctions économiques. Mais Laval, qui voudrait ménager à la fois Londres et Rome, s'efforce de leur ôter toute portée. Il est poussé dans cette voie par une grande partie de la droite française. En Grande-Bretagne l'opinion est plus nettement hostile à Mussolini mais recule cependant devant l'éventualité d'un conflit armé. L'embargo sur le pétrole n'est pas déclaré et les sanctions n'auront pour effet que d'indisposer Mussolini sans le gêner vraiment.

C. Le plan Laval-Hoare

Plan de partage de l'Éthiopie, très avantageux pour l'Italie (qui annexerait les 2/3 du pays), aurait pu être accepté par Mussolini et permettre de reconstituer le Front de Stresa. Mais les indiscrétions de presse l'ayant révélé au public, Hoare doit démissionner en décembre 1935. Un mois plus tard, Laval se retire.

Conclusion : En hésitant entre deux attitudes inconciliables : ménager Mussolini tout en restant fidèles à la SDN, la France et l'Angleterre ont précipité l'effondrement de cette institution, sans pouvoir rétablir le Front de Stresa.

Document

L'ambassadeur de France à Berlin François-Poncet s'interroge, après le coup de force hitlérien en Rhénanie (mars 1936), sur l'évolution de l'attitude britannique

«Quels sont donc les moyens que l'Europe pourrait employer pour contenir et réprimer les appétits de M. Hitler et faire obstacle à sa volonté d'établir l'hégémonie allemande dans l'Europe centrale ? Les chefs du national-socialisme, ou, du moins, les plus réfléchis d'entre eux, redoutent la guerre ; car ils savent que leur pays n'est pas encore en mesure de résister victorieusement à la pression simultanée qu'auraient à subir divers secteurs de ses frontières. Mais ils sont persuadés, en même temps, que la S.D.N. ne saurait prendre une initiative belliqueuse et que le peuple français, le seul qui pourrait en avoir l'idée, ne se battrait volontiers que pour défendre son propre sol...

... Que la Société des Nations, et particulièrement la France et l'Angleterre, se montrent faibles, comme elles l'ont été après le 14 octobre 1933 et le 16 mars 1933, elles accroîtront non seulement le prestige intérieur et extérieur d'Adolf Hitler, mais son ambition et sa hardiesse.

Qu'elles soient énergiques et réagissent fortement, la guerre risque d'en résulter.

De quelque côté qu'on s'efforce de les prévoir, les événements du proche avenir ne nous découvrent ainsi que des perspectives de la plus grande gravité...

En contrepartie de la violation flagrante de l'accord de Locarno, le Chancelier a offert un ensemble de sept garanties. Pour un adversaire déterminé des pactes, qui venait de railler la pactomanie en face de ses fidèles députés, peut-être trouvera-t-on que M. Hitler est resté un peu prisonnier de cette forme d'organisation de la sécurité. En réalité, les garanties qu'il a imaginées sont, avant tout, destinées à séduire la Grande-Bretagne. Il n'a pas renoncé à gagner les sympathies du Royaume-Uni. Le 7 mars, au Reichstag, il a prodigué à celui-ci les politesses et les avances. Il a loué l'accord naval conclu l'été dernier ; il a félicité de son sens réaliste et de son intelligence le seul peuple qui ait, jusqu'à présent, donné suite à ses propositions.

... M. Hitler n'ignore pas l'idéalisme qui anime les clergymen, les vieilles dames, les ligues pacifistes, les intellectuels, les électeurs travaillistes d'outre-Manche. C'est en pensant à eux, à leur germanophilie latente, à leur désir de récupérer la brebis perdue, qu'il a parlé de l'Europe comme d'une famille, des peuples occidentaux comme des enfants d'une même civilisation, et attesté son souci vivace des intérêts communs de leur culture. Il sait aussi que, dans ces milieux, la démilitarisation de la zone rhénane est regardée comme contraire à la véritable égalité, à la justice absolue qui doit régner entre les nations, et qu'on en ferait son deuil volontiers, tandis qu'une extension et une généralisation des pactes englobant la Hollande, la Lithuanie, la Tchécoslovaquie, éveilleraient des sentiments d'approbation et de gratitude. Mais plus encore, il compte que l'éventualité du retour de l'Allemagne à Genève les comblera d'aise, car c'est le but suprême qu'ils poursuivent. La parole du Führer, par l'évocation qu'elle permet d'une ère de réconciliation et de paix, devrait rendre à leurs oreilles le son le plus agréable. Elle devrait leur aller d'autant plus droit au cœur qu'elle a, d'autre part, relégué dans le vague et le lointain les revendications coloniales du Reich, si bien que cet embrassement final ne coûterait rien à l'Angleterre. C'est la France seule qui en paierait les frais.

M. Hitler s'est-il trompé ? Les bien-pensants britanniques seront-ils plus choqués par la dénonciation brutale d'un accord librement accepté, par le coup de force qui a placé les signataires de Locarno devant un fait accompli, ou plus tentés par la perspective de nouveaux accords, plus beaux que les anciens, conclus avec un partenaire qui vient de montrer l'importance qu'il attribuait à sa propre signature ?

Si l'Angleterre mollit, si elle cède, M. Hitler aura gagné. Si elle défend le droit et la morale, le cas de M. Hitler deviendra mauvais».

François-Poncet, ambassadeur de France à Berlin, à Flandin, ministre des Affaires étrangères,
Dépêche n° 428 du 9-3-1936. *Documents diplomatiques français,*
IIe Série (1936-1939), Tome I, pp 461 sq.

19 La seconde guerre mondiale La phase européenne (septembre 1939-décembre 1941)

Le conflit qui s'engage le 3 septembre 1939, lorsque la Grande-Bretagne et la France déclarent la guerre à l'Allemagne, demeure pendant deux ans un conflit essentiellement européen (encore que les Empires français et britannique y soient mêlés, anisi que le Japon et la Chine). L'invasion de l'URSS par les armées hitlériennes en juin 1941, et surtout l'entrée en guerre des États-Unis en décembre de la même année, vont toutefois élargir à l'échelle planétaire un affrontement qui s'est d'abord limité au heurt des démocraties européennes et des pays de l'Axe.

I. Les premiers succès du « Blitzkrieg » (sept. 1939-juin 1940)

A. Les forces en présence – Les victoires des armées allemandes sont moins dues à une supériorité en hommes et en matériel qu'à des conceptions tactiques entièrement neuves.

a) *Puissance industrielle et effectifs.* A la veille des premiers combats, les Alliés de l'Ouest bénéficient en principe de la supériorité économique et humaine. Si l'Allemagne – dont la population est passée du fait des annexions récentes de 70 à 85 millions d'habitants – et l'Italie possèdent un potentiel humain à peu près égal à celui des démocraties, celles-ci peuvent compter sur les immenses réserves en hommes de leurs empires coloniaux. Mais surtout, les Alliés paraissent détenir sur leurs adversaires la supériorité économique. Le Royaume-Uni, qui a réussi à sortir de la crise, et dont la production en 1938 est supérieure de 20 % à celle de 1929, la France qui émerge plus lentement de la dépression, produisent à elles deux davantage d'acier que l'Allemagne. Leurs flottes sont en mesure de placer les puissances de l'Axe en état de blocus. Or, en dépit des efforts de leurs gouvernements pour réaliser l'autarcie, ces deux États sont incapables d'assurer leur autosuffisance. Le Reich doit importer du minerai de fer suédois (par Narvik et les eaux norvégiennes en hiver), du caoutchouc, de l'essence (la production d'essence et de caoutchouc synthétiques demeure insuffisante) et des produits alimentaires. L'Italie manque pour sa part totalement de pétrole et de fer. Quant aux effectifs proprement militaires, ils s'équilibrent à peu près au début des hostilités. Les alliés opposent 144 divisions (dont une trentaine de divisions polonaises et 10 britanniques) aux 140 divisions allemandes réparties, il est vrai, sur deux fronts pendant les premières semaines du conflit. Cependant les Alliés ne sauront pas profiter de cet avantage. Dès la fin septembre, l'équilibre se trouve rompu en faveur de la Wehrmacht.

b) *L'armement.* La supériorité allemande concerne essentiellement les armes de l'infanterie – fusils modernes, mitrailleuses, mortiers, etc. (cf plan en annexe) – et l'aviation. La *Luftwaffe* dispose en effet de 1 500 chasseurs modernes et de 3 000 bombardiers, ces derniers destinés surtout au soutien des actions offensives sur un territoire limité, contre 2 500 appareils pour les alliés, dont quelques centaines de chasseurs britanniques d'un type récent (*spitfire, hurricane*), qui constitueront un atout décisif au moment de la « bataille d'Angleterre ». En revanche les belligérants sont à peu près à égalité en matière d'artillerie et de blindés : chaque camp dispose d'environ 3 000 chars, mais ceux des Franco-Britanniques sont des engins plus légers destinés à l'appui des unités d'infanterie.

c) *Les conceptions stratégiques et tactiques.* C'est ici que les disparités entre les deux camps sont les plus grandes. *Les Alliés*, qui ont accepté à peu près sans réaction l'élimination de la Pologne, songent essentiellement à gagner du temps. Ils estiment qu'en deux ans leur effort de mobilisation industrielle, et l'aide probable des États-Unis, leur permettront d'obtenir la supériorité matérielle. Des conceptions tactiques fondées sur la défensive répondent à ce plan d'ensemble. Elles constituent en France, depuis une quinzaine d'années, la doctrine officielle de l'État-Major. Ceci malgré les efforts menés par le lieutenant-colonel De Gaulle à partir de 1934 (*Vers l'armée de métier*), avec l'appui de Paul Reynaud et de journaux comme *L'Écho de Paris*, pour créer une force autonome et cuirassée. Fidèle aux idées traditionnelles sur l'emploi des chars comme soutien de l'infanterie, le haut-commandement s'applique donc à répartir ses 3 000 chars sur toute la longueur du front.

Les Allemands vont de leur côté appliquer une tactique entièrement nouvelle, adaptée aux mutations technologiques récentes, ainsi qu'à la nécessité pour eux de vaincre rapidement leurs adversaires. Il s'agit de concentrer, en un secteur restreint du front, un nombre important de chars et d'éléments motorisés, constituant une force autonome et capable d'effectuer une percée immédiatement exploitée par une infanterie également motorisée. L'outil de cette conception révolutionnaire est la division blindée, *panzerdivision*, composée d'une brigade de 500 chars, d'une brigade d'artillerie de campagne tractée, d'un régiment d'obusiers motorisés et d'un bataillon de motocyclistes-mitrailleurs. Ces *panzerdivisionen* sont elles-mêmes groupées en une unité tactique qui sera au début de la guerre placée sous le commandement du général Guderian et qui bénéficie du soutien d'une puissante force aérienne comportant surtout des avions d'assaut, bombardiers en piqué du type *Stuka*, capables de clouer sur place toute réaction de l'adversaire. Conception entièrement tournée vers l'offensive rapide donc et la « guerre-éclair » (*Blitzkrieg*). L'effet de surprise doit être total et c'est pourquoi les Allemands attaqueront, tant en Pologne (dans la partie encaissée de la vallée de la Vistule) qu'en France (dans les Ardennes), dans des régions difficiles d'accès et où on ne les attend généralement pas.

B. La campagne de Pologne (septembre 1939) – a) *L'offensive allemande.* La Wehrmacht triomphe en trois semaines de l'héroïque résistance polonaise. Comptant sur les défenses naturelles qui protègent le pays au nord (zones marécageuses) et au sud (hautes cuestas et crêtes appalachiennes), le maréchal Rydz-Smigly a concentré son armée au centre, là où s'ouvre largement la grande plaine polonaise. Or les Allemands laissent une seule armée au centre et font porter tout leur effort au nord et au sud. L'attaque des *panzerdivisionen* et des troupes aéroportées permet de déborder en quelques jours le gros de l'armée polonaise qui tente de se replier sur le Bug et la Vistule. C'est le dos tourné vers la frontière allemande, et coupée de tout secours, que l'armée de Rydz-Smigly doit livrer bataille. Dès le 15 septembre, les chars allemands sont à Brest-Litvosk, à Lvov et aux portes de Varsovie. Tandis que l'État polonais se décompose (fuite des fonctionnaires, exode des populations), la capitale tient encore pendant une semaine avant de capituler. Le 27 septembre toute résistance a cessé.

b) *Le partage de la Pologne*. Dès le 18 septembre, arguant du danger que constitue pour elle la fin de la souveraineté polonaise, l'URSS attaque à son tour la Pologne et occupe, sans grande résistance, les territoires que les clauses secrètes du pacte germano-soviétique avaient placés dans sa mouvance. Dix jours plus tard un nouveau protocole germano-russe est signé à Moscou. L'URSS abandonne à Hitler, en échange de la Lithuanie, la zone située entre le Bug et la Vistule. Aussitôt l'Allemagne annexe Dantzig, la zone du corridor, la Posnanie, la Haute-Silésie polonaise, les autres territoires occupés par ses troupes étant transformés en un « Gouvernement général de la Pologne » dans lequel est instauré un régime de terreur et où commence une terrible persécution contre les juifs. Hitler compte faire de cette région un « grenier » et une réserve de main-d'œuvre pour le Reich.

C. La « drôle de guerre » à l'Ouest (sept. 1939-mai 1940) – Au *Blitzkrieg* en Pologne, les Français se sont contentés d'opposer une opération de « nettoyage » dans la région de Sarrebrück. Celle-ci n'a pu entamer les positions de la ligne Siegfried et il a fallu au bout de quelques jours revenir sur les positions de départ. Au cours des semaines suivantes, l'arrivée de nouvelles troupes allemandes dégagées du front oriental empêche toute initiative nouvelle, d'autant que les 4 divisions britanniques ne prennent position en France que le 3 octobre. Pendant sept mois, les deux armées vont rester face à face, sans rien tenter. Les Allemands se contentent de renforcer leur aviation de bombardement et de faire passer de 7 à 12 le nombre des *panzerdivisionen*. Ils s'efforcent également d'affaiblir le moral de l'armée française par une intense propagande (notamment par voie radiophonique). Pour qualifier cette période, les Français parlent de la « drôle de guerre », les Allemands de *Komischer Krieg*. En octobre, Hitler propose de conclure la paix mais son refus d'évacuer la Pologne entraîne le refus des Alliés. En novembre, ce sont les Pays-Bas et la Belgique qui proposent leur médiation : sans succès.

Français et Britanniques ont institué, dès septembre 1939, un « Conseil suprême de guerre interallié » qui révèle surtout les dissensions entre le généralissime français, Gamelin, et ses partenaires anglais. Un « Comité de coordination » est d'autre part chargé d'organiser la mise en commun des ressources économiques des deux pays, mais aucune coproduction de guerre n'y est décidée. Tout au plus échauffaude-t-on de rocambolesques projets d'offensive contre le Caucase, à partir de la Syrie, pour répliquer à l'attaque soviétique contre la Finlande en novembre 1939 : il n'y sera pas donné suite.

D. La guerre en Europe du Nord – Après l'invasion et le dépècement de la Pologne, Staline a imposé aux Pays baltes (Lettonie, Lithuanie, Esthonie) des traités qui les transforment en simples protectorats. Confrontée aux mêmes exigences, la Finlande, qui refuse l'établissement de bases militaires et navales sur son territoire, résiste aux menaces soviétiques. Aussi l'Armée Rouge envahit-elle son territoire le 30 novembre 1939. Il s'ensuit une guerre au cours de laquelle les rigueurs de l'hiver et la résistance acharnée des Finlandais tiennent les Russes en échec durant plusieurs mois. Ce n'est qu'en mars 1940 que les Finlandais doivent déposer les armes et accepter la cession à l'URSS de l'isthme de Carélie.

Au printemps 1940, ce sont les Alliés qui prennent l'initiative d'envoyer un corps expéditionnaire dans le port norvégien de Narvik, par où transite le fer suédois destiné à l'Allemagne. Mais la lenteur de l'opération, retardée par les hésitations de la Suède et le Norvège, permet à Hitler de prendre les devants. En avril, une offensive foudroyante aboutit à l'occupation du Danemark et de la Norvège, tandis que le corps expéditionnaire franco-anglais doit être rembarqué précipitamment. Ce nouvel échec entraîne de graves crises dans les gouvernements occidentaux : en France celui de Paul Reynaud manque de peu de devoir démissionner. Au Royaume-Uni l'hésitant Chamberlain cède la place à Winston Churchill.

E. La campagne de France et l'armistice (mai-juin 1940) – a) *L'offensive allemande.* Elle commence le 10 mai 1940 par une réédition un peu modifiée – et due au général Von Manstein – du *Plan Schlieffen* de 1914. Les Pays-Bas et la Belgique sont envahis par les armées du Reich, mais il s'agit surtout d'une manœuvre visant à attirer vers le nord une partie importante des troupes franco-britanniques. Considérant que la *Ligne Maginot*, (qui s'arrête aux Ardennes) est infranchissable, les Alliés décident effectivement d'envoyer trois armées françaises et une armée britannique au secours des troupes belges et de les faire avancer jusqu'au sud de la Hollande. C'est ce que les Allemands attendaient. Ils ont concentré les 7 divisions blindées et les 3 divisions motorisées du général Guderian à la charnière du dispositif allié, entre Givet et Sedan, au-delà des dernières défenses de la Ligne Maginot et dans une région d'accès malaisé. L'offensive commence le 13 mai. La Meuse est franchie en de nombreux points et les unités françaises sont rapidement débordées. Le 15 la percée est faite dans la région de Sedan et les blindés de Guderian foncent vers la mer pour couper la retraite des forces alliées engagées en Belgique.

b) *Dunkerque.* Le 19 mai Gamelin lance une double offensive, depuis le nord et le sud, pour tenter d'isoler la force cuirassée du gros de l'armée allemande. Elle échoue du fait des retards causés par le changement opéré dans le haut-commandement en pleine bataille – le général Weygand remplace Gamelin – et par la mort accidentelle du général Billotte qui dirigeait l'offensive. Dans l'intervalle les *panderdivisionen* ont atteint Abbeville et Boulogne, enfermant dans la nasse l'armée belge, le corps expéditionnaire britannique, qui décide de la propre initiative de son chef de se replier vers Dunkerque, et les meilleures unités françaises. Au lieu de foncer vers le nord, le long de la côte, pour empêcher tout réembarquement, les divisions de Guderian sont immobilisées pendant deux jours par un ordre du Führer qui, songeant peut-être à une entente ultérieure avec les Britanniques, n'aurait pas voulu leur infliger une défaite trop sévère.

C'est en tout cas ce que déclarera le général Günther Blumentritt, chef des opérations de von Runstedt. Peut-être d'autres considérations sont-elles également intervenues dans la décision : nature du terrain, souci d'épargner la population flamande, etc. Quoi qu'il en soit, il s'agit bel et bien d'une faute stratégique que les Allemands paieront cher par la suite. En attendant, Guderian reprend son avance dès le 26 mai. Il ne reste plus aux troupes alliées qu'à capituler (ce que fait l'armée belge) ou à tenter de s'embarquer pour l'Angleterre 330 000 hommes, dont 100 000 Français y parviendront, dans des conditions extrêmement difficiles, entre le 28 mai et le 3 juin. Le gros de l'armée française sera néanmoins capturé.

c) *La débâcle.* Dès le 5 juin, les Allemands attaquent, sur la ligne de l'Aisne et de la Somme, des forces françaises deux fois moins nombreuses. Le 12, Weygand donne l'ordre de retraite générale tandis que les troupes allemandes remontent la vallée de la Seine en direction de Paris, d'où le gouvernement est parti le 10 pour Tours et Bordeaux. Bientôt la déroute est totale, encore aggravée par la présence de millions de civils sur les routes (l'*exode*). Le 10 juin, Mussolini a, contre la volonté à peu près unanime du peuple italien, des chefs militaires et des hiérarques fascistes, déclaré la guerre à la France et lancé sur la frontière des Alpes 32 divisions qui n'obtiendront d'ailleurs que de très minces succès. Malgré des résistances locales parfois acharnées, les Allemands sont le 15 juin à Orléans, à Nevers et à Chalon-sur-Saône.

d) *L'armistice.* Devant une défaite aussi subite, le gouvernement français se trouve divisé. Paul Reynaud, président du conseil depuis mars 1940, et la majorité des ministres, sont favorables à la poursuite de la guerre outre-mer, avec l'aide de la Flotte, des troupes coloniales et des divisions que l'on pourrait faire passer en Afrique du Nord.

La France et l'Angleterre se sont d'ailleurs engagées en mars 1940 à ne pas signer d'armistice ni de paix séparée. Le 16 juin, Winston Churchill propose même un projet (préparé par le Français Jean Monnet) de fusion des deux pays en un seul État, mais sa proposition ne retient pas l'attention des ministres français. Les partisans d'un armistice, qui permettrait à l'armée française d'échapper à une capitulation jugée déshonorante, se recrutent surtout parmi les militaires. Le général Weygand en a fait la proposition, dès le 12 juin, devant le conseil des ministres et c'est le maréchal Pétain, ministre d'Etat depuis le mois de mai, qui en défend le principe devant ses collègues, estimant que le gouvernement doit rester en métropole pour protéger les Français de l'occupant allemand et du danger, hautement hypothétique, d'un putsch communiste. Finalement, le 16 juin au soir, Reynaud démissionne et Pétain est chargé de former le nouveau gouvernement. Aussitôt un armistice est demandé par l'intermédiaire de l'Espagne. Il est signé à Rethondes, dans le wagon de l'armistice de 1918, le 22 juin. Le 24, un document analogue est signé avec l'Italie. La France est coupée en deux : zone occupée au nord, zone « libre » au sud d'une « ligne de démarcation » Pyrénées-Poitiers-Bourges-Chalon-Genève. Son armée est démobilisée, sauf une force de 100 000 hommes. Sa flotte de guerre doit rejoindre ses bases. Les prisonniers (près de deux millions) resteront en Allemagne jusqu'à la conclusion de la paix. Une indemnité de 400 millions de francs par jour sera versée à l'occupant.

d) *La fin de la IIIe République.* Le gouvernement du maréchal Pétain s'installe à Vichy, en zone non occupée (nombreux hôtels pouvant accueillir dans cette ville d'eau les services gouvernementaux, choix symbolique d'une agglomération située au cœur du pays profond, influence personnelle de Laval qui est tout près de sa résidence de Châteldon). Le 10 juillet, Laval obtient des deux chambres réunies, par 569 voix contre 80, le vote d'une loi donnant les pleins pouvoirs au maréchal Pétain – dont le prestige et la popularité sont immenses à cette date –, y compris le droit de modifier la constitution. La IIIe République disparaît. Pétain devient « chef de l'État français ». Les chambres sont dissoutes et de nouvelles institutions sont adoptées visant à mettre en place un régime autoritaire et paternaliste, teinté à la fois d'influences maurrassiennes, technocratiques et fascisantes.

II. L'Angleterre isolée (juin 1940-juin 1941)

A. La bataille d'Angleterre – Vainqueur de la France, Hitler songe aussitôt à un débarquement en Grande-Bretagne. Ceci pose en tout premier lieu un problème de suprématie navale. Les Britanniques n'ont aucune confiance dans la parole du Führer. Ils craignent d'autre part que le gouvernement de Vichy finisse par se ranger du côté de l'Allemagne qui bénéficierait dès lors de l'aide précieuse de la flotte française, pratiquement intacte. Aussi, le 3 juillet 1940, la flotte anglaise de l'amiral Somerville ouvre-t-elle le feu sur les navires français basés à Mers-el-Kébir en Algérie, et que commande l'amiral Gensoul. Celui-ci avait refusé de gagner sous la contrainte un port britannique ou une base française des Antilles. Plusieurs navires sont coulés ou endommagés et 1 300 marins français trouvent la mort dans cet engagement. Quelques jours plus tard, le cuirassé *Richelieu* est attaqué à son tour et endommagé à Dakar. Vichy rompt aussitôt ses relations diplomatiques avec Londres. Mais dans la capitale britannique, le général De Gaulle qui a lancé dès le 18 juin un appel à la résistance et à la continuation de la lutte, commence à grouper autour de lui les premiers éléments des futures *« Forces françaises libres »*. Il commence d'autre part à rallier à la France libre quelques territoires d'outre-mer : l'A.E.F., le Cameroun, les possessions françaises du Pacifique, mais il échoue en septembre dans une tentative contre Dakar.

Pendant ce temps, Hitler déclenche contre l'Angleterre une bataille aérienne qui va durer jusqu'en 1941 mais dont la phase décisive se déroule entre le 8 août et le 7 octobre 1940. Pour lutter contre les vagues de bombardiers de l'aviation allemande, les Britanniques disposent de quelques centaines d'avions de chasse, de type *Spitfire*, qu'ils ont prudemment tenus en réserve lors de la campagne de France, et d'une arme secrète, le *radar*, qui leur permet de détecter les appareils ennemis avant leur arrivée et d'éviter ainsi la destruction au sol. Après les aérodromes et les ports du sud, c'est Londres qui subit de jour et de nuit les attaques incessantes de la *Luftwaffe*. Celle-ci perdra en quelques mois plus de 2 500 avions, sans réussir toutefois à détruire la force aérienne britannique, ni à entamer le moral de la population civile, stimulée par la détermination de Churchill (« Je n'ai à vous offrir que des larmes, du sang et de la douleur ; mais je ne capitulerai jamais »). Dès la mi-octobre, Goering suspend les bombardements à outrance et les projets d'invasion des îles britanniques sont abandonnés.

B. La bataille de l'Atlantique – Ne pouvant venir à bout de l'Angleterre par la conquête directe, les Allemands tentent de couper ses communications maritimes avec le reste

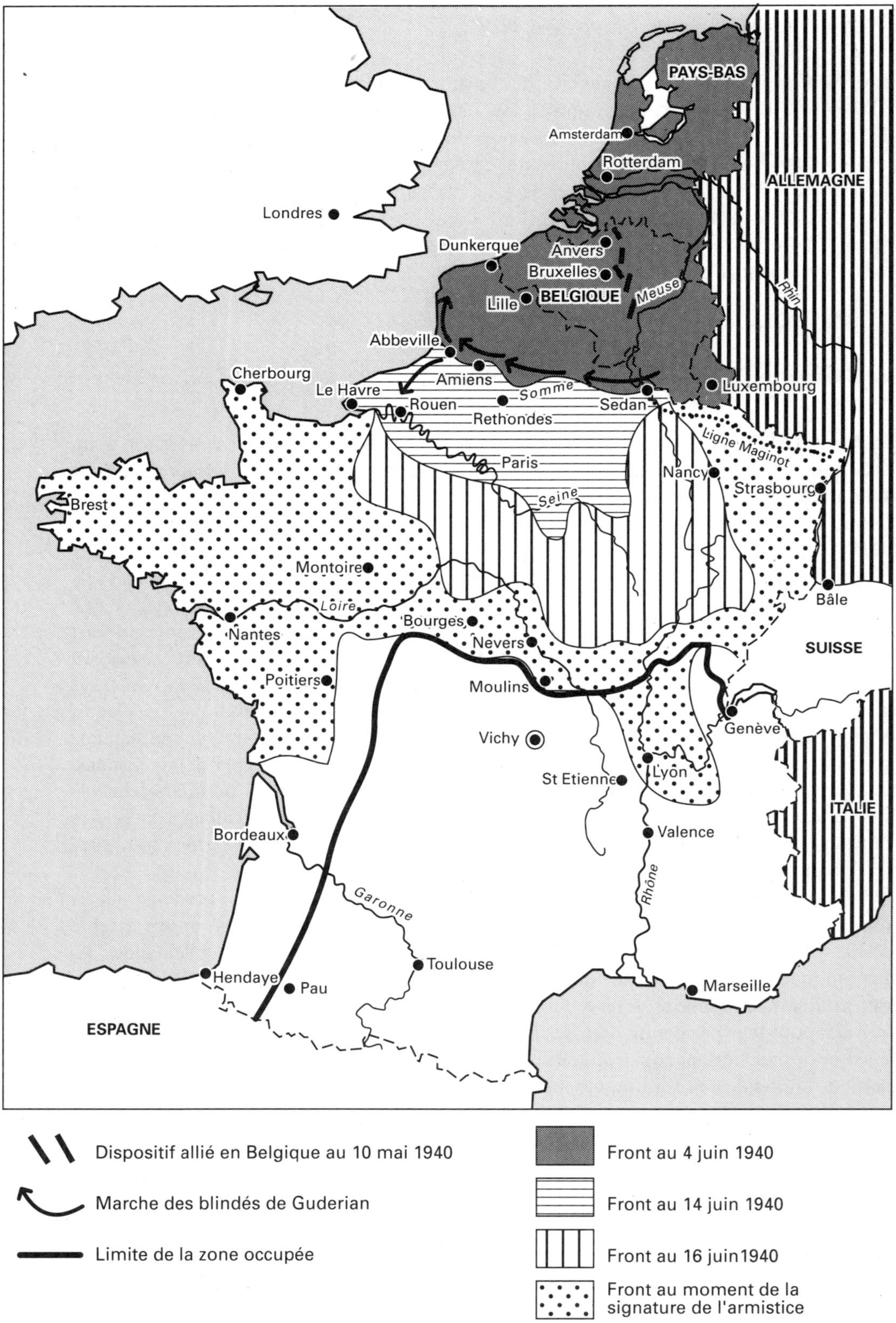

La campagne de France (mai-juin 1940)

du monde et de priver ainsi le Royaume-Uni des livraisons en armes, en matières premières et en produits alimentaires fournies par les neutres (notamment par les États-Unis) et dont il a un besoin absolu. Ils lancent contre les convois britanniques quelques grosses unités de surface, comme le *Bismarck*, coulé le 27 mai 1941, et surtout leurs sous-marins. Un millier de submersibles sont construits en quatre ans, et acheminés vers les bases pratiquement invulnérables de Norvège, de Brest, de Lorient, d'où ils partent en « meutes » de vingt ou trente – c'est la *Rudeltaktik* – pour attaquer les convois dans l'Atlantique et jusque dans l'océan Indien : les sous-marins de 1 500 tonnes, mis en service en 1941, ont un rayon d'action de près de 40 000 km. Les pertes alliées sont énormes : plus de 4,5 millions de tonnes envoyées par le fond en 1940 et en 1941, 800 000 tonnes coulées mensuellement en 1942. L'aide américaine et le perfectionnement des moyens de défense et de détection (*asdic*), permettent néanmoins à la Grande-Bretagne d'éviter l'asphyxie totale.

C. La bataille pour la Méditerranée – a) *Sur le plan diplomatique.* Hitler s'efforce de briser la puissance anglaise en Méditerranée et dans le Proche-Orient, clés de la route des Indes, et pour cela il tente de faire basculer dans son camp l'Espagne et la France de Vichy. Le 23 octobre 1940, il rencontre Franco à Hendaye, sans parvenir toutefois à obtenir du *caudillo* qu'il se joigne aux pays de l'Axe. C'est ensuite l'entrevue de *Montoire* avec le maréchal Pétain. Sous la pression de Pierre Laval, le chef de l'État français accepte le principe d'une « collaboration » avec le Reich. Mais Laval est renvoyé le 13 décembre 1940 et Vichy continue de négocier secrètement avec Londres. Il faut attendre l'arrivée de l'amiral Darlan à la tête du gouvernement vichyssois et la signature des *Protocoles de Paris* en mai 1941 (bases en Afrique et au Levant mises à la disposition des Allemands en échange d'aménagements aux clauses de l'armistice), pour qu'un nouveau pas soit franchi dans la voie de la collaboration militaire.

b) *L'enjeu méditerranéen.* Il reste donc à gagner la partie sur le plan militaire. *Sur mer*, plusieurs batailles, en particulier celle du cap Matapan en mars 1941, opposent la flotte britannique et celle de Mussolini, l'avantage revenant à la première. *La bataille aérienne et aéronavale* est plus indécise. Les Allemands utilisent massivement leurs *Stukas* pour attaquer les convois britanniques. Maîtres de la Crête à la fin mai 1941, ils parviennent à couper à peu près totalement les communications maritimes de l'adversaire, obligeant les convois à utiliser la route du Cap. Quant aux *opérations terrestres*, elles se déroulent dans plusieurs secteurs. *En Libye*, les Italiens progressent et parviennent à la fin de 1940 à s'avancer profondément en territoire égyptien. Ils sont repoussés au début de 1941 mais, en avril, l'intervention des troupes allemandes, commandées par le maréchal Rommel *(Afrika Korps)*, permet une nouvelle poussée vers Alexandrie et le canal de Suez. *En Irak*, les agents allemands réussissent à organiser un coup d'Etat contre les Anglais qui doivent intervenir militairement et occuper le pays, ainsi que la *Syrie* et le *Liban* où ils reçoivent l'appui des Forces françaises libres (mars-juillet 1941). *En Grèce*, c'est Mussolini qui prend l'initiative des opérations. Sans consulter Hitler (il ne lui annonce la nouvelle, le 28 octobre à Florence, que lorsque l'opération est déjà en cours), et parce qu'il commence à se sentir humilié par les succès de l'Allemagne, le Duce engage son pays dans une guerre mal préparée, et ceci contre l'avis des principaux chefs militaires. Partant d'Albanie, 200 000 Italiens prennent l'offensive fin octobre 1940 dans une région très accidentée et face à une armée vaillante, qui combat pour la défense de son sol. En moins d'un mois, les Grecs ont redressé la situation, chassé les Italiens de leur territoire et pénétré en Albanie. L'hiver 1940-1941 est particulièrement éprouvant pour les troupes italiennes et, au printemps, Mussolini doit, la mort dans l'âme, faire appel à son allié. En avril 1941, les Allemands interviennent à la fois en Yougoslavie, où le jeune roi Pierre II a pris la tête du mouvement d'opposition à la politique pro-allemande du régent Paul, et en Grèce. Il ne faut pas plus de deux semaines aux blindés du Reich pour venir à bout des deux petits États balkaniques.

III. De la guerre européenne à la guerre mondiale

A. L'invasion de l'URSS – a) *La collaboration germano-russe en Europe de l'Est.* L'opposition fondamentale entre les deux régimes, soulignée par Hitler dans *Mein Kampf,* devait tôt ou tard déboucher sur un affrontement. En août 1939, ce sont des considérations de *Realpolitik* qui ont prévalu : l'Allemagne évitait d'avoir à mener une guerre sur deux fronts et Staline obtenait un sursis lui permettant d'achever la préparation militaire de l'URSS. Mais la rapidité de la victoire allemande à l'Ouest met de nouveau face à face les deux grandes puissances d'Europe orientale. Et bientôt l'expansion allemande vers l'Est dans les Balkans se heurte à l'influence soviétique. Dès le mois de juin 1940, les Soviétiques exigent du gouvernement roumain la cession de la Bessarabie, perdue en 1918. En même temps, ils imposent dans les Pays Baltes des élections contrôlées qui leur permettent d'installer des gouvernements qui leur sont favorables et de procéder, en août 1940, à l'annexion des petits États baltiques. Pendant ce temps l'Allemagne contraint la Roumanie à céder la Dobroudja du sud à la Bulgarie et la Transylvanie à la Hongrie. En octobre 1940, les troupes allemandes pénètrent en territoire roumain et entraînent dans leur alliance le gouvernement du roi Carol, qui doit d'ailleurs abdiquer en faveur de son fils Michel. En septembre 1940 est signé entre l'Allemagne, l'Italie et le Japon, un *pacte tripartite* visiblement dirigé contre la Russie soviétique. La Hongrie, la Roumanie, puis la Bulgarie y adhèrent, devenant en fait de véritables satellites du IIIe Reich.

b) *La rupture.* Dès septembre 1940, Hitler a mis à l'étude un plan d'agression contre l'Union soviétique : le plan *Barbarossa.* Il s'agit d'abattre la puissance de l'URSS avant que celle-ci ait achevé sa préparation militaire. Après l'échec de négociations bipartites en novembre, les préparatifs allemands s'accélèrent. L'initiative malheureuse du Duce en Grèce retarde d'un mois l'invasion de l'URSS, et c'est le 22 juin 1941 que l'assaut est lancé contre le territoire soviétique. Plus de 150 divisions allemandes, dont 17 *panzerdivisionen,* et une quarantaine de divisions alliées – finlandaises, hongroises, roumaines, italiennes, en attendant la division espagnole et le contingent français de la LVF (Légion des volontaires français contre le bolchevisme) – prennent l'offensive contre les 150 divisions soviétiques.

B. L'entrée en guerre des États-Unis – a) *L'engagement progressif en Europe.* Après la défaite de la France, Roosevelt qui croit à l'inéluctabilité d'une guerre contre les dictatures prépare peu à peu son pays à celle-ci. Le *Selective Service Act* en septembre

1940, puis le *Victory Plan* en 1941 donnent aux États-Unis une armée de 9 millions d'hommes et prévoient pour 1942 la construction de 45 000 chars et de 60 000 avions. En même temps, le président américain apporte une aide de plus en plus importante aux Britanniques : livraison de 50 destroyers en septembre 1940, puis loi de *Prêt-Bail* en mars 1941 qui permet au chef de l'Exécutif de « prêter » des armes et des munitions aux pays dont la défense lui paraîtra nécessaire à la sécurité des États-Unis (ils rendront le matériel après la victoire ou le rembourseront). Le 14 avril 1941, Roosevelt rencontre Churchill à bord du *Prince of Wales*, au large des côtes de Terre-Neuve. Les deux hommes élaborent et signent la « Charte de l'Atlantique », qui fixe les buts de guerre des futurs alliés et affirme leur foi dans les principes démocratiques.

b) *Pearl Harbor.* C'est toutefois la politique agressive du Japon en Asie orientale et dans le Pacifique qui va précipiter les États-Unis dans la guerre. Depuis 1937, l'Empire nippon s'est lancé à la conquête de la Chine, dont il occupe les régions les plus riches. Son ambition est de dominer l'Asie du Sud-Est où il trouvera les sources de matières premières et les débouchés nécessaires à son économie. Après avoir essayé de négocier avec les États-Unis une acceptation de leur expansion, les Japonais se décident à la rupture lorsqu'ils constatent que Roosevelt durcit ses positions. Le président américain étend en effet à la Chine le bénéfice du « Prêt-Bail », gèle les crédits japonais aux États-Unis et met en place un embargo qui frappe notamment les produits pétroliers. Washington ayant fait savoir aux dirigeants nippons que cet embargo ne serait levé que lorsque les troupes japonaises auraient évacué la Chine et l'Indochine française (occupée en juillet 1941), le gouvernement du général Tojo réplique par la destruction sans avertissement de la flotte américaine, en rade de Pearl Harbor (dans les îles Hawaï), le 8 décembre 1941. Le 11 décembre, l'Allemagne et l'Italie déclarent à leur tour la guerre aux États-Unis. En quelques mois, le conflit d'abord localisé à l'Europe s'est donc étendu à toute une partie de la planète, mettant aux prises toutes les grandes puissances de l'époque.

Bibliographie

Henri Michel, *La Seconde Guerre mondiale*, Paris, PUF (Que sais-je ?), 1972 ; du même auteur : *La Seconde Guerre mondiale,* Tome XXI de l'Histoire générale des civilisations, Paris, PUF, 2 volumes ; Gordon Wright, *L'Europe en guerre, 1939-1945*, Paris, A. Colin (Coll. U), 1971 ; Marc Bloch, *L'étrange défaite*, Paris, 1946 ; Général Gamelin, *Servir*, Tome 1, *Les armées françaises de 1940*, Paris, 1946 ; Général A. Beaufre, *Le drame de 1940* ; Général Ch. de Gaulle, *Mémoires de guerre*, Tome I, *L'Appel, 1940-1942*, Paris, 1954 ; Winston Churchill, *Mémoires sur la Deuxième guerre mondiale*, 12 vol., Plon, 1948-1954 ; A. Latreille, *La Seconde Guerre mondiale, 1939-1945. Essai d'analyse,* Paris, Hachette, 1966 ; Y. Durand, *La France dans la Deuxième Guerre mondiale,* 1939-1945, Paris, A. Colin, 1989 ; J.-B. Duroselle, *L'Abîme, 1939-1945,* Paris, Imprimerie Nationale, 1982.

Plan

L'armée française en 1939

Introduction : De 1919 au milieu des années 30, l'armée française est universellement reconnue comme la première au monde. La spectaculaire bravade de Hitler, en mars 1935, remet brusquement en question cette prépondérance. Avant même qu'elle ait eu lieu, des voix s'étaient élevées en France pour stigmatiser l'inadaptation et l'archaïsme d'un instrument militaire qui ne correspondait plus ni aux acquis de certaines technologies de pointe, ni surtout aux nécessités d'une diplomatie fondée sur les alliances de revers. Ces voix se font plus nombreuses et plus pressantes à partir de 1936, sans parvenir à entamer l'optimisme et la routine de l'État-Major, de même que l'indifférence de l'opinion publique. Cette armée, encore très forte sur le papier à la veille de la guerre, était-elle ou non adaptée aux besoins d'un conflit moderne et capable de tenir en échec ou de vaincre les jeunes forces du IIIe Reich ? La disproportion démographique opposant 60 millions d'Allemands à 40 millions de Français, le déséquilibre économique favorable au Reich, rendaient-ils inévitable une victoire des armées hitlériennes ?

1. Les hommes

A. Les effectifs

a) *La troupe :* L'effectif de temps de paix comprend 560 000 hommes en 1930, mais il a sensiblement baissé au cours des années 1933 et 1934, du fait des « classes creuses ». En 1939, les effets du service de deux ans, le rappel en mars 1939 du contingent libéré en octobre 1938 (à l'exception des pères de famille qui seront rappelés en août), les efforts faits par Georges Mandel dans les colonies, permettent à la France de disposer à la veille de la mobilisation générale d'une force d'environ 1 million d'hommes. La mobilisation porte l'effectif à 5 millions d'hommes, pour 5,5 millions en Allemagne. Mais il est certain qu'à terme le Reich peut effectuer un effort beaucoup plus considérable.

b) *L'encadrement.* Le chiffre correspondant à la « loi des cadres » de 1928 était de 29 500 officiers. Mais au début de 1933 le Parlement avait, dans le cadre de la politique de déflation et de réduction du déficit budgétaire, voté une diminution de 5 000 officiers que l'État-Major parviendra d'ailleurs à ne pas exécuter. En juillet 1939, l'effectif atteint 33 800 auxquels viendront s'ajouter les 90 000 officiers de réserve mobilisables.

B. L'instruction

a) *Le contingent.* La proportion des « soldats de métier » constitue un point fort. On en dénombre 200 000 en juillet 1939, constituant pour la plupart les cadres subalternes. Ces cadres avaient une certaine valeur, notamment la pratique du commandement due à de longs séjours dans les pays d'outre-mer, parfois mal pacifiés, mais aussi des défauts (esprit de routine). Le principal point faible réside dans l'insuffisante instruction du contingent et surtout des officiers de réserve qui, du fait du service d'un an, n'avaient aucune pratique du commandement.

b) *Les officiers.* Des points forts : beaucoup plus d'expérience que le corps des officiers allemands, mais surtout une expérience des guerres coloniales, très différentes du type de conflit dans lequel s'engagent les deux belligérants. Très bonne formation physique et intellectuelle. Mais aussi des points faibles : insuffisance de la formation tactique et médiocre culture politique.

C. Situation des forces en mai 1940

101 divisions françaises, dont 3 cuirassées et une en voie de formation, 3 divisions mécaniques et 5 divisions légères de cavalerie.

2. Les forces matérielles

A. L'armement conventionnel

Pour *l'artillerie*, on observe une certaine supériorité numérique du côté français mais le matériel allemand a, à calibre égal, une portée plus grande. Fidélité au canon de 75, mais l'on y a ajouté deux canons de 105 et deux de 155. Par contre très grand retard dans la défense anti-aérienne.

Dans *l'infanterie*, la situation est beaucoup moins brillante. En avril 1940 sur 2 800 000 fusils d'infanterie, 35 000 sont d'un type récent (MAS 36 semi-automatique, cal 7,5 mm), 200 000 anciens fusils sont en voie de transformation. Tout le reste est du type 8 mm 1886 : arme très précise mais complètement inadaptée aux conditions du combat rapide. Même retard dans le domaine des mitrailleuses et fusils-mitrailleurs (modèles 1907 et 1915). Manque à peu près total de pistolets-mitrailleurs dont les soldats allemands sont très bien pourvus, mais supériorité française dans le domaine des mortiers. Infériorité française enfin en matière de *transmissions* et d'*intendance*.

B. Les armes nouvelles

a) *L'aviation*. Trop longtemps, l'État-Major de l'Air est resté fidèle à l'avion multiplace, lent et très armé, dont la Guerre d'Espagne à démontré la faible utilité face au chasseur-bombardier ou au bombardier en piqué, du type *Stuka*. En mai 1940, la France ne pourra aligner que 500 chasseurs et 90 bombardiers d'un type récent contre les 7 000 appareils modernes de la *Luftwaffe*. Surtout, les avions d'assaut font complètement défaut.

b) *Les chars*. L'armée française dispose de 3 000 chars environ en 1939, mais avec deux handicaps majeurs. 90 % sont des chars Renault ou Hotchkiss, assez modernes (1935) mais lourds, lents, armés de petits canons courts, conçus pour appuyer l'action de l'infanterie. Surtout ils sont dispersés sur toute la longueur du front. Cependant des efforts ont été faits. A la fin de 1939, il existait 2 divisions légères mécaniques et une en formation, et il y aura 2 divisions cuirassées en mars 1940. Mais ces divisions sont beaucoup plus faibles que leurs homologues allemandes (120 chars).

3. L'esprit et le commandement

Ici réside sans doute l'élément déterminant. En 1914, l'énergie des soldats, l'esprit d'initiative des chefs, le soutien inconditionnel de l'« arrière », avaient pu pallier le déséquilibre des forces et l'absence de plan d'ensemble. Il n'en sera pas de même en 1939.

A. L'arriere

L'image d'une France restée dans sa très grande majorité « munichoise », voire défaitiste, et par conséquent totalement différente de la France de 1914, est aujourd'hui à peu près universellement abandonnée. Certes, il existe de fortes minorités qui sont restées résolument pacifistes, ou qui pour des raisons idéologiques sont hostiles à la guerre dans laquelle la France se trouve engagée. Ce sont d'une part les communistes, troublés et divisés par l'attitude à adopter devant le pacte germano-soviétique, d'autre part l'extrême droite, dont certains éléments sont depuis longtemps favorables à l'Allemagne hitlérienne. Mais, comme l'indiquent entre autres signes les sondages effectués au cours de l'année qui précède le déclenchement de la guerre, la masse des Français se montre de plus en plus convaincue de l'inéluctabilité du conflit et en accepte l'idée, croyant majoritairement que la guerre sera courte et qu'elle sera victorieuse. Résignation sans doute, plutôt qu'enthousiasme patriotique, mais après tout nous savons grâce aux travaux de Jean-Jacques Becker (*1914. Comment les Français sont entrés dans la guerre*, Paris, Presses de la FNSP, 1977) que l'acceptation par l'opinion française de l'engagement dans la Première Guerre mondiale ne s'est pas faite dans l'euphorie décrite par certains.

B. Les combattants

La mobilisation s'est donc faite sans heurt et les cas de désertion ont été rares. On s'attendait à une guerre courte, or il ne se passe rien sur le front occidental et cette inaction de huit mois pèse sur le moral de la troupe, également démobilisée par les bruits d'arrangement possible avec Hitler.

C Le commandement

a) *Les hommes*. Quelques chefs de valeur, comme le général Georges ou le général Billotte. Mais le général en chef Gamelin (jusqu'au 19 mai 1940) est unanimement dénoncé par les témoins du « drame » de 1940 pour son incurie, son manque d'initiative et sa confiance sans mesure dans le système défensif français. Son successeur, Weygand, suscite des jugements plus nuancés, mais il arrivera de toute façon trop tard.

b) *Les conceptions.* Depuis 1918, la conception stratégique de l'État-Major français repose sur les trois points suivants : l'offensive est devenue difficile et demande des moyens matériels énormes ; le front défensif présente donc une grande valeur ; il permet d'attendre les résultats d'une puissante mobilisation industrielle. *Des novateurs* se sont élevés contre cette conception. Reprenant et développant certaines idées du capitaine britannique Liddle Hart, le lieutenant-colonel De Gaulle publie en 1934 *Vers l'Armée de métier* dans lequel il préconise la création d'une force blindée de 100 000 hommes, tous engagés, servant pour six ans dans ce corps d'élite, et 3000 chars disposés sur plusieurs échelons sur un front de 50 km. Malgré les campagnes de *L'Écho de Paris*, de *L'Époque*, de *L'Aube*, et l'action de Paul Reynaud, les idées de De Gaulle se heurtèrent à l'indifférence de l'opinion et à l'hostilité des milieux militaires et politiques.

Conclusion : Or, c'est une force cuirassée de dix divisions qui, entre le 13 et le 15 mai 1940, perce le front français dans la région de Sedan, la dispersion des blindés français et l'absence d'aviation d'assaut empêchant toute riposte efficace. Une fois la trouée faite, les faiblesses de l'armée française se révèlent brutalement : armements, effectifs et surtout commandement et esprit des combattants. C'est finalement une inadaptation totale à l'esprit et à la pratique de la guerre moderne qui se révèle en quelques jours.

Documents

1. *L'attaque contre la Pologne commentée par Adolf Hitler (mars 1940)*

« Si on avait encore repoussé le conflit de cinq à six ans, cela aurait sûrement été préférable pour l'Allemagne, mais vu l'état des choses en automne, une hésitation de l'Allemagne n'aurait conduit qu'à la conquête de Dantzig par la Pologne en hiver, car, pendant la saison du froid et de la neige, l'Allemagne n'aurait pas pu mener une guerre défensive contre la Pologne. La Pologne serait parvenue à une situation bien meilleure, les Anglais et les Français auraient réalisé leur plan au printemps, si bien que l'Allemagne aurait dû combattre tant à l'Est qu'à l'Ouest. C'est pour cette raison que le Führer, sans hésitation, avait attaqué la Pologne en automne. Il avait compté sur deux mois de guerre, un mois de combats effectifs et un mois d'efforts de déblaiement. En fait, on avait liquidé la Pologne en quinze jours. Le Führer avait ensuite eu l'intention d'attaquer aussitôt à l'Ouest car souvent, il y avait encore de belles journées en fin d'automne. Il est vrai qu'il avait, par la suite, attendu en vain l'arrivée du beau temps à l'Ouest... Tandis qu'il attendait, semaine après semaine, le beau temps qui n'arrivait pas, on avait complété l'armée... »
(Andreas HILLGRUBER, *Les entretiens secrets de Hitler*, Paris, Fayard, 1969)

2. *La passivité française pendant la « drôle de guerre vue par le chef de la force cuirassée allemande*

« Depuis la Grande Guerre nous avions appris à connaître et à estimer les Français, les considérant comme des soldats courageux et coriaces qui avaient défendu leur pays avec une énergie indomptable. Nous étions persuadés qu'ils feraient preuve du même comportement. Quant au Haut-Commandement, nous avions été fort étonnés qu'il n'eût pas profité du moment favorable pour attaquer, à l'automne 1939, quand le gros de l'armée allemande, et surtout l'ensemble des forces blindées, étaient retenus en Pologne. Nous ne pûmes à l'époque découvrir les raisons de cette abstention...

... En tout cas, la prudence de ce Haut-Commandement nous plongea dans la stupéfaction et suscita l'idée que l'autre camp caressait l'espoir d'éviter d'une façon ou de l'autre la passe d'armes sérieuse. L'attitude relativement passive des Français dans l'hiver 1939-1940 incitait à conclure que l'adversaire avait peu d'inclination pour cette guerre ».
(Général H. GUDERIAN, *Souvenirs d'un soldat*, traduit de l'allemand, Paris, Plon, 1954).

3. *Les responsabilités de la défaite française selon Charles De Gaulle : la faiblesse du pouvoir et la passivité des conceptions stratégiques françaises*

« Aussi, l'idée du front fixe et continu dominait-elle la stratégie prévue pour une action future. L'organisation, la doctrine, l'instruction, l'armement en procédaient directement. Il était entendu qu'en cas de guerre la France mobiliserait la masse de ses réserves et constituerait un nombre aussi grand que possible de divisions, faites non pas pour manœuvrer, mais pour tenir des secteurs. Elles seraient mises en position le long de la frontière française et de la frontière belge – la Belgique nous étant alors explicitement alliée – et y attendraient l'offensive de l'ennemi.

Quant aux moyens : tanks, avions, canons mobiles et pivotants, dont les dernières batailles de la Grande Guerre avaient montré qu'ils permettaient, déjà, la surprise et la rupture, et dont la puissance n'avait cessé de grandir depuis lors, on n'entendait s'en servir que pour renforcer la ligne et, au besoin, la rétablir par des contre-attaques locales. Les types d'engins étaient fixés en conséquence : chars lents, armés de pièces légères et courtes, destinés à l'accompagnement de l'infanterie et non point aux actions rapides et autonomes ; avions de chasse conçus pour la défense du ciel, auprès desquels l'armée de l'Air comptait peu de bombardiers et aucun appareil d'assaut... Au surplus, le front était, à l'avance, tracé par les ouvrages de la ligne Maginot que prolongeaient les fortifications belges. Ainsi serait tenue par la nation en armes une barrière à l'abri de laquelle elle attendrait, pensait-on, que le blocus eû usé l'ennemi et que la pression du monde libre l'acculât à l'effondrement. »

(Charles De Gaulle, *Mémoires de guerre : I/L'Appel, 1940-1942*, Paris, Plon, 1954)

4. *Armistice ou capitulation ?*

« Si l'on refusait tout armistice, il fallait bien admettre que ce qu'il resterait d'armée capitulerait. On ne paraît pas avoir songé à une lutte jusqu'au bout où la reddition des soldats se ferait à titre personnel, ou, mieux, par un cessez-le-feu unilatéral, comme cela avait été le cas en Hollande, et non par la signature d'une capitulation officielle impliquant les généraux. Pétain et Weygand en tête avaient horreur de toute capitulation, car elle est interdite et punie de mort par le Code de justice militaire, et ils paraissaient confondre le cessez-le-feu unilatéral et la capitulation – négociée avec l'ennemi. Dans ces suggestions, ils voyaient une attaque sournoise des civils contre les militaires.

A leurs yeux l'armistice présentait moins d'inconvénients. L'armistice est généralement signé par les militaires, mais *au nom du gouvernement*. Ainsi l'honneur des généraux resterait-il sauf. Au surplus, même dans les conditions dramatiques où se trouvait la France, elle garderait, grâce précisément à la flotte et à l'« Empire », quelques atouts pour la négociation. L'inconvénient était qu'au lieu de « liquider la bataille » sur le seul territoire métropolitain, l'armistice arrêterait les opérations pour l'ensemble des forces de la France. Si on le signait sans l'accord des Anglais, on manquerait à la parole solennelle donnée le 28 mars 1940.

Aussi voit-on se superposer au dilemne *capitulation-armistice* trois thèmes qui vont tout obscurcir. Le premier est la *croyance en une rapide défaite anglaise*. Si l'énorme armée française a été si aisément battue, comment croire que l'Angleterre, avec peu de troupes, avec une aviation inférieure à la Luftwaffe, pourrait tenir bien longtemps ? Et même si Churchill prétend le contraire, ne peut-il être renversé par la force du courant pacifiste ? Alors, à quoi servirait-il d'ajouter de nouveaux malheurs et de nouvelles catastrophes à ceux dont la France est abreuvée ?

Le second est plus sournois. *Nous avons certes donné notre parole, mais de son côté l'Angleterre a-t-elle fait son devoir ?* Elle ne nous a envoyé qu'une dizaine de divisions. Elle a refusé de baser en France la plupart de ses escadrilles. Elle a rembarqué à Dunkerque les Britanniques avant les Français, sans oublier l'entre-deux-guerres, Waterloo, le Canada, l'Inde, et Jeanne d'Arc. Devant une pareille défaillance, l'accord signé inconsidérément par Paul Reynaud peut être déchiré. Ce ne serait que justes représailles.

La troisième idée qui hante certains esprits est que *l'armée allemande étant irrésistible, aura tôt fait, une fois les Pyrénées atteintes, de traverser l'Espagne*, de franchir le détroit de Gibraltar où, sur la côte africaine, elle disposerait d'un territoire ami, le Maroc espagnol. De là, l'Afrique française du Nord, le reste de l'Afrique, à peu près sans armes, s'écrouleraient à leur tour, et la Wehrmacht atteindrait rapidement Suez, centre vital de l'Empire britannique.

Pour vouloir continuer la guerre, il faut, comme De Gaulle, croire que l'Angleterre tiendra, qu'il s'agit du début d'une guerre mondiale, qu'un jour lointain viendra où la France, combattant aux côtés des

vainqueurs, retrouvera son territoire et sa grandeur. *Il faut donc « liquider la bataille », en France, mais ne pas « liquider la guerre ».*
(Jean-Baptiste DUROSELLE, *L'Abîme, 1939-1945*, Paris, Imprimerie Nationale, 1982, p 161-162).

5. *La Bataille d'Angleterre évoquée par un ancien pilote de la RAF.*

« Les 5 escadrons de l'escadre de Douglas Bader rencontrèrent les bombardiers, déjà fortement désorganisés, au-dessus des faubourgs Sud de Londres.

– Quelle pagaille ! Je n'ai jamais rien vu de pareil ! se rappelle Douglas.

Pris dans le tourbillon de la chasse, pas question pour les Allemands de viser ou de concentrer leur action. Les bombes s'éparpillèrent sur des kilomètres, de Tooting à Lambeth, de Lewisham à Kensington, tandis que les gens, sortant des services religieux, détalaient vers les abris. A près de 8 000 mètres d'altitude, Johannes Trautloft se dit : « Qui se douterait que c'est dimanche, si la radio ne l'avait pas annoncé ? »

Une bombe de gros calibre tomba sur Buckingham Palace même, une autre sur la pelouse du palais royal. Dans le ciel, le sergent Holms, du 504ᵉ, mitraillait un Dornier qui explosait et, par contrecoup, mettait son Hurricane en vrille. Pendant que le Dornier crevait le toit de la gare Victoria, son équipage atterrissait en parachute sur le terrain de cricket de Kenington... Pour Red Tobin, du 609ᵉ, ce fut le jour le plus dur de toutes ces semaines de combat. Red mitrailla un ME 109, « un de ces oiseaux à bec jaune » ; puis, après avoir descendu un Dornier dans le sud de Londres, il vit un Spitfire en feu dégringoler en vrille... »
(Peter TOWNSEND, *Un duel d'aigles. RAF contre Luftwaffe*, Paris, Laffont, 1969)

20 La Seconde Guerre mondiale : la phase mondiale (juin 1941-août 1945)

I. Les victoires de l'Axe (1941-1942)

A. Sur le front de l'Est – a) *Premiers succès de l'opération « Barbarossa ».* Fondé sur l'effet de surprise, le *Blitzkrieg* paraît une nouvelle fois réussir pendant l'été et l'automne 1941. Dès les premières heures de la guerre, l'aviation soviétique – du moins les appareils les plus modernes – est détruite au sol. La *Wehrmacht* a été divisée en trois groupes d'armées placées sous le commandement suprême de von Brauchitsch. Il n'y a pas de véritable manœuvre d'ensemble entre ces trois groupes, bien qu'en apparence s'esquisse un gigantesque mouvement d'enveloppement par les ailes. En fait, chaque groupe exerce une action autonome visant à disloquer l'Armée Rouge dont les Allemands ont d'ailleurs sous-estimé les qualités manœuvrières. *Au nord*, les armées de von Loeb s'emparent des Pays Baltes et viennent mettre le siège devant Léningrad où elles reçoivent l'aide des Finlandais, qui ont repris les hostilités contre l'URSS. *Au sud*, les forces de von Runstedt obligent les troupes soviétiques, commandées par le maréchal Boudienny, à opérer une retraite stratégique, d'ailleurs fort bien réussie, avant de les déborder et d'occuper Kiev et le bassin du Donetz. Le *groupe du centre* est le plus important. Il est placé sous les ordres de von Bock et l'armée motorisée de Guderian s'y trouve intégrée. C'est lui qui doit livrer les batailles les plus dures : celles de Bialystock et de Minsk au tout début de l'été, celles de Viasma et de Briansk en octobre. Autant de victoires pour l'armée allemande qui se trouve le 20 octobre à cent kilomètres de Moscou. Les Russes ont laissé au cours des premières semaines de la guerre plus de 300 000 prisonniers et 1 500 chars, et ont perdu 2 000 avions.

b) *Coup d'arrêt soviétique et nouvelle offensive allemande.* Face aux 150 divisions d'infanterie allemandes, au 30 *Panzerdivisionen*, aux 3 000 avions modernes, les Soviétiques ne manquent ni d'hommes ni de matériel. Ils ont engagé dès 1941 quatre millions de soldats dans la bataille et disposent d'une artillerie puissante (mais peu mobile) et d'une aviation nombreuse (6 000 appareils dont la plupart il est vrai sont périmés). Mais les engins modernes (chars T 34, lance-fusées *Katiouchas* ou « orgues de Staline ») sont encore à l'état de prototypes ou en nombre insuffisant. Surtout l'Armée Rouge, dont l'encadrement a été fortement ébranlé par les purges de 1938, manque d'expérience et de formation. Les infrastructures (routes, voies ferrées, aérodromes) sont déficientes et inadaptées aux besoins des armées modernes. Enfin, le haut-commandement a commis une faute grave en dispersant ses troupes sur toute la longueur de la frontière au lieu de les concentrer pour une action immédiate. Les Soviétiques, qui n'ont pas su tirer la leçon des campagnes de Pologne et de France, s'attendaient à une bataille sur un front continu, dans laquelle l'infanterie et l'artillerie auraient joué le rôle principal. Comme les Franco-Britanniques en mai 1940, ils ont été pris à contre-pied par l'offensive-éclair des *Panzer.*

Pourtant les succès éclatants de la *Wehrmacht* au cours des quatre premiers mois de la guerre ne suffisent pas à emporter la décision. L'immensité de l'espace russe ne permet pas à la force cuirassée d'atteindre en quelques étapes les centres vitaux de l'URSS. La médiocrité de l'infrastructure joue également contre l'armée allemande, de même que sa mauvaise connaissance du terrain. Les Russes, qui combattent sur leur sol, avec le sentiment de défendre leur pays contre l'anéantissement pur et simple, donc avec une énergie farouche, pratiquent la tactique de la « terre brûlée » et mènent contre l'envahisseur une guerre de harcèlement opérée par de petites unités mobiles de fantassins ou par des bandes de partisans. Enfin l'arrivée brutale de l'hiver (20 novembre), venant après les difficultés infligées aux unités mécaniques par les boues d'automne, bloque net la machine du *Blitzkrieg,* obligeant les Allemands à stopper leur avance, et même à reculer (de près de 200 kilomètres devant Moscou) en abandonnant aux Soviétiques un matériel considérable.

L'offensive de la *Wehrmacht* reprend en mai 1942 dans la partie méridionale du front, les Allemands cherchant à atteindre le pétrole du Caucase, de manière à priver l'armée et l'aviation soviétiques de carburant. En juin, une triple offensive est lancée à partir du Donetz. La première vers le nord-est, atteint le Don et Voronej. La seconde, vers l'Est, jusqu'à Stalingrad. La troisième, en direction du sud-est, parvient au pied du Caucase et aux puits de pétrole de Grosnyi.

B. Dans le Pacifique – a) *La conquête japonaise.* L'attaque-surprise par les forces aéro-navales nippones, le 7 décembre 1941, de la base américaine de Pearl-Harbor, a été catastrophique pour les États-Unis. Les avions lance-torpilles et les bombardiers japonais ont en effet détruit 8 cuirassés, 3 croiseurs, diverses unités de surface plus modestes et plus de 200 avions. Seuls ont échappé à la catastrophe 3 des 6 porte-avions dont disposait la marine américaine. Disposant ainsi provisoirement de la maîtrise de la mer et des airs, les Japonais vont pouvoir lancer des offensives foudroyantes contre les pays de l'Asie du Sud-Est et les îles de la Sonde, faiblement défendus par des garnisons britanniques. Ils bénéficient d'ailleurs fréquemment de l'aide des populations indigènes qui voient en eux des hommes de couleur venus les libérer du joug colonialiste.

Maîtres de l'Indochine et du Siam, occupés dès les premières semaines de la guerre, les troupes nippones s'emparent de la Malaisie et de la Birmanie, coupant les voies de ravitaillement de Chiang Kaï-shek et menaçant directement les frontières orientales de l'Inde. La chute de Singapour, le 15 février 1942, leur ouvre la route des Indes néerlandaises. En deux mois sont occupés Bornéo, Célèbes, les Moluques, Sumatra, Bali, Timor et Java. C'est ensuite le tour des Philippines, qui tombent après de durs combats livrés par le général américain Mac-Arthur et un siège de deux mois de l'îlot de Corregidor (avril 1942). Enfin les Japonais se rendent maîtres de quelques-unes des positions insulaires et des bases qui défendent l'espace américain : Guam (Mariannes), Wake, l'archipel Bismarck, les îles Salomon. A la fin de 1942, ils occupent les trois quarts de la Nouvelle-Guinée, dernier bastion allié avant l'Australie.

b) *La « sphère de coprospérité » japonaise.* En même temps qu'ils étendent leur autorité sur la plus grande partie de l'Asie du Sud-Est et sur les archipels du Pacifique, les Japonais organisent leurs conquêtes autour du *Grand Japon*, qui comprend l'archipel nippon, Formose et la Corée. Les *pays protégés* conservent théoriquement leur souveraineté et gardent un gouvernement propre, lié au Japon par un traité d'alliance qui en fait dans la réalité de véritables satellites de Tokyo : ce sont la Mandchourie (devenue Mandchoukouo), la Mongolie intérieure, le Siam, la Birmanie, les Philippines, la Chine de Nankin. En Malaisie et en Indonésie, les mouvements nationalistes ne paraissent aux Japonais ni assez puissants ni assez unifiés pour que leur soit concédée cette fiction de souveraineté. Aussi ces possessions néerlandaises et britanniques sont-elles purement et simplement transformées en *colonies d'exploitation* auxquelles est promise, dans un avenir indéterminé, l'indépendance politique. L'*Indochine française* enfin, qui a été occupée en vertu d'un traité, conserve son administration coloniale, désormais placée sous la direction militaire et économique du Japon.

Très vite, il apparaît qu'en fait de « libération » des peuples colonisés et d'insertion dans une « sphère de coprospérité » fonctionnant dans l'intérêt de tous ses membres, les territoires occupés par les Japonais sont considérés par ces derniers comme relevant de leur mouvance directe. Derrière la façade du discours libérateur et de l'appui apporté aux notables locaux, ou aux administrateurs choisis par eux parmi les jeunes gens les plus hostiles à l'Occident, en échange de leur « collaboration » sincère avec les occupants, ces derniers imposent aux pays de la « Grande Asie japonaise » une tutelle de type impérialiste. L'accent est mis sur la diffusion de la langue japonaise, le culte de l'empereur et surtout sur l'exploitation économique des territoires conquis auxquels est assignée la mission de nourrir les populations et les soldats du « Grand Japon » et de fournir des matières premières à son industrie de guerre.

En Afrique – Tandis que les troupes britanniques chassent les Italiens d'Éthiopie, l'*Afrika Korps* de Rommel connaît des fortunes diverses. En avril 1941, il se trouve aux portes de l'Égypte. Mais il doit, en octobre-novembre de la même année, abandonner la Cyrénaïque à la suite d'une contre-offensive anglaise. En mai 1942 les troupes de Rommel repartent à l'attaque et parviennent à 60 kilomètres d'Alexandrie, que la flotte britannique doit évacuer. L'Egypte et le canal de Suez sont menacés. Les nationalistes s'agitent et prennent contact avec les Allemands, tandis que Mussolini s'apprête à faire une entrée triomphale au Caire. Mais l'allongement des lignes de ravitaillement et l'usure du matériel privent Rommel de l'essence et des engins blindés dont il a besoin pour franchir victorieusement la dernière étape. La résistance que lui opposent à *Bir Hakeim* les forces françaises libres du général Koenig vont permettre aux Britanniques de fixer le front à *El Alamein.*

II. L'Europe hitlérienne en 1942 (Cf Plan en annexe)

III. Les nouvelles conceptions stratégiques et tactiques

A. La stratégie – a) *Du côté de l'Axe.* Après l'échec de la bataille d'Angleterre, Hitler pense venir à bout des Britanniques en remportant la bataille de l'Atlantique et en se rendant maître de la Méditerranée. Mais il lui faudrait, pour exécuter ce plan, la totalité de ses forces aériennes et terrestres. Or il est, depuis juin 1941, engagé contre l'Union soviétique. Dès lors, la victoire de l'Est devient la priorité absolue. Les Russes battus, le Reich pourra ensuite se retourner contre ses adversaires occidentaux, ce qui implique un succès rapide sur les Soviétiques. La résistance acharnée que ceux-ci opposent à l'avance de la *Wehrmacht* remet tout en question et, à partir de l'hiver 1942-1943, les Allemands cessent d'avoir l'initiative des opérations. Il leur a manqué assurément un véritable plan d'ensemble et ils se trouvent réduits à des improvisations successives en face d'une évolution qu'ils n'avaient pas prévue. De même il a manqué aux trois puissances de l'Axe de coordonner leurs efforts.

b) *Les Alliés* ont au contraire réalisé très tôt cette coordination et pensé la guerre dans son ensemble. Dès le mois de décembre 1941, Roosevelt et Churchill, assistés de leurs principaux collaborateurs militaires, se sont rencontrés à bord du *Potomac*, dans l'Atlantique. Ils y ont pris deux décisions capitales. D'une part l'unification stratégique, par l'établissement d'un organisme groupant les « chefs des États-Majors alliés ». D'autre part, la décision de faire porter l'essentiel de leur effort d'abord contre l'Allemagne et ensuite seulement contre le Japon. En même temps, des négociations avec l'ambassadeur des Soviets à Washington, Litvinov, aboutissaient à la décision des Anglo-Saxons d'apporter une aide matérielle massive à l'URSS et d'ouvrir, aussitôt que possible, un *« second front »* en Europe occidentale.

Il faut cependant marquer les limites de cette coopération interalliée. D'une part, les Russes devront attendre l'été 1943 pour que soit opéré un débarquement en Italie, en juin 1944 pour l'établissement d'un véritable « second front » en Normandie. D'autre part de sérieuses divergences se sont manifestées entre les conceptions stratégiques des Britanniques et celles des Américains. Les premiers, conformément à une tradition militaire fondée sur la faiblesse des effectifs et la puissance de la flotte, sont partisans d'une « stratégie périphérique ». Ils désirent attaquer l'ennemi aux points où il est le plus faible, c'est-à-dire en Méditerranée, et pour cela ils comptent s'emparer de l'Afrique du Nord, puis de l'Italie et des Balkans. Les Américains – en particulier le général Marshall – leur opposent une « stratégie de concentration », visant à battre l'ennemi là où il est le plus fort, et ils songent à effectuer, dès 1943, un grand débarquement sur les côtes françaises. Pendant les deux premières années de la coopération interalliée, les Britanniques supportant la plus lourde part de l'effort de guerre en Europe font prévaloir leurs thèses et imposent à leurs partenaires le principe d'un débarquement en Afrique du Nord, puis en Italie. Mais, dès la fin de 1943, ce sont les Américains qui engagent les effectifs les plus importants. Dès lors, ce sont leurs conceptions qui dominent. Elles vont aboutir à l'opération *Overlord* de juin 1944.

B. Les innovations tactiques – a) *Les débarquements.* Ils constituent la grande nouveauté de cette seconde phase du conflit. Les tentatives faites par les alliés au cours de la Première Guerre mondiale (dans les Dardanelles en 1915) et pendant la phase européenne du second (Narvik), ainsi que le succès allemand en Crête avaient montré la nécessité de posséder un matériel de transport et de débarquement parfaitement adapté et d'assurer la protection des éléments d'assaut par une maîtrise absolue de la mer et surtout des airs. Grâce au perfectionnement rapide des engins de débarquement : *landing* *ship tanks*, chalands à deux étages pouvant naviguer en haute mer et s'échouer tout près du rivage, camions et chars amphibies, éléments de ports artificiels pouvant être montés en quelques heures, etc., les Alliés pourront, à partir de 1942, effectuer en Europe et dans le Pacifique, au prix de fortes pertes certes mais avec le plus grand succès, une cinquantaine d'opérations amphibies. En même temps, reprenant et amplifiant les méthodes employées en Norvège et en Crête, les Anglo-Américains vont utiliser massivement les *troupes aéroportées* (parachutistes, planeurs) pour établir des « têtes de pont » sur les arrières de l'ennemi.

b) *Les batailles terrestres.* Le *Blitzkrieg* avait parfaitement réussi en France, en Pologne et pendant la première phase de la guerre contre l'URSS, sur des espaces limités pas trop éloignés des bases de départ de la force cuirassée, mais il exigeait une victoire rapide. Au fur et à mesure que la guerre se prolonge et que la *Wehrmacht* s'éloigne de ses bases, le ravitaillement des troupes motorisées devient de plus en plus difficile. Il faut à plusieurs reprises les arrêter pour assurer leur approvisionnement en vivres et en carburant (Guderian attendra deux mois à Smolensk). Ceci modifie d'autant plus les données de la bataille qu'à la tactique de la « guerre-éclair », les Soviétiques opposent celle de la « terre brûlée ». Les récoltes, les usines, les barrages, les mines, puis les puits de pétrole sont détruits. A partir du printemps 1942 les Allemands vont essayer de s'adapter aux nouvelles conditions de la guerre. La tactique du *Mot Pulk* (point motorisé) vise à rassembler dans de grandes unités autonomes des divisions d'infanterie, des unités d'artillerie, une force aérienne, des services de ravitaillement et plusieurs *Panzerdivisionen* dont la composition a été modifiée – deux régiments d'infanterie au lieu d'un, davantage d'artillerie tractée mais moins de chars – et dont l'emploi tend à redevenir classiquement celui d'une force d'appui. Et ils lancent ces groupes autonomes non plus dans des percées restreintes, comme ils l'ont fait à Sedan, mais dans de puissantes attaques frontales destinées à attirer sur le front les réserves ennemies afin d'épuiser l'adversaire. C'est, dans une version modernisée, le retour à la « guerre d'usure » expérimentée par l'armée allemande en 1916 devant Verdun.

Mais, de l'instant où tout n'est plus sacrifié à la mobilité et à la rapidité d'exécution, l'infanterie retrouve un rôle primordial et les engins blindés reprennent leur fonction de soutien des troupes à pied. Or, à ce jeu, les Allemands ne sont pas les plus forts. Bien adaptée aux conditions climatiques du terrible hiver russe, soutenue par une artillerie considérable (un canon tous les dix mètres lors des ultimes offensives sur la Vistule et sur l'Oder), par une aviation très performante et par des chars qui n'hésiteront pas à s'enterrer pour offrir une moindre vulnérabilité, l'infanterie soviétique manifestera sa supériorité sur celle de la *Wehrmacht*. Là encore les offensives de l'Armée Rouge marqueront le retour à des conceptions tactiques traditionnelles : offensives « en tiroir » (déjà utilisées par Foch en 1918), mouvements de débordement par les ailes, attaques frontales à la suite de préparations d'artillerie absolument sans précédent par leur ampleur et leur caractère meurtrier, etc. Il faut attendre la campagne de Normandie et la percée d'Avranches, en juillet 1944, pour voir à nouveau, sur un espace restreint et avec un soutien logistique de tout premier ordre, réussir la percée rapide des blindés.

c) *L'arme aérienne.* Les Allemands avaient en 1940 inauguré l'emploi massif des avions d'assaut en une force aérienne tactique, capable de clouer sur place les forces de l'adversaire. A partir de 1943, ce sont eux qui, sur tous les fronts, ont à subir les attaques des chasseurs-bombardiers et des bombardiers légers alliés (le *Thunderbolt* américain, le *Mosquito* britannique, le *Stormovik* soviétique). En même temps, les Anglo-Américains généralisent la pratique du *bombardement stratégique*, destiné à la destruction des forces industrielles de l'adversaire. Le *Lancaster* de la RAF, le *Liberator*, puis les « forteresses » et « super-forteresses » volantes de l'aviation américaine, capables de porter jusqu'à 5 000 km de leurs bases des bombes de 5 et 10 tonnes et groupés en immenses flottes aériennes, procèdent à la destruction des grands centres industriels ennemis. Il s'agit également de briser la volonté de résistance des populations civiles pour faire plier l'adversaire, comme ont tenté de le faire les Allemands lors de la « bataille d'Angleterre ». C'est à cette fin que sont organisés, au cours de la dernière phase de la guerre européenne, les raids de terreur contre les villes allemandes, en particulier sur Dresde en février 1945 (au moins 80 000 morts), et surtout que sont utilisées par les Américains les deux bombes atomiques lancées en août 1945 sur les villes japonaises d'Hiroshima et de Nagasaki, faisant plusieurs centaines de milliers de victimes et contraignant l'Empire nippon à la capitulation. Peu de temps auparavant, les Allemands avaient dans le même but mis au point et utilisé contre l'Angleterre de nouvelles « armes de représailles » : fusées du type V1 (500 km-h, 1 tonne d'explosif) et V2 (5 000 km-h) téléguidées, trop tard cependant pour empêcher la victoire des alliés.

d) *Sur mer.* Ici, les deux innovations importantes sont l'utilisation de « meutes » de sous-marins (*Rudeltaktik*) et surtout le rôle grandissant des *porte-avions* qui font des batailles navales du Pacifique des duels à distance dans lesquels l'action essentielle est celle des avions embarqués, puis celle des « avions-suicides » (*kamikaze*) japonais. Il devient dès lors primordial de détecter de loin l'approche des ennemis. Tel est le but du *radar* pour les avions et bâtiments de surface et de l'*asdic* pour la détection des submersibles.

IV. Le reflux (automne 1942-printemps 1944)

A. La mobilisation économique – Si l'espoir change de camp à la charnière des années 1942 et 1943, ce n'est pas seulement parce que la « Grande Alliance » peut aligner sur les différents fronts des effectifs plus nombreux que ceux dont disposent les pays de l'Axe. C'est aussi et surtout parce que la mobilisation des économies, mises au service d'une *guerre totale*, fait pencher la balance des forces matérielles du côté des adversaires de l'Axe.

a) *Ches les alliés occidentaux.* Les Britanniques ont donné l'exemple de ce que pouvait être la mobilisation de toutes les forces vives d'un pays au service de l'effort de guerre. Dès la fin de 1941, une loi de « conscription industrielle » a été adoptée dont les Britanniques acceptèrent, avec un civisme sans faille (et en échange de vastes réformes sociales : le « Plan Beveridge »), les lourdes conséquences : rationnement, fiscalité accrue, longues journées de travail dans les usines, diminution du niveau de vie, etc. Bien que le tiers de la main-d'œuvre soit employée pour la guerre à la fin de 1944 – ce qui limite le nombre d'hommes valides pouvant être envoyés sur les divers théâtres d'opérations – la production d'armes ne peut dépasser un certain plafond, qui est celui des capacités de l'industrie britannique. Celle-ci produit en 1943, 7 500 chars et 26 000 avions, mais ces chiffres baissent un peu en 1944. Au total, 100 000 avions, 25 000 chars, un million de véhicules militaires et 10 millions de tonnes de bâtiments en tout genre sortiront néanmoins des usines et des chantiers du Royaume-Uni entre 1939 et la fin de 1944.

Mais surtout, c'est l'effort accompli par les États-Unis – devenus en 1942, selon l'expression de Roosevelt, « l'arsenal des démocraties » – qui va renverser le rapport des forces matérielles et modifier l'évolution du conflit. Après Pearl Harbor, l'improvisation d'une grande industrie de guerre s'opère par le biais d'un dirigisme souple. On met en place des « agences spéciales » pour la répartition des matières premières, ainsi qu'un « Conseil de la mobilisation de guerre » (*Office of War Mobilization*) pour organiser la production. Ce *Victory Programm* aboutit à un boom économique considérable et permet bientôt non seulement d'alimenter la machine de guerre américaine mais aussi d'approvisionner les alliés en armements de toutes sortes, en application du « Prêt-bail » (16 % de la production totale seront ainsi envoyés vers les pays amis). En 1942 et 1943 seront ainsi produits par les usines américaines respectivement 60 000 et 125 000 avions, 40 000 et 75 000 chars, soit deux fois plus que les trois autres principaux belligérants réunis.

b) *Du côté soviétique.* Depuis 1938 (début du troisième plan quinquennal), l'URSS a entrepris de développer vers l'Est son potentiel industriel, en direction de zones moins vulnérables à une attaque venant de l'Ouest. Des voies ferrées et des usines ont ainsi été construites au-delà de l'Oural, et en 1941 près de 40 % de l'acier soviétique viennent de ces nouvelles régions industrielles. L'invasion allemande accélère ce transfert des pôles économiques vers les régions orientales de l'Union. De juillet à novembre 1941, 1 500 unités de production sont démontées, transportées et reconstruites, tandis que 10 millions de travailleurs sont déplacés et qu'il est procédé à une mobilisation totale de la population, les femmes représentant en 1942 53 % des actifs. Il en résulte, en dépit des goulots d'étranglement traditionnels de l'économie de l'URSS, une forte croissance de la production. En 1942 et 1943, l'industrie de guerre produit 2 000 chars par mois, tandis que la production d'avions passe de 1 000 à 3 000 unités mensuelles. A quoi s'ajoutent les importantes livraisons d'armes, de munitions et de matériels divers fournis par les Américains au titre du « Prêt-bail ».

c) *En Allemagne.* La résistance soviétique, puis l'entrée en guerre des États-Unis, ont obligé le Reich à convertir son économie, en une économie de guerre contrôlée par le pouvoir, ce que ni les convictions du Führer, ni l'hostilité des chefs de la Wehrmacht n'avaient permis de réaliser avant le printemps 1942. A partir de cette date, Albert Speer, successeur de Fritz Todt à la tête du Ministère d'État aux Armements, impose son hégémonie en la matière. Un conseil restreint de planification, chargé de répartir les matières premières, est mis en place et la production d'armements triple au cours des trois dernières années de la guerre. Mais la multiplicité et la concurrence des pôles de pouvoir, qui constituent l'une des spécificités du IIIe Reich, freine le développement de l'effort de guerre. La SS de Himmler édifie son propre empire économique. La Luftwaffe de Goering ne se soumet à l'autorité du ministre d'État qu'en 1944. Speer et Sauckel s'opposent au sujet de l'emploi de la main-d'œuvre réquisitionnée en Europe : le premier veut l'employer sur place, le second la faire venir en Allemagne. En juin 1944, Speer persuade la Führer de s'orienter vers une production massive de produits standardisés, mais en octobre de la même année l'institution du *Volksturm* (mobilisation de tous les hommes de 15 à 60 ans dans l'armée) rend ce choix inapplicable. Néanmoins, le Reich parvient à produire 20 000 avions et 25 000 chars en 1943, 27 000 avions et 38 000 chars en 1944, tandis qu'apparaissent au début de 1945 les premiers avions à réaction : trop tard pour modifier le sort des armes.

B. En Russie – L'armée de von Paulus avait atteint *Stalingrad*, sur la Volga, avec mission d'y attirer et d'user les réserves soviétiques. Or, à la mi-novembre, Joukov lance deux contre-offensives : l'une au nord de la ville, dans la région de Voronej, l'autre au sud, afin d'envelopper l'armée de von Paulus. Ce dernier aurait pu se replier en toute hâte vers l'ouest, mais Hitler lui donne l'ordre de rester sur place. Encerclés, les Allemands résisteront pendant deux mois avant de capituler le 2 février 1943 à la suite de combats acharnés. Ce « Verdun russe » coûtait à la Wehrmacht plus de 300 000 hommes, tués ou prisonniers. Au printemps et au début de l'été 1943, les Allemands tentent de reprendre l'initiative. En juillet, ils attaquent avec 50 divisions, dont 16 blindées, le saillant de Koursk, mais leurs assauts viennent se briser contre le dispositif de défense des Soviétiques et les tirs de barrage de leur artillerie. Le 26 juillet les Russes prennent l'initiative, marchent sur le Dniepr et libèrent Karkhov et Smolensk. Puis, de l'automne 1943 au printemps 1944 c'est, fleuve après fleuve, et grâce à de puissants mouvements d'enveloppement, la reconquête de la Crimée et de l'Ukraine (Kiev est reprise en novembre 1943). Au nord, *Léningrad*, qui a soutenu un siège héroïque et perdu un million d'habitants (tués, morts de faim ou de froid), est enfin dégagée. Au début de 1944, les Allemands sont à peu près revenus sur leur ligne de départ.

C. En Afrique – Le 23 octobre 1942, le général britannique Montgomery lance devant *El Alamein* une offensive qui, après dix jours de combats acharnés, se termine par la déroute de l'*Afrika Korps*. Le 8 novembre commence l'opération *« Torch »* en Afrique du Nord. Un corps expéditionnaire anglo-américain débarque dans les ports marocains et algériens. Les troupes restées fidèles au gouvernement de Vichy tentent de résister mais l'amiral Darlan, qui se trouve à Alger, décide de rompre avec la politique de collaboration qu'il avait menée en tant que vice-président du gouvernement de Vichy et successeur désigné du Maréchal. Il donne l'ordre de cessez-le-feu et traite avec les Américains qui le reconnaissent comme la seule autorité française légale. Mais Darlan est assassiné le 24 décembre par un jeune gaulliste, Bonnier de La Chapelle. Les Américains, qui se méfient du général De Gaulle, en qui Roosevelt voit un candidat à la dictature, donnent alors leur confiance au général Giraud, évadé d'Allemagne. Il faudra un an à De Gaulle, qui arrive de Londres en mai 1943, pour s'imposer, malgré les réticences des Alliés, comme le chef unique incontestable de la France Libre et pour écarter Giraud du *Comité Français de libération nationale.* Dans l'intervalle les Allemands se sont, dès le 11 novembre 1942, emparés de la « zone libre » et ont tenté de se saisir de la flotte française qui le 27 novembre a dû se saborder en rade de Toulon. Quant à l'*Afrika Korps* de Rommel, il résiste pendant près de six mois en Tunisie avant de capituler le 12 mai 1943.

D. En Italie – Le 10 juillet 1943, les troupes alliées débarquent en Sicile. Les Allemands résistent avec acharnement pendant une quarantaine de jours mais les Italiens, qui dans leur immense majorité n'ont jamais approuvé la guerre et sont de plus en plus hostiles aux nazis, n'opposent qu'une très faible résistance. Le 24 juillet, le *Grand Conseil du Fascisme* se réunit pour tirer la leçon des événements de Sicile. Un ordre du jour préparé par Grandi, Bottai et Ciano, et hostile au Duce, est voté par 19 voix contre 7. Le lendemain, le roi Victor-Emmanuel, qui se trouve au centre du complot, annonce à Mussolini – celui-ci prévenu semble-t-il, a laissé faire, par lassitude ou par bravade – qu'il doit quitter le pouvoir. A la sortie de l'audience royale, le Duce est arrêté, transféré dans une île voisine de la Sardaigne, puis au *Gran Sasso*, d'où il sera libéré le 12 septembre par un commando aéroporté allemand commandé par Otto Skorzeny.

Le souverain a confié le pouvoir au maréchal Badoglio qui engage aussitôt des négociations avec les Alliés. Tandis que ceux-ci débarquent à Salerne, un armistice est signé à Cassibile, en Sicile, le 3 septembre et rendu public le 8. Mais les Alliés, arrêtés sur la ligne du Sangro et du Garigliano, ne peuvent empêcher les Allemands d'envahir le nord et le centre du pays avec 30 divisions. L'Italie se trouve coupée en deux. Le Roi et le gouvernement de « coalition antifasciste » sont réfugiés à Brindisi d'où, le 13 octobre, ils déclarent la guerre au Reich. Mussolini se trouve sur les bords du lac de Garde, à Saló, où il fonde avec les plus intransigeants des dirigeants fascistes (Farinacci, Pavolini), et sous le contrôle étroit des Allemands, la *République sociale italienne*. Il laissera condamner et exécuter les conjurés du 24 juillet, parmi lesquels figure son propre gendre Ciano.

E. Dans le Pacifique – Les Japonais qui ont pris pied à l'automne 1942 à *Guadalcanal*, la plus importante des îles Salomon, en sont chassés en février 1943. C'est le tournant de la guerre du Pacifique. Déjà, en mai 1942, les Alliés se sont assurés la maîtrise de l'air et de la mer par les deux grandes victoires aéronavales de la *Mer de Corail* et de *Midway*. Ils peuvent désormais, conformément à la stratégie arrêtée en mai 1943 à la Conférence de Washington, progresser par « sauts » d'archipel en archipel, de façon à installer des bases aériennes de plus en plus proches du Japon.

F. Téhéran (nov. 1943) – A la fin de 1943, la victoire alliée semble possible. Aussi Roosevelt, Churchill et Staline se rencontrent-ils à Téhéran. On commence à parler des problèmes territoriaux de l'après-guerre (Pays-Baltes annexés par l'URSS, frontières de la Pologne repoussées vers l'Ouest), ainsi que de la future Organisation des Nations Unies. Mais surtout, pressés par Staline, les Anglo-Américains s'engagent à ouvrir un « second front » à l'Ouest au printemps 1944.

V. L'effondrement de l'Axe

A. La défaite allemande – a) *A l'ouest.* Tandis qu'en Italie les Alliés (notamment les Forces françaises libres du général Juin) percent la ligne du Garigliano et libèrent Rome, les Anglo-Américains débarquent le 6 juin 1944 à l'aube sur les côtes de Normandie. C'est l'opération *Overlord*, menée par 10 divisions avec des moyens amphibies considérables. Trois éléments ont assuré le succès du débarquement. Les bombardements massifs sur les objectifs militaires et les voies de communication. L'emploi de troupes aéroportées lâchées dans la région de Sainte-Mère-Église. L'action enfin des *maquis* qui ont retardé les mouvements de certaines unités allemandes.

Après avoir établi, entre Caen et le Cotentin, une importante tête de pont, et s'être emparés du port de Cherbourg, les alliés prennent l'offensive le 25 juillet dans la région d'Avranches où les blindés américains de Patton parviennent à percer le front allemand. Ils amorcent ensuite un vaste mouvement d'enveloppement vers le sud puis vers l'est, en remontant la Loire, tandis que les Anglo-Canadiens de Montgomery longent le littoral de la Manche. Le 15 août, une nouvelle opération amphibie a lieu sur les côtes de Provence. La 1re armée française du général De Lattre de Tassigny et la 8e armée américaine libèrent Toulon et Marseille avant de foncer vers le nord pour faire leur jonction, le 10 septembre, avec les divisions venues de l'Ouest. Le 25 août Paris, où les FFI (Forces Françaises de l'Intérieur) livrent depuis une semaine de durs combats de rues, est libéré par les blindés de Leclerc. Fin novembre 1944, les territoires de la France et de la Belgique sont entièrement reconquis.

b) *A l'Est.* A l'automne 1944, les Soviétiques occupent les Balkans. La Roumanie, la Bulgarie, la Hongrie sont envahis par l'Armée Rouge et signent des armistices avec les Russes, tandis que les résistants yougoslaves et albanais libèrent leur pays et que les Britanniques, inquiets de cette poussée soviétique en Europe orientale, chassent les Allemands de Grèce. En décembre, les blindés de Joukov et de Koniev sont aux portes de Varsovie.

c) *L'assaut final.* Hitler compte sur la levée en masse et sur ses armes nouvelles (fusées, avions à réaction) pour reprendre l'initiative. Pour gagner du temps il lance le 16 décembre 1944 une offensive désespérée dans les Ardennes. Après une progression de 70 km et de très âpres combats, les divisions blindées de von Runstedt sont arrêtées dans la région de Bastogne. Mais le rapport des forces est maintenant largement en faveur des Alliés (650 divisions contre 220). En mars, les Anglo-Américains franchissent le Rhin et marchent sur l'Elbe qu'ils atteignent le 22 avril 1945. Pendant ce temps, l'Armée Rouge a pris l'offensive, reconquis la Pologne et atteint l'Oder en janvier. Le 25 avril, Berlin est encerclée et la jonction entre Soviétiques et Anglo-Américains se fait sur l'Elbe. Quelques jours plus tôt, les troupes alliées ont franchi le Pô. Mussolini en fuite est rejoint par les partisans et abattu en compagnie de sa maîtresse, Claretta Petacci. Le 1er mai, Hitler se donne la mort dans son *Bunker* berlinois. Le 2, Berlin capitule et le 8 mai, le maréchal Keitel signe la capitulation sans conditions du Reich.

B. La victoire sur le Japon – Les Américains ont atteint les Philippines en octobre 1944, *Saïpan* dans les Mariannes dès le mois de juillet. La conquête d'*Okinawa* et d'*Iwo Shima* au printemps 1945 leur permet d'opérer des raids destructeurs sur le sud de l'archipel nippon. En juin et en octobre 1944, les Japonais ont perdu au large des Philippines la plus grande partie de leur flotte. Mais ils possèdent encore des forces terrestres importantes qui ont, pendant l'été 1944, remporté des succès non négligeables en Chine du sud et sont animées d'une volonté de résistance extrême. Leurs avions-suicides (*kamikaze*) peuvent encore infliger des pertes considérables à la marine américaine. Le président Truman, qui a succédé à Roosevelt, mort le 12 avril 1945, se décide dans ces conditions à employer la bombe atomique, récemment mise au point. Tandis que les

Soviétiques, conformément aux engagements pris à *Yalta* en février 1945, entrent en guerre contre le Japon et envahissent la Mandchourie le 8 août, une bombe A est lancée contre Hiroshima le 6 août, une seconde sur Nagasaki le 9. Elles font des centaines de milliers de victimes et contraignent le 10 août l'Empire nippon à capituler à son tour sans conditions.

VI. Le bilan

Le second conflit mondial a coûté au monde 45 millions de morts (dont 20 pour l'URSS, 6 pour la Pologne, 5,5 pour l'Allemagne). Les populations civiles ont davantage souffert que pendant la guerre de 1914-1918, tant du fait des bombardements aériens que de l'occupation (par exemple famine en Grèce) et des massacres auxquels se sont livrés les nazis, le *génocide* perpétré contre les juifs – sans précédent dans l'histoire, aussi bien par son ampleur que par les conditions atroces dans lesquelles il a été accompli – ayant fait à lui seul plus de 5 millions de victimes.

Le bilan matériel est également très lourd, en particulier pour l'Europe qui se trouve sinistrée à plus de 50 %. Politiquement, la guerre a accentué le déclin du vieux continent et provoqué une division du monde en deux blocs rivaux, dominés par les deux puissances géantes que sont les États-Unis et l'Union soviétique. Elle a aussi accéléré le processus d'accession à l'indépendance des peuples colonisés. Enfin, sur le plan moral, le mépris du « droit des gens », l'emploi généralisé de la torture, l'inconcevable extermination de millions d'êtres humains, ont porté un coup très dur à la conscience humaine et aux valeurs sur lesquelles reposaient les grandes civilisations contemporaines.

Document

Principales conférences interalliées de 1941 à 1945

Conférences	Participants	Décisions militaires	Décisions politiques
Atlantique, août 1941	Churchill, Roosevelt.		« Charte de l'Atlantique ». Buts de guerre des alliés.
« Arcadie », déc. 1941-janv. 1942.	Churchill, Roosevelt.	Priorité aux opérations contre l'Allemagne. Décision d'une opération en AFN en 1942. Création d'un état-major combiné.	Décision de préparer une « Déclaration des nations unies ».
Moscou, sept. 1942.	Churchill, Staline, Harriman.	Staline réclame un 2e Front mais finit par accepter l'opération *Torch*.	

CONFÉRENCES	PARTICIPANTS	DÉCISIONS MILITAIRES	DÉCISIONS POLITIQUES
Anfa (Casablanca), janv. 1943.	Churchill, Roosevelt + de Gaulle et Giraud.	Opérations en Méditerranée. Préparation de l'opération de Sicile.	Tentative pour réconcilier de Gaulle et Giraud. Principe de la reddition sans condition posé.
Washington, mars 1943.	Eden, Roosevelt + C. Hull et S. Welles.		Les alliés admettent le principe de la souveraineté russe sur les pays Baltes et la Bessarabie. La Pologne pourra être limitée à la ligne Curzon. L'Allemagne sera démembrée.
« *Trident* » (*Washington*), *mai 1943.*	Roosevelt, Churchill + chefs militaires.	Opération *Overlord* décidée pour le 1er mai 1944.	
« *Quadrant* » (*Québec*), *août 1943.*	Roosevelt, Churchill + Soong (Chine).	Opération *Overlord* confirmée + décision de l'opération *Anvil* (débarquement en Provence).	Projet de déclaration des 4 grandes puissances pour l'établissement d'une organisation internationale.
1re Conf. du Caire, nov. 1943.	Churchill, Roosevelt, Tchang Kaï-chek.		Avenir de la Chine. Buts de guerre des alliés en Extrême-Orient.
Téhéran, 28-29 nov. 43.	Roosevelt, Churchill, Staline.	Assurances données à Staline pour l'ouverture d'un 2e Front en mai 1944.	Staline fixe l'Oder comme limite de la future Pologne. Acceptation du principe du démembrement de l'Allemagne. Discussion sur la future organisation internationale.
Dumbarton-Oaks, sept. 1944.			Accord pour la création d'une « Organisation des Nations Unies ».
Yalta, 4-11 fév. 45.	Roosevelt, Churchill, Staline.	L'URSS s'engage à entrer en guerre contre le Japon dans les 3 mois.	Frontières polonaises. Zones d'occupation en Allemagne. Les territoires libérés se donneront un gouvernement démocratique sous contrôle des 3 Grands.
San Francisco, avril-juin 45.			Charte de l'O.N.U.
Potsdam, juil.-août 45.	Truman, Churchill (puis Attlee), Staline.		Fixation des réparations allemandes. Dénazification et démantèlement de l'industrie lourde allemande. Pas d'accord sur les problèmes balkaniques.

Bibliographie

Outre les ouvrages cités dans le précédent chapitre, on verra :
H. MICHEL, *Histoire de la Résistance*, Paris, PUF (Que sais-je ?) ; J.-P. AZEMA, *De Munich à la Libération, 1938-1944,* Paris, Seuil, 1979 ; Y. DURAND, *Vichy, 1940-1944*, Paris, Bordas, 1972 ; T.O. PAXTON, *La France de Vichy, 1940-1944*, Paris, Seuil, 1973 ; M. COINTET-LABROUSSE, *Vichy et le fascisme*, Bruxelles, Complexe, 1987 ; Ph. BURRIN, *Hitler et les juifs*, Paris, Seuil, 1989 ; P. ORY, *Les collaborateurs, 1940-1945*, Paris, Seuil, 1976 ; F. BEDARIDA, *La politique nazie d'extermination*, Paris, Albin Michel, 1989.

Plan

L'Europe sous la domination hitlérienne

Introduction. Maître au début de 1942 de la plus grande partie de l'Europe, Hitler essaie d'appliquer à celle-ci les principes de l'« ordre nouveau », tels qu'il les a lui-même définis dans *Mein Kampf.* Mais il se heurte à des *résistances* de plus en plus vives et qui entraînent à leur tour une impitoyable *répression*.

1. « L'Europe nouvelle »

A. L'IDEE

La « reconstruction » de l'Europe doit s'opérer sur le modèle racial exposé dans *Mein Kampf* et en vertu de la hiérarchie des peuples qui résulte de la *Weltanschaung* nazie (voir sur ce point le chapitre 14).

B. LA REALISATION

Là où les nazis sont les seuls maîtres, c'est effectivement un plan « racial » qui préside à la mise en place de l'ordre nouveau. Ailleurs, Hitler doit tenir compte de ses alliances avec des pays latins (Italie) et slaves (Bulgarie).

a) *Le Reich* réunit tous les peuples de culture germanique, ainsi que des territoires ayant des attaches historiques avec la *Grande Allemagne* dont la population atteint près de 100 millions d'habitants.

b) *Les « protectorats »* ne sont pas annexés au Reich mais dépendent directement de lui. Ce sont la Bohême-Moravie, le Gouvernement général de Pologne, le Gouvernement général des territoires de l'Est (provinces conquises sur la Russie). Ils constituent à proprement parler le *Lebensraum* (espace vital) hitlérien.

c) *Les pays occupés* (France, Belgique, Pays-Bas, Grèce, etc.), parfois placés sous l'autorité directe de l'administration militaire, subissent un traitement qui varie avec l'origine ethnique. Les Scandinaves, les Néerlandais, les Flamands, considérés comme peuples « germaniques » sont mieux traités que les peuples latins. Les Slaves sont particulièrement maltraités.

d) *Les « alliés » :* les petits États d'Europe centrale et orientale, dotés de régimes fascisants et qui participent volontairement à la guerre contre l'URSS, demeurent théoriquement indépendants. En fait, leur marge d'autonomie ne cesse de se restreindre au cours de la guerre et ils finissent par constituer de simples satellites du IIIe Reich. Quant à l'Italie, elle passe progressivement de l'état d'allié à part entière à celui d'inférieur, voire de pays « protégé » à partir de 1943.

C. Le poids de l'occupation

a) *L'exploitation économique de l'Europe occupée.* Dans tous les territoires occupés, les Allemands soumettent le vaincu au paiement de lourdes indemnités, en principe destinées à entretenir les troupes d'occupation. Mais les sommes exigées sont hors de proportion avec les effectifs concernés. Ainsi, avec 400 millions de francs par jour, la France paie de quoi entretenir une armée de 8 millions d'hommes !

Parallèlement à cette énorme ponction financière, l'Allemagne procède au pillage économique des territoires conquis. Elle prélève une partie importante de la production agricole et industrielle, se fait livrer gratuitement des matières premières, déménage quantité d'usines, investit autoritairement ses capitaux dans les sociétés dont le Reich entend prendre le contrôle. Il en résulte partout des pénuries qui entraînent le rationnement alimentaire, une mortalité sélective, de graves carences dans la nutrition (à Athènes, en 1941-1942, la ration quotidienne s'abaisse à 600-800 calories par habitant !), la hausse des prix et un « marché noir » qui enrichit diverses catégories d'intermédiaires. Enfin, à partir de 1942, commence la réquisition de la main-d'œuvre. Le *Service du Travail Obligatoire* (STO), organisé par le gauleiter Sauckel, regroupe en 1943 6 millions de travailleurs réquisitionnés pour aller travailler en Allemagne. En même temps, 7 autres millions d'hommes et de femmes restés dans leur pays d'origine y travaillent pour l'effort de guerre allemand ou construisent, dans le cadre de l'*Organisation Todt*, le Mur de l'Atlantique, ensemble gigantesque de fortifications destinées à empêcher tout débarquement allié.

b) *Le poids moral de l'occupation* se manifeste par le désarroi des populations soumises à une véritable psychose de la défaite, entretenue par une propagande incessante et omniprésente (radio, cinéma, expositions, affiches, presse, etc.).

D. La collaboration

Considérée par Hitler, qui n'avait nullement l'intention de se lier les mains avant la conclusion de la paix, comme rigoureusement tactique, elle se situe à plusieurs niveaux.

a) *La collaboration des gouvernements* varie d'un pays à l'autre. En Norvège, celui de Quisling est entièrement inféodé au IIIe Reich. En France, on distingue en général le « premier Vichy » (1940-1941), dont les dirigeants cherchent essentiellement à obtenir des aménagements aux conditions de l'armistice (c'est l'objectif de Pétain lorsqu'il rencontre Hitler à Montoire), du « second Vichy » qui, à partir du printemps 1942, incline fortement du côté de la satellisation consentie. L'une et l'autre iront d'ailleurs souvent au devant des souhaits de l'occupant, notamment en matière de répression contre les juifs, les francs-maçons et les communistes. Dès la fin de 1943, le régime de Vichy n'est plus que l'auxiliaire de l'Allemagne, Laval et Pétain les chefs d'un État-fantoche qui a perdu le soutien de la population.

b) *La collaboration des partis et des hommes politiques* s'opère également à plusieurs niveaux :
– Certains mouvements d'extrême droite sont favorables à l'établissement d'un régime autoritaire, voire aux mesures antisémites, mais demeurent hostiles aux Allemands. Tel est en France le cas de Maurras.
– D'autres s'engagent dans la collaboration par choix idéologique. En France, le RNP de Déat, le PPF de Doriot, le *Parti franciste* de Bucard, en Belgique le mouvement rexiste de Léon Degrelle, aux Pays-Bas le NSB de Mussert, en Croatie l'Oustacha d'Ante Pavelic, etc. se rattachent à cette catégorie dans laquelle figurent également certains intellectuels comme Brasillach, Drieu La Rochelle, Jean Luchaire, etc. La plupart d'entre eux iront jusqu'au bout de leur engagement, en participant à la lutte contre le « bolchevisme » (LVF et « division Charlemagne » en France, division SS « Wallonie » en Belgique, etc.) et en servant d'auxiliaires aux Allemands – qu'ils dépassent parfois en férocité – dans la répression des groupes résistants et des maquis.
– Enfin certains éléments sont purement et simplement à la solde de l'occupant, parfois depuis l'avant-guerre.

2. L'Europe contre Hitler

A. Les faiblesses du systeme

a) *Insuffisance des effectifs.* Aussi puissante que soit l'armée allemande, que renforcent à partir de 1943 les unités de volontaires constituées dans les milieux collaborationnistes, elle ne peut compte tenu des forces de plus en plus nombreuses qui doivent être engagées sur les différents fronts (Russie, puis Afrique et Italie, puis Normandie) établir un filet continu sur l'ensemble des pays occupés. Dans certaines régions d'accès difficile, éloignées de leurs bases de départ, les Allemands ont ainsi beaucoup de mal à contrôler l'ensemble du territoire conquis. Il en est ainsi en Grèce, dans certaines zones montagneuses de France et d'Italie, et surtout en Yougoslavie.

b) *Les contradictions du système.* Outre le chevauchement et la concurrence des différents pôles de pouvoir, qui caractérisent à bien des égards le national-socialisme et que les nécessités de la guerre n'ont pas fait disparaître – quand elles ne les ont pas renforcés –, le système d'exploitation mis en place par les Allemands souffre de contradictions majeures qui en freinent le fonctionnement : par exemple entre collaboration et prélèvements forcés, ou entre réquisitions de populations à des fins stratégiques et volonté d'extermination des « ennemis du Reich ».

B. La resistance

Nés spontanément, ou mis en place par les gouvernements en exil (pour la plupart réfugiés à Londres), des mouvements de résistance se sont constitués dès le début de l'occupation allemande, renforcés à partir de juin 1940 par l'entrée massive des partis communistes dans la lutte contre l'occupant.

a) *L'action de la résistance est diverse.* Elle varie selon les lieux et les périodes de la guerre.
– Les « mouvements » de résistance sont des organisations politiques clandestines se rattachant aux grandes familles idéologiques du moment. Elles se donnent pour tâche de mobiliser l'opinion et cherchent à se faire connaître en publiant tracts et journaux.
– Les « réseaux » sont formés de petits groupes d'activistes, plus ou moins solides et durables, qui mettent en place des filières d'évasion pour les juifs, les réfractaires du STO, les prisonniers et déportés évadés, les aviateurs alliés. D'autres pratiquent le renseignement pour le compte des Alliés, des actions de sabotage, voire des attentats contre l'ennemi.
– A partir de 1942, l'action de la Résistance prend un caractère de plus en plus militaire avec l'implantation dans les régions d'accès difficile de « maquis » et de groupes de « partisans » qui pratiquent le sabotage et les coups de main contre les forces allemandes. En 1944, ils déclencheront même de véritables soulèvements armés, comme ceux de Paris et de Varsovie.

b) *En Europe de l'Ouest*, ce sont les Britanniques qui arment la résistance. Dès juillet 1941, ils créent le SOE (Service d'opérations spéciales) qui est chargé de pratiquer la subversion et le sabotage en Europe occupée. Ses émissaires parviennent à susciter dans la plupart des pays occupés des groupes de résistants. En Belgique, en Hollande, au Danemark, en France du nord, où les conditions géographiques se prêtent mal à la constitution de maquis, mouvements et réseaux de résistance se spécialisent dans le renseignement, le sabotage, la protection et l'évacuation clandestine des adversaires du Reich. Ailleurs, favorisée par le refus du STO, la résistance prend un caractère plus militaire et plus massif. Il en est ainsi, par exemple, dans les régions montagneuses et boisées du sud, de l'est et du centre de la France (Ain, Vercors, Corrèze), ainsi qu'en Norvège où, avec l'aide britannique, le groupe Milorg sabote en 1943 l'unique usine d'eau lourde existante.

En Italie, la chute de Mussolini en juillet 1943, puis l'occupation du pays par les Allemands, transforme la résistance larvée des antifascistes en une lutte ouverte, menée dans le centre et dans le nord de la péninsule par quelque 60 000 partisans dont le rôle s'avérera décisif lors de la campagne de libération de 1945. Comme en France, où est fondé en 1943 par Jean Moulin le Conseil National de la Résistance, et comme dans d'autres pays d'Europe occidentale, l'unité des mouvements de résistance est assurée en Italie par le ralliement des communistes aux autorités gouvernementales en lutte contre l'Axe (gouvernement légitime désigné par le roi en Italie, gouvernement provisoire du général De Gaulle pour la résistance française).

c) *En Europe de l'Est et dans les Balkans.* En Russie, des soldats débandés sont regroupés en une armée de partisans de 200 000 hommes qui harcèle les Allemands, coupe leurs lignes de ravitaillement et prépare les contre-offensives de l'Armée Rouge. En Pologne, une armée intérieure se constitue dès 1940. Elle compte 500 000 hommes en 1944 mais est fortement affaiblie par les dissensions entre communistes (obéissant au gouvernement en exil en URSS) et résistants d'autres tendances, restés fidèles au gouvernement réfugié à Londres. Pour s'assurer le contrôle de la situation avant l'arrivée des Russes, l'armée intérieure organise en août 1944 le soulèvement de Varsovie. Elle est écrasée au bout de deux mois, Staline ayant stoppé l'avance de ses troupes pour se débarrasser de ces alliés indociles. En Yougoslavie, où la résistance prend un caractère de masse, les partisans communistes de *Tito* prennent dès 1943 l'avantage sur les *Tchetniks* du monarchiste Mihailovitch. Ce sont eux qui, avec l'aide des Alliés, libèrent le pays en 1945. En Grèce enfin, l'opposition farouche entre maquisards communistes et résistants monarchistes ou républicains, se transforme en 1944 en une véritable guerre civile.

C. Repression et terreur

a) *L'action répressive contre la résistance* est menée à la fois par la Wehrmacht, par les multiples organismes policiers nazis et fascistes (police militaire, services de renseignement, OVRA, Gestapo) et par leurs auxiliaires recrutés dans les rangs des organisations collaborationnistes. En France, la *Milice* de Joseph Darnand participe ainsi à des opérations d'envergure contre les maquis et à la chasse aux résistants.

b) *La lutte contre les « ennemis permanents du Reich »* – francs-maçons, communistes, juifs et autres représentants des « races inférieures », tels les Tziganes – est principalement l'œuvre de la SS, dont la sinistre besogne a toutefois été préparée et assistée par les autorités de certains pays occupés (en France le gouvernement Laval, en Italie du Nord les dirigeants de la « République sociale », etc.). Elle culmine avec le massacre des populations slaves de l'Est européen (Polonais, Russes) et surtout avec l'impensable « Solution finale de la question juive » qui, décidée à la fin de 1941, se traduit par l'extermination dans des conditions épouvantables de plus de 5 millions de juifs, envoyés dans les camps de la mort (Auschwitz, Dachau, Maïdenek, Treblinka, etc.) et éliminés par pendaison, privation de nourriture ou asphyxie dans les chambres à gaz.

Conclusion. Dès le milieu de 1943, l'hégémonie allemande commence à donner des signes de faiblesse. La politique de collaboration a partout montré ses limites et la résistance gagne du terrain, tandis que les populations se détachent des gouvernements qui ont cru pouvoir jouer la carte allemande pour préserver l'avenir.

INDEX DES NOMS DE PERSONNES

C

D

E

I

J

K

L

M

N

O

P

R

S

T

U

V

W

Y

Z

Armand Colin Éditeur
21, rue du Montparnasse, 75006 Paris
N° d'éditeur : 10101626 - NC
Dépôt légal : octobre 2003

Achevé d'imprimer sur les presses de la
SNEL S.A.
rue Saint-Vincent 12 – B-4020 Liège
tél. 32(0)4 344 65 60 - fax 32(0)4 341 48 41
octobre 2003 - 30198

Imprimé en Belgique